コピーしてすぐ使える

3分 5分 10分でできる 算数まるごと6年

わかる喜び学ぶ楽しさを創造する教育研究所
略称 喜楽研

本書の特色と使い方

算数まるごとファックス資料集の初版は，2003 年 4 月に発刊されました。以来，17 年間に 1 年～ 6 年あわせて 21 万部超が発行され，多くの学校現場で活用されました。近年，たくさんの先生方から，「もっと短い時間でできるものを発行してほしい」との声が寄せられ，「コピーしてすぐ使える 3 分 5 分 10 分でできる算数まるごと 1 年～ 6 年」を発刊する運びとなりました。

本書の作成にあたり，2020 年度新学習指導要領の主旨にあわせて，「対話して解決する問題」のシートや，「プログラミング学習」のシートや，「ふりかえり」のシートも掲載しました。また「早くできた児童用の裏刷りプリント」も掲載しています。おいそがしい先生方の一助になることを，切に願っています。

3 分練習シート　計算問題なら，難易度にあわせて，約 4 問～ 10 問程度を掲載しています。

5 分練習シート　計算問題なら，難易度にあわせて，約 6 問～ 15 問程度を掲載しています。

10 分練習シート　計算問題なら，難易度にあわせて，約 10 問～ 20 問程度を掲載しています。

※　文章題や，図形や，量と測定などは，難易度にあわせて，問題数をかえています。
※　時間はおおよその目安です。児童の実態にあわせて，3 分・5 分・10 分にとらわれずご活用下さい。

ふりかえりシート　約 10 分～ 20 分ぐらいでできる「ふりかえりシート」をできる限りどの単元にも掲載しました。

各単元のテスト　『各単元の練習』で学習したことを「テスト」として掲載しました。観点別に分かれています。50 点満点として合計 100 点にして掲載しました。

各単元の算数あそび　迷路など，楽しい遊びのページをたくさん掲載しました。楽しく学習しているうちに，力がぐんぐんついてきます。

対話して解決する問題　新学習指導要領の「主体的･対話的･深い学び」の主旨にあわせて、グループで話し合って，学びを深めたり、学びをひろげたりする問題を掲載しました。授業の展開にあわせてご活用下さい。

早くできた児童用の裏刷りプリント　練習問題をするとき，早くできる児童と，ゆっくり取りくむ児童の時間の差があります。「計算にチャレンジ」「迷路にチャレンジ」というタイトルで掲載しました。

縮小ページ　「141％拡大」と書かれているページは縮小されていますので，B5 サイズを B4 サイズに拡大してご使用下さい。

目　次

※ シートの時間は，あくまで目安の時間です。児童の学びの進度や習熟度に合わせて，使用される先生の方でお決め下さい。

線対称（1）

名前　　　　月　　日

● 下の図形を，とう明なシートにうつしとり，直線アイで半分に折ってみましょう。

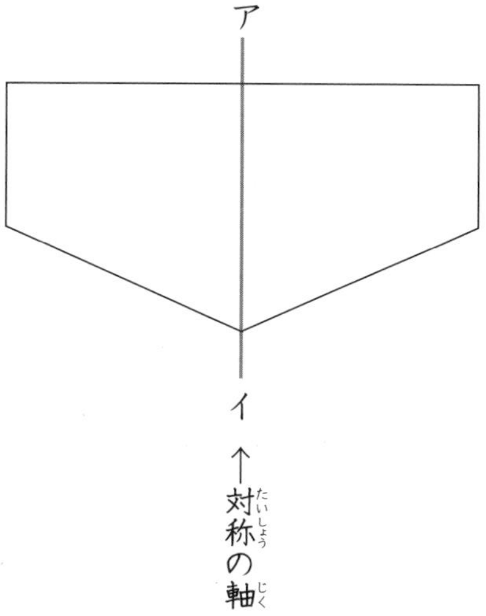

直線で半分に折ると，両側の部分がぴったりと重なりますね。
このような図形を線対称な図形といいます。

線対称（2）

名前　　　　月　　日

● □ にあてはまることばを，下から選んで書きましょう。

(1) 1本の直線を折り目にして半分に折ると，両側の部分がぴったり重なる図形を □ な図形といいます。また，折り目になる直線を □ といいます。

(2) 線対称な図形で，半分に折ったときに重なり合う点，辺，角をそれぞれ □ 点，辺，角といいます。

対称の軸 ・ 対応する ・ 線対称

月　日

線対称（3）

名前

● 下の線対称（せんたいしょう）な図形を見て，対応する点を □ に書きましょう。

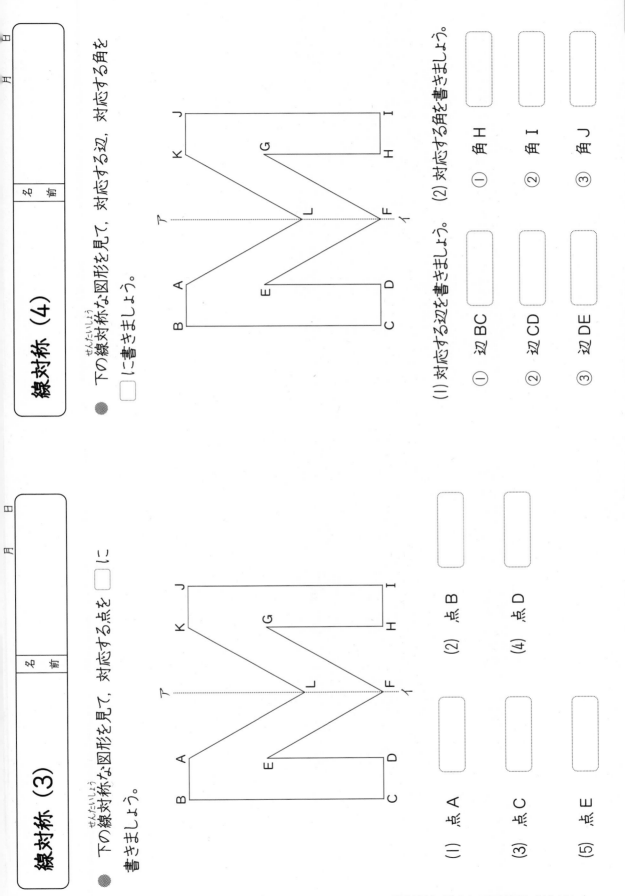

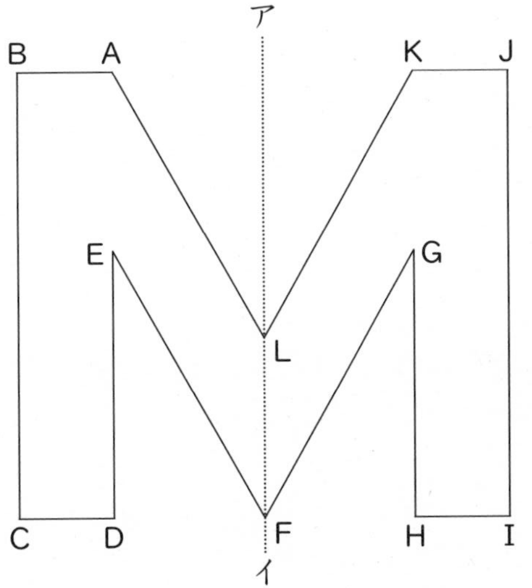

(1) 点A □

(2) 点B □

(3) 点C □

(4) 点D □

(5) 点E □

月　日

線対称（4）

名前

● 下の線対称（せんたいしょう）な図形を見て，対応する辺，対応する角を □ に書きましょう。

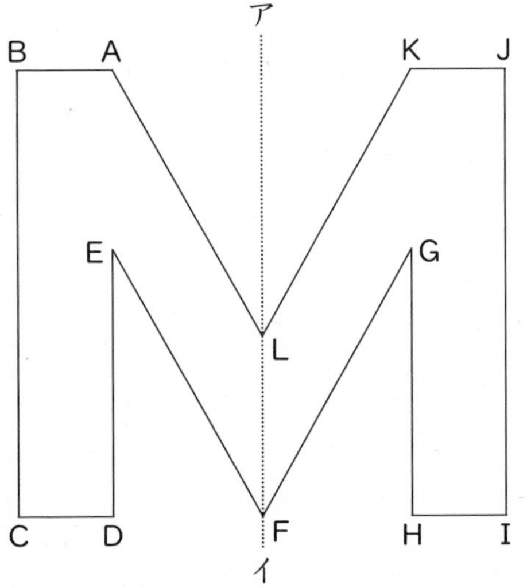

(1) 対応する辺を書きましょう。

① 辺BC □

② 辺CD □

③ 辺DE □

(2) 対応する角を書きましょう。

① 角H □

② 角I □

③ 角J □

3分

月　日

線対称（5）

名前

1　下の図形を，とう明なシートにうつしとり，直線アイで半分に折ってみましょう。

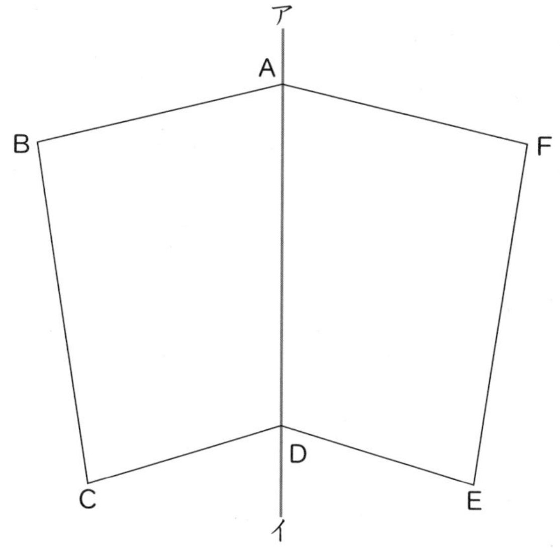

2　1の図形を見て，(　)の中の正しい方を○で囲みましょう。

(1)　直線アイで半分に折ったとき，ぴったり重なる図形を，
（対称(たいしょう)の形 ・ 線対称な図形）といいます。

(2)　直線アイのような折り目になる直線のことを，
（対称の軸(じく) ・ 対称の直線）といいます。

(3)　半分に折ったとき，点Bとぴったり重なるのは，
点（ E ・ F ）です。
点Cとぴったり重なるのは，点（ E ・ F ）です。

3　□にあてはまることばを書きましょう。

線対称な図形では，対応する辺の長さや対応する角の大きさは，
それぞれ □ なっています。

（141％に拡大してご使用ください。）

月　日

線対称（6）

名前

1 下の図形は，どれも線対称な図形です。
対称の軸をひきましょう。

(1)

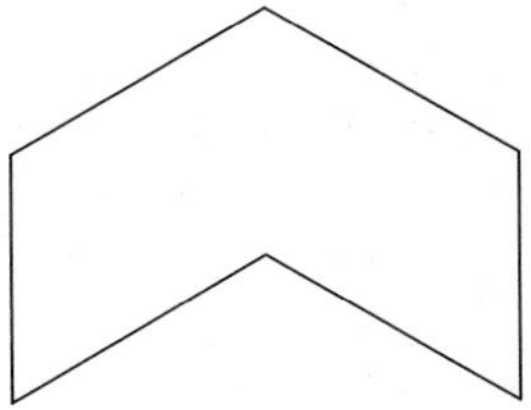

(2)

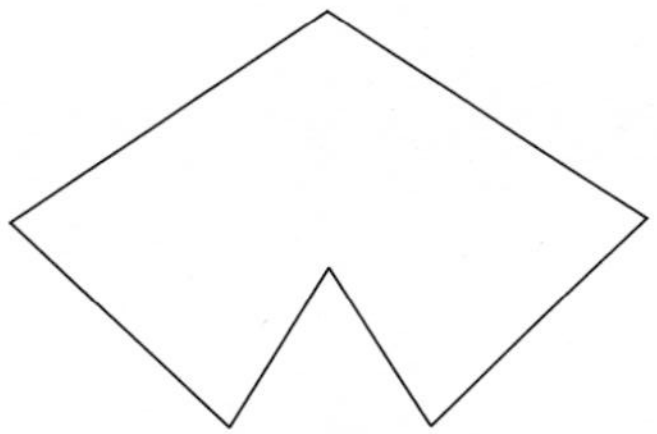

2 右の四角形は，線対称な図形で，
直線アイは対称の軸です。

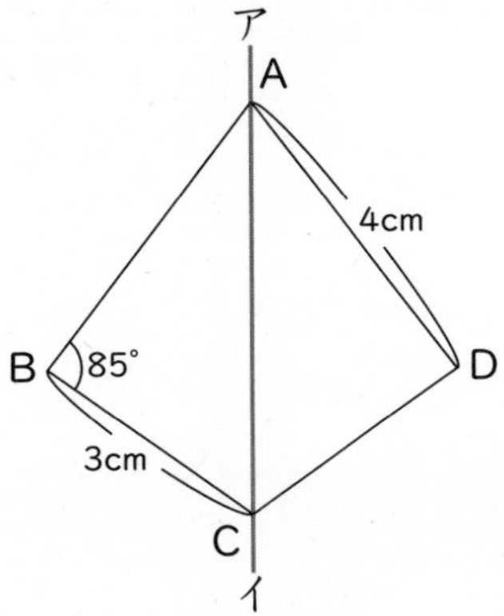

(1) 辺 AB は何 cm ですか。

(2) 辺 DC は何 cm ですか。

(3) 角 D の大きさは何度ですか。

（141%に拡大してご使用ください。）

月　日

線対称（7）

名前

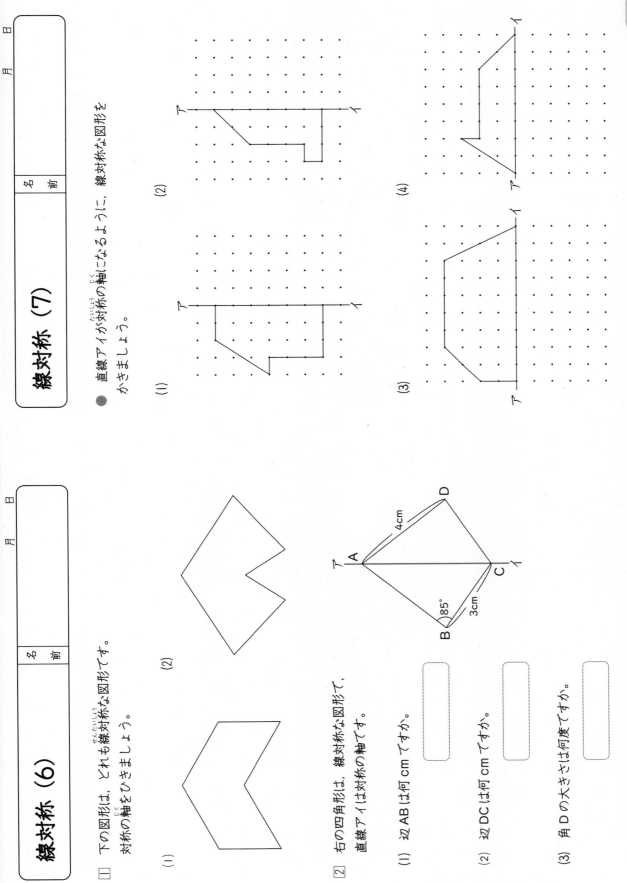

● 直線アイが対称の軸になるように，線対称な図形をかきましょう。

(1)

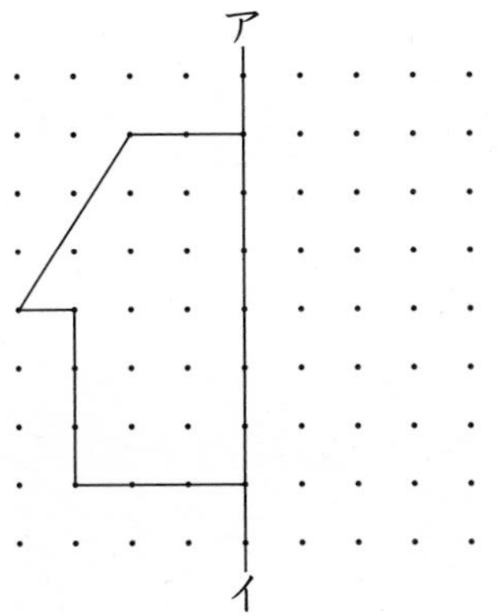

(2)

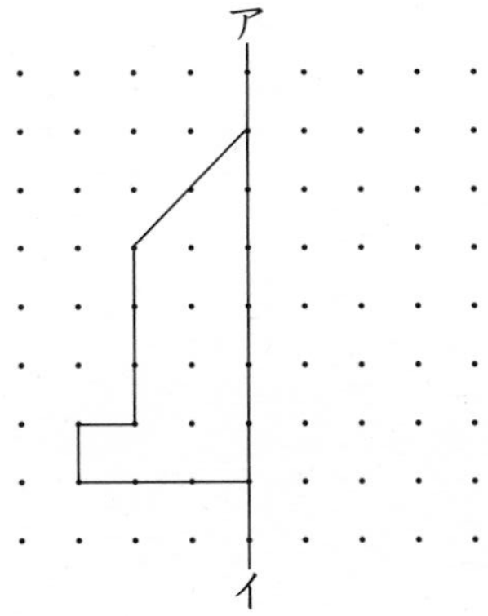

(3)

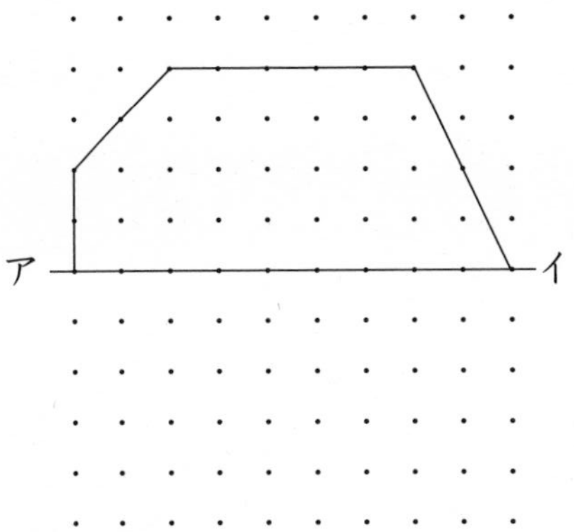

(4)

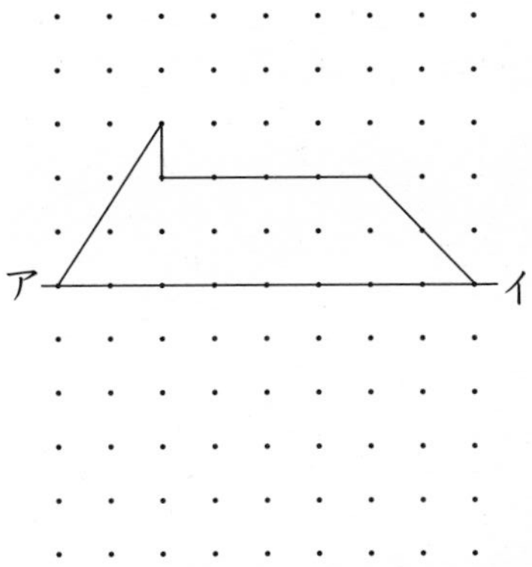

5分

月　日

ふりかえり
線対称

名前

1 下の図形を見て，□にあてはまることばや記号，数を書きましょう。

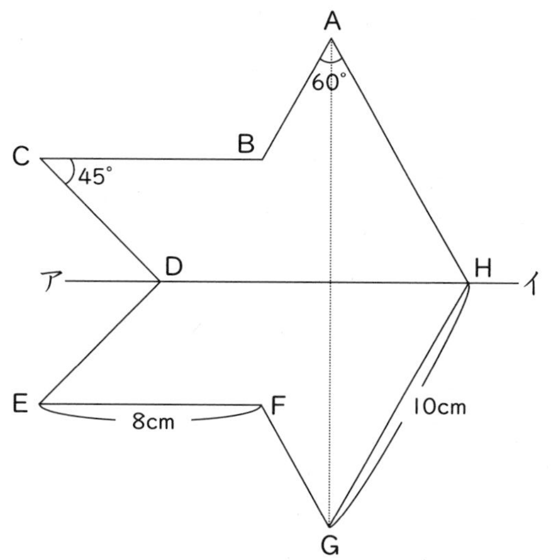

(1) 直線アイを折り目にして半分に折ると，両側の部分がぴったり重なります。このような図形を□な図形といいます。

(2) 折り目になる直線アイを□といいます。

(3) 直線AGは，対称(たいしょう)の軸(じく)アイと□に交わっています。

(4) 点Bに対応する点は，点□です。

(5) 点Gに対応する点は，点□です。

(6) 辺EFに対応する辺は，辺□です。

(7) 辺ABに対応する辺は，辺□です。

(8) 角Cに対応する角は，角□です。

(9) 辺AHは，□cmです。

(10) 角Gは，□°です。

2 直線アイが対称の軸になるように線対称な図形をかきましょう。

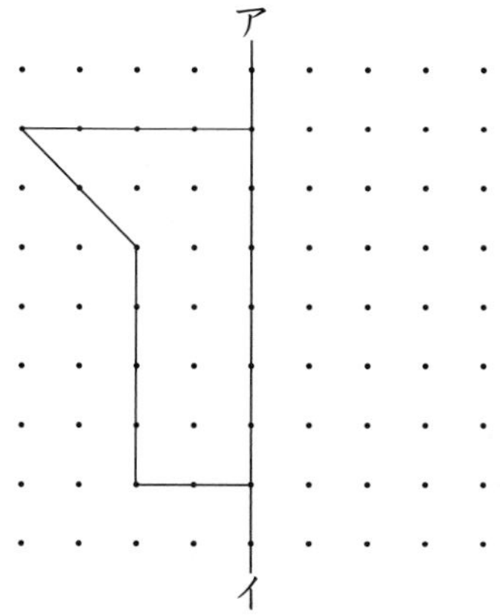

(141%に拡大してご使用ください。)

月　　日

算数あそび

線対称 ①

名前

● 直線アイが対称の軸になるように，線対称な図形をかきましたが，まちがっているところがあります。

右の図のまちがっている形すべてに色をぬりましょう。

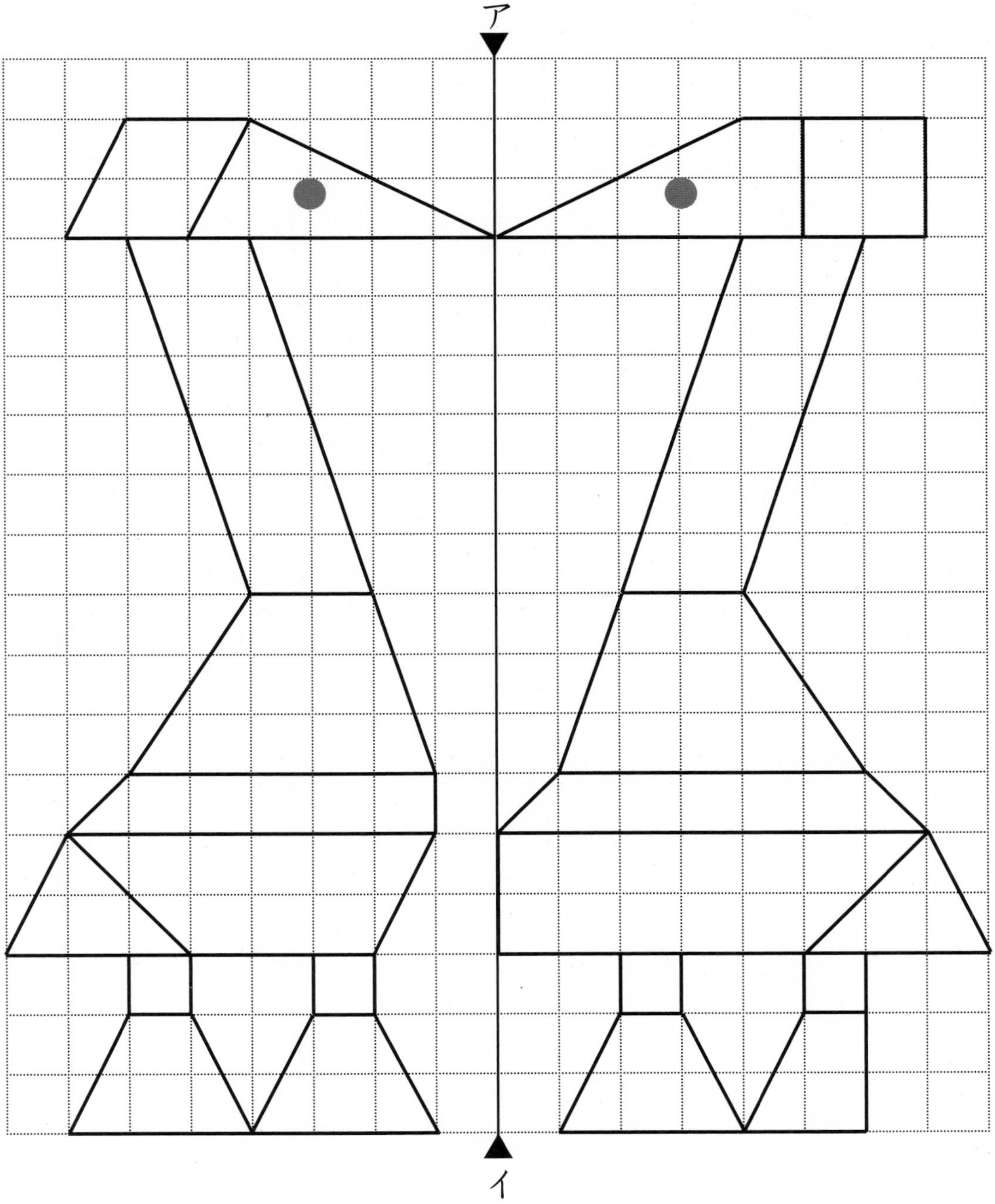

算数あそび

線対称 ②

名前　　　　　月　　日

● 直線アイが対称の軸になるように，線対称な図形をかきましたが，まちがっているところがあります。
下の図のまちがっている形すべてに色をぬりましょう。

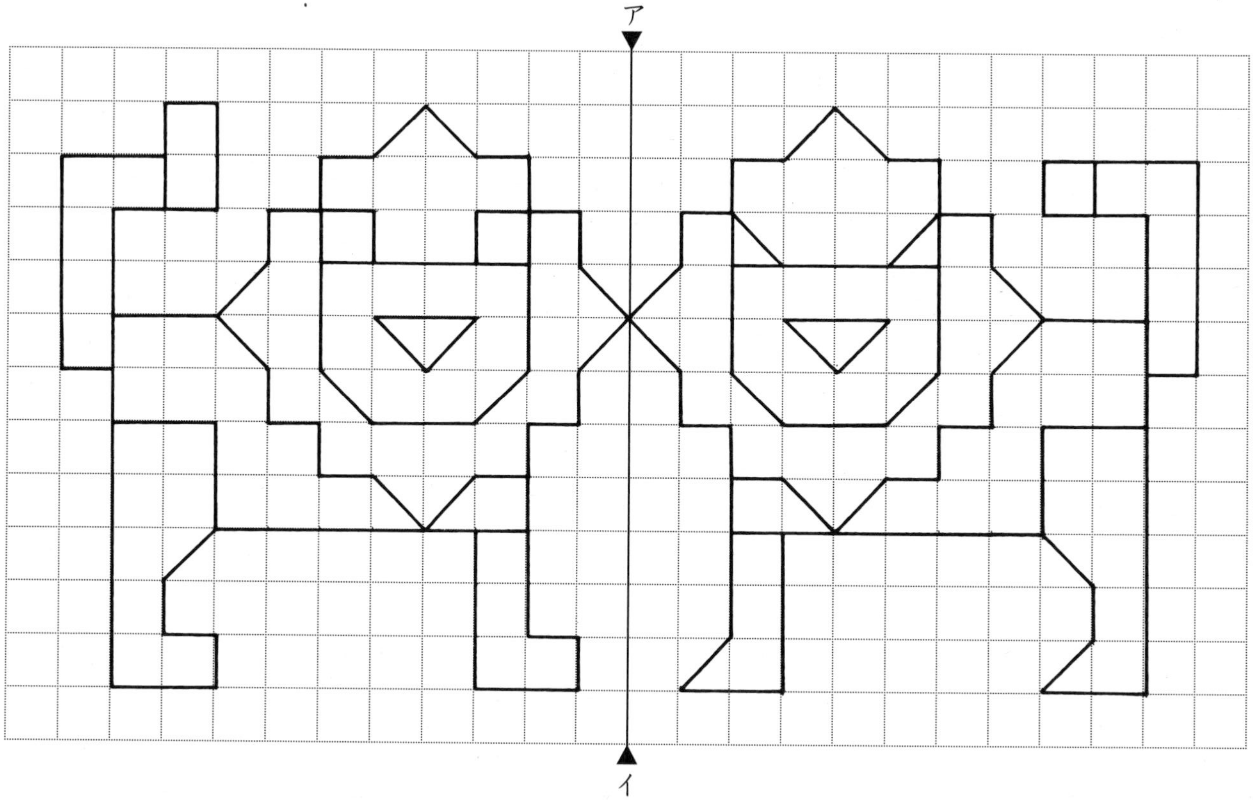

点対称（1）

月　日　名前

● 下の図形を，とう明なシートにうつしとり，●の点を中心として，180°回転させてみましょう。

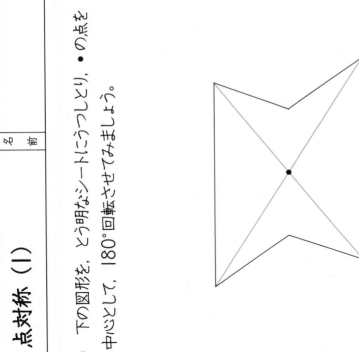

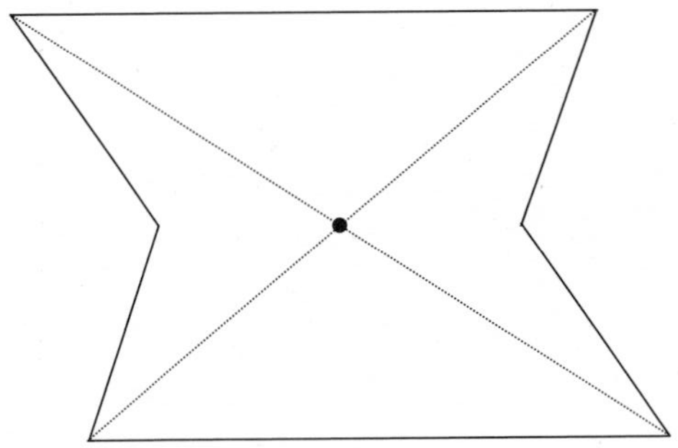

点対称（2）

月　日　名前

● □にあてはまることばを，下から選んで書きましょう。

(1) 1つの点を中心にして，［　　］回転したとき，

もとの図形にぴったり重なる図形を［　　］な図形といいます。

また，この点を［　　］といいます。

(2) 点対称（てんたいしょう）な図形では，対応する辺の長さも，対応する角の大きさも［　　］なっています。

線対称	点対称	対称の軸（じく）	
対称の中心	等しく	360°	180°

（141%に拡大してご使用ください。）

3分

点対称（3）

名前　　　　月　　日

● 下の図形は，点対称(てんたいしょう)な図形です。
対応する点，辺，角を書きましょう。

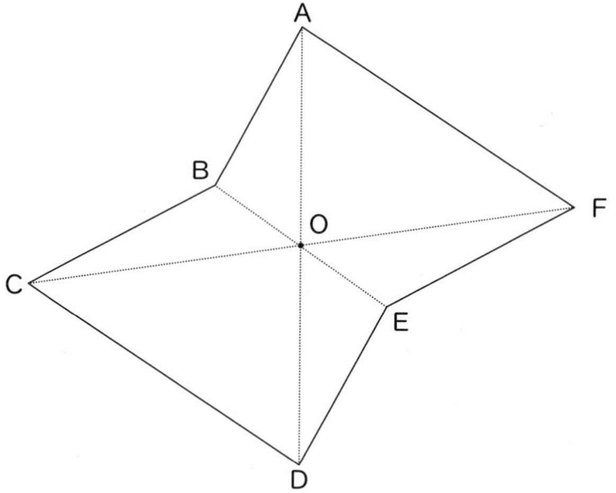

(1) 点A　[　　]　　(2) 点C　[　　]

(3) 辺AB　[　　]　　(4) 辺EF　[　　]

(5) 角B　[　　]　　(6) 角F　[　　]

点対称（4）

名前　　　　月　　日

● 下の点対称(てんたいしょう)な図形について調べましょう。

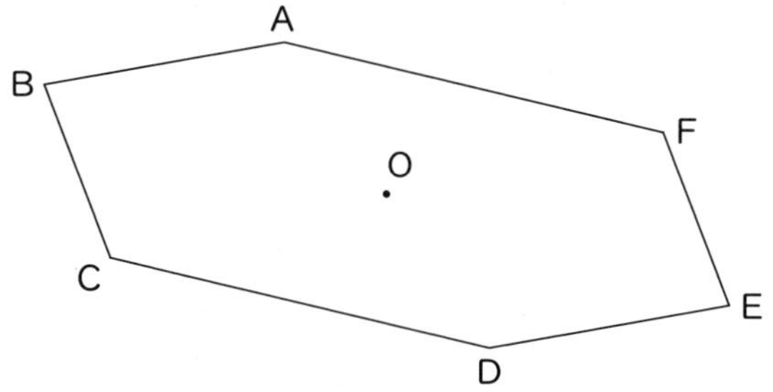

(1) 対応する点を直線で結びましょう。

(2) 直線COは4cmです。直線FOは何cmですか。

[　　]

(3) 直線EOは5cmです。直線BOは何cmですか。

[　　]

月　日

点対称（5）

名前

● 下の点対称（てんたいしょう）な図形を見て答えましょう。

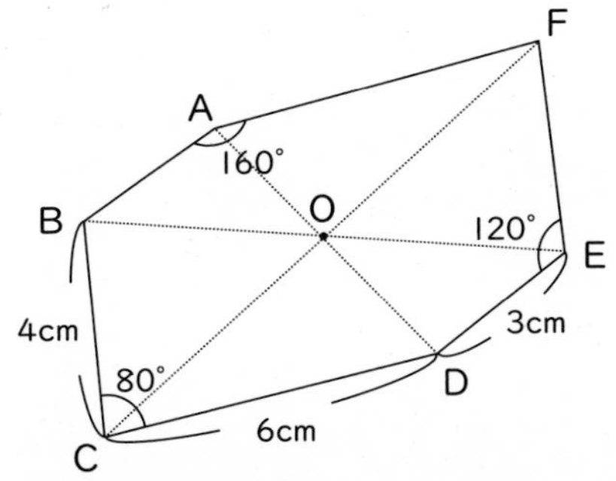

(1) 対応する点，辺，角を書きましょう。

① 点B　　　② 点F

③ 辺AB　　　④ 辺CD

⑤ 角D　　　⑥ 角C

(2) 辺FEは，何cmですか。

(3) 角Bの大きさは，何度ですか。

月　日

点対称（6）

名前

● 下の点対称（てんたいしょう）な図形（平行四辺形）について調べましょう。

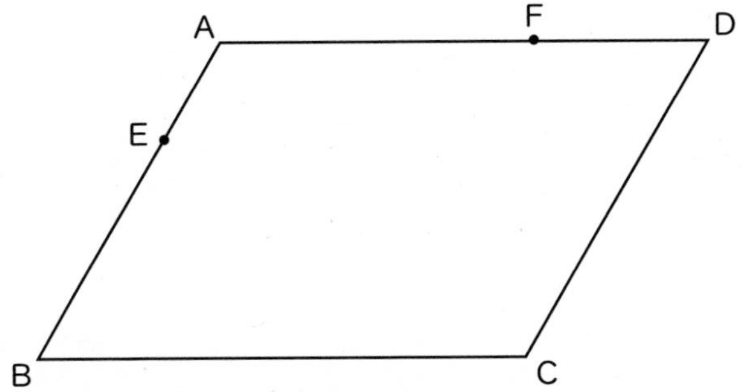

(1) ① 対応する点を直線で結びましょう。

② 対称の中心Oを図にかきましょう。

(2) ① 点Eから対称の中心Oを通る直線をひきましょう。

② 点Eに対応する点Gを図にかきましょう。

(3) ① 点Fから対称の中心Oを通る直線をひきましょう。

② 点Fに対応する点Hを図にかきましょう。

5分

(141%に拡大してご使用ください。)

5分

点対称（7）

月　　日

名前

● 点Ｏが対称の中心になるように，点対称な図形をかきましょう。

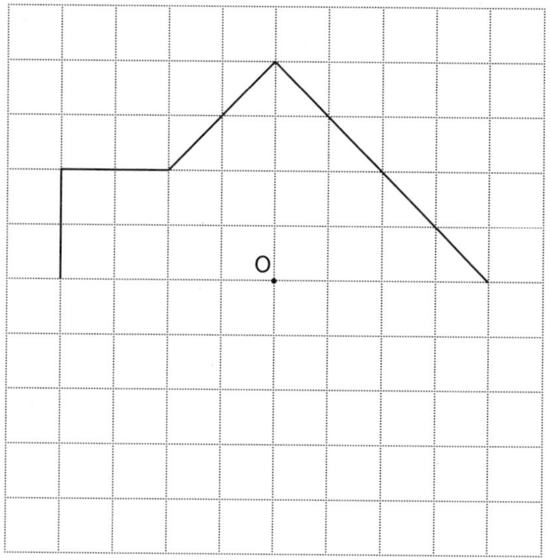

点対称（8）

月　　日

名前

● 点Ｏが対称の中心になるように，点対称な図形をかきましょう。

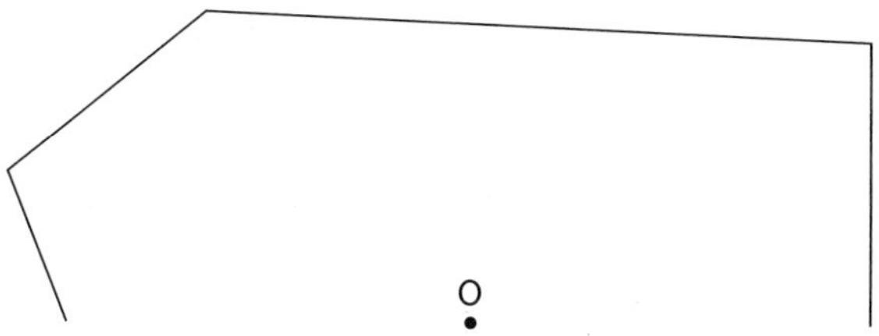

（141%に拡大してご使用ください。）

ふりかえり
点対称

名前　　　　　月　　日

1 下の点対称な図形を見て答えましょう。

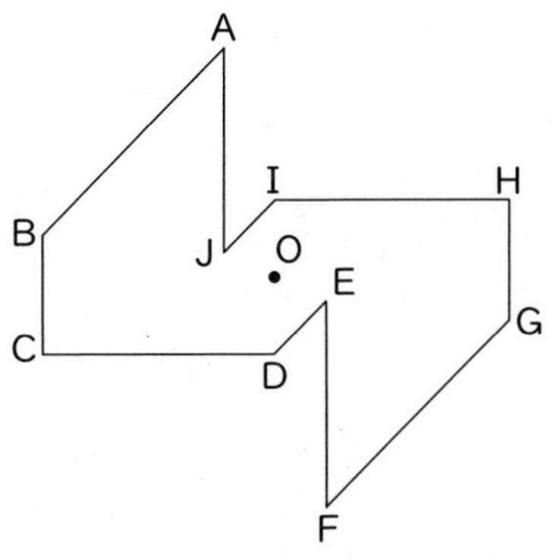

(1) 次の点に対応する点を書きましょう。

① 点A　［　　　］

② 点J　［　　　］

(2) 次の辺に対応する辺を［　］に書きましょう。

① 辺AJ　［　　　］

② 辺CD　［　　　］

(3) ［　］にあてはまることばを，下から選んで書きましょう。

点対称な図形では，対応する２つの点を直線で結ぶと，点Ｏを通ります。点Ｏを［　　　］といいます。

また，対応する２つの点から点Ｏまでの長さは［　　　］です。ですから，点Ｂから点Ｏまでの長さが3cmのとき，点Ｇから点Ｏまでの長さは，［　　　］になります。

対称の中心　・　3cm　・　6cm　・　点対称　・　等しい

2 点Ｏが対称の中心になるように，点対称な図形をかきましょう。

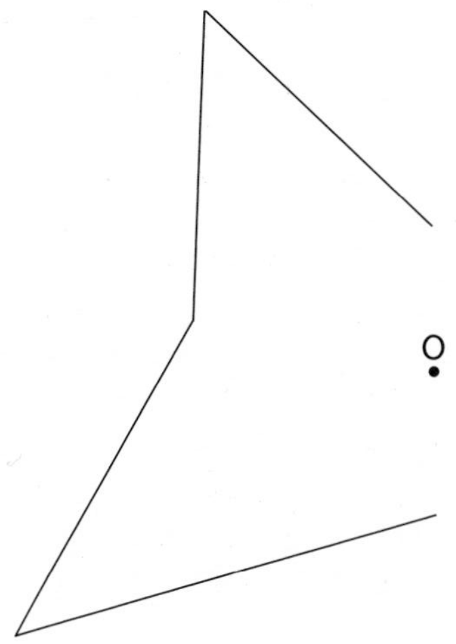

10分 ふりかえり

月　　日

多角形と対称（1）

名前

● 下の４つの四角形について，線対称(せんたいしょう)な図形か，点対称な図形か調べて，下の表にまとめましょう。

	線対称 ○×	対称の軸(じく)の数	点対称 ○×
平行四辺形 			
ひし形 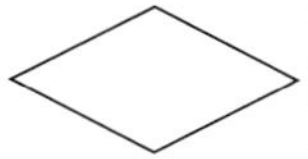			
長方形 			
正方形 			

月　　日

多角形と対称（2）

名前

● 下の三角形や正多角形，円について，線対称(せんたいしょう)な図形か，点対称な図形か調べて，下の表にまとめましょう。

	線対称 ○×	対称の軸(じく)の数	点対称 ○×
正三角形 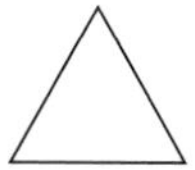			
正方形 			
正五角形 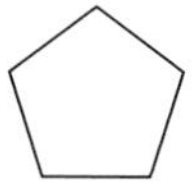			
正六角形 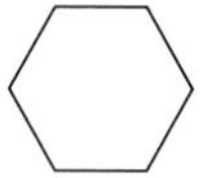			
正七角形 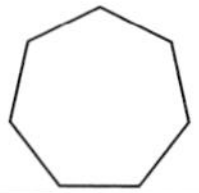			
正八角形 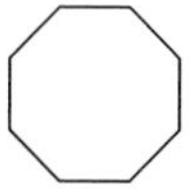			
円 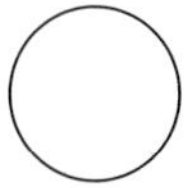		無数	

（141%に拡大してご使用ください。）

月　日

ふりかえり
多角形と対称

名前

1 下の図形は線対称な図形ですか。
　線対称な図形であれば（　　）に○をつけ，対称の軸をすべてかきましょう。

(1) 平行四辺形
（　　）

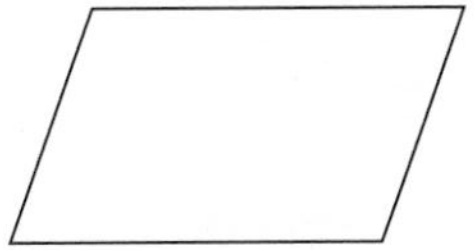

(2) ひし形
（　　）

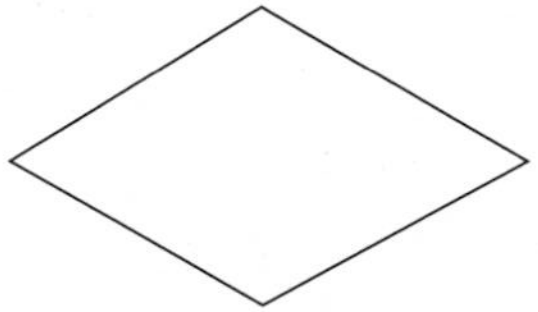

(3) 長方形
（　　）

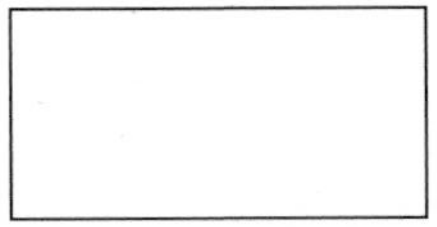

(4) 正三角形
（　　）

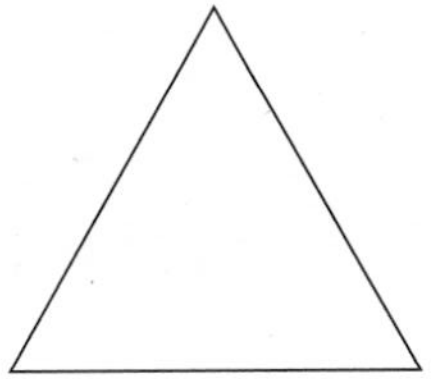

(5) 正五角形
（　　）

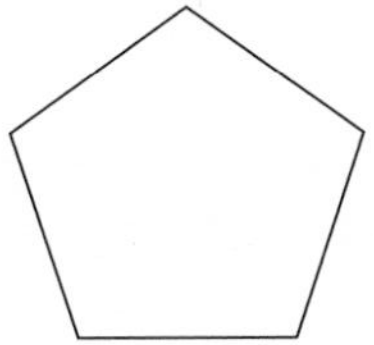

2 下の図形は点対称な図形ですか。
　点対称な図形であれば（　　）に○をつけ，対称の中心をかきましょう。

(1) 平行四辺形
（　　）

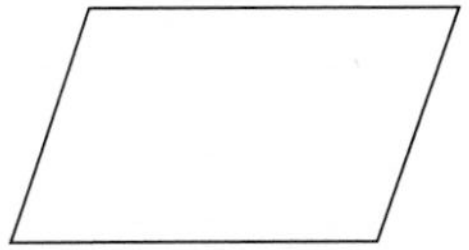

(2) ひし形
（　　）

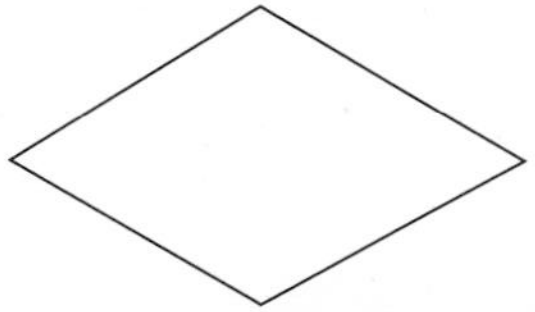

(3) 正三角形
（　　）

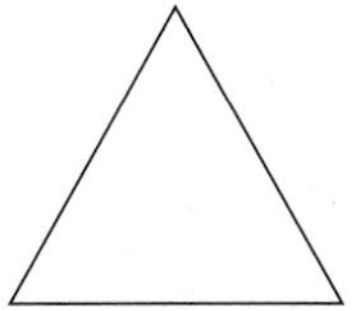

(4) 正方形
（　　）

(5) 正五角形
（　　）

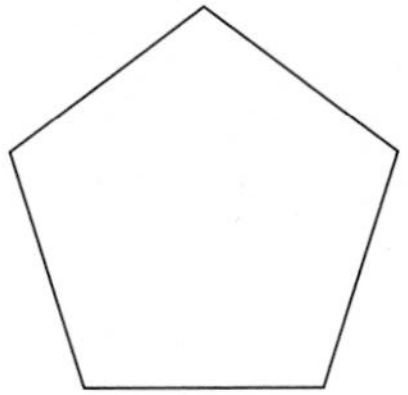

● 円について，調べましょう。

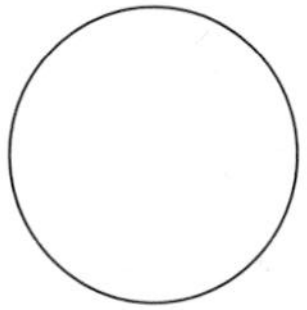

(1) 円は，線対称な図形ですか。
（ はい ・ いいえ ）

(2) 円は，点対称な図形ですか。
（ はい ・ いいえ ）

10分 ふりかえり

(141%に拡大してご使用ください。)

月　日

対称な図形（1）

名前

● 線対称（せんたいしょう）な図形であれば，線対称を，点対称な図形であれば，点対称を○で囲みましょう。（両方に○がつく場合もあります。）

(1) 地図記号

① 神社

（線対称・点対称）

② 工場

（線対称・点対称）

③ 寺院

（線対称・点対称）

④ 小・中学校

（線対称・点対称）

⑤ 郵便局（ゆうびんきょく）

（線対称・点対称）

⑥ 消防署（しょうぼうしょ）

（線対称・点対称）

(2) 道路標識

①

（線対称・点対称）

②

（線対称・点対称）

③

（線対称・点対称）

④

（線対称・点対称）

月　日

対称な図形（2）

名前

● 線対称（せんたいしょう）な図形であれば，線対称を，点対称な図形であれば，点対称を○で囲みましょう。（両方に○がつく場合もあります。）

★都道府県のマーク

① 北海道（ほっかいどう）

（線対称・点対称）

② 岩手県（いわて）

（線対称・点対称）

③ 埼玉県（さいたま）

（線対称・点対称）

④ 千葉県（ちば）

（線対称・点対称）

⑤ 新潟県（にいがた）

（線対称・点対称）

⑥ 長野県（ながの）

（線対称・点対称）

⑦ 京都府（きょうと）

（線対称・点対称）

⑧ 佐賀県（さが）

（線対称・点対称）

⑨ 大分県（おおいた）

（線対称・点対称）

⑩ 宮崎県（みやざき）

（線対称・点対称）

（141%に拡大してご使用ください。）

月　日

対称な図形（テスト）

名前

【知識・技能】

1　下の線対称（せんたいしょう）な図形を見て答えましょう。(5×3)

(1)　AからEにひいた直線を何といいますか。

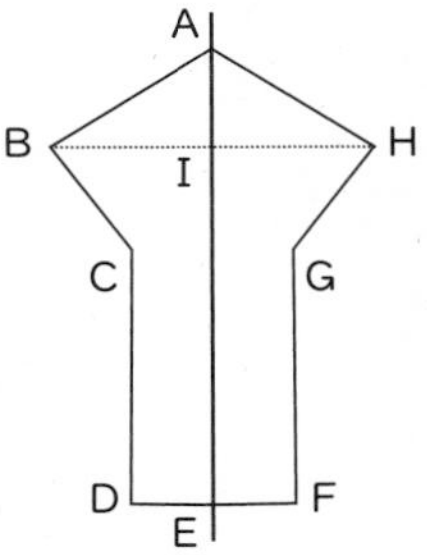

(2)　点Bと対応する点Hをつないだ直線は直線AEとどのように交わりますか。

(3)　直線BIが4cmのとき，直線BHは何cmですか。　　cm

2　下の点対称な図形を見て答えましょう。(5×3)

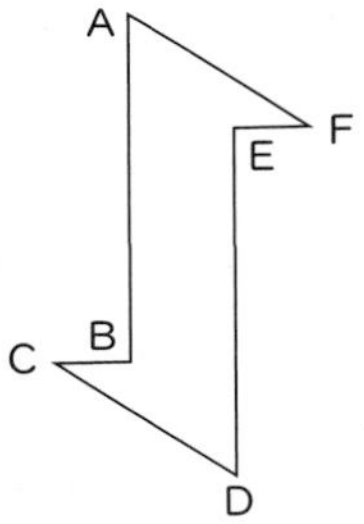

(1)　図の中に対称の中心をかき入れましょう。

(2)　点Cに対応する点は何ですか。　点

(3)　辺AFに対応する辺は何ですか。　辺

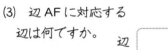

3　直線アイを対称の軸（じく）とした線対称な図形をかきましょう。(10)

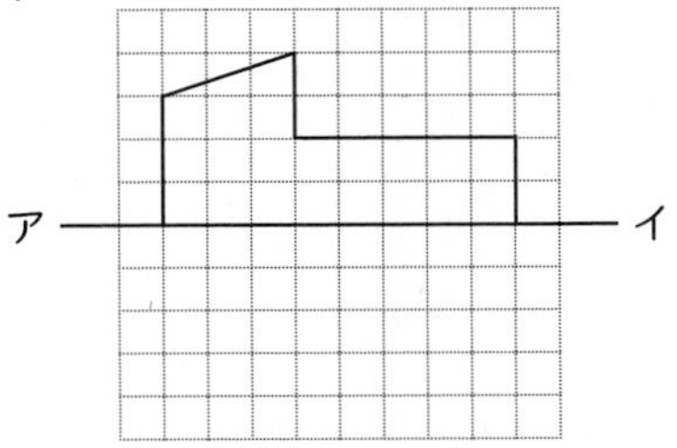

4　点Oを対称の中心とした点対称な図形をかきましょう。(10)

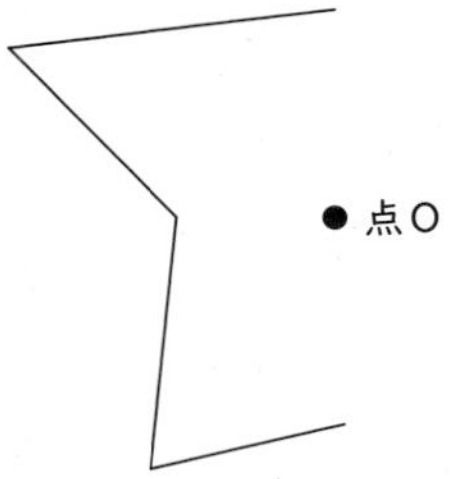

【思考・判断・表現】

5　次の四角形に対称の軸をすべてかきましょう。(5×3)

(1)　正方形

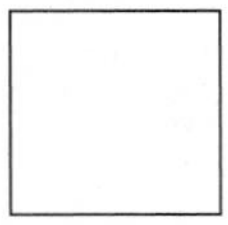

(2)　長方形

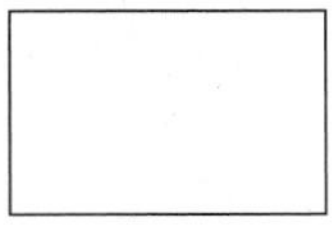

(3)　ひし形

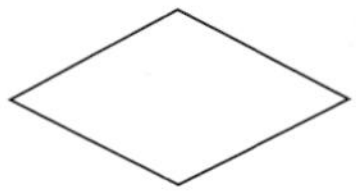

6　正五角形は線対称な図形です。(5×3)

(1)　対称の軸は何本ありますか。　本

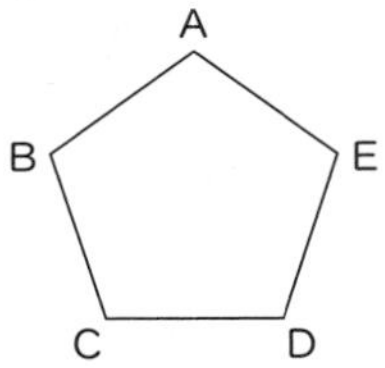

(2)　点Aを通る対称の軸をひいたとき，点Eに対応する点は何ですか。　点

(3)　点Eを通る対称の軸をひいたとき，点Aに対応する点は何ですか。　点

7　正六角形は，線対称な図形でも点対称な図形でもあります。(5×4)

(1)　対称の軸は何本ありますか。　本

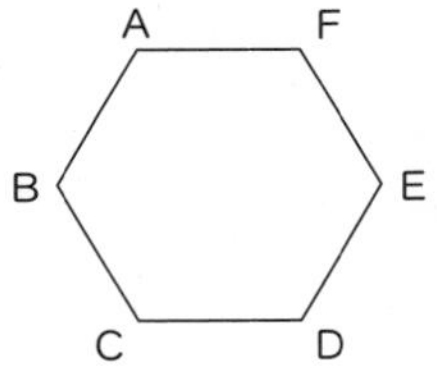

(2)　直線ADを対称の軸としたとき，点Cに対応する点は何ですか。　点

(3)　直線BEを対称の軸としたとき，辺EFに対応する辺は何ですか。　辺

(4)　点対称な図形とみたとき，辺EFに対応する辺は何ですか。　辺

月　　日

算数あそび

対称な図形

名前

1　直線 A, B, C がそれぞれとなりとの線対称の軸になるように，線対称な図形をかきましょう。できたら色もぬってみましょう。

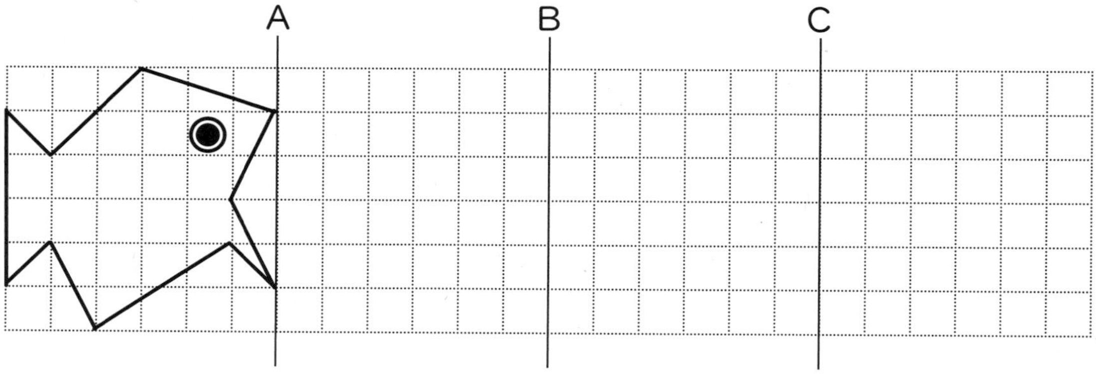

2　点 D, E, F がそれぞれとなりとの対称の中心になるように，点対称な図形をかきましょう。できたら色もぬってみましょう。

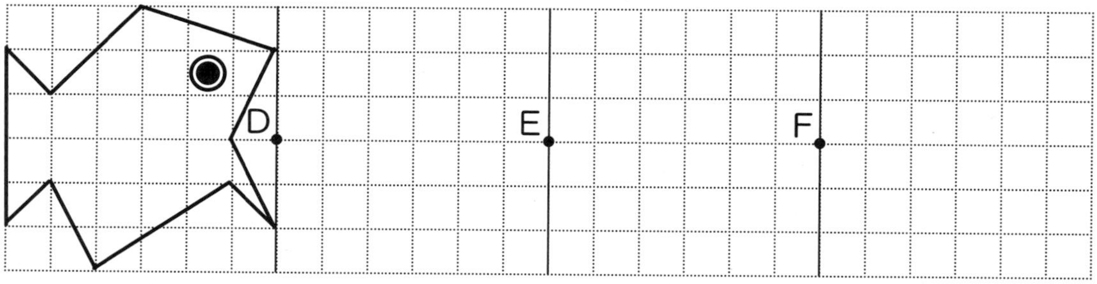

（141%に拡大してご使用ください。）

文字と式（1）

名前　　　　月　日

● 縦（たて）5cm のテープの面積を求めます。

(1) 図を見て，□に数を入れて，面積を求める式を書きましょう。

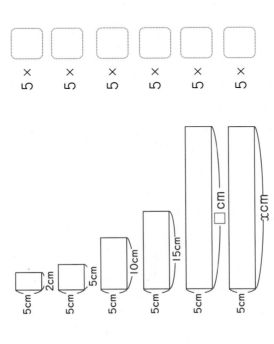

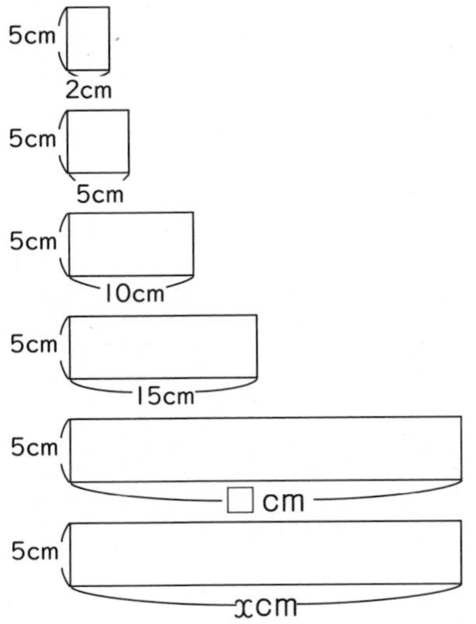

5 × □

5 × □

5 × □

5 × □

5 × □

5 × □

(2) x を使って，面積を求める式を書きましょう。

□

(3) x が 18 のときのテープの面積を，式を書いて求めましょう。

式

答え ＿＿＿＿

文字と式（2）

名前　　　　月　日

● 1 個 30 円の小さなシュークリームを x 個買って，20 円の箱に入れます。

(1) 代金を求める式を書きましょう。

1 個のとき　□ × 1 + 20

2 個のとき　□ × □ + 20

3 個のとき　□ × □ + 20

x 個のとき　□ × □ + □

(2) x を使って，代金を求める式を書きましょう。

□

(3) x が 10 のときの代金を，式を書いて求めましょう。

式

答え ＿＿＿＿

3分

(141%に拡大してご使用ください。)

月　日

文字と式（3）

名前

● 円の直径 $x$cm と円周 $y$cm の関係を式に表します。
□にあてはまる数や x の文字を書きましょう。

(1) 直径が次の長さのときの円周の長さを，式を書いて求めましょう。

1cmのとき　□ × 3.14 = □

2cmのとき　□ × 3.14 = □

10cmのとき　□ × 3.14 = □

$x$cmのとき　□ × 3.14 = y

(2) 直径を x，円周の長さを y として，x と y の関係を表した式を書きましょう。

□

(3) 上の x と y の関係を表した式を使って，x の値(あたい)が 5 のときの y の値を求めましょう。

式

答え

月　日

文字と式（4）

名前

● 次の場面の x と y の関係を式に表します。
□には，数字や x，y の文字を，○には＋，－，×，÷のどれかを書きましょう。

(1) 150ページある本を x ページ読むと，残りは y ページになります。

□ ○ □ ＝ □

(2) 18dL のお茶を x 人で同じように分けると，1人分は ydL になります。

□ ○ □ ＝ □

(3) 1個100円のドーナツを x 個買ったときの代金は y 円です。

□ ○ □ ＝ □

(4) 1100gのランドセルに，xg の教科書を入れたときの全体の重さは yg です。

□ ○ □ ＝ □

(141%に拡大してご使用ください。)

月　日

文字と式 (5)

名前

1　1個200円のりんごを x 個買って，100円のかごに入れます。

(1)　x を使って，代金を求める式を書きましょう。

□ × □ + □

(2)　りんごを次の個数買うときの代金を，(1)で作った式を使って求めましょう。

① 2個のとき

式

答え ＿＿＿＿

② 10個のとき

式

答え ＿＿＿＿

2　1本500gのペットボトルを x 本買って，70gの箱に入れます。

(1)　x を使って，重さの合計を求める式を書きましょう。

□ × □ + □

(2)　ペットボトルが3本のときの，重さの合計を求めましょう。

式

答え ＿＿＿＿

月　日

文字と式 (6)

名前

1　次の①～④の式に表された場面を，下の㋐～㋓の文章から選んで記号を □ に書きましょう。

① $80+x=y$　□

② $80-x=y$　□

③ $80\times x=y$　□

④ $80\div x=y$　□

㋐　1枚(まい)80円のクッキーを x 枚買うと，代金は y 円になります。

㋑　男の子が80人，女の子が x 人います。全部で y 人います。

㋒　80個のみかんを x 人で等しく分けると，1人分は y 個になります。

㋓　計算問題が80問あります。x 問解くと，残りは y 問になります。

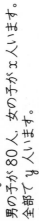

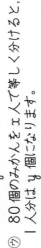

2　次の場面の x と y の関係を式に表しましょう。

(1)　針金(はりがね)が30cmあります。x cm使うと，残りは y cmです。

□

(2)　1辺の長さが x cmの正方形のまわりの長さは y cmです。

□

5分

文字と式 (7)

名前　　　　月　　日

● xの値(あたい)を求めましょう。

(1) $x + 7 = 35$

(2) $x - 3 = 52$

(3) $x \times 8 = 48$

(4) $12 \times x = 84$

(5) $x \div 9 = 4$

文字と式 (8)

名前　　　　月　　日

● xの値(あたい)を求めましょう。

(1) $x \times 6 + 2 = 26$

(2) $x \times 3 - 8 = 19$

(3) $x \times 7 + 46 = 60$

(4) $x \times 12 + 39 = 135$

(5) $x \times 1.6 - 3 = 5$

（141%に拡大してご使用ください。）

文字と式 (9)

月　日

名前

● 文ぼう具の買い物をしました。
絵を見て(1)~(4)の式が何を表しているか，ことばで説明しましょう。

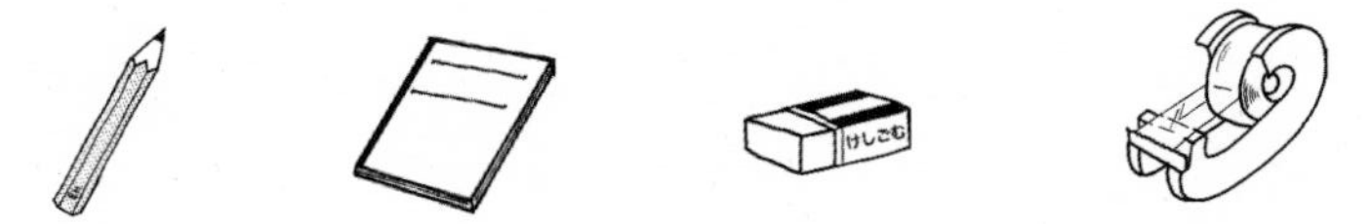

えん筆 1本 x円　ノート 1冊 120円　消しゴム 1個 40円　セロハンテープ 1個 170円

(1) $x \times 8$

(2) $x \times 3 + 120 + 40$

(3) $x + 40 + 170$

(4) $x \times 5 + 120$

文字と式 (10)

月　日

名前

● 右の図の面積をいろいろな考え方で求めます。
(1)~(3)の式にあう考え方を下の㋐~㋒の図から選んで，□に記号を書きましょう。

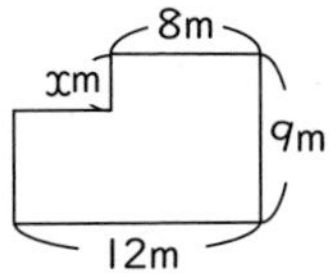

(1) $9 \times 12 - x \times (12 - 8)$ □

(2) $(9 - x) \times (12 - 8) + 9 \times 8$ □

(3) $x \times 8 + (9 - x) \times 12$ □

㋐
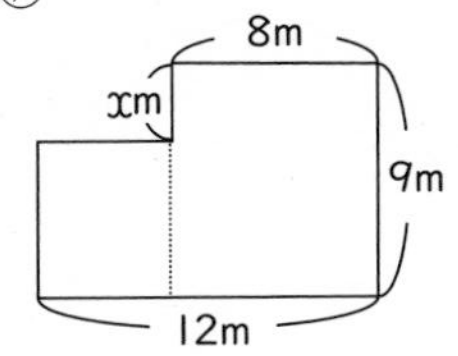

㋑
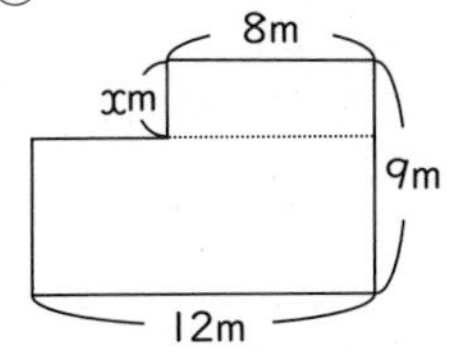

㋒
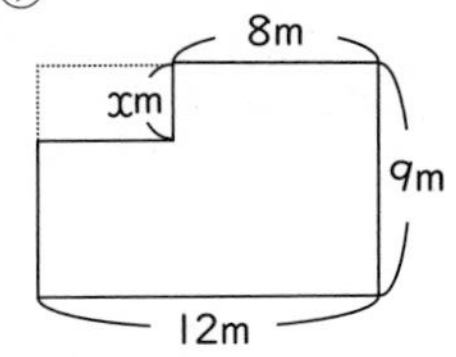

5分

月　日

ふりかえり
文字と式

名前

1 　1個50円のチョコレートがあります。

(1) このチョコレートを x 個買ったときの代金 y 円を求める式を書きましょう。

(2) x が次の数のときの代金を求めましょう。

① x が5のとき

式

答え

② x が12のとき

式

答え

2 　次の場面の x と y の関係を式に表しましょう。

(1) お茶が500mLあります。xmL飲むと，残りは ymLになります。

(2) 1mが210円のテープを xm買うと，代金は y 円です。

(3) xgのかんづめを100gの箱に入れます。全部で ygになります。

3 　次の式になる場合を下の㋐，㋑，㋒から選んで，記号を□に書きましょう。

(1) $x+40=y$ 　(2) $x-40=y$ 　(3) $x\times40=y$

㋐ おにぎりが x 個あります。40個作ると，全部で y 個になります。

㋑ 縦(たて) $x$cm，横40cmの長方形の面積は，$y$cm^2 です。

㋒ 子どもが x 人遊んでいます。40人帰ると，残りは y 人になります。

4 　x の値(あたい)を求めましょう。

(1) $x+42=81$

(2) $x-3.2=1.8$

(3) $x\times25=200$

(4) $x\times6+4=28$

(141%に拡大してご使用ください。)

月　日

文字と式（テスト）

名前

【知識・技能】

1 x と y の関係を式で表し，y の値(あたい)を求めましょう。(5×3)

(1) 1本 x 円のえん筆を6本買ったときの代金は y 円です。

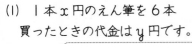

(2) x の値が次のときの y の値を求めましょう。

① x の値が 80

② x の値が 110

2 x と y の関係を式で表し，x の値を求めましょう。(5×3)

(1) 1個 x 円のあめ5個と，100円のジュースを買うと，代金は y 円です。

(2) y の値が次のときの x の値を求めましょう。

① y の値が 200

② y の値が 250

3 x の値を求めましょう。(5×4)

(1) $x + 7 = 15$

(2) $x - 7 = 15$

(3) $24 \times x = 120$

(4) $x \div 4.8 = 5$

【思考・判断・表現】

4 絵を見て，下の式が何を表しているかことばで説明しましょう。(5×4)

あめ x 円　ドーナツ 90円　ガム 70円

(1) $x \times 6$

(2) $x \times 4 + 90$

(3) $x \times 3 + 70 \times 2$

(4) $x + 90 \times 3 + 70$

5 次の(1)～(3)の式に表される場面を，下の㋐～㋒から選んで，記号を□に書きましょう。(5×3点)

(1) $x + 80 = y$　(2) $x - 80 = y$

(3) $x \times 80 = y$

㋐ 折り紙を x 枚(まい)持っていましたが，80枚使ったので y 枚になりました。
㋑ x 円のジュースと，80円のおかしを買うと，代金は y 円になりました。
㋒ 1枚 x 円の画用紙があります。それを80枚買うと，y 円になります。

6 右の図のような形をした畑があります。

下の(1)～(3)の式は畑の面積をくふうして求めたものです。それぞれの式はどのように考えたのでしょうか。合う図を右のあ～うから選んで，記号を□に書きましょう。(5×3)

(1) $(8-x) \times 4 + x \times 10$

(2) $8 \times 10 - (8-x) \times (10-4)$

(3) $8 \times 4 + x \times (10-4)$

あ
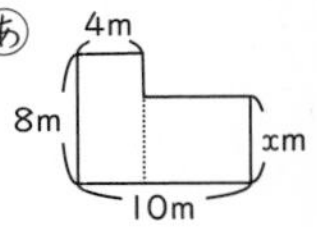

い
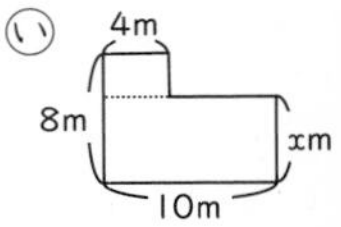

う
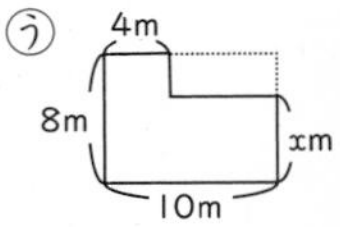

（141％に拡大してご使用ください。）

月　日

算数あそび

文字と式

名前

● xの箱１個の中には何が入っているでしょうか。
下の㋐～㋓から選んで，記号を書きましょう。
（箱の重さは考えないことにします。）

(1)

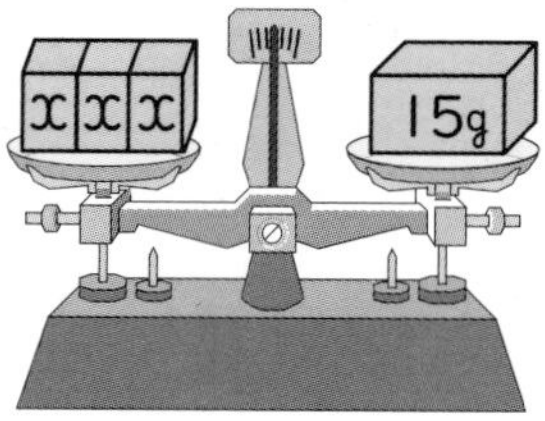

式

(2)

式

(3)

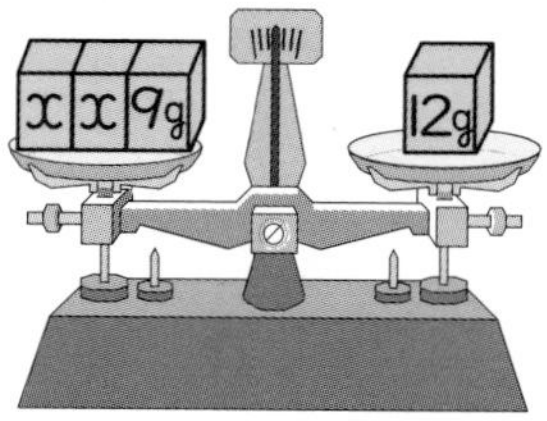

式

㋐

5gの砂糖（さとう）

㋑

1.5gの塩

㋒

3gの角砂糖

㋓

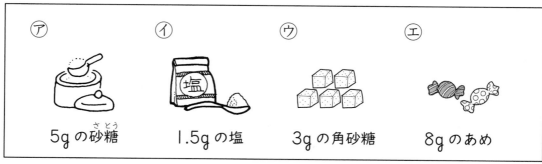

8gのあめ

分数のかけ算 (1)
(分数×整数) 約分なし

名前　　　　月　日

● 次の計算をしましょう。

① $\frac{3}{8} \times 3$

② $\frac{1}{6} \times 7$

③ $\frac{4}{9} \times 2$

④ $\frac{2}{3} \times 4$

⑤ $\frac{6}{5} \times 6$

⑥ $\frac{7}{4} \times 9$

分数のかけ算 (2)
(真分数×整数) 約分あり

名前　　　　月　日

● 次の計算をしましょう。

① $\frac{2}{5} \times 10$

② $\frac{7}{10} \times 5$

③ $\frac{4}{7} \times 14$

④ $\frac{1}{6} \times 3$

⑤ $\frac{3}{4} \times 2$

3分

(141%に拡大してご使用ください。)

月　日

分数のかけ算（3）
（仮分数×整数）約分あり

名前

● 次の計算をしましょう。

① $\frac{10}{3} \times 9$

② $\frac{9}{8} \times 2$

③ $\frac{6}{5} \times 15$

④ $\frac{5}{2} \times 4$

⑤ $\frac{7}{6} \times 2$

月　日

分数のかけ算（4）
（分数×整数）約分あり・なし

名前

● 次の計算をしましょう。

① $\frac{5}{4} \times 3$

② $\frac{11}{10} \times 5$

③ $\frac{1}{2} \times 2$

④ $\frac{4}{13} \times 3$

⑤ $\frac{5}{3} \times 6$

（141%に拡大してご使用ください。）

分数のかけ算 (5)
(分数×整数) 約分なし

名前　　　　月　日

● 次の計算をしましょう。

① $\frac{6}{7} \times 6$　　② $\frac{3}{5} \times 4$

③ $\frac{9}{10} \times 3$　　④ $\frac{5}{13} \times 2$

⑤ $\frac{8}{11} \times 2$　　⑥ $\frac{10}{7} \times 3$

⑦ $\frac{9}{2} \times 5$　　⑧ $\frac{3}{4} \times 5$

⑨ $\frac{1}{3} \times 7$　　⑩ $\frac{7}{8} \times 9$

分数のかけ算 (6)
(分数×整数) 約分あり

名前　　　　月　日

● 次の計算をしましょう。

① $\frac{5}{2} \times 8$　　② $\frac{4}{15} \times 10$

③ $\frac{5}{4} \times 2$　　④ $\frac{7}{6} \times 6$

⑤ $\frac{1}{7} \times 14$　　⑥ $\frac{5}{3} \times 9$

⑦ $\frac{3}{10} \times 6$　　⑧ $\frac{8}{5} \times 5$

⑨ $\frac{7}{8} \times 4$　　⑩ $\frac{13}{9} \times 3$

(141%に拡大してご使用ください。)

分数のかけ算 (7)
(分数×整数) 約分あり・なし

月　　日　名前

● 次の計算をしましょう。

① $\frac{2}{5} \times 3$　② $\frac{9}{2} \times 8$

③ $\frac{1}{4} \times 5$　④ $\frac{7}{9} \times 3$

⑤ $\frac{3}{8} \times 8$　⑥ $\frac{3}{7} \times 2$

⑦ $\frac{1}{9} \times 3$　⑧ $\frac{5}{6} \times 3$

⑨ $\frac{8}{3} \times 9$　⑩ $\frac{13}{10} \times 4$

分数のかけ算 (8)
(分数×整数) 約分あり・なし

月　　日　名前

● 次の計算をしましょう。

① $\frac{9}{8} \times 8$　② $\frac{3}{4} \times 10$

③ $\frac{1}{12} \times 7$　④ $\frac{3}{2} \times 10$

⑤ $\frac{9}{7} \times 14$　⑥ $\frac{8}{5} \times 4$

⑦ $\frac{1}{10} \times 15$　⑧ $\frac{5}{9} \times 2$

⑨ $\frac{11}{6} \times 9$　⑩ $\frac{17}{3} \times 12$

月　日

ふりかえり

分数のかけ算 ①

名前

● 次の計算をしましょう。

① $\frac{11}{8} \times 4$	⑥ $\frac{2}{3} \times 5$	⑪ $\frac{2}{5} \times 20$	⑯ $\frac{1}{10} \times 7$
② $\frac{1}{2} \times 3$	⑦ $\frac{4}{9} \times 3$	⑫ $\frac{1}{6} \times 7$	⑰ $\frac{5}{16} \times 4$
③ $\frac{8}{3} \times 2$	⑧ $\frac{2}{15} \times 5$	⑬ $\frac{11}{4} \times 12$	⑱ $\frac{7}{6} \times 5$
④ $\frac{1}{4} \times 4$	⑨ $\frac{4}{5} \times 4$	⑭ $\frac{3}{20} \times 5$	⑲ $\frac{5}{8} \times 6$
⑤ $\frac{2}{7} \times 3$	⑩ $\frac{5}{12} \times 5$	⑮ $\frac{4}{3} \times 8$	⑳ $\frac{5}{4} \times 12$

10分 ふりかえり

（141%に拡大してご使用ください。）

月　日

ふりかえり
分数のかけ算 ②

名前

● 次の計算をしましょう。

① $\frac{11}{6} \times 3$	⑥ $\frac{1}{5} \times 3$	⑪ $\frac{5}{14} \times 2$	⑯ $\frac{7}{8} \times 5$
② $\frac{7}{10} \times 3$	⑦ $\frac{3}{5} \times 10$	⑫ $\frac{9}{4} \times 12$	⑰ $\frac{5}{6} \times 7$
③ $\frac{9}{5} \times 2$	⑧ $\frac{2}{7} \times 7$	⑬ $\frac{5}{8} \times 3$	⑱ $\frac{2}{3} \times 6$
④ $\frac{9}{5} \times 10$	⑨ $\frac{5}{4} \times 5$	⑭ $\frac{2}{9} \times 6$	⑲ $\frac{9}{10} \times 7$
⑤ $\frac{5}{12} \times 9$	⑩ $\frac{9}{2} \times 3$	⑮ $\frac{2}{11} \times 2$	⑳ $\frac{1}{5} \times 25$

（141%に拡大してご使用ください。）

月　日

算数あそび

分数×整数

名前

● ①～⑩の計算をして，答えの大きい方へ進みましょう。

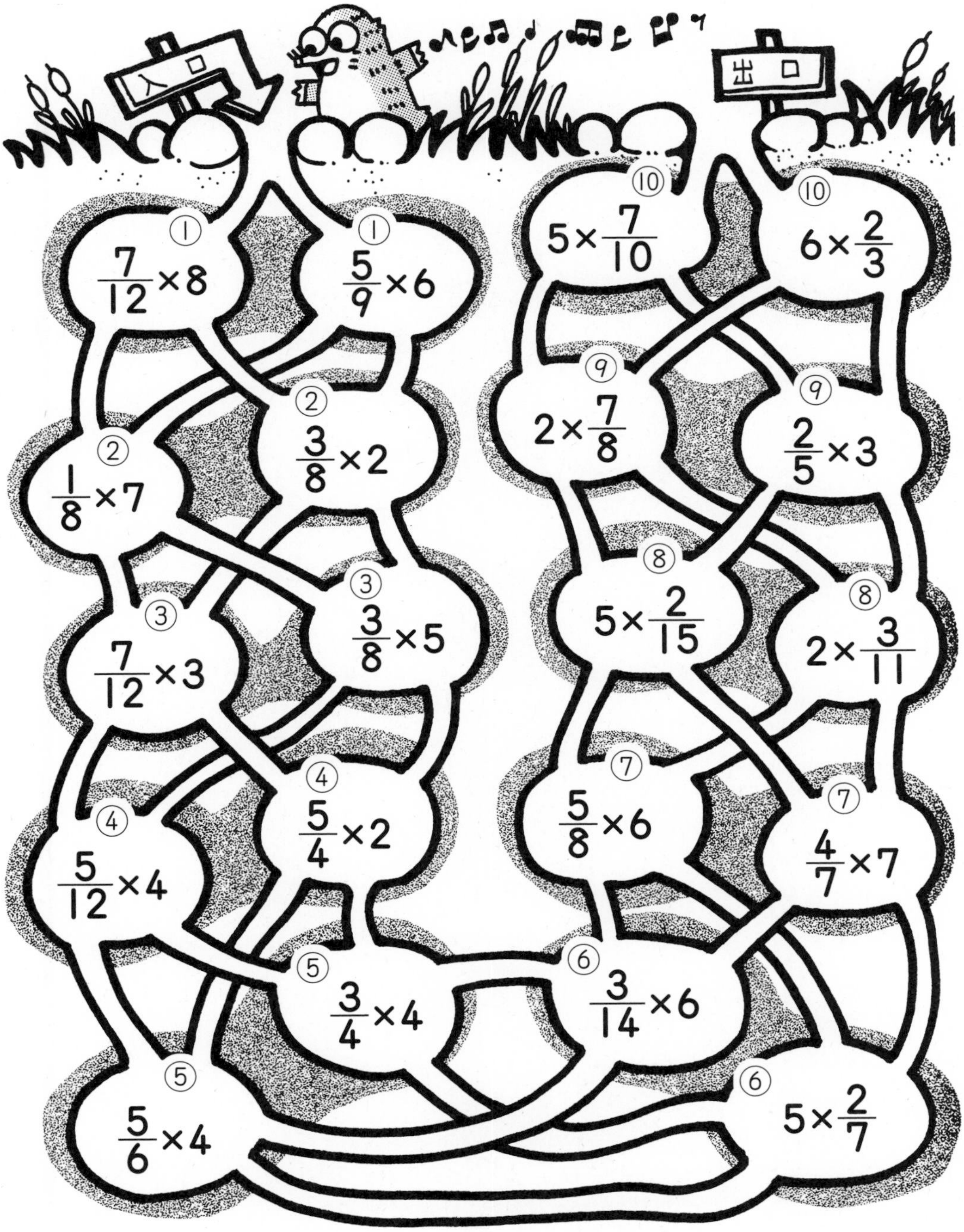

分数のわり算（1）

（分数÷整数）約分なし

名前	

月　日

● 次の計算をしましょう。

① $\frac{1}{4} \div 5$

② $\frac{11}{6} \div 2$

③ $\frac{7}{2} \div 4$

④ $\frac{8}{3} \div 5$

⑤ $\frac{5}{8} \div 6$

⑥ $\frac{2}{5} \div 7$

分数のわり算（2）

（真分数÷整数）約分あり

名前	

月　日

● 次の計算をしましょう。

① $\frac{4}{5} \div 6$

② $\frac{6}{7} \div 2$

③ $\frac{7}{10} \div 7$

④ $\frac{3}{4} \div 9$

⑤ $\frac{8}{15} \div 2$

（141％に拡大してご使用ください。）

月　　日

分数のわり算（3）

（仮分数÷整数）約分あり

名前	

● 次の計算をしましょう。

① $\frac{5}{2} \div 10$

② $\frac{10}{3} \div 5$

③ $\frac{9}{4} \div 6$

④ $\frac{12}{7} \div 4$

⑤ $\frac{14}{5} \div 7$

月　　日

分数のわり算（4）

（分数÷整数）約分あり・なし

名前	

● 次の計算をしましょう。

① $\frac{5}{6} \div 3$

② $\frac{3}{2} \div 6$

③ $\frac{3}{4} \div 2$

④ $\frac{2}{7} \div 4$

分数のわり算 (5)

(分数÷整数) 約分なし

名前　　　　月　　日

● 次の計算をしましょう。

① $\frac{3}{7} \div 2$　　② $\frac{2}{9} \div 3$

③ $\frac{5}{2} \div 4$　　④ $\frac{3}{4} \div 8$

⑤ $\frac{1}{3} \div 5$　　⑥ $\frac{3}{5} \div 2$

⑦ $\frac{5}{4} \div 6$　　⑧ $\frac{1}{2} \div 4$

⑨ $\frac{1}{6} \div 3$　　⑩ $\frac{3}{8} \div 7$

分数のわり算 (6)

(分数÷整数) 約分あり

名前　　　　月　　日

● 次の計算をしましょう。

① $\frac{15}{2} \div 3$　　② $\frac{2}{3} \div 4$

③ $\frac{14}{5} \div 2$　　④ $\frac{5}{3} \div 5$

⑤ $\frac{5}{6} \div 10$　　⑥ $\frac{10}{7} \div 2$

⑦ $\frac{9}{2} \div 3$　　⑧ $\frac{3}{5} \div 9$

(141%に拡大してご使用ください。)

分数のわり算（7）
（分数÷整数）約分あり・なし

名前　　　月　日

● 次の計算をしましょう。

① $\frac{7}{6} \div 4$　　② $\frac{14}{3} \div 7$

③ $\frac{6}{5} \div 3$　　④ $\frac{1}{2} \div 2$

⑤ $\frac{15}{4} \div 5$　　⑥ $\frac{5}{12} \div 10$

⑦ $\frac{2}{7} \div 5$　　⑧ $\frac{8}{9} \div 2$

分数のわり算（8）
（分数÷整数）約分あり・なし

名前　　　月　日

● 次の計算をしましょう。

① $\frac{5}{4} \div 5$　　② $\frac{12}{5} \div 4$

③ $\frac{2}{3} \div 3$　　④ $\frac{5}{6} \div 10$

⑤ $\frac{9}{7} \div 6$　　⑥ $\frac{5}{11} \div 2$

⑦ $\frac{6}{5} \div 8$　　⑧ $\frac{7}{2} \div 7$

5分

（141%に拡大してご使用ください。）

月　日

ふりかえり

分数のわり算 ①

名前

● 次の計算をしましょう。

① $\frac{1}{3} \div 4$

② $\frac{9}{8} \div 9$

③ $\frac{8}{5} \div 2$

④ $\frac{7}{2} \div 5$

⑤ $\frac{3}{10} \div 4$

⑥ $\frac{15}{4} \div 3$

⑦ $\frac{8}{5} \div 3$

⑧ $\frac{2}{7} \div 7$

⑨ $\frac{5}{3} \div 10$

⑩ $\frac{15}{8} \div 5$

⑪ $\frac{7}{6} \div 6$

⑫ $\frac{3}{4} \div 3$

⑬ $\frac{10}{13} \div 5$

⑭ $\frac{13}{5} \div 2$

⑮ $\frac{11}{3} \div 8$

⑯ $\frac{4}{7} \div 2$

⑰ $\frac{14}{9} \div 7$

⑱ $\frac{3}{8} \div 2$

⑲ $\frac{6}{11} \div 3$

⑳ $\frac{8}{7} \div 8$

（141%に拡大してご使用ください。）

月　日

ふりかえり
分数のわり算②

名前

● 次の計算をしましょう。

① $\frac{10}{3} \div 3$

② $\frac{2}{7} \div 5$

③ $\frac{9}{10} \div 2$

④ $\frac{8}{3} \div 2$

⑤ $\frac{2}{9} \div 3$

⑥ $\frac{7}{4} \div 14$

⑦ $\frac{7}{6} \div 7$

⑧ $\frac{13}{4} \div 4$

⑨ $\frac{4}{3} \div 6$

⑩ $\frac{5}{2} \div 10$

⑪ $\frac{1}{2} \div 9$

⑫ $\frac{10}{9} \div 2$

⑬ $\frac{4}{5} \div 3$

⑭ $\frac{1}{5} \div 5$

⑮ $\frac{5}{8} \div 4$

⑯ $\frac{9}{7} \div 6$

⑰ $\frac{5}{6} \div 2$

⑱ $\frac{3}{10} \div 6$

⑲ $\frac{16}{3} \div 4$

⑳ $\frac{3}{4} \div 2$

(141%に拡大してご使用ください。)

月　日

算数あそび

分数のわり算（÷整数）

名前

● 計算をして，答えの大きい方へ進んで，ゴールまで行きましょう。

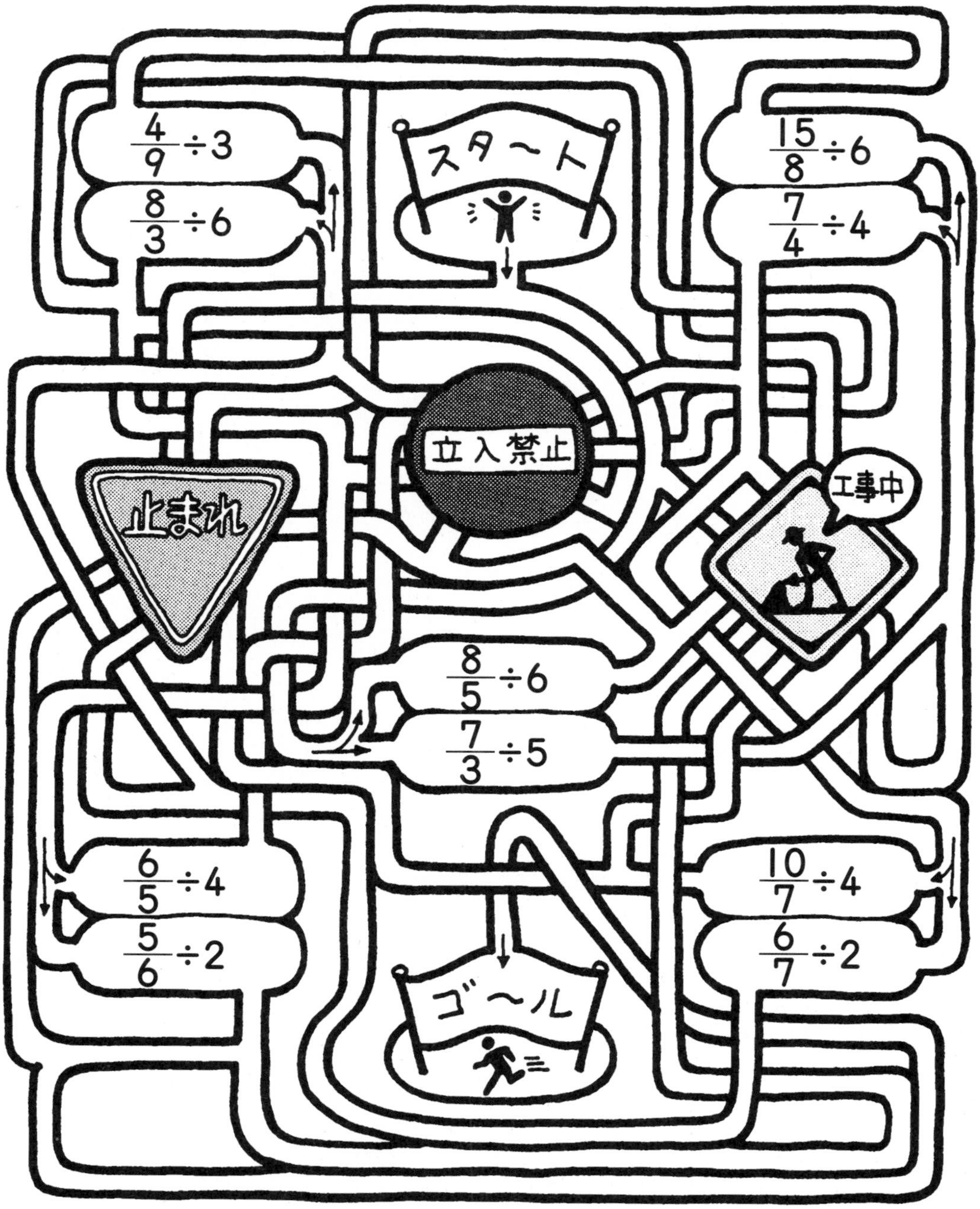

月　日

分数のかけ算・わり算 (1)
(分数×(÷)整数) 文章題

名前

1 ジュース 1L の中に砂糖(さとう)が $\frac{1}{10}$kg 入っています。このジュース 8L の中には，何 kg のさとうが入っていますか。

式

答え

2 1m の重さが 2kg の鉄の棒(ぼう)があります。
この鉄の棒 $\frac{4}{5}$kg は，何 m ですか。

式

答え

3 縦(たて) $\frac{17}{6}$ m，横 6m の長方形の畑があります。
この畑の面積は何 m^2 ですか。

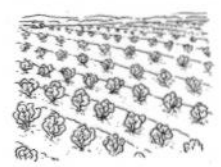

式

答え

4 5L の重さが $\frac{9}{2}$kg の油があります。
この油 1L の重さは何 kg ですか。

式

答え

月　日

分数のかけ算・わり算 (2)
(分数×(÷)整数) 文章題

名前

1 1m の重さが $\frac{3}{8}$kg のホースがあります。
このホース 12m の重さは何 kg になりますか。

式

答え

2 $\frac{10}{7}$L のジュースを 4 つのコップに同じ量ずつ分けました。
1 つのコップは何 L になりますか。

式

答え

3 底辺が $\frac{16}{3}$ cm，高さが 3cm の平行四辺形の面積を求めましょう。

式

答え

4 $\frac{15}{4}$ m^2 の長方形の布を同じ広さになるように 10 枚(まい)に切りました。
1 枚の広さは何 m^2 になりますか。

式

答え

10分

(141%に拡大してご使用ください。)

月　日

分数のかけ算・わり算 (テスト)
(分数×(÷)整数)

名前

【知識・技能】

1 次の計算をしましょう。(5×10)

(1) $\frac{5}{7} \times 3$

(2) $\frac{4}{15} \times 10$

(3) $\frac{7}{12} \times 18$

(4) $\frac{20}{9} \times 27$

(5) $1\frac{4}{15} \times 6$

(6) $\frac{1}{3} \div 4$

(7) $\frac{4}{7} \div 12$

(8) $\frac{10}{3} \div 15$

(9) $3\frac{3}{7} \div 18$

(10) $1\frac{10}{11} \div 14$

【思考・判断・表現】

2 1本が $3\frac{2}{3}$ kgの鉄パイプがあります。
この鉄パイプ9本では何kgになりますか。(5×2)

式

答え

3 $\frac{8}{9}$ Lのジュースを4人で同じように分けます。1人分は何Lになりますか。(5×2)

式

答え

4 4Lが $\frac{9}{2}$ kgのジュースがあります。
このジュース1Lの重さは何kgですか。(5×2)

式

答え

5 1mが3gの針金(はりがね)があります。
この針金 $4\frac{1}{2}$ gでは，何mになりますか。(5×2)

式

答え

6 面積が $6\frac{2}{5}$ m^2 の面積の長方形の花だんを作ります。横の長さを8mにすると，縦(たて)の長さは何mになりますか。(5×2)

式

答え

(141%に拡大してご使用ください。)

月　　日

算数あそび

分数のかけ算・わり算 ①

名前	

● 計算をして，あみだくじをしましょう。
答えをたどりついた □ に書きましょう。

月　　日

算数あそび

分数のかけ算・わり算 ②

名前

● 次の計算をして，答えの大きい方へ進み，ゴールまで行きましょう。通った方の答えを □ に書きましょう。

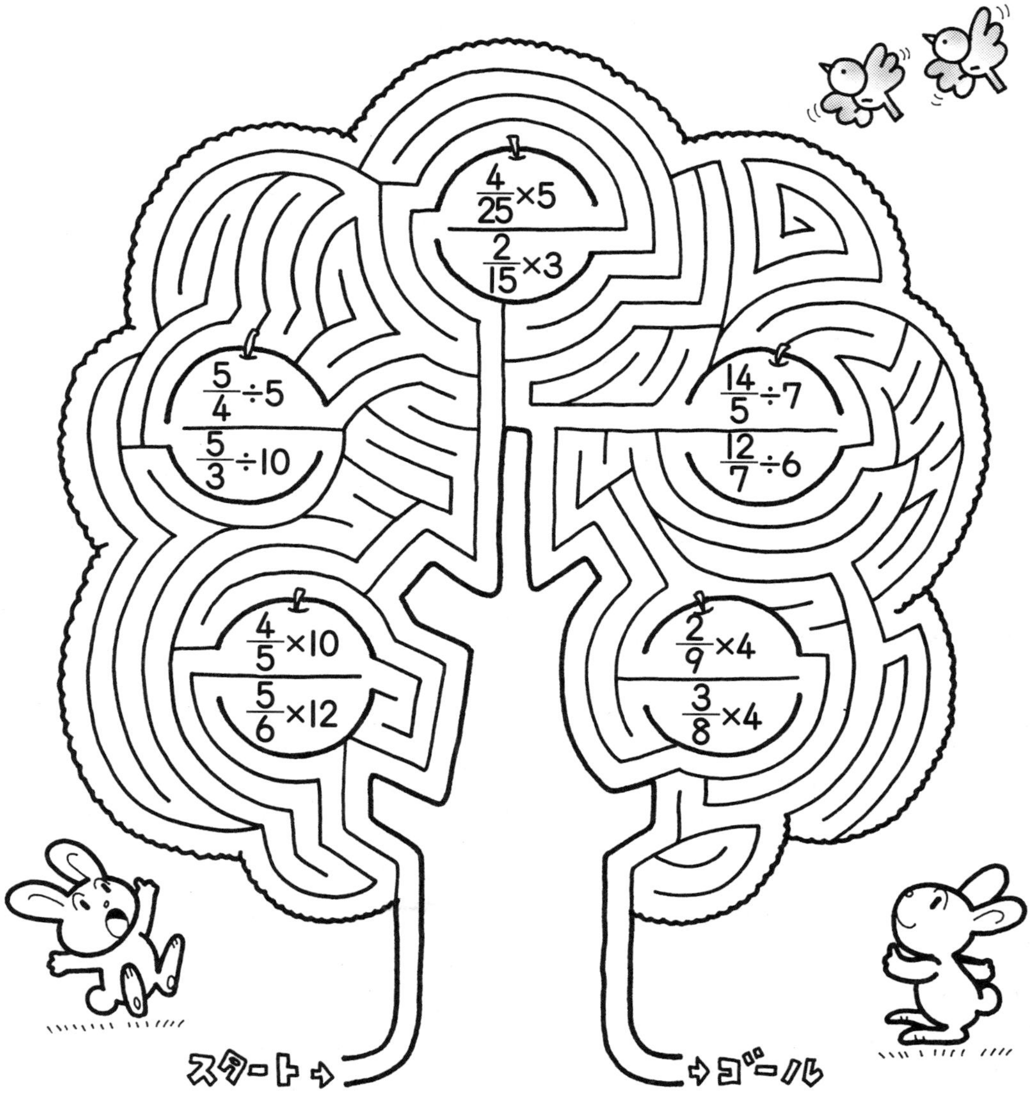

□ → □ → □ → □ → □

分数のかけ算（1）
約分なし

月　日　名前

● 次の計算をしましょう。

① $\frac{3}{5} \times \frac{4}{7}$

② $\frac{1}{2} \times \frac{3}{4}$

③ $\frac{2}{3} \times \frac{2}{5}$

④ $\frac{7}{4} \times \frac{1}{3}$

⑤ $\frac{7}{2} \times \frac{5}{3}$

⑥ $\frac{5}{8} \times \frac{3}{2}$

分数のかけ算（2）
（真分数）約分あり

月　日　名前

● 次の計算をしましょう。

① $\frac{3}{4} \times \frac{2}{5}$

② $\frac{3}{10} \times \frac{5}{6}$

③ $\frac{5}{9} \times \frac{3}{5}$

④ $\frac{5}{6} \times \frac{3}{8}$

⑤ $\frac{5}{8} \times \frac{4}{7}$

（141％に拡大してご使用ください。）

月　日

分数のかけ算（3）

（真分数と仮分数）約分あり・なし

名前

● 次の計算をしましょう。

① $\frac{9}{8} \times \frac{12}{5}$

② $\frac{2}{7} \times \frac{5}{3}$

③ $\frac{7}{4} \times \frac{1}{3}$

④ $\frac{4}{9} \times \frac{18}{7}$

⑤ $\frac{7}{6} \times \frac{3}{14}$

月　日

分数のかけ算（4）

（真分数と仮分数）約分あり・なし

名前

● 次の計算をしましょう。

① $\frac{9}{2} \times \frac{2}{9}$

② $\frac{10}{7} \times \frac{14}{5}$

③ $\frac{5}{6} \times \frac{9}{10}$

④ $\frac{2}{3} \times \frac{7}{5}$

⑤ $\frac{7}{20} \times \frac{3}{2}$

（141%に拡大してご使用ください。）

分数のかけ算（5）

（整数×分数）約分あり

名前　　　　月　　日

● 次の計算をしましょう。

① $3 \times \frac{5}{6}$

② $4 \times \frac{9}{2}$

③ $6 \times \frac{7}{10}$

④ $2 \times \frac{5}{12}$

⑤ $5 \times \frac{2}{5}$

分数のかけ算（6）

帯分数

名前　　　　月　　日

● 次の計算をしましょう。

① $\frac{2}{3} \times 1\frac{5}{6}$

② $1\frac{3}{4} \times \frac{2}{7}$

③ $1\frac{3}{5} \times 1\frac{7}{8}$

④ $1\frac{1}{2} \times 1\frac{1}{3}$

3分

(141%に拡大してご使用ください。)

分数のかけ算（7）

約分なし

名前　　　　月　　日

● 次の計算をしましょう。

① $\frac{3}{2} \times \frac{5}{7}$

② $\frac{9}{5} \times \frac{3}{8}$

③ $\frac{2}{7} \times \frac{10}{3}$

④ $\frac{1}{4} \times \frac{5}{6}$

⑤ $\frac{3}{5} \times \frac{7}{10}$

⑥ $\frac{5}{2} \times \frac{5}{3}$

⑦ $\frac{2}{9} \times \frac{2}{3}$

⑧ $\frac{7}{4} \times \frac{1}{6}$

⑨ $\frac{7}{8} \times \frac{3}{4}$

⑩ $\frac{4}{7} \times \frac{4}{9}$

分数のかけ算（8）

約分あり

名前　　　　月　　日

● 次の計算をしましょう。

① $\frac{9}{14} \times \frac{7}{12}$

② $\frac{3}{2} \times \frac{2}{5}$

③ $\frac{5}{6} \times \frac{12}{5}$

④ $\frac{5}{8} \times \frac{4}{15}$

⑤ $\frac{2}{9} \times \frac{6}{7}$

⑥ $\frac{9}{10} \times \frac{2}{9}$

⑦ $\frac{4}{5} \times \frac{3}{8}$

⑧ $\frac{8}{3} \times \frac{15}{4}$

（141%に拡大してご使用ください。）

分数のかけ算（9）

約分あり・なし

月　日　名前

● 次の計算をしましょう。

① $\frac{5}{3} \times \frac{12}{5}$　② $\frac{3}{8} \times \frac{5}{2}$

③ $\frac{3}{4} \times \frac{7}{5}$　④ $\frac{5}{6} \times \frac{4}{15}$

⑤ $\frac{5}{2} \times \frac{7}{4}$　⑥ $\frac{5}{8} \times \frac{2}{5}$

⑦ $\frac{3}{2} \times \frac{2}{15}$　⑧ $\frac{7}{3} \times \frac{5}{6}$

分数のかけ算（10）

約分あり・なし

月　日　名前

● 次の計算をしましょう。

① $\frac{9}{7} \times \frac{3}{4}$　② $\frac{1}{4} \times \frac{6}{7}$

③ $\frac{3}{4} \times \frac{8}{9}$　④ $\frac{1}{5} \times \frac{7}{9}$

⑤ $\frac{5}{12} \times \frac{3}{8}$　⑥ $\frac{3}{10} \times \frac{7}{2}$

⑦ $\frac{4}{9} \times \frac{2}{5}$　⑧ $\frac{3}{7} \times \frac{2}{9}$

(141%に拡大してご使用ください。)

分数のかけ算（11）

帯分数

名前　　　　月　日

● 次の計算をしましょう。

① $1\frac{5}{9} \times \frac{3}{7}$

② $\frac{3}{8} \times 1\frac{1}{6}$

③ $1\frac{4}{5} \times 1\frac{2}{3}$

④ $\frac{3}{4} \times 1\frac{1}{2}$

⑤ $1\frac{5}{7} \times 1\frac{3}{4}$

⑥ $1\frac{5}{8} \times \frac{12}{13}$

分数のかけ算（12）

3つの数

名前　　　　月　日

● 次の計算をしましょう。

① $\frac{4}{9} \times \frac{6}{7} \times \frac{3}{4}$

② $\frac{2}{5} \times 7 \times 1\frac{1}{14}$

③ $1\frac{1}{3} \times \frac{5}{12} \times 6$

④ $\frac{3}{8} \times \frac{5}{6} \times 1\frac{1}{3}$

月　日

分数のかけ算（13）

面積・体積

名前

1 右の平行四辺形の面積を求めましょう。

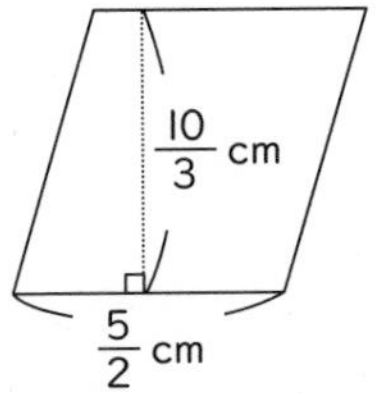

式

答え

2 右の長方形の面積を求めましょう。

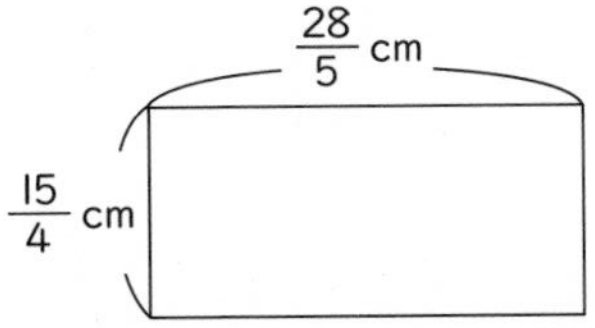

式

答え

3 右の立方体の体積を求めましょう。

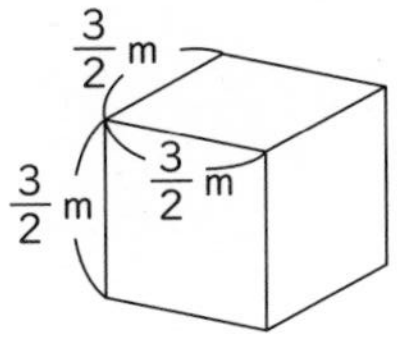

式

答え

4 右の直方体の体積を求めましょう。

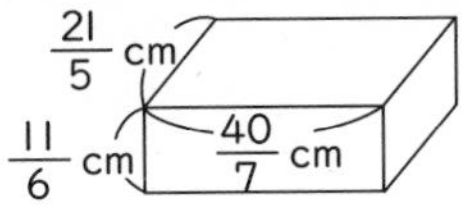

式

答え

月　日

分数のかけ算（14）

時間

名前

● 次の時間を（　）の中の単位で表しましょう。

(1) $\frac{3}{4}$ 時間（分）

答え

(2) $\frac{1}{6}$ 時間（分）

答え

(3) $\frac{5}{12}$ 時間（分）

答え

(4) 15分（時間）

答え

(5) 30分（時間）

答え

(6) 70分（時間）

答え

5分

月　日

分数のかけ算（15）

文章題

名前

1　底辺が$\frac{15}{7}$m，高さが$\frac{14}{9}$mの平行四辺形の面積は，何m^2ですか。

式

答え ＿＿＿＿

2　1分間に$5\frac{1}{3}$mm燃えるろうそくがあります。
同じように燃えるとすると，$\frac{3}{4}$分間では何mmろうそくは燃えますか。

式

答え ＿＿＿＿

3　1mの重さが$\frac{5}{8}$kgの木の棒（ぼう）があります。この木の棒，$\frac{4}{5}$mの重さは何kgですか。

式

答え ＿＿＿＿

月　日

分数のかけ算（16）

逆数・積の大きさ

名前

1　次の数の逆数を書きましょう。

(1) $\frac{1}{5}$ ⇨ □　　(2) $\frac{2}{3}$ ⇨ □

(3) $\frac{5}{6}$ ⇨ □　　(4) 2 ⇨ □

(5) 0.14 ⇨ □　　(6) 1.03 ⇨ □

2　次のあ～おのかけ算の答え（積）は，下のⒶ，Ⓑ，Ⓒのどれにあてはまりますか。□に記号を書きましょう。

あ $40\times\frac{4}{7}$　い $40\times\frac{11}{6}$　う 40×1　え $40\times\frac{5}{11}$　お $40\times1\frac{2}{5}$

Ⓐ 積 > 40　□

Ⓑ 積 ＝ 40　□

Ⓒ 積 < 40　□

月　日

ふりかえり
分数のかけ算

名前

1　次の計算をしましょう。

① $\frac{2}{3} \times \frac{4}{5}$　② $\frac{5}{8} \times \frac{2}{15}$

③ $\frac{9}{7} \times \frac{2}{3}$　④ $\frac{7}{6} \times \frac{12}{5}$

⑤ $6 \times \frac{4}{9}$　⑥ $1\frac{1}{4} \times \frac{7}{10}$

⑦ $1\frac{5}{9} \times 2\frac{4}{7}$　⑧ $\frac{5}{6} \times \frac{3}{10} \times \frac{8}{9}$

⑨ $\frac{7}{15} \times 5 \times \frac{18}{7}$　⑩ $\frac{1}{4} \times 1\frac{1}{5} \times 10$

2　下の図の面積や体積を求めましょう。

(1)　式

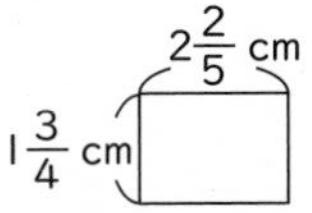

答え

(2)　式

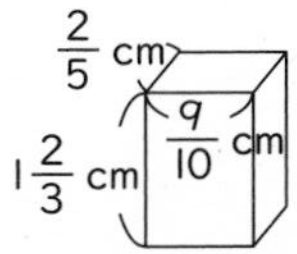

答え

3　次の数の逆数を書きましょう。

(1) $\frac{5}{6}$ ⇨ □　(2) 7 ⇨ □　(3) 1.2 ⇨ □

4　次のあ～えのかけ算の答え（積）は，下のⒶ，Ⓑ，Ⓒのどれにあてはまりますか。□に記号を書きましょう。

あ $7 \times 1\frac{1}{2}$　い $7 \times \frac{5}{8}$　う 7×1　え $7 \times \frac{6}{5}$

Ⓐ 積 ＞ 7　Ⓑ 積 ＝ 7　Ⓒ 積 ＜ 7

5　1 mの重さが $1\frac{1}{2}$kgのパイプがあります。このパイプ $2\frac{2}{3}$mの重さは何kgですか。

式

答え

10分 ふりかえり

月　　日

分数のかけ算（テスト）

名前

【知識・技能】

① 次の計算をしましょう。(5×6)

(1) $\frac{5}{8} \times \frac{3}{4}$

(2) $\frac{8}{15} \times \frac{5}{6}$

(3) $\frac{12}{7} \times \frac{21}{8}$

(4) $2\frac{2}{9} \times 1\frac{7}{8}$

(5) $25 \times \frac{4}{5}$

(6) $\frac{7}{8} \times \frac{4}{21} \times \frac{4}{5}$

② 次の数の逆数を □ に書きましょう。(5×4)

(1) $\frac{5}{8}$ □

(2) $\frac{1}{7}$ □

(3) 4 □

(4) 0.8 □

【思考・判断・表現】

③ 1kgが5200円の牛肉があります。
この牛肉を$\frac{4}{5}$kg買うと，代金はいくらになりますか。(5×2)

式

答え

④ 1Lの重さが$\frac{8}{9}$kgの油があります。
この油$\frac{3}{4}$Lの重さは何kgですか。(5×2)

式

答え

⑤ 下の図のような長方形の面積を求めましょう。(5×2)

式

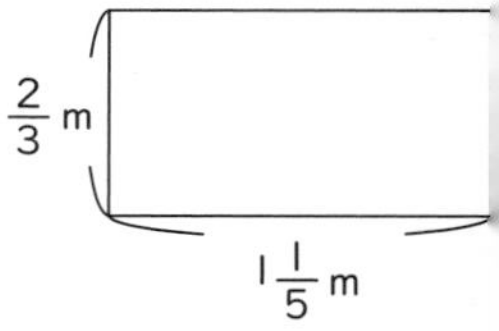

答え

⑥ 1mが$5\frac{1}{4}$gの針金（はりがね）があります。この針金$1\frac{1}{7}$mでは，何gになりますか。(5×2)

式

答え

⑦ □ にあてはまる数を書きましょう。(5×2)

(1) 600円の$\frac{2}{5}$は，□ 円です。

(2) □ mは，6mの$\frac{2}{3}$の長さです。

（141%に拡大してご使用ください。）

月　　日

算数あそび

分数のかけ算 ①

名前

● 次の数を通った順にかけていきましょう。
最後の答えはいくつになるでしょうか。

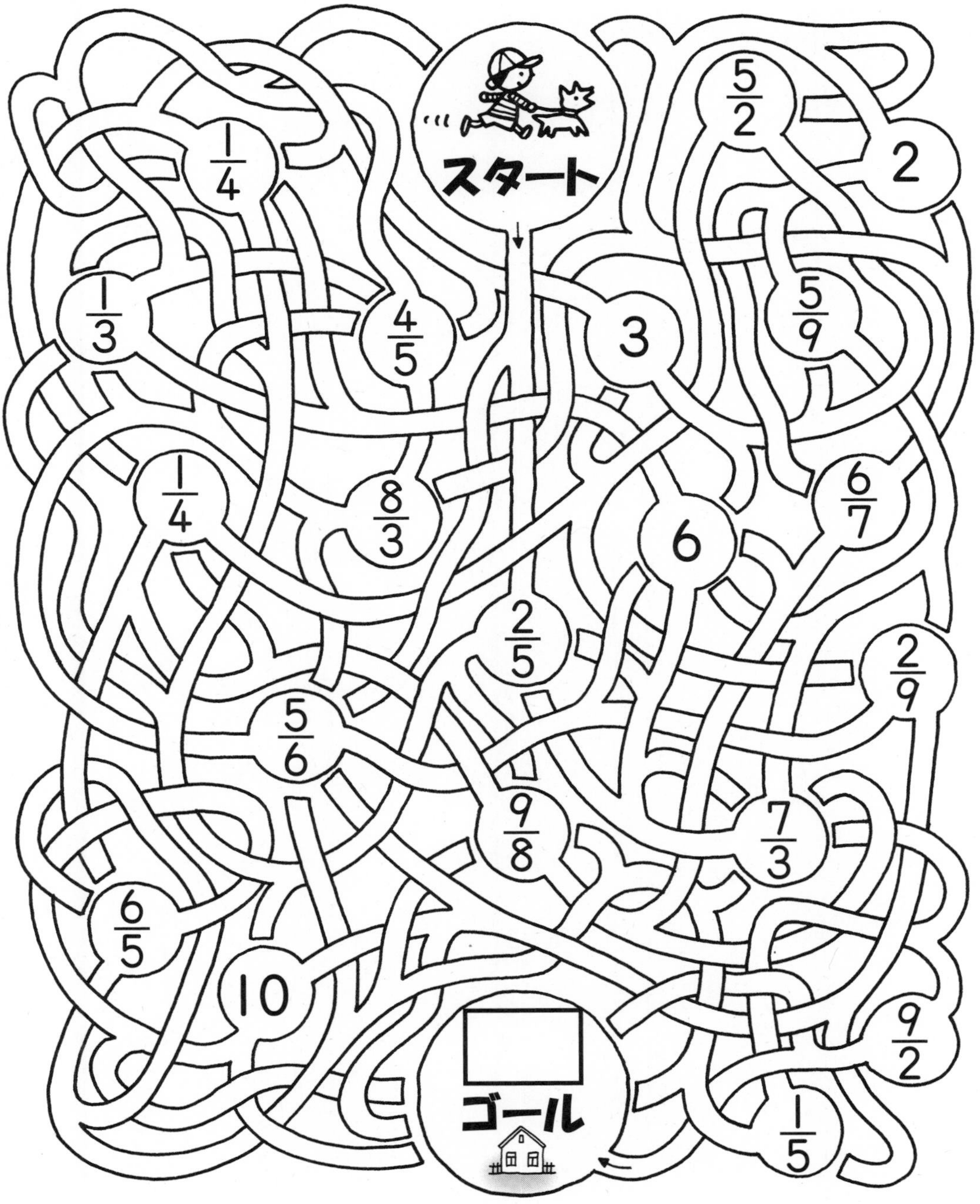

月　日

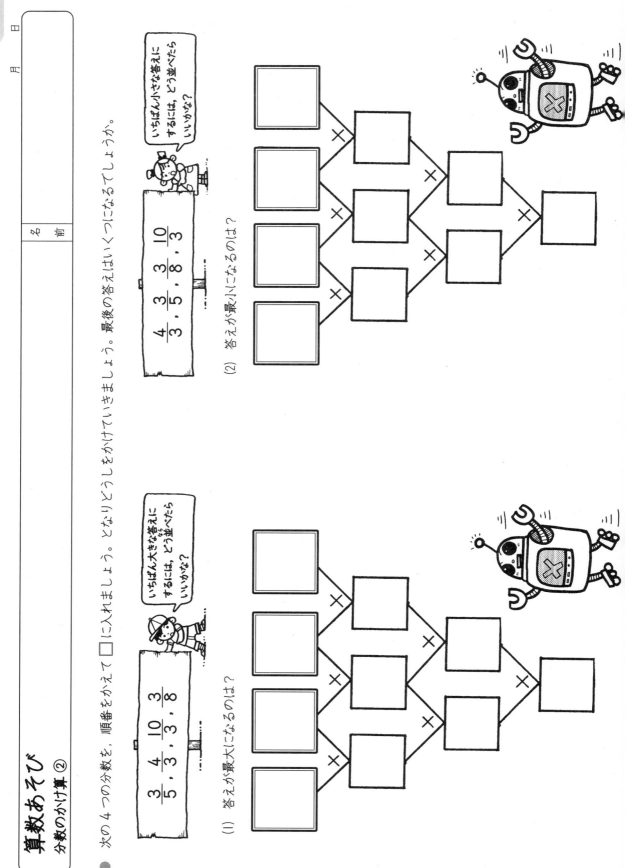

算数あそび
分数のかけ算 ②

名前

● 次の４つの分数を，順番をかえて□に入れましょう。となりどうしをかけていきましょう。最後の答えはいくつになるでしょうか。

$\frac{3}{5}$，$\frac{4}{3}$，$\frac{10}{3}$，$\frac{3}{8}$

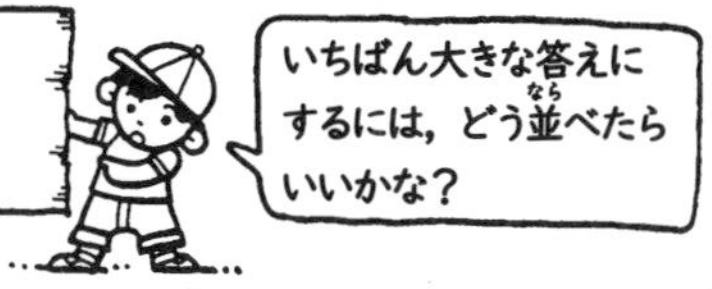

(1) 答えが最大になるのは？

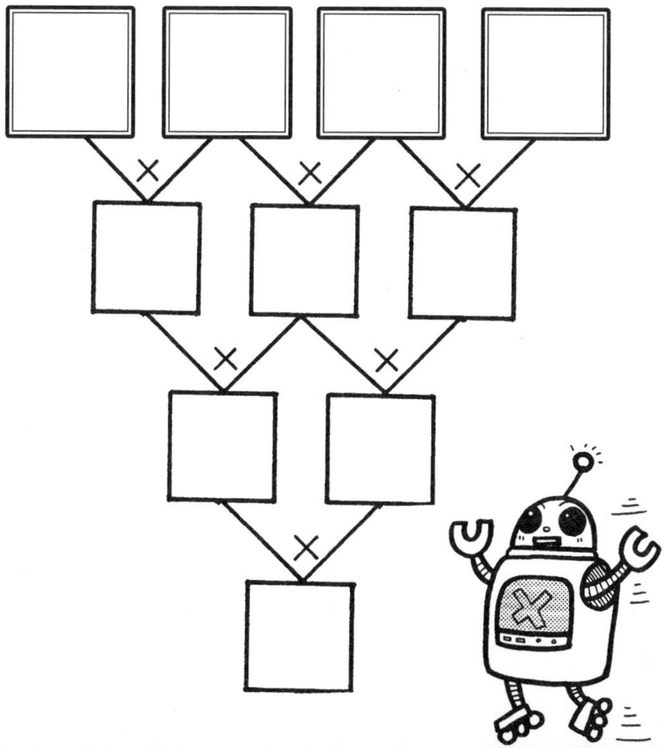

$\frac{4}{3}$，$\frac{3}{5}$，$\frac{3}{8}$，$\frac{10}{3}$

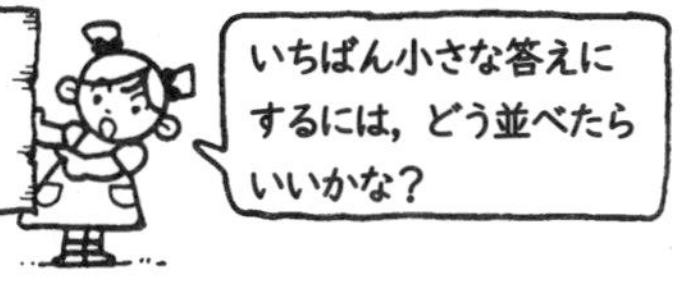

(2) 答えが最小になるのは？

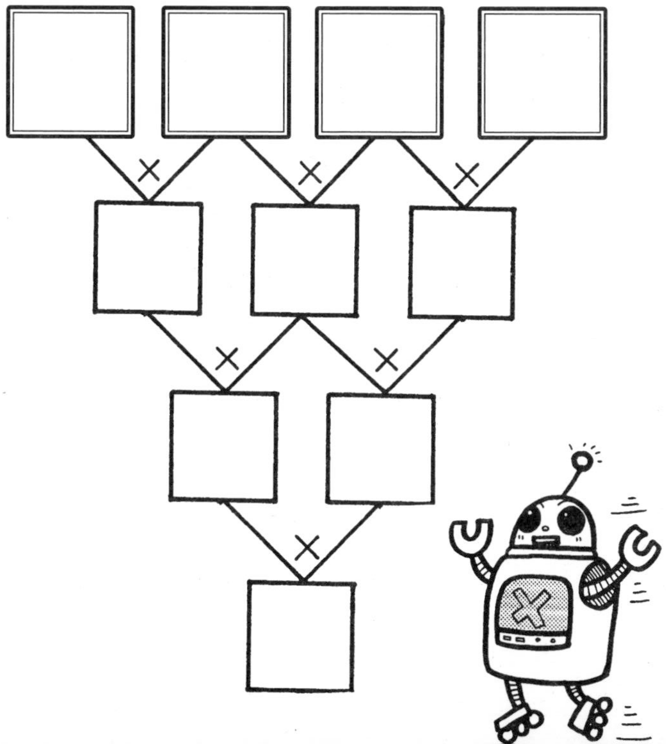

（141％に拡大してご使用ください。）

月　　日

算数あそび

分数のかけ算 ③

名前

● 次の数を通った順に，かけていきましょう。
最後の答えは，いくつになるでしょうか。

月　日

分数のわり算（1）

約分なし

名前

● 次の計算をしましょう。

① $\frac{2}{5} \div \frac{3}{2}$

② $\frac{7}{3} \div \frac{5}{4}$

③ $\frac{1}{9} \div \frac{6}{5}$

④ $\frac{1}{2} \div \frac{8}{3}$

⑤ $\frac{7}{6} \div \frac{3}{5}$

⑥ $\frac{2}{7} \div \frac{3}{4}$

月　日

分数のわり算（2）

（真分数）約分あり

名前

● 次の計算をしましょう。

① $\frac{3}{7} \div \frac{5}{14}$

② $\frac{1}{4} \div \frac{5}{6}$

③ $\frac{5}{8} \div \frac{15}{16}$

④ $\frac{4}{9} \div \frac{5}{12}$

⑤ $\frac{2}{3} \div \frac{8}{9}$

（141%に拡大してご使用ください。）

分数のわり算（3）

（真分数と仮分数）約分あり・なし

名前　　　月　日

● 次の計算をしましょう。

① $\frac{7}{3} \div \frac{4}{5}$

② $\frac{5}{6} \div \frac{15}{8}$

③ $\frac{3}{2} \div \frac{10}{7}$

④ $\frac{12}{7} \div \frac{15}{14}$

⑤ $\frac{9}{5} \div \frac{3}{10}$

分数のわり算（4）

（真分数と仮分数）約分あり・なし

名前　　　月　日

● 次の計算をしましょう。

① $\frac{9}{2} \div \frac{5}{8}$

② $\frac{9}{4} \div \frac{2}{3}$

③ $\frac{10}{3} \div \frac{3}{2}$

④ $\frac{11}{8} \div \frac{11}{10}$

⑤ $\frac{14}{5} \div \frac{7}{3}$

（141%に拡大してご使用ください。）

月　日

分数のわり算（5）

（整数÷分数）約分あり

名前

● 次の計算をしましょう。

① $5 \div \frac{10}{7}$

② $4 \div \frac{16}{3}$

③ $10 \div \frac{2}{5}$

④ $2 \div \frac{8}{9}$

⑤ $7 \div \frac{21}{20}$

月　日

分数のわり算（6）

帯分数

名前

● 次の計算をしましょう。

① $1\frac{2}{3} \div 2\frac{1}{6}$

② $1\frac{4}{5} \div \frac{4}{15}$

③ $\frac{5}{6} \div 1\frac{1}{9}$

④ $2\frac{1}{4} \div 1\frac{1}{2}$

（141％に拡大してご使用ください。）

月　日

分数のわり算 (7)

約分なし

名前

● 次の計算をしましょう。

① $\frac{1}{3} \div \frac{6}{7}$　② $\frac{8}{9} \div \frac{5}{4}$

③ $\frac{4}{5} \div \frac{3}{8}$　④ $\frac{5}{8} \div \frac{6}{5}$

⑤ $\frac{7}{2} \div \frac{3}{5}$　⑥ $\frac{7}{10} \div \frac{5}{3}$

⑦ $\frac{1}{8} \div \frac{6}{5}$　⑧ $\frac{2}{9} \div \frac{9}{4}$

⑨ $\frac{3}{4} \div \frac{2}{5}$　⑩ $\frac{3}{5} \div \frac{2}{3}$

月　日

分数のわり算 (8)

約分あり

名前

● 次の計算をしましょう。

① $\frac{1}{2} \div \frac{1}{6}$　② $\frac{5}{3} \div \frac{15}{4}$

③ $\frac{12}{5} \div \frac{6}{5}$　④ $\frac{7}{20} \div \frac{14}{5}$

⑤ $\frac{2}{15} \div \frac{10}{3}$　⑥ $\frac{7}{10} \div \frac{7}{8}$

⑦ $\frac{3}{4} \div \frac{12}{13}$　⑧ $\frac{9}{4} \div \frac{3}{2}$

(141%に拡大してご使用ください。)

分数のわり算 (9)

約分あり・なし

名前　　　　　月　　日

● 次の計算をしましょう。

① $\frac{9}{8} \div \frac{6}{5}$　　② $\frac{2}{5} \div \frac{6}{7}$

③ $\frac{5}{4} \div \frac{7}{9}$　　④ $\frac{5}{6} \div \frac{4}{7}$

⑤ $\frac{5}{2} \div \frac{11}{6}$　　⑥ $\frac{1}{6} \div \frac{5}{18}$

⑦ $\frac{7}{4} \div \frac{5}{12}$　　⑧ $\frac{3}{10} \div \frac{4}{3}$

分数のわり算 (10)

(整数÷分数) 約分あり・なし

名前　　　　　月　　日

● 次の計算をしましょう。

① $8 \div \frac{16}{3}$　　② $4 \div \frac{7}{6}$

③ $6 \div \frac{2}{5}$　　④ $2 \div \frac{8}{3}$

⑤ $7 \div \frac{5}{3}$　　⑥ $9 \div \frac{3}{7}$

⑦ $3 \div \frac{12}{7}$　　⑧ $10 \div \frac{7}{2}$

(141%に拡大してご使用ください。)

分数のわり算（11）

帯分数

名前

● 次の計算をしましょう。

① $1\frac{7}{12} \div \frac{3}{4}$

② $1\frac{1}{3} \div 1\frac{1}{15}$

③ $\frac{1}{4} \div 1\frac{2}{3}$

④ $1\frac{2}{5} \div 1\frac{1}{6}$

⑤ $\frac{3}{4} \div 1\frac{1}{5}$

⑥ $2\frac{2}{7} \div 1\frac{1}{3}$

分数のわり算（12）

商の大きさ・面積・文章題

名前

1 次のわり算の式を，Ⓐ，Ⓑ，Ⓒに分けましょう。

㋐ $90 \div \frac{5}{6}$　㋑ $90 \div 1\frac{1}{2}$　㋒ $90 \div 1$　㋓ $90 \div \frac{6}{5}$

Ⓐ 商 ＝ 90　Ⓑ 商 ＞ 90　Ⓒ 商 ＜ 90

2 下の図形の □ の長さを求めましょう。

(1)

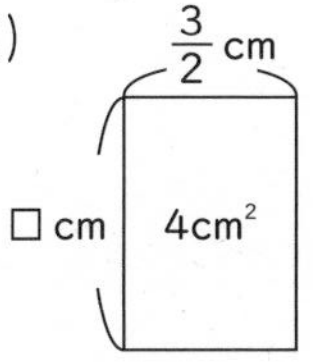

式

答え

(2)

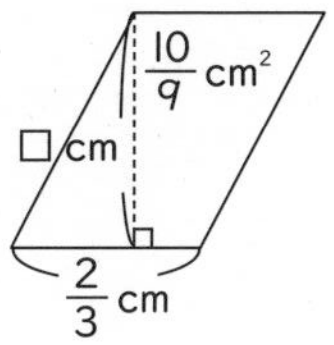

式

答え

3 $\frac{9}{7}$dL のペンキで，$\frac{3}{5}m^2$ のかべがぬれます。
このペンキ 1dL では，何 m^2 のかべがぬれますか。

式

答え

5分

月　日

ふりかえり
分数のわり算

名前

1 次の計算をしましょう。

① $\frac{1}{9} \div \frac{4}{9}$　② $\frac{7}{12} \div \frac{14}{3}$

③ $4 \div \frac{6}{5}$　④ $\frac{21}{8} \div \frac{7}{4}$

⑤ $\frac{2}{5} \div \frac{3}{10}$　⑥ $1\frac{2}{7} \div \frac{3}{14}$

⑦ $1\frac{3}{8} \div 1\frac{3}{4}$　⑧ $\frac{5}{6} \div \frac{2}{3}$

⑨ $\frac{7}{9} \div \frac{3}{2}$　⑩ $12 \div \frac{4}{3}$

2 次のわり算の式を，商の大きい順に並(なら)べましょう。

㋐ $60 \div \frac{2}{3}$　㋑ $60 \div \frac{1}{3}$　㋒ $60 \div 1$　㋓ $60 \div \frac{8}{5}$

答え　→　→　→

3 下の図形の□の長さを求めましょう。

(1)

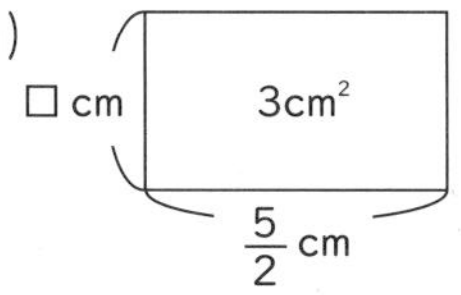

式

答え

(2)

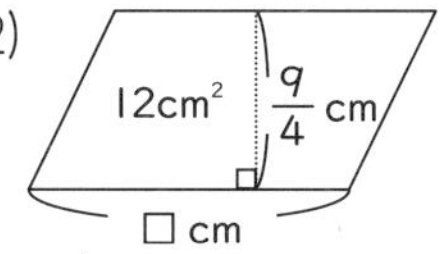

式

答え

4 $\frac{9}{2}$ mのリボンがあります。$\frac{3}{4}$ mずつ切ると，何本のリボンができますか。

式

答え

5 $\frac{15}{8}$ Lのジュースがあります。毎日 $\frac{5}{16}$ Lずつ飲むと，何日間飲むことができますか。

式

答え

（141%に拡大してご使用ください。）

月　日

分数のわり算（テスト）

名前

【知識・技能】

1 次の計算をしましょう。(5×6)

(1) $\frac{5}{6} \div \frac{3}{4}$

(2) $\frac{7}{10} \div \frac{14}{15}$

(3) $15 \div 1\frac{3}{7}$

(4) $12 \div \frac{3}{4}$

(5) $\frac{6}{7} \div \frac{3}{14}$

(6) $\frac{32}{81} \div 1\frac{7}{9}$

2 次の計算の積や商が 30 より大きくなるものには○を，30 より小さくなるものには△を，同じものには＝を □ に書きましょう。(5×4)

(1) $30 \times \frac{5}{8}$ □

(2) $30 \div \frac{5}{8}$ □

(3) $30 \div 1$ □

(4) $30 \div \frac{9}{8}$ □

【思考・判断・表現】

3 $\frac{3}{4}$Lのペンキで $\frac{9}{10}$ m^2 のかべをぬりました。(5×4)

(1) 1Lでは，何 m^2 のかべをぬることができますか。

式

答え

(2) 1m^2 のかべをぬるには，何Lのペンキを使いますか。

式

答え

4 1Lの重さが $1\frac{1}{9}$ kg の液体があります。この液体 $2\frac{2}{3}$ kg の重さでは，何Lになりますか。(5×2)

式

答え

5 次の文章問題で，かけ算の式になるものには×を，わり算の式になるものには÷を □ に書きましょう。(5×4)

(1) □ 1Lが 540 円のジュースを $\frac{3}{4}$L買うと，代金はいくらになりますか。

(2) □ 15m のロープを $\frac{5}{6}$ m ずつに切ると，$\frac{5}{6}$ m のロープは何本できますか。

(3) □ 面積が $2\frac{2}{5}$ m^2 で，高さが $1\frac{1}{4}$ m の平行四辺形の底辺は何 m ですか。

(4) □ アルミ管 $\frac{3}{8}$ m の重さをはかったら，$\frac{5}{6}$ kg でした。このアルミ管 1m の重さは何 kg ですか。

(141%に拡大してご使用ください。)

月　日

算数あそび
分数のわり算 ①

名前

● 左の数 ÷ 右の数 の答えを下の □ にかいていきます。
どんどん進んでいって，最後の答えはいくつになるでしょうか。

$\frac{1}{72}$　$\frac{1}{12}$　$\frac{1}{6}$　$\frac{1}{3}$　$\frac{4}{3}$　$\frac{64}{9}$

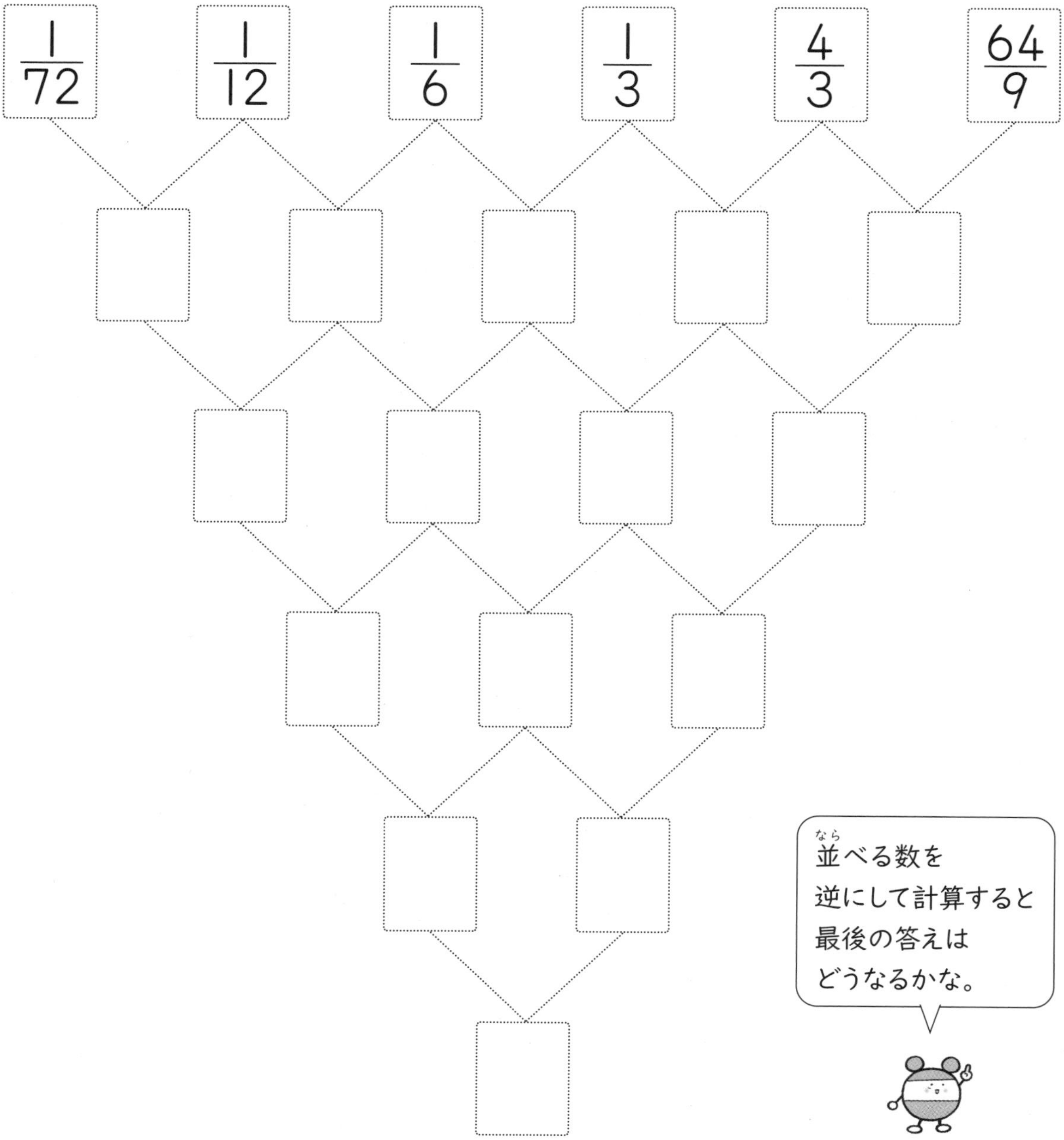

並（なら）べる数を逆にして計算すると最後の答えはどうなるかな。

月　　日

算数あそび
分数のわり算 ②

名前

● ①〜⑩の答えの，小さい方へ進みましょう。

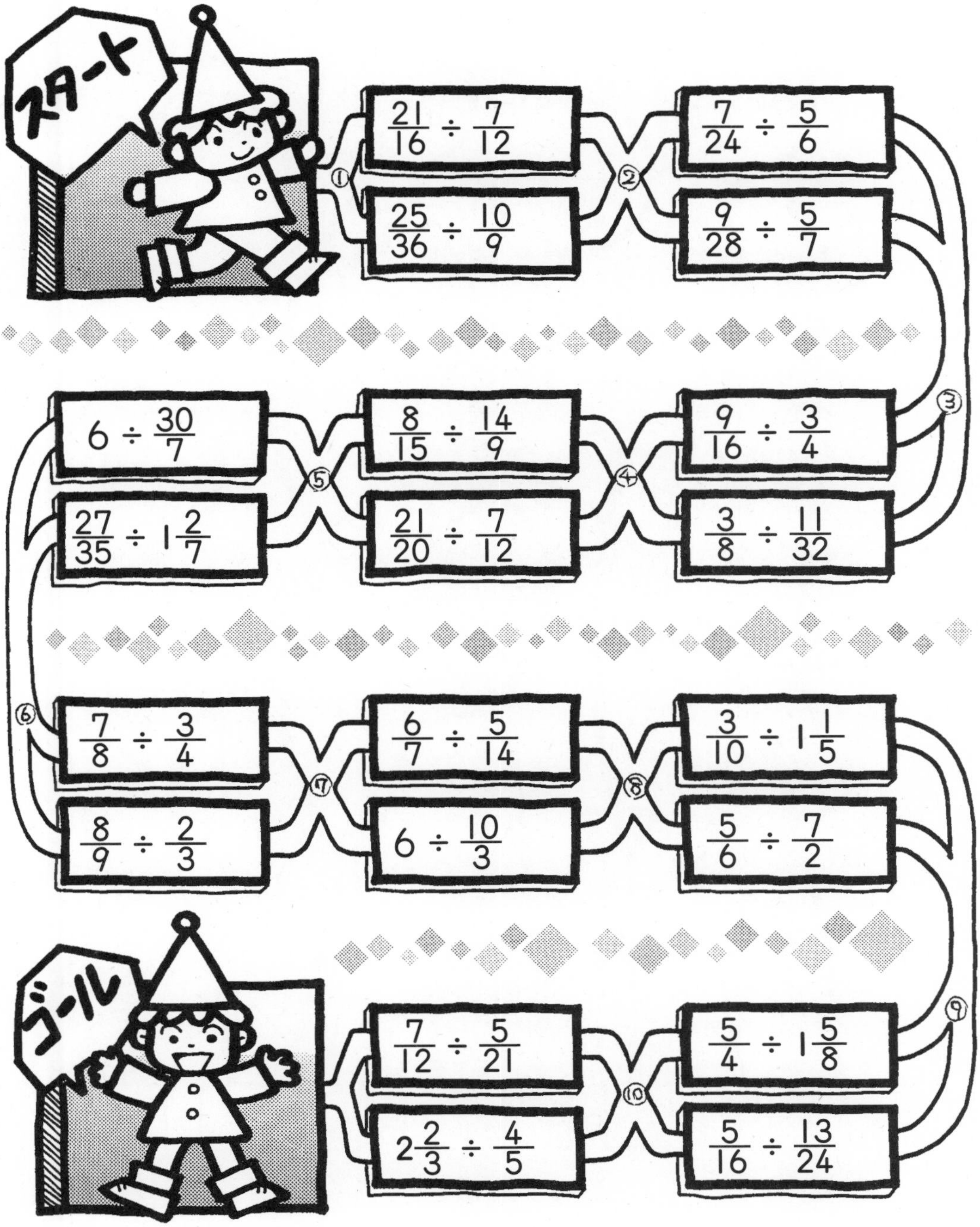

月　　日

算数あそび

分数のわり算 ③

名前

● 風船の中の計算をして，答えは糸をたどって□に書きましょう。
また，答えの10個のわり算の答えも求めましょう。

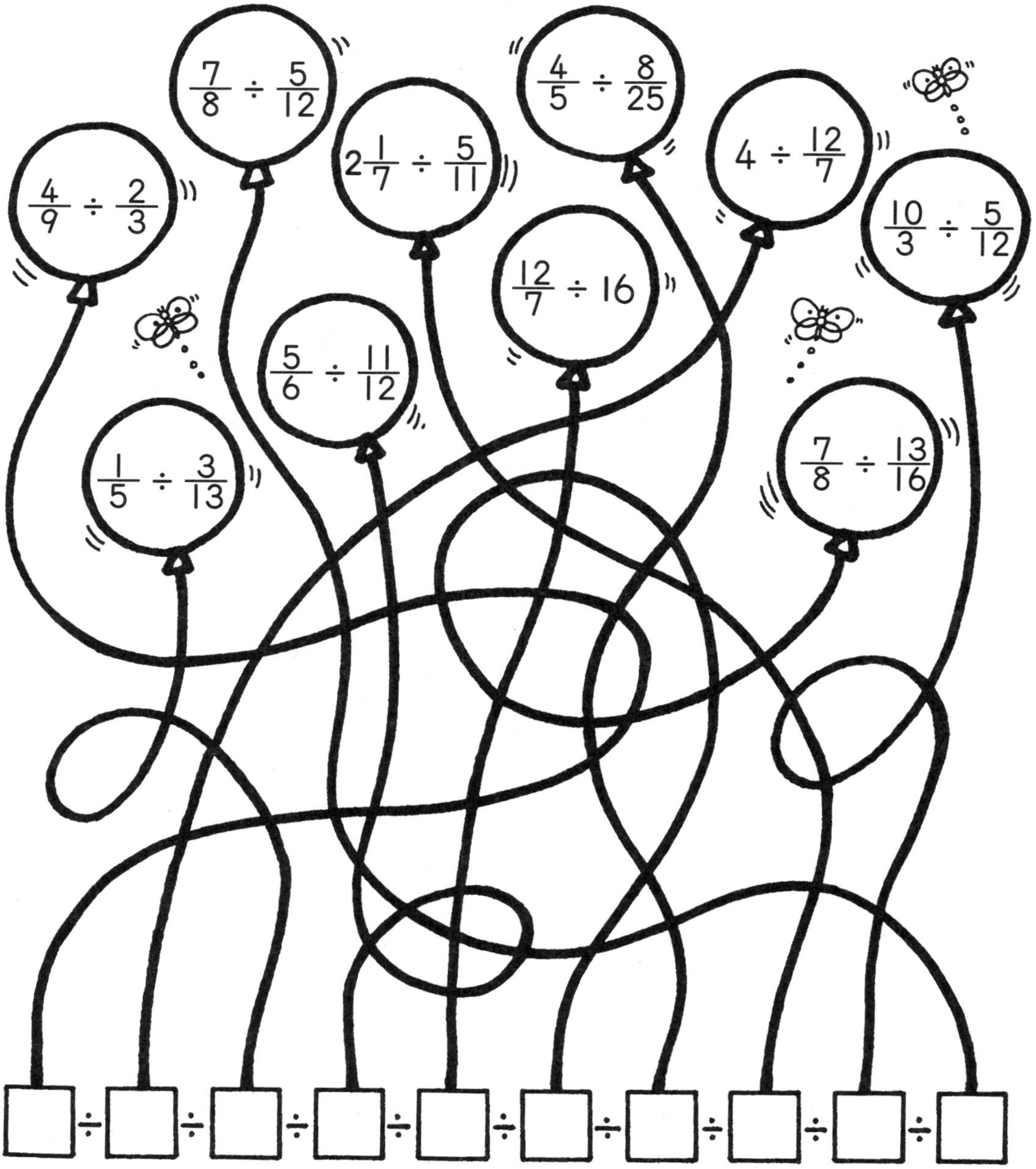

=(　　　)

分数のかけ算・わり算

名前　　　月　　日

10分

[1] 計算をしましょう。

① $\frac{3}{5} \times \frac{10}{9} \div \frac{2}{3}$

② $\frac{1}{3} \times \frac{1}{2} \div \frac{5}{6}$

③ $\frac{1}{6} \times \frac{3}{14} \div \frac{9}{7}$

④ $\frac{11}{10} \div \frac{2}{5} \times \frac{1}{33}$

⑤ $2 \div \frac{1}{9} \times \frac{1}{6}$

⑥ $\frac{1}{7} \times \frac{2}{3} \div \frac{3}{14}$

⑦ $\frac{1}{6} \div \frac{1}{9} \div 2$

⑧ $\frac{9}{8} \div \frac{1}{4} \times \frac{3}{10}$

⑨ $\frac{1}{5} \div 3 \div \frac{4}{15}$

⑩ $\frac{5}{22} \times 11 \div \frac{9}{8}$

[2] 下の図形の □ の長さを求めましょう。

(1) 高さ$\frac{3}{2}$m，面積 2m^2 の三角形の底辺の長さ

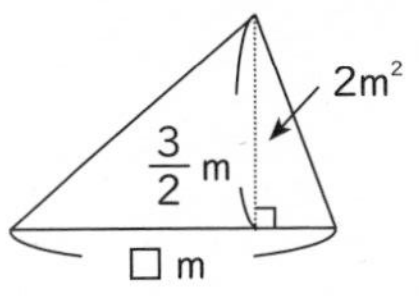

式

答え

(2) 縦(たて)$\frac{2}{3}$m，横$\frac{3}{2}$m，体積$\frac{2}{7}$m^3 の直方体の高さ

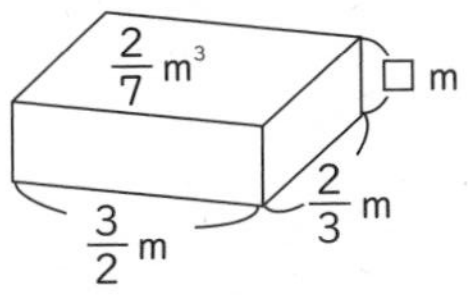

式

答え

算数あそび

分数のかけ算・わり算 ①

月　日

名前

● 次の計算をして，答えの大きい方へ進み，ゴールまで行きましょう。
通った方の答えを □ に書きましょう。

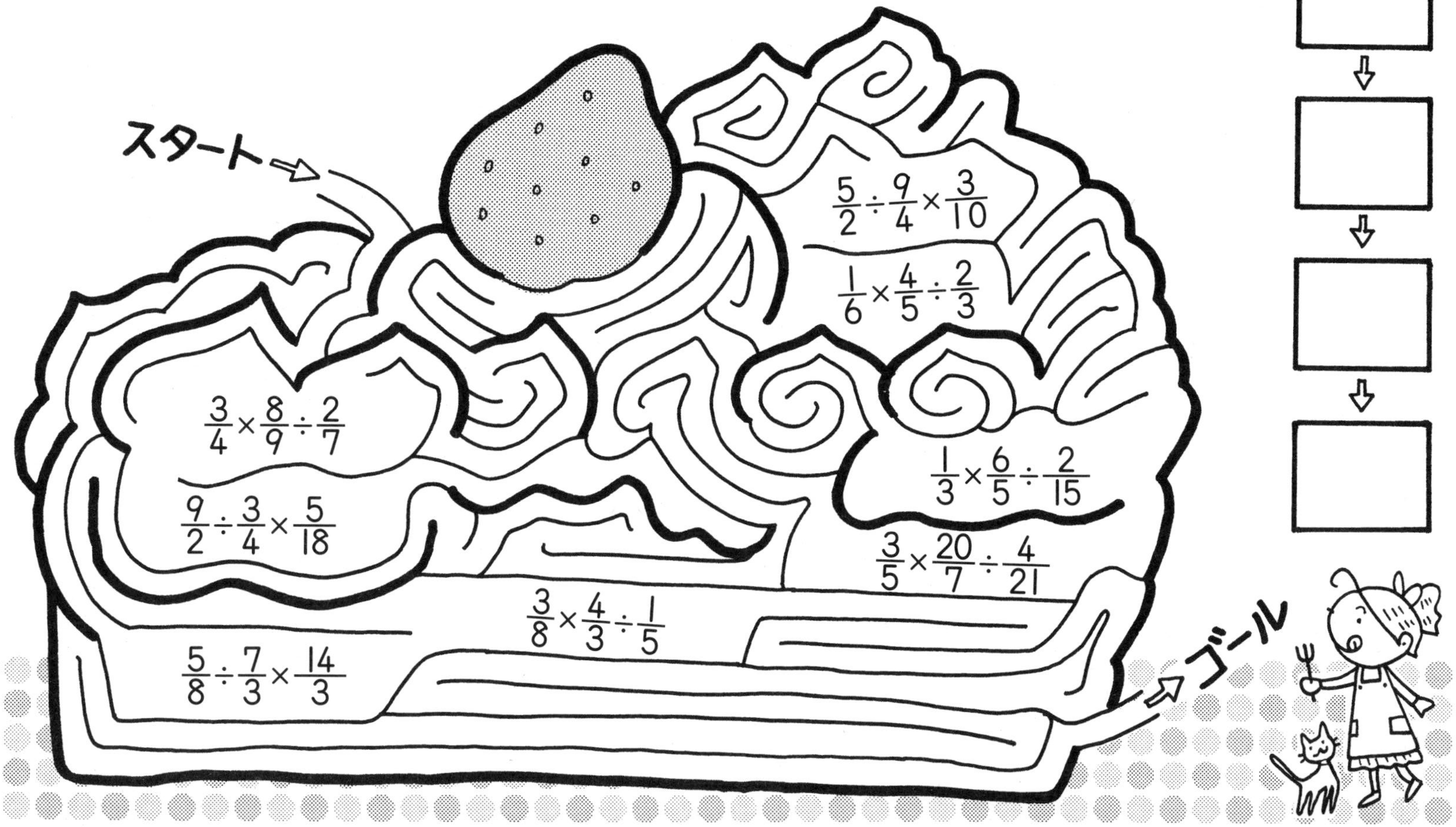

スタート
$\frac{5}{2} \div \frac{9}{4} \times \frac{3}{10}$
$\frac{1}{6} \times \frac{4}{5} \div \frac{2}{3}$
$\frac{3}{4} \times \frac{8}{9} \div \frac{2}{7}$
$\frac{9}{2} \div \frac{3}{4} \times \frac{5}{18}$
$\frac{1}{3} \times \frac{6}{5} \div \frac{2}{15}$
$\frac{3}{5} \times \frac{20}{7} \div \frac{4}{21}$
$\frac{3}{8} \times \frac{4}{3} \div \frac{1}{5}$
$\frac{5}{8} \div \frac{7}{3} \times \frac{14}{3}$
ゴール

□ ⇩ □ ⇩ □ ⇩ □

（141％に拡大してご使用ください。）

月　　日

算数あそび

分数のかけ算・わり算 ②

名前	

● 答えの大きい方を通り，ゴールまで行きましょう。

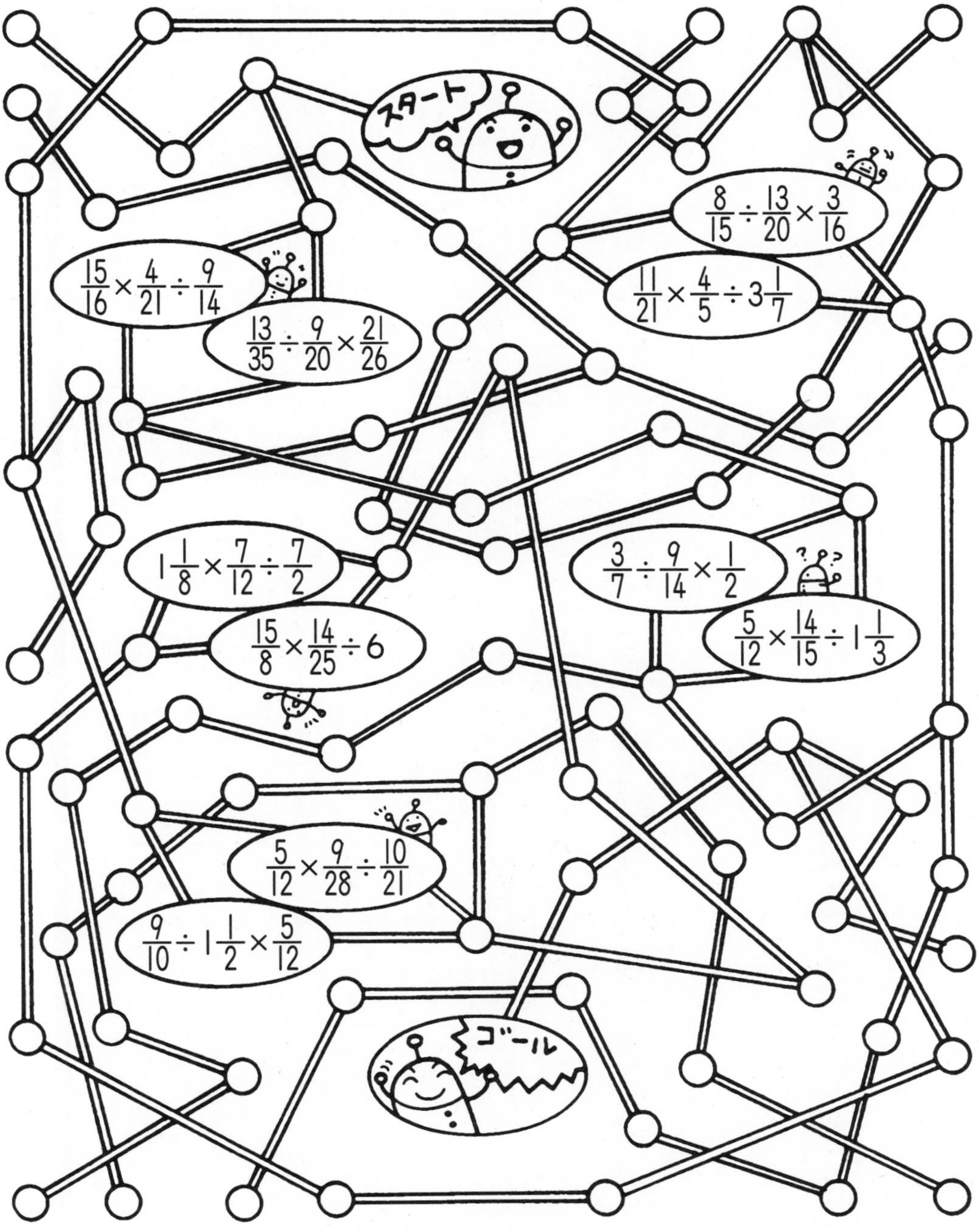

月　日

算数あそび

分数のかけ算・わり算 ③

名前	

● 計算をして，ゴールまで行きましょう。

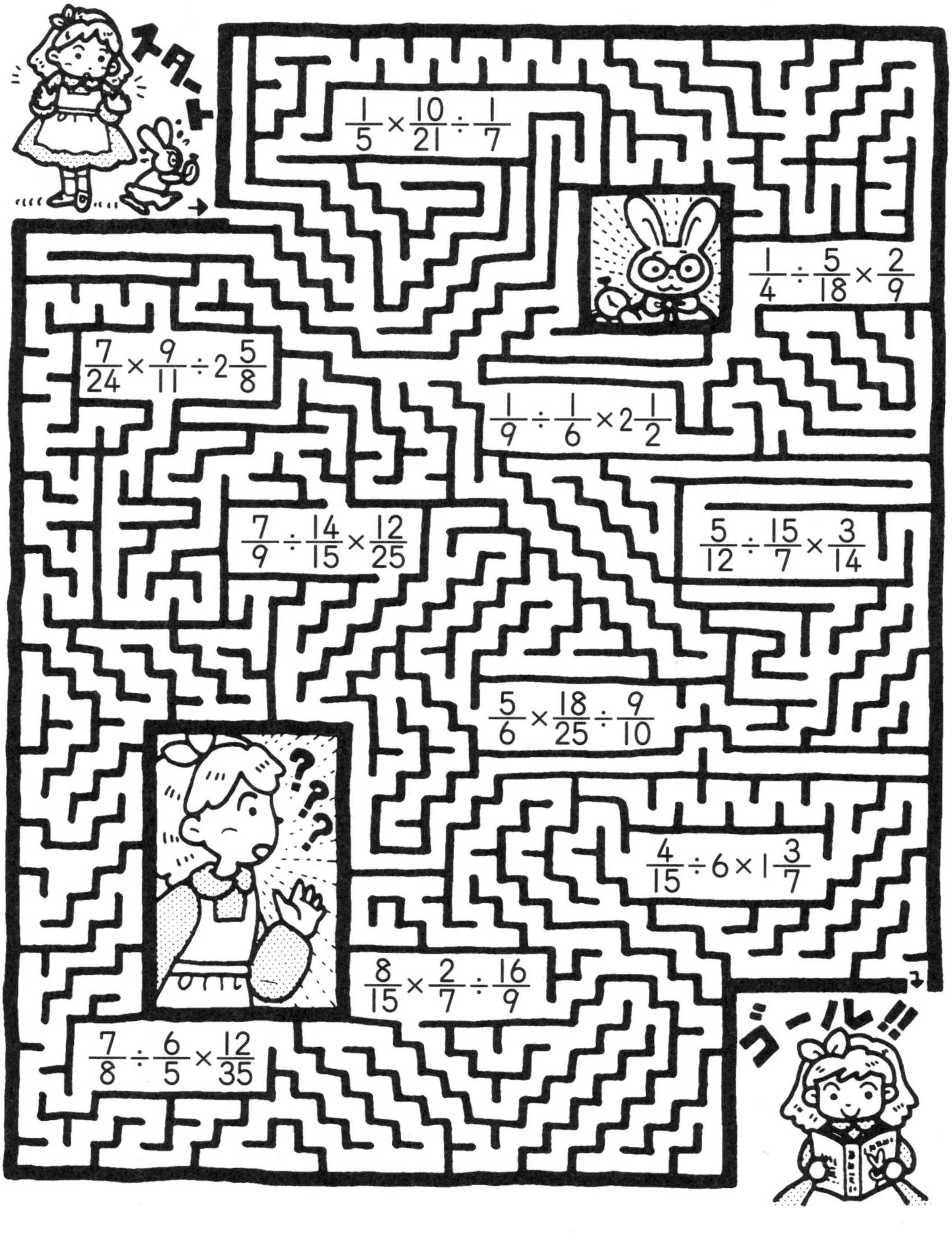

スタート
$\frac{1}{5}\times\frac{10}{21}\div\frac{1}{7}$
$\frac{1}{4}\div\frac{5}{18}\times\frac{2}{9}$
$\frac{7}{24}\times\frac{9}{11}\div2\frac{5}{8}$
$\frac{1}{9}\div\frac{1}{6}\times2\frac{1}{2}$
$\frac{7}{9}\div\frac{14}{15}\times\frac{12}{25}$
$\frac{5}{12}\div\frac{15}{7}\times\frac{3}{14}$
$\frac{5}{6}\times\frac{18}{25}\div\frac{9}{10}$
$\frac{4}{15}\div6\times1\frac{3}{7}$
$\frac{8}{15}\times\frac{2}{7}\div\frac{16}{9}$
$\frac{7}{8}\div\frac{6}{5}\times\frac{12}{35}$
ゴール!!

月　日

分数に小数や整数のまじった計算 (1)

名前

● 次の計算をしましょう。

① $\frac{3}{7} \times 0.7$

② $0.5 \times \frac{3}{2}$

③ $\frac{8}{9} \div 0.6$

④ $\frac{1}{6} \times 0.6$

⑤ $1.2 \div \frac{3}{4}$

月　日

分数に小数や整数のまじった計算 (2)

名前

● 次の計算をしましょう。

① $\frac{2}{7} \times 0.5$

② $0.8 \times \frac{5}{4}$

③ $1.5 \times \frac{8}{5}$

④ $0.4 \div \frac{5}{8}$

⑤ $\frac{2}{3} \div 1.2$

(141%に拡大してご使用ください。)

分数に小数や整数のまじった計算 (3)

名前　　　　　月　　日

● 次の計算をしましょう。

① $0.2 \times \frac{5}{4}$　　② $0.8 \div \frac{4}{9}$

③ $1.4 \times \frac{6}{7}$　　④ $\frac{2}{3} \times 0.6$

⑤ $0.18 \div \frac{3}{10}$　　⑥ $1.8 \times \frac{5}{2}$

⑦ $\frac{3}{2} \div 1.2$　　⑧ $\frac{3}{5} \div 0.3$

分数に小数や整数のまじった計算 (4)

名前　　　　　月　　日

● 次の計算をしましょう。

① $\frac{2}{3} \times 6 \div \frac{1}{2}$

② $\frac{6}{5} \div 1.2 \times 0.5$

③ $0.9 \times \frac{7}{6} \div 1.4$

④ $8 \div \frac{4}{9} \times \frac{1}{3}$

（141%に拡大してご使用ください。）

分数に小数や整数のまじった計算 (5)

名前　　　　　　月　　日

1 次の計算をしましょう。

① $\frac{1}{6} \div 0.2 \times \frac{3}{5}$

② $\frac{1}{2} \div 5 \div 0.4$

③ $0.6 \times \frac{3}{4} \div \frac{9}{5}$

④ $\frac{3}{8} \times 0.4 \times 6$

2 下の直方体の体積を求めましょう。(単位 m)

式

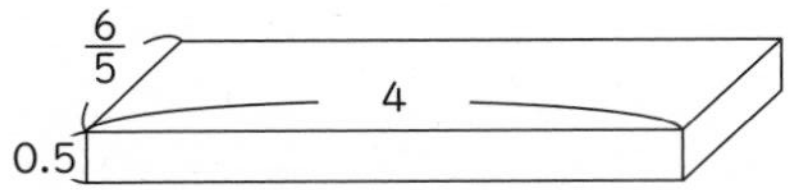

答え

3 2.1Lのジュースを7つのコップに同じ量ずつ分けました。
けんとさんは，コップ1つ分のジュースの$\frac{2}{3}$を飲みました。
けんとさんは，ジュースを何L飲みましたか。

式

答え

4 1.8mのリボンを3人で同じ長さに分けました。
あやさんは，分けてもらったリボンを$\frac{1}{2}$だけ使いました。
あやさんは，リボンを何m使いましたか。

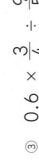

式

答え

10分

(141%に拡大してご使用ください。)

月　日

算数あそび

分数に小数や整数のまじった計算 ①

名前

● 次の計算をして，答えの大きい方へ進み，ゴールまで行きましょう。
通った方の答えを □ に書きましょう。

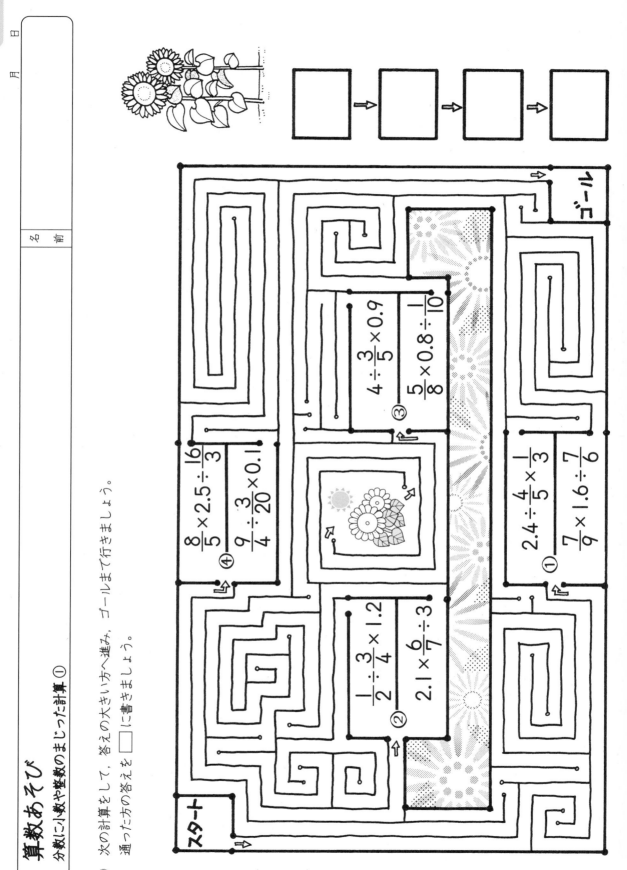

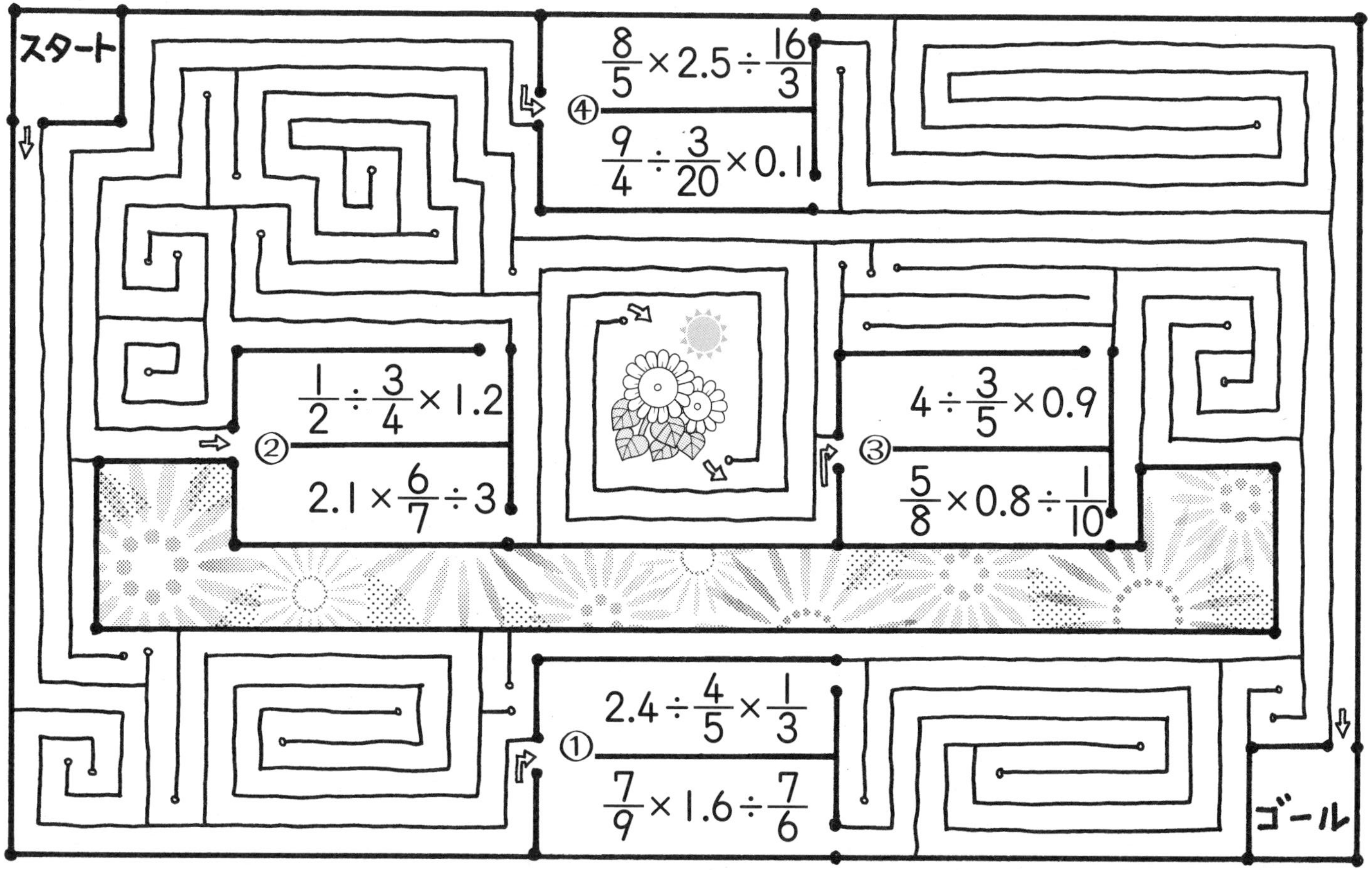

スタート
① $2.4 \div \frac{4}{5} \times \frac{1}{3}$
$\frac{7}{9} \times 1.6 \div \frac{7}{6}$
② $\frac{1}{2} \div \frac{3}{4} \times 1.2$
$2.1 \times \frac{6}{7} \div 3$
③ $4 \div \frac{3}{5} \times 0.9$
$\frac{5}{8} \times 0.8 \div \frac{1}{10}$
④ $\frac{8}{5} \times 2.5 \div \frac{16}{3}$
$\frac{9}{4} \div \frac{3}{20} \times 0.1$
ゴール

（141％に拡大してご使用ください。）

月　日

算数あそび

分数に小数や整数のまじった計算 ②

名前

● 計算をして，ゴールまで行きましょう。

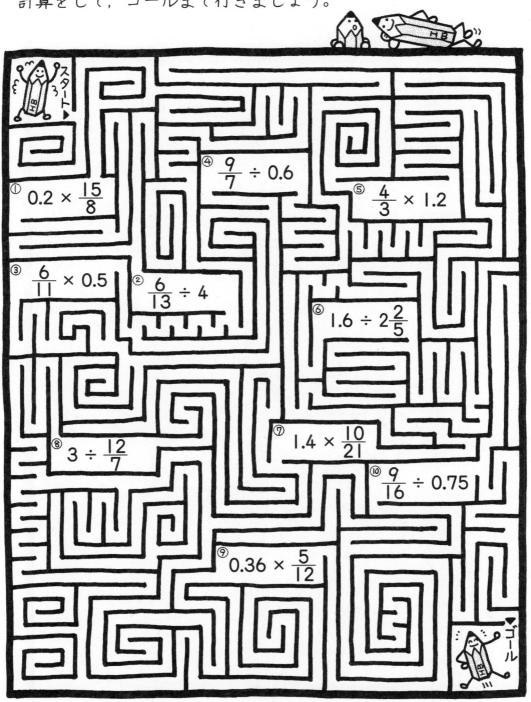

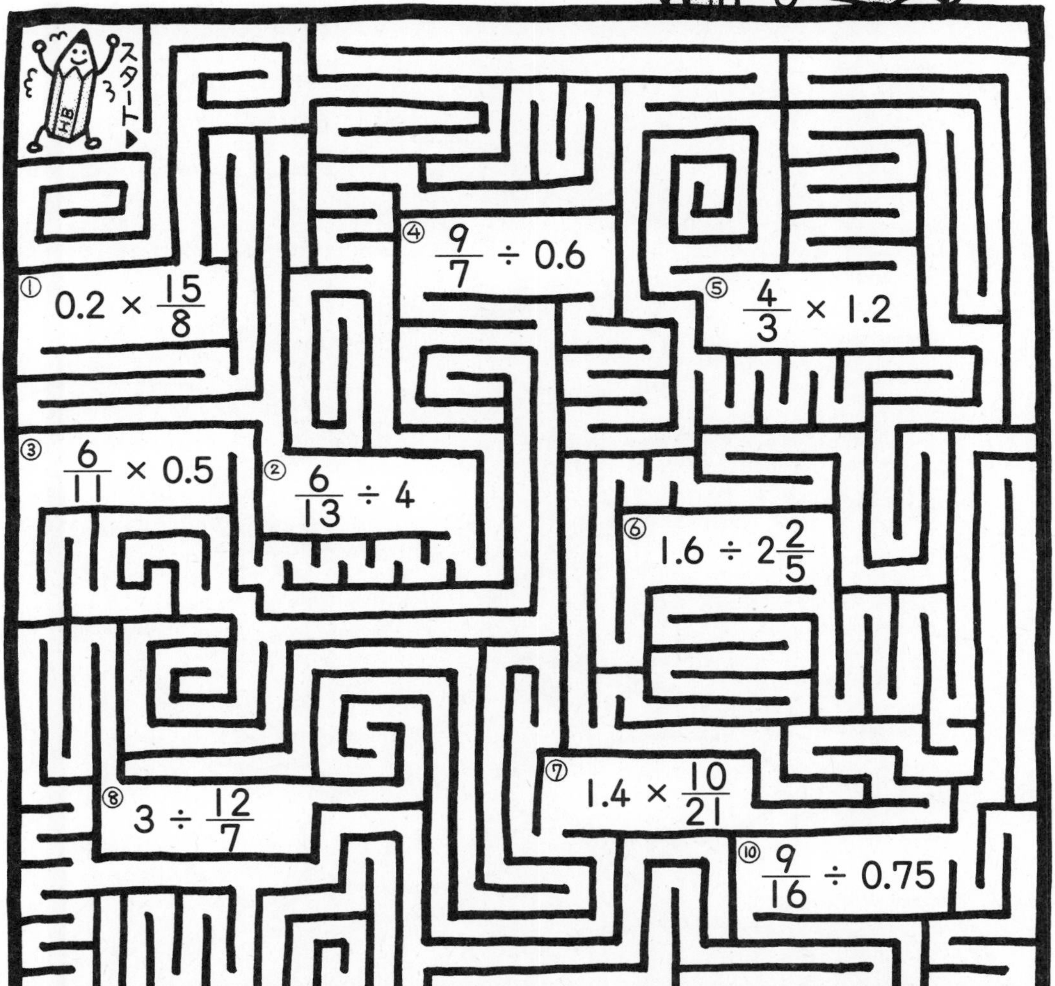

月　　日

算数あそび

分数に小数や整数のまじった計算 ③

名前

● 次の①～⑩の計算をして，答えの小さい方へ進みゴールまで行きましょう。

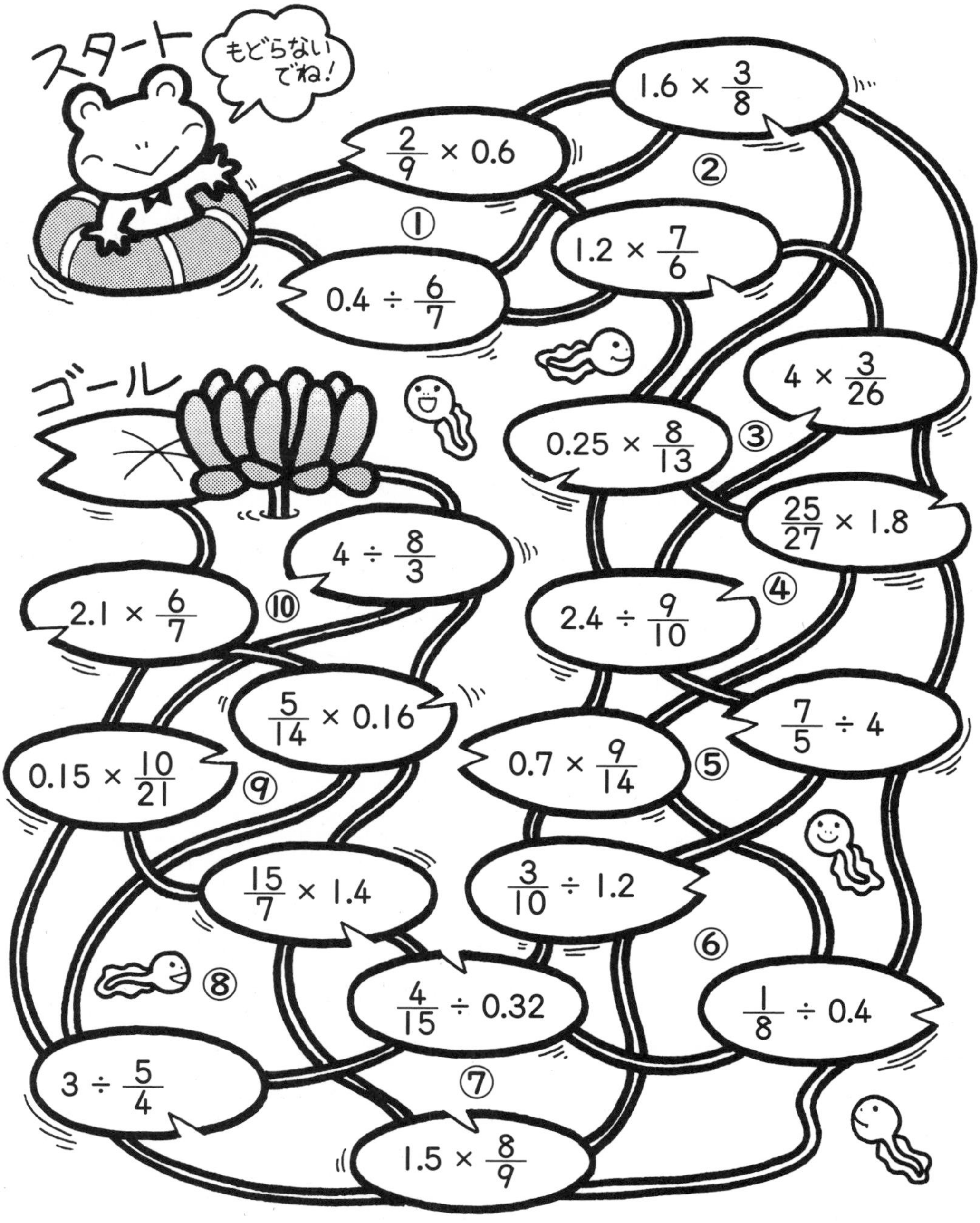

比 (1)

名前

● 次の比の値(あたい)を求めましょう。

(1) 4：5 ➡ □ ÷ □ = $\frac{□}{□}$

(2) 3：7 ➡ □ ÷ □ = $\frac{□}{□}$

(3) 5：2 ➡ □ ÷ □ = $\frac{□}{□}$

(4) 8：3 ➡ □ ÷ □ = $\frac{□}{□}$

(5) 7：9 ➡ □ ÷ □ = $\frac{□}{□}$

比 (2)

名前

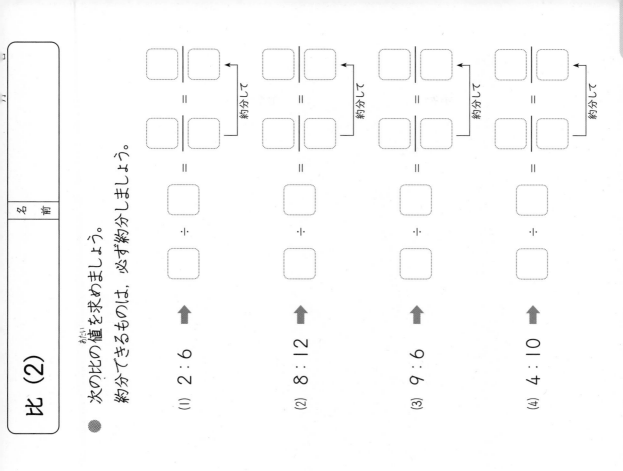

● 次の比の値(あたい)を求めましょう。
約分できるものは，必ず約分しましょう。

(1) 2：6 ➡ □ ÷ □ = $\frac{□}{□}$ = $\frac{□}{□}$ (約分して)

(2) 8：12 ➡ □ ÷ □ = $\frac{□}{□}$ = $\frac{□}{□}$ (約分して)

(3) 9：6 ➡ □ ÷ □ = $\frac{□}{□}$ = $\frac{□}{□}$ (約分して)

(4) 4：10 ➡ □ ÷ □ = $\frac{□}{□}$ = $\frac{□}{□}$ (約分して)

3分

(141%に拡大してご使用ください。)

月　日

比（3）

名前

● □にあてはまる数を書きましょう。

(1) 3：4 ＝ 6：□ （×2、×2）

(2) 5：6 ＝ 15：□

(3) 2：3 ＝ 10：□

(4) 4：5 ＝ □：20

(5) 8：7 ＝ □：35

月　日

比（4）

名前

● □にあてはまる数を書きましょう。

(1) 18：21 ＝ 6：□ （÷3、÷3）

(2) 16：36 ＝ 4：□

(3) 10：6 ＝ □：3

(4) 35：25 ＝ □：5

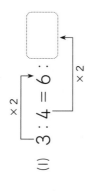

月　日

比（5）

名前

● □にあてはまる数を書きましょう。

(1) 8 : □ ＝ 40 : 25

(2) 4 : □ ＝ 8 : 6

(3) 5 : □ ＝ 35 : 28

(4) □ : 2 ＝ 18 : 4

(5) □ : 1 ＝ 60 : 10

月　日

比（6）

名前

● □にあてはまる数を書きましょう。

(1) 24 : □ ＝ 3 : 2

(2) 21 : □ ＝ 7 : 4

(3) □ : 30 ＝ 2 : 5

(4) □ : 35 ＝ 9 : 7

3分

比（7）

名前　　　　月　　日

● 次の比を簡単(かんたん)にしましょう。

(1) 6：9 ＝ □：□ （÷3）

(2) 8：10 ＝ □：□

(3) 28：36 ＝ □：□

(4) 15：20 ＝ □：□

(5) 25：45 ＝ □：□

比（8）

名前　　　　月　　日

● 次の比を簡単(かんたん)にしましょう。

(1) 12：15 ＝ □：□

(2) 27：24 ＝ □：□

(3) 18：30 ＝ □：□

(4) 16：14 ＝ □：□

(5) 28：20 ＝ □：□

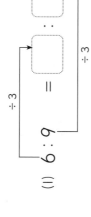

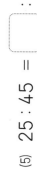

（141％に拡大してご使用ください。）

比 (9)

名前　　　　月　　日

● 次の式で, x の表す数を求めましょう。

(1) $8 : 36 = x : 9$　　$x =$ □

(2) $20 : 15 = x : 3$　　$x =$ □

(3) $27 : 45 = x : 5$　　$x =$ □

(4) $70 : 49 = 10 : x$　　$x =$ □

(5) $30 : 24 = 5 : x$　　$x =$ □

比 (10)

名前　　　　月　　日

● 次の式で, x の表す数を求めましょう。

(1) $12 : 27 = x : 9$　　$x =$ □

(2) $14 : 21 = x : 3$　　$x =$ □

(3) $48 : 42 = 8 : x$　　$x =$ □

(4) $6 : 10 = 3 : x$　　$x =$ □

(5) $45 : 72 = 5 : x$　　$x =$ □

3分

(141%に拡大してご使用ください。)

月　日

比（11）

名前

● 次の比の値（あたい）を求めましょう。

(1) 7 : 10　　(2) 6 : 9

(3) 2 : 8　　(4) 30 : 6

(5) 25 : 10　　(6) 5 : 8

(7) 3 : 11　　(8) 4 : 12

(9) 10 : 5　　(10) 48 : 30

月　日

比（12）

名前

● 次の比の値（あたい）を求めましょう。

(1) 36 : 4　　(2) 2 : 10

(3) 4 : 9　　(4) 63 : 56

(5) 6 : 7　　(6) 8 : 2

(7) 28 : 24　　(8) 15 : 25

(9) 16 : 12　　(10) 12 : 5

（141%に拡大してご使用ください。）

月　日

比（13）

名前

● □ にあてはまる数を書きましょう。

(1) 3 : 8 = 6 : □　　(2) 5 : 4 = 25 : □

(3) 7 : 5 = □ : 15　　(4) 2 : 7 = □ : 63

(5) 32 : 20 = 8 : □　　(6) 14 : 6 = 7 : □

(7) 40 : 16 = □ : 2　　(8) 36 : 42 = □ : 7

月　日

比（14）

名前

1 下の２つの比が等しいかどうか，簡単（かんたん）な比になおして調べましょう。

等しければ○を，等しくなければ×を □ に書きましょう。

(1) 8:12 と 4:6 □　　(2) 12:15 と 20:25 □

(3) 3:7 と 5:8 □　　(4) 30:40 と 3:4 □

2 比の値（あたい）を求めて，等しい比を見つけましょう。

㋐ 2 : 3　　㋑ 8 : 5　　㋒ 21 : 14

㋓ 24 : 15　　㋔ 6 : 9　　㋕ 9 : 6

□ と □　　□ と □

□ と □

5分

比（15）

月　日　名前

● 次の比を簡単（かんたん）にしましょう。

(1) 10 : 5 　[　:　]

(2) 45 : 25 　[　:　]

(3) 40 : 8 　[　:　]

(4) 49 : 21 　[　:　]

(5) 24 : 54 　[　:　]

(6) 40 : 35 　[　:　]

(7) 81 : 36 　[　:　]

(8) 14 : 49 　[　:　]

(9) 15 : 9 　[　:　]

(10) 18 : 48 　[　:　]

比（16）

月　日　名前

● 次の比を簡単（かんたん）にしましょう。

(1) 0.5 : 1.5 　[　:　]

(2) 4.9 : 7 　[　:　]

(3) 2.7 : 2.4 　[　:　]

(4) 3.2 : 1.2 　[　:　]

(5) $\frac{2}{5} : \frac{3}{5}$ 　[　:　]

(6) $\frac{2}{3} : \frac{5}{6}$ 　[　:　]

(7) $\frac{5}{8} : 5$ 　[　:　]

(8) $\frac{3}{7} : \frac{3}{4}$ 　[　:　]

（141%に拡大してご使用ください。）

比（17）

月　日　名前

● 次の比を簡単（かんたん）にしましょう。

(1) 54 : 81　［　:　］

(2) $\frac{1}{2} : \frac{1}{3}$　［　:　］

(3) 6.3 : 2.8　［　:　］

(4) $\frac{2}{3} : 4$　［　:　］

(5) $\frac{3}{4} : \frac{5}{8}$　［　:　］

(6) 12 : 16　［　:　］

(7) 1.5 : 6　［　:　］

(8) 1.8 : 0.4　［　:　］

比（18）

月　日　名前

● 下の(1)～(8)の 2 つの比が等しければ○を，等しくなければ×を □ に書きましょう。

(1) 2 : 3　と　4 : 6　□

(2) $\frac{2}{3} : \frac{3}{4}$　と　8 : 9　□

(3) 0.3 : 1.5　と　3 : 5　□

(4) $\frac{3}{5} : \frac{1}{2}$　と　6 : 5　□

(5) 24 : 35　と　2 : 3　□

(6) 0.5 : 0.6　と　1.5 : 1.8　□

(7) $\frac{5}{9} : \frac{1}{6}$　と　$\frac{2}{3} : \frac{1}{5}$　□

(8) 36 : 45　と　8 : 10　□

5分

比 (19)

月　日　名前

● 次の式で，x の表す数を求めましょう。

(1) $18 : 10 = x : 5$　　$x = \square$

(2) $2.7 : 6.3 = x : 7$　　$x = \square$

(3) $\frac{5}{6} : \frac{1}{2} = x : 3$　　$x = \square$

(4) $25 : 20 = 5 : x$　　$x = \square$

(5) $3.2 : 2.8 = 8 : x$　　$x = \square$

(6) $\frac{3}{8} : \frac{5}{12} = 9 : x$　　$x = \square$

比 (20)

月　日　名前

● 次の式で，x の表す数を求めましょう。

(1) $\frac{4}{3} : \frac{2}{7} = x : 3$　　$x = \square$

(2) $28 : 63 = x : 9$　　$x = \square$

(3) $\frac{2}{9} : \frac{1}{3} = 2 : x$　　$x = \square$

(4) $1.6 : 4 = x : 5$　　$x = \square$

(5) $12 : 18 = 2 : x$　　$x = \square$

(6) $0.3 : 1.2 = 1 : x$　　$x = \square$

（141%に拡大してご使用ください。）

月　　日

比 (21)

比の利用 ① (比の一方の数を求める)

名前

1　コーヒーと牛乳(ぎゅうにゅう)の比を 5：3 にして，コーヒー牛乳を作ります。
コーヒーを 75mL にすると，牛乳は何 mL 必要ですか。

式

答え ＿＿＿＿＿＿

2　縦(たて)と横の長さの比が 3：4 の長方形をかきます。

(1)　縦の長さを 12cm にするとき，横の長さは何 cm になりますか。

式

答え ＿＿＿＿＿＿

(2)　横の長さを 18cm にするとき，縦の長さは何 cm になりますか。

式

答え ＿＿＿＿＿＿

月　　日

比 (22)

比の利用 ② (全体をきまった比にわける)

名前

1　48cm のリボンを，姉と妹のリボンの長さの比が 5：7 になるように分けます。
2人のリボンの長さは，それぞれ何 cm ですか。

式

答え ＿＿＿＿＿＿

2　ミルクティーが 7.2dL あります。
あゆさんと弟で 7：5 になるように飲みました。
2人はそれぞれ何 dL ずつのみましたか。

式

答え ＿＿＿＿＿＿

月　日

ふりかえり
比

名前

1 比の値を求めましょう。

(1) 4 : 3　　(2) 15 : 10

(3) 12 : 3　　(4) 42 : 24

2 等しい比はどれですか。1つ選んで○をつけましょう。

(1) 2 : 5	6 : 10	4 : 10	10 : 4
(2) 6 : 7	30 : 28	3 : 5	18 : 21
(3) 40 : 32	5 : 4	4 : 5	80 : 61

3 ウスターソースとケチャップの量が，2 : 5 になるようにしてハンバーグソースを作ります。

(1) ウスターソースを 24mL にすると，ケチャップは何 mL 必要ですか。

式

答え

(2) ケチャップを 40 mL にすると，ウスターソースは何 mL 必要ですか。

式

答え

4 □ や x にあてはまる数を書きましょう。

(1) 3 : 5 = 9 : □　　(2) 18 : 12 = □ : 2

(3) 2 : 9 = 10 : x　　x = □

(4) 36 : 42 = 6 : x　　x = □

5 次の比を簡単にしましょう。

(1) 15 : 45 □　　(2) 72 : 45 □

(3) 3.6 : 0.9 □　　(4) 1.2 : 9 □

(5) $\frac{1}{6}$: $\frac{7}{4}$ □　　(6) $\frac{3}{10}$: 3 □

6 高さ 2m の棒のかげが 3m のとき，かげが 15m ある棒の高さは何 m ですか。

式

答え

7 30dL の水を 2 つの入れ物に分けます。

(1) 3 : 2 の割合になるように分けます。何 dL と何 dL にすればよいですか。

式　　答え

(2) 7 : 3 の割合になるように分けます。何 dL と何 dL にすればよいですか。

式　　答え

(141%に拡大してご使用ください。)

月　日

比（テスト）

名前

【知識・技能】

1 次の式で x にあてはまる数を書きましょう。（5×4）

(1) $4:3=28:x$　　$x=$ □

(2) $65:85=x:17$　　$x=$ □

(3) $0.2:0.6=1:x$　　$x=$ □

(4) $28:8=7:x$　　$x=$ □

2 次の比を簡単（かんたん）にしましょう。（5×3）

(1) 9：12　　□ ： □

(2) 5.4：9　　□ ： □

(3) $\frac{2}{3}:\frac{7}{9}$　　□ ： □

3 比の値（あたい）を求めましょう。（5×3）

(1) 3：7　　□

(2) 4：12　　□

(3) 15：10　　□

【思考・判断・表現】

4 すとサラダ油を 4：7 になるようにしてドレッシングを作ります。（5×4）

① すを 60mL にすると，サラダ油は何 mL ですか。

式

答え ＿＿＿＿＿＿

② サラダ油を 175mL にすると，すは何 mL ですか。

式

答え ＿＿＿＿＿＿

5 高さが 1.5m の木の棒（ぼう）のかげは 2m でした。（5×4）

(1) 同じ時刻（じこく）にかげの長さが 6m になるとき，その木の高さは何 m ですか。

式

答え ＿＿＿＿＿＿

(2) 高さが 12m の木のかげは何 m になりますか。

式

答え ＿＿＿＿＿＿

6 350mL のジュースを父と私が 4：3 の比になるように分けて飲みます。

父と私が飲むジュースの量は，それぞれ何 mL ですか。（5×2）

式

答え 父＿＿＿＿，私＿＿＿＿

（141％に拡大してご使用ください。）

月　　日

算数あそび

比 ①

名前	

● 次の５つの比から１つだけ選んで君の運勢をうらなってみよう。
等しい比をたどって線をひきながら進もう。

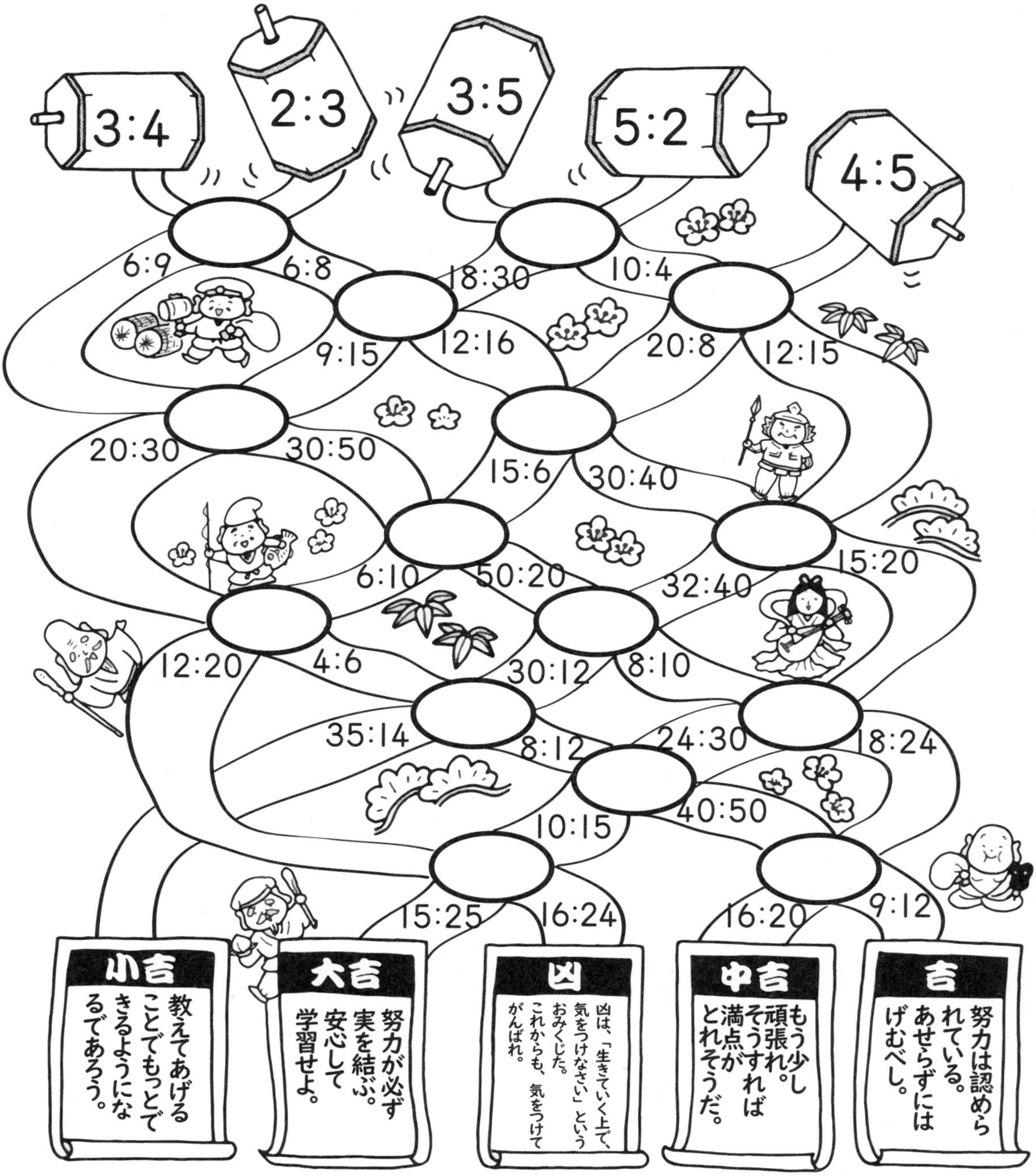

月　日

算数あそび

比 ②

名前

● スタートからゴールまで行きましょう。
◇の比と等しい方へ進みましょう。

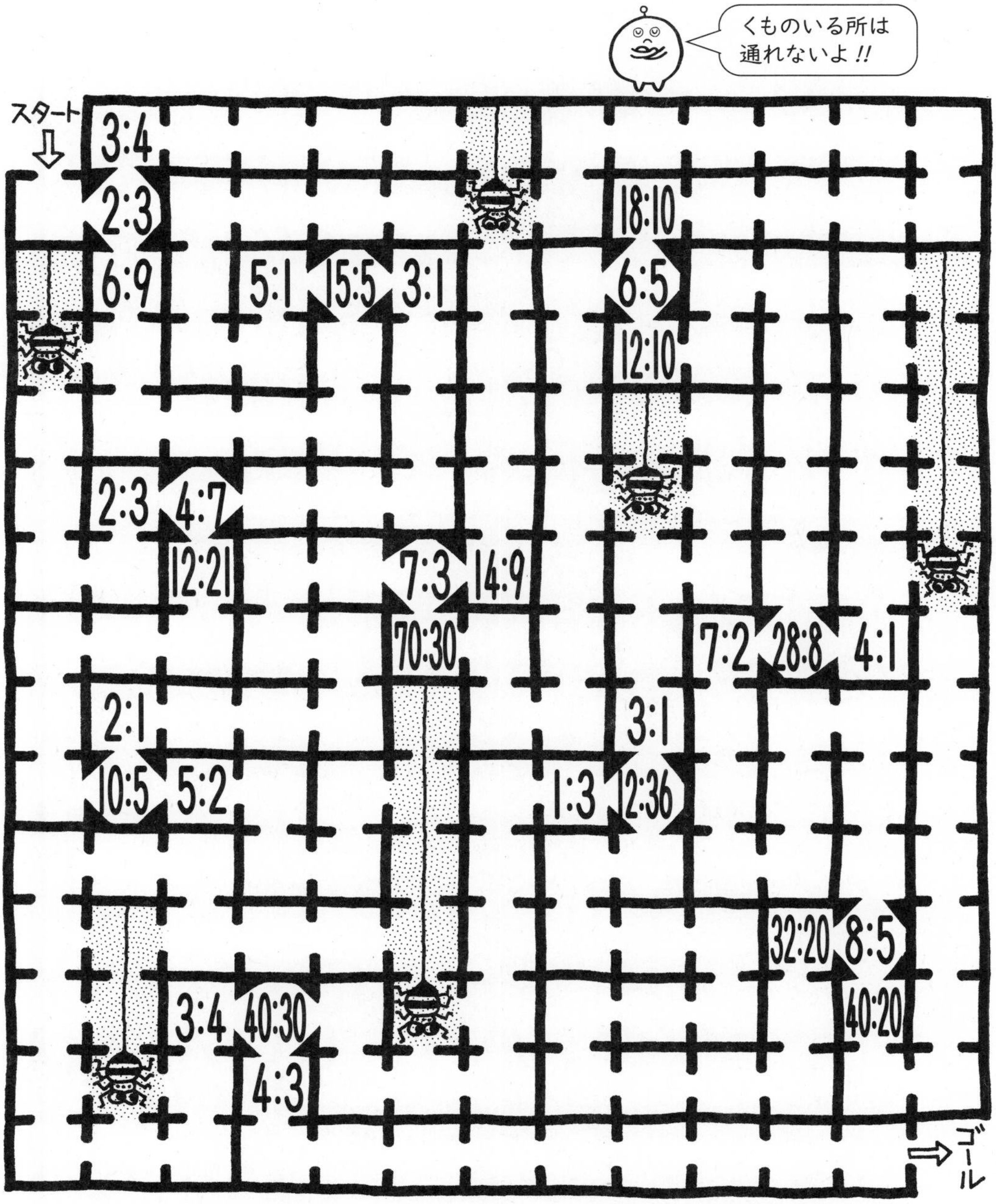

月　日

算数あそび

比 ③

名前

● 次の比を計算して，□に入る数の大きい方へ進み，ゴールまで行きましょう。

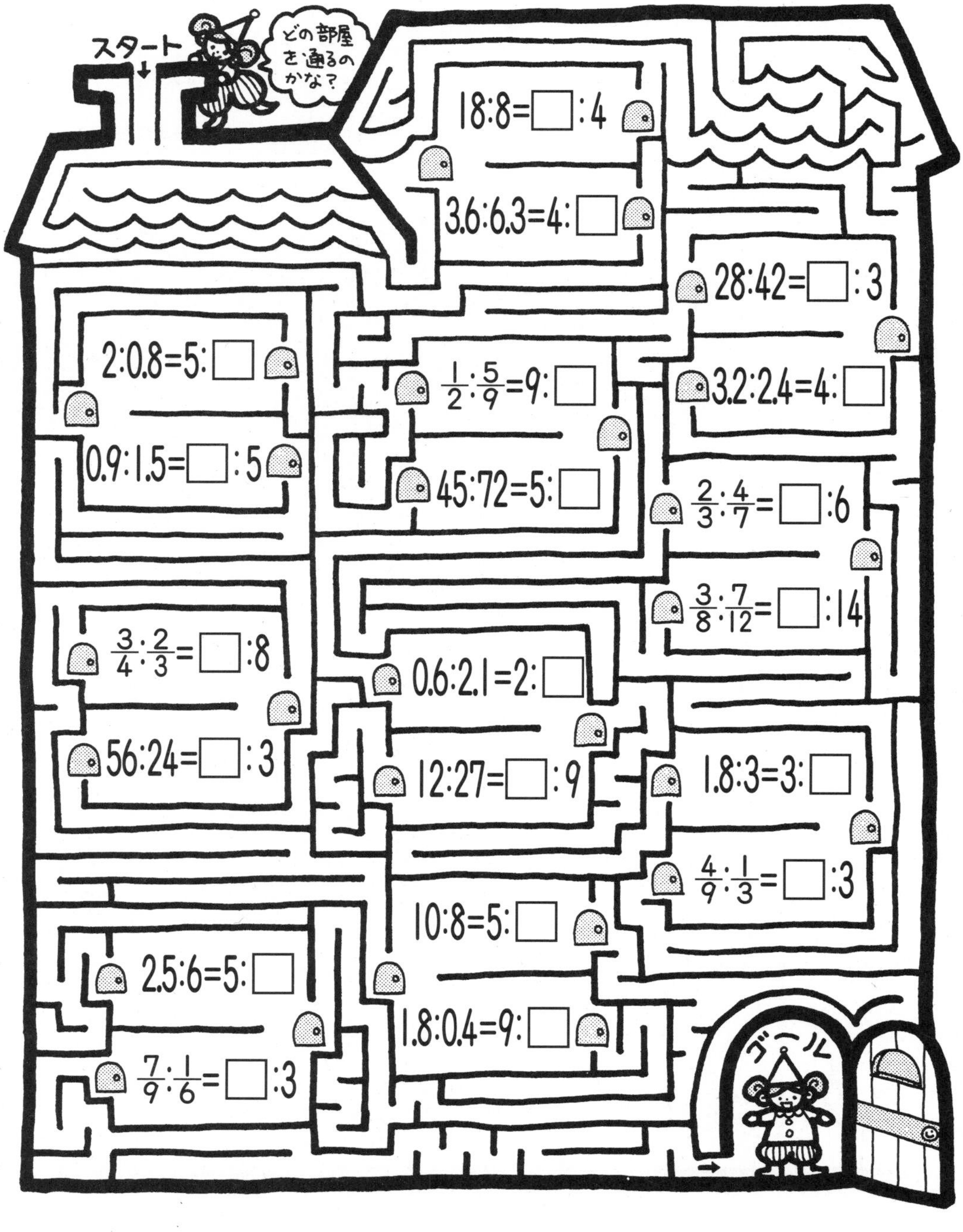

月　　日

算数あそび

比 ④

名前

● 次の比の □ に等しい比になるように，数を書きましょう。
あみだくじをして，下の □:□ に上の比と等しい比を書きましょう。

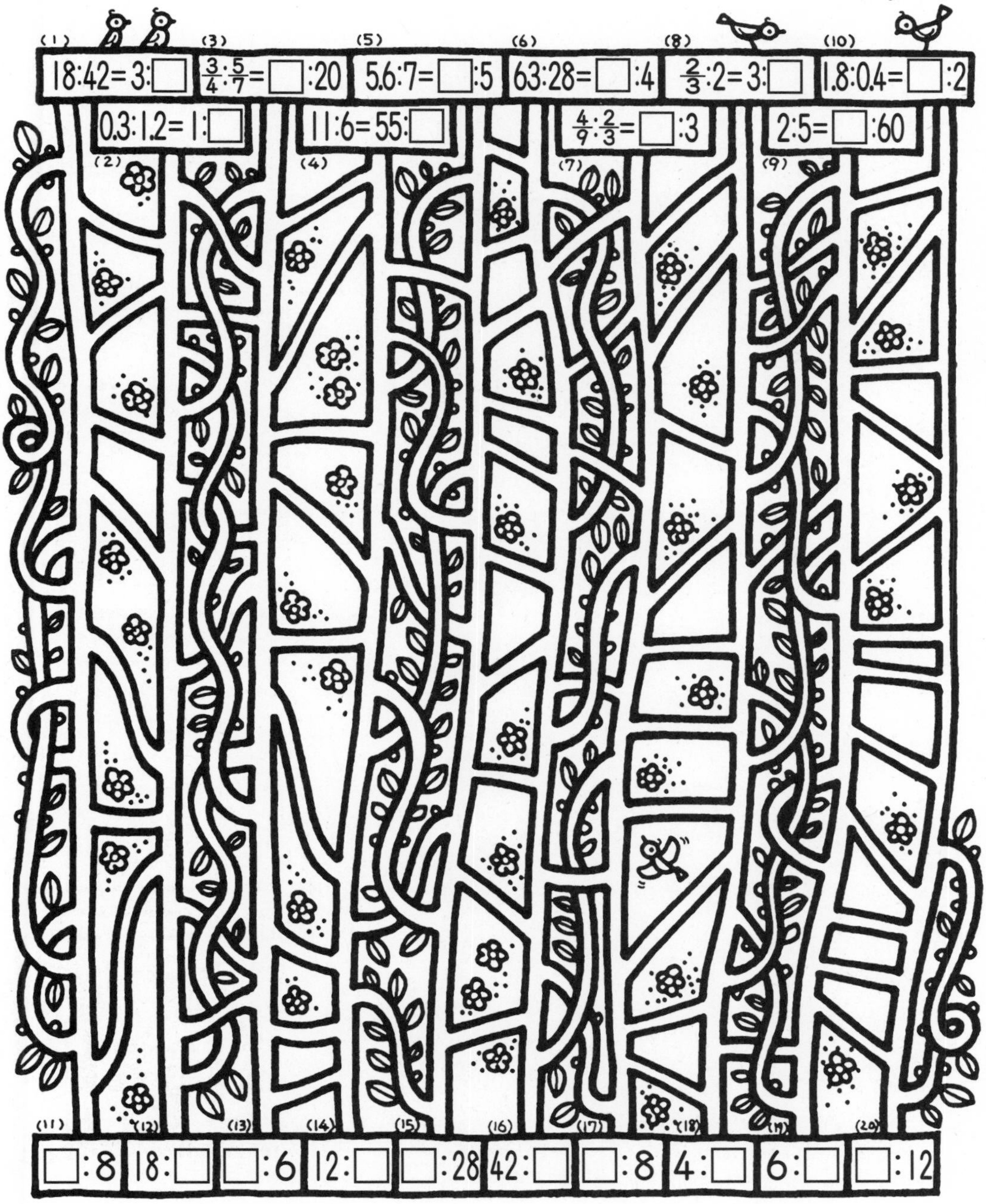

3分

月　　日

拡大図と縮図（1）

名前

● 下の図形を見て，（　　）の中の正しい方のことばや数に○をつけましょう。

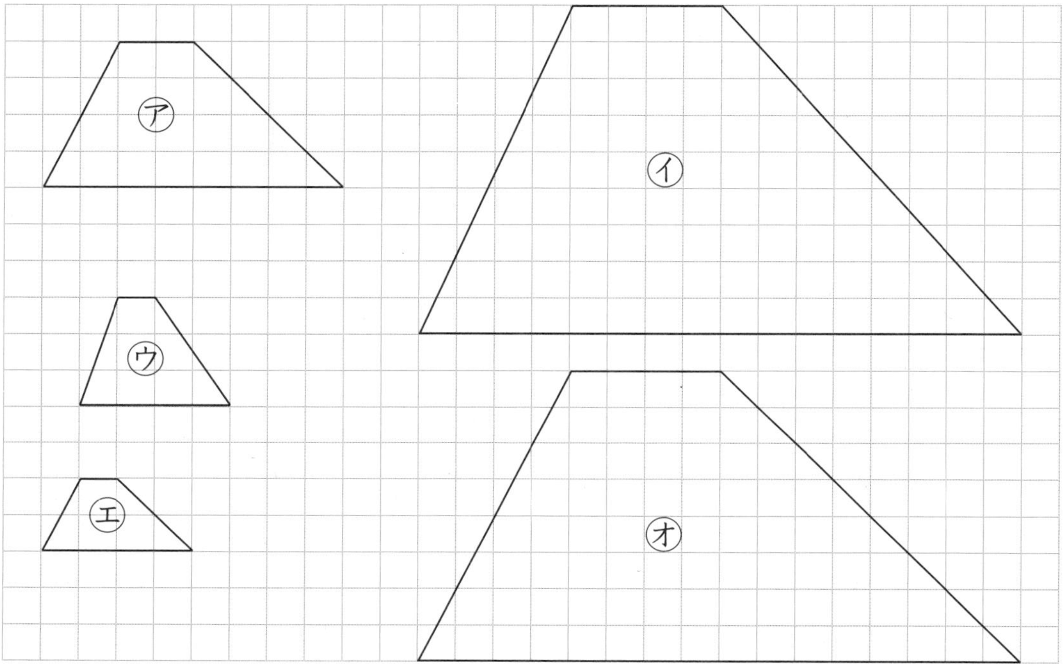

(1) ㋐を形を変えずに大きくしたのは，（ ㋑ ， ㋔ ）です。
対応するすべての辺の長さの比は（ 1:2 ， 1:3 ）です。
対応する角の大きさは（ 2倍 ， 等しい ）です。
このような図を㋐の（ 拡大図（かくだいず） ， 縮図（しゅくず） ）といいます。

(2) ㋐を形を変えずに小さくしたのは，（ ㋒ ， ㋓ ）です。
対応するすべての辺の長さは，（ 等しい ， $\frac{1}{2}$ ）です。
対応する角の大きさは（ 等しい ， $\frac{1}{2}$ ）です。
このような図を㋐の（ 拡大図 ， 縮図 ）といいます。

月　　日

拡大図と縮図（2）

名前

1　下の図形で，平行四辺形㋐の拡大図や縮図になっているのはどれですか。また，それは何倍の拡大図，何分の１の縮図ですか。
□に書きましょう。

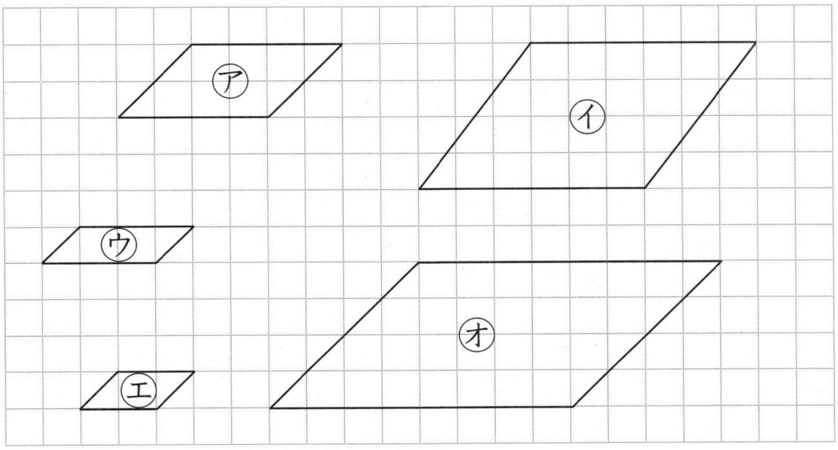

拡大図 □

□ 倍

縮図 □

□ 分の１

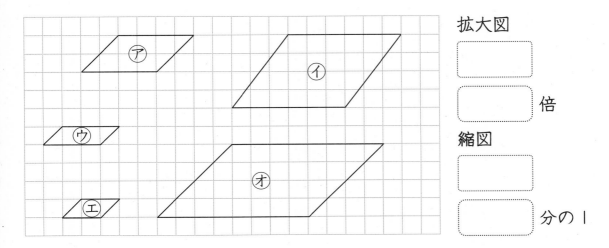

2　下の図形で，三角形㋕の拡大図や縮図になっているのはどれですか。また，それは何倍の拡大図，何分の１の縮図ですか。
□に書きましょう。

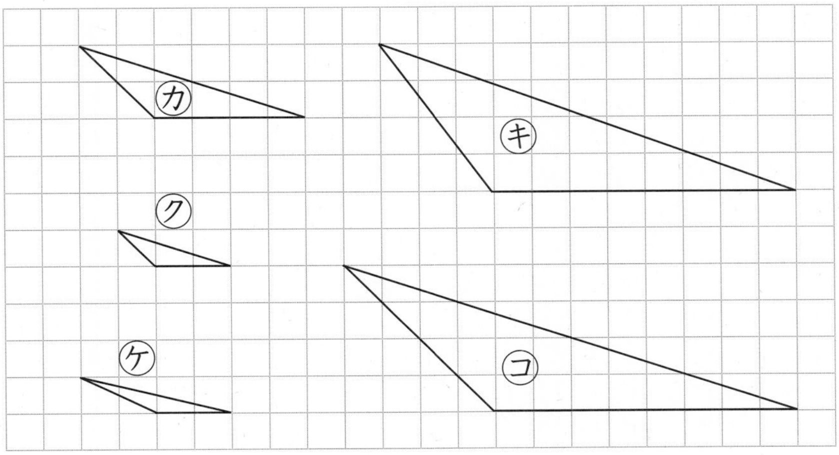

拡大図 □

□ 倍

縮図 □

□ 分の１

5分

月　　日

拡大図と縮図（3）

名前

1　下の平行四辺形 ABCD の 2 倍の拡大図 EFGH をかきましょう。

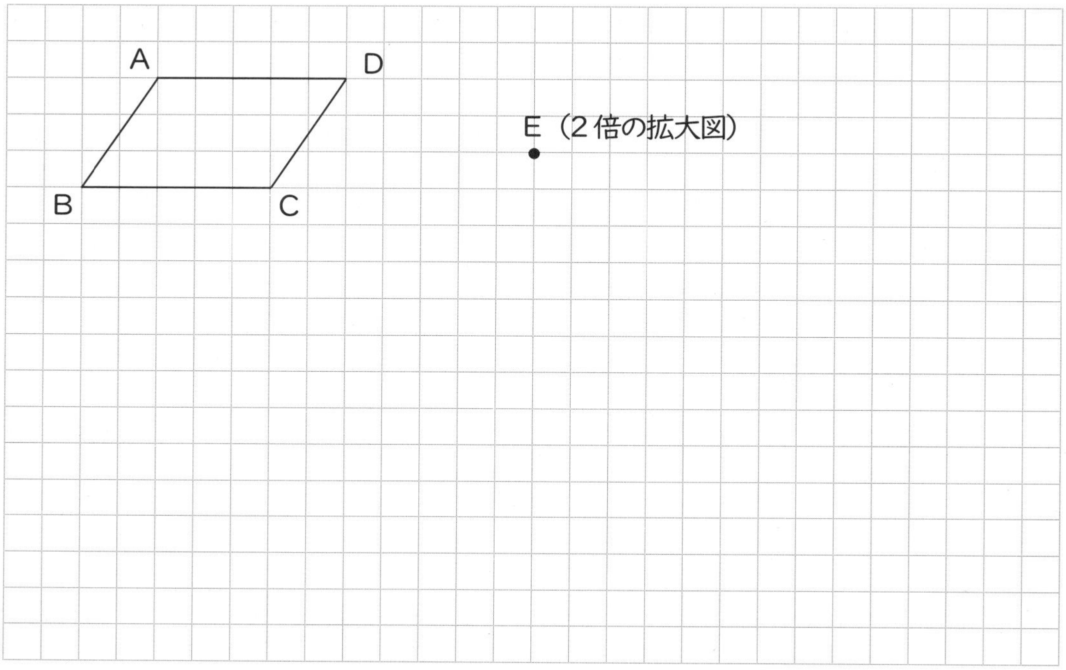

2　下の平行四辺形 ABCD の $\frac{1}{2}$ の縮図 EFGH をかきましょう。

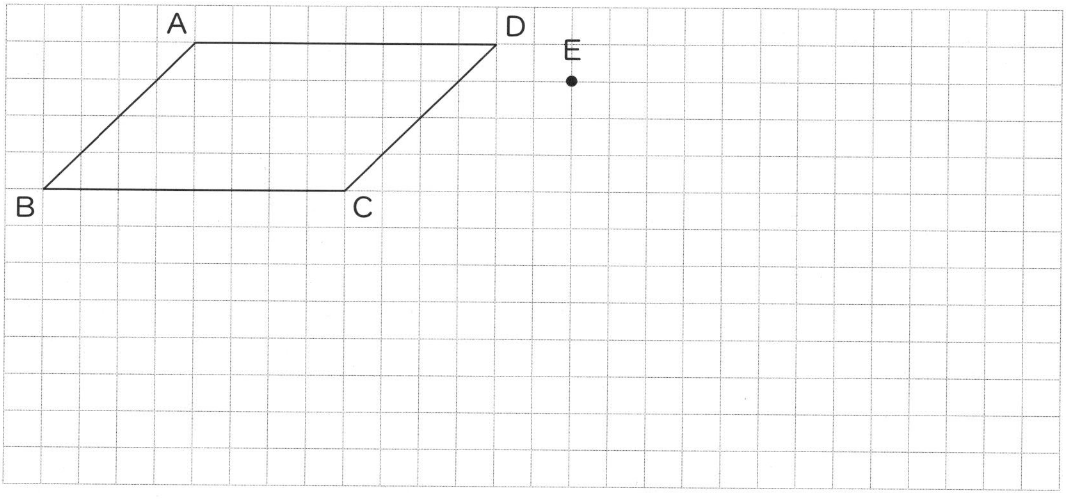

月　　日

拡大図と縮図（4）

名前

① 下の四角形 ABCD の 3 倍の拡大図 EFGH をかきましょう。

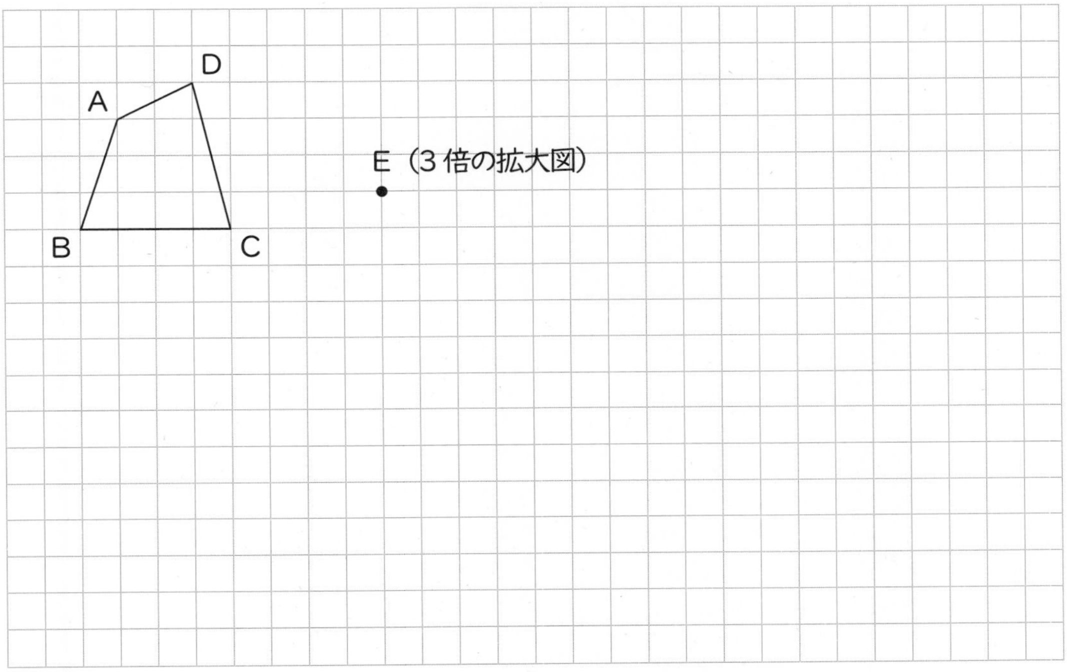

② 下の四角形 ABCD の $\frac{1}{3}$ の縮図 EFGH をかきましょう。

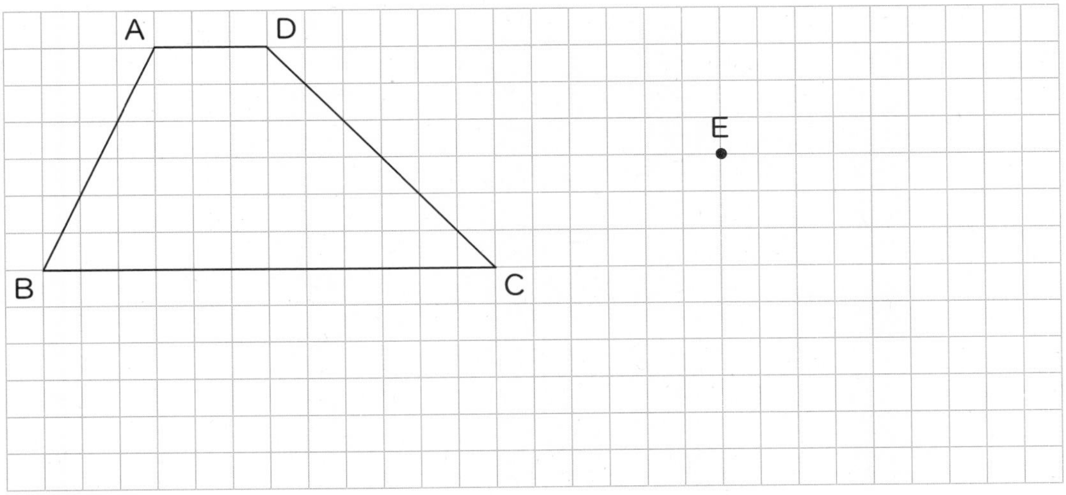

5分

月　　日

拡大図と縮図（5）

名前

□1　三角形DEFは，三角形ABCの２倍の拡大図（かくだいず）です。

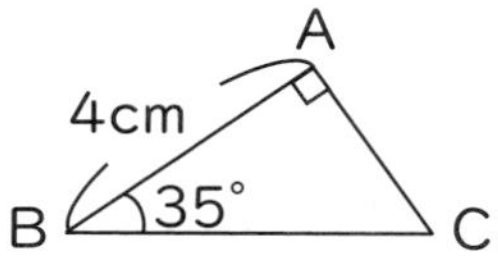

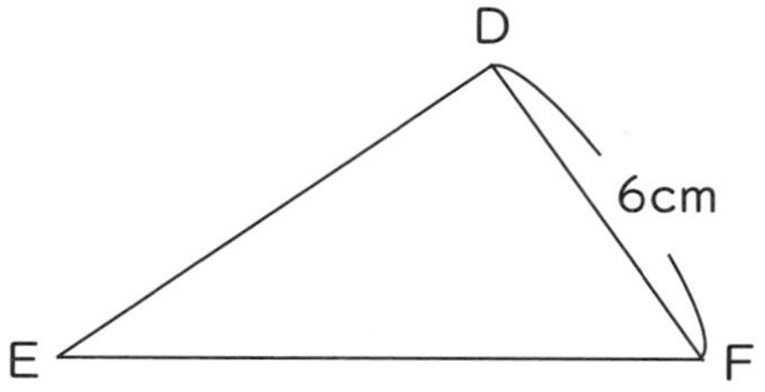

(1)　辺ABに対応する辺はどれですか。
また，何cmですか。

［　　　］，［　　］cm

(2)　角Bに対応する角はどれですか。
また，何度ですか。

［　　　］，［　　］度

□2　平行四辺形EFGHは，平行四辺形ABCDの３倍の拡大図です。

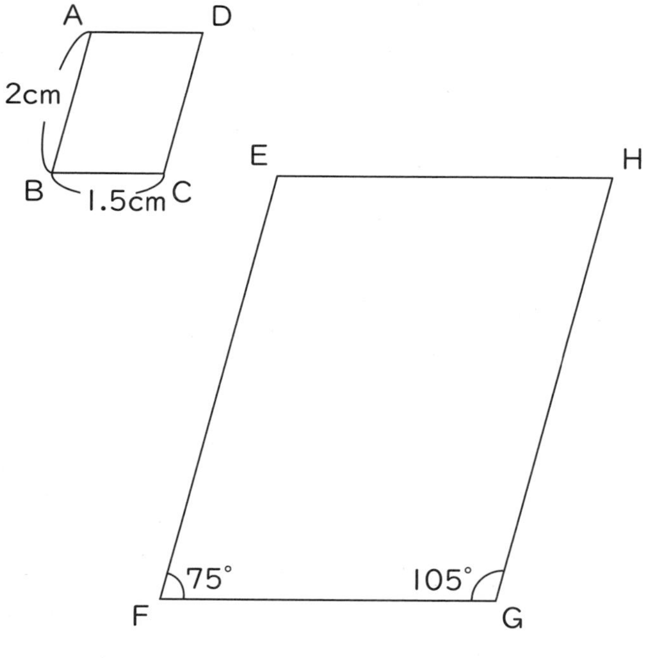

(1)　辺ABに対応する辺はどれですか。
また，何cmですか。

［　　　］，［　　］cm

(2)　角Fに対応する角はどれですか。
また，何度ですか。

［　　　］，［　　］度

月　　日

拡大図と縮図（6）

名前

● 三角形ABCの２倍の拡大図を，３つの辺の長さをはかってかきましょう。また，できた図に３つの辺の長さを書きましょう。

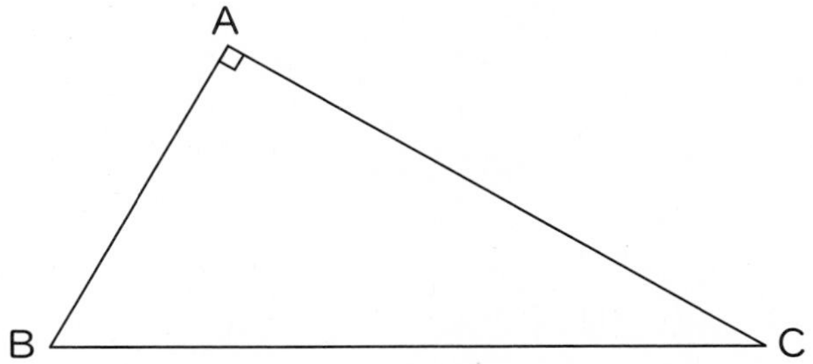

・頂点Bに対応する頂点

5
分

月　　日

拡大図と縮図（7）

名前

● 三角形ABCの2倍の拡大図(かくだいず)を，2つの辺の長さとその間の角の大きさをはかってかきましょう。また，できた図に2つの辺の長さとその間の角の大きさを書きましょう。

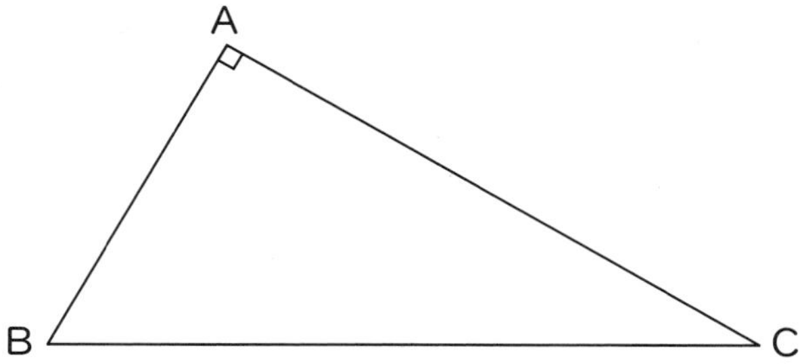

●
頂点(ちょうてん)Bに対応する頂点

月　　日

拡大図と縮図（8）

名前

● 三角形ABCの2倍の拡大図を，１つの辺の長さとその両はしの角の大きさをはかってかきましょう。また，できた図に１つの辺の長さとその両はしの角の大きさを書きましょう。

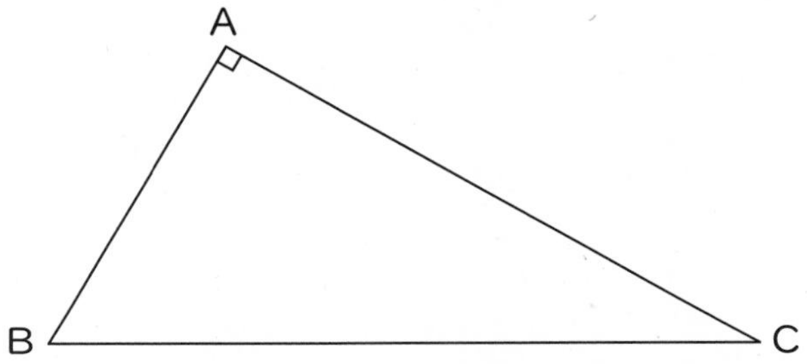

●
頂点Bに対応する頂点

月　　日

拡大図と縮図（9）

名前

1　下の三角形ABCの2倍の拡大図（かくだいず）DEF，1.5倍の拡大図GHIをかきましょう。

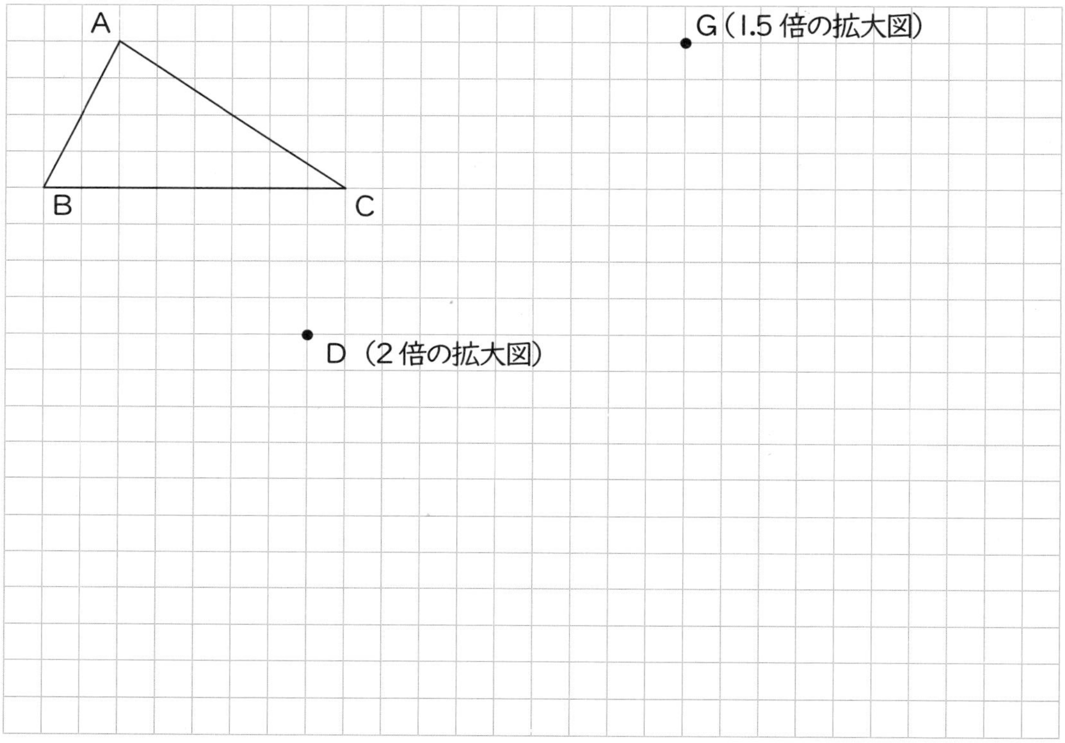

2　下の三角形ABCの$\frac{1}{2}$の縮図（しゅくず）DEFをかきましょう。

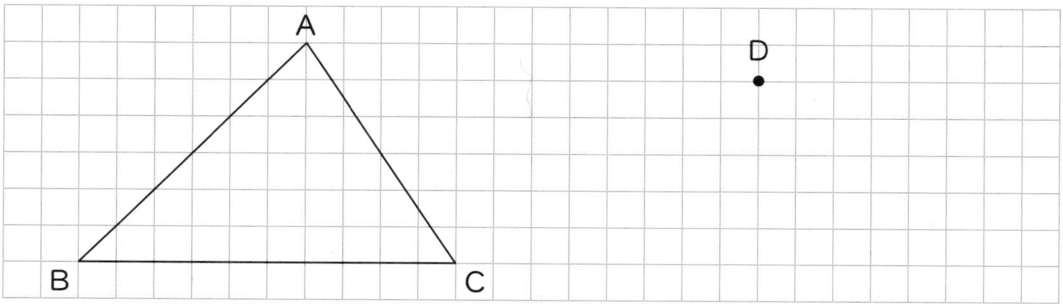

月　　日

拡大図と縮図（10）

名前

1　下の台形 ABCD の 3 倍の拡大図 EFGH をかきましょう。

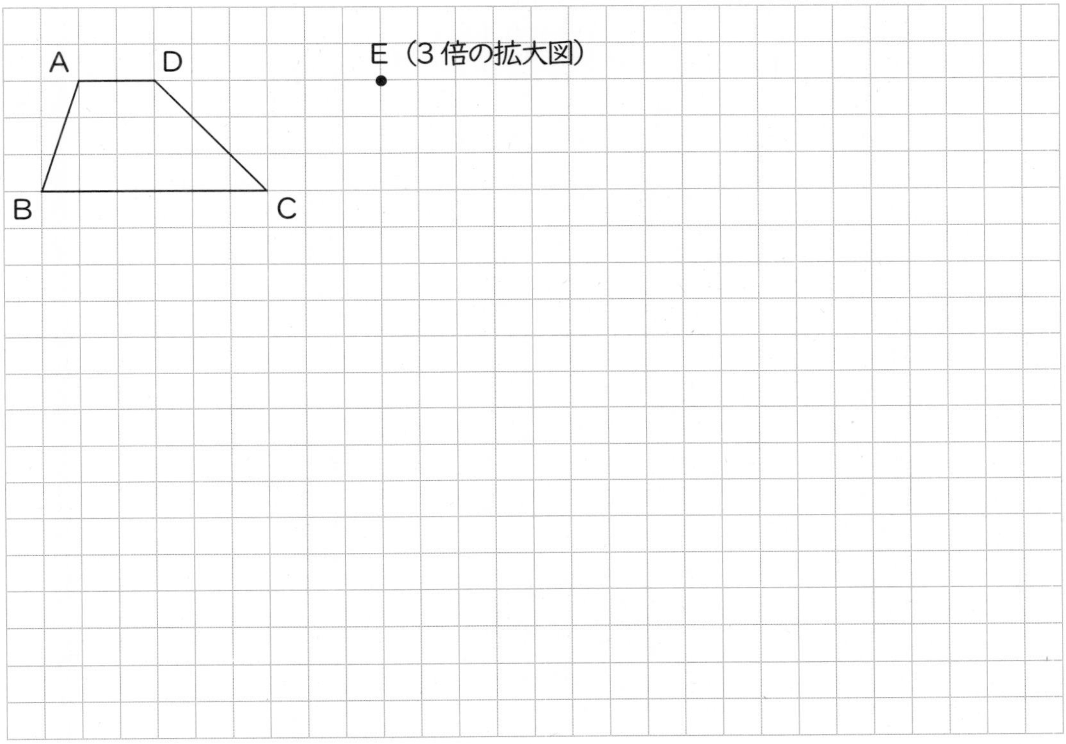

2　下の台形 ABCD の $\frac{1}{2}$ の縮図 EFGH, $\frac{1}{3}$ の縮図 IJKL をかきましょう。

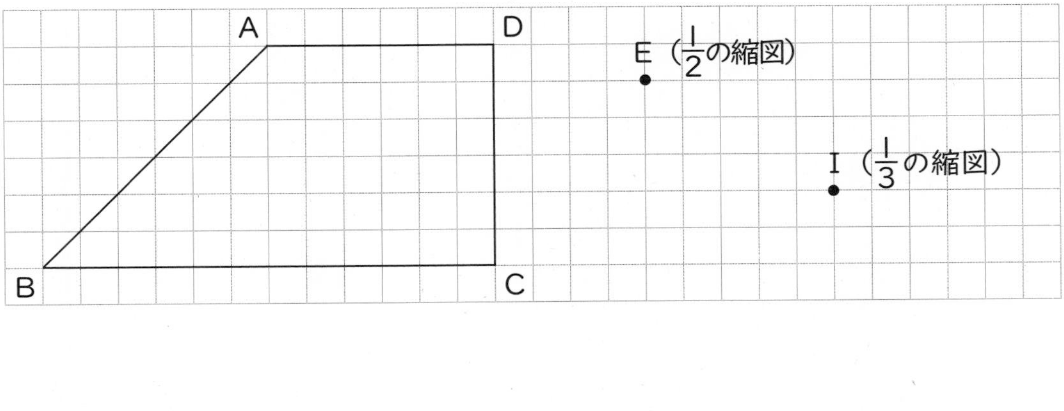

月　日

拡大図と縮図（11）

名前

1 下の四角形EFGHは，四角形ABCDの2倍の拡大図です。

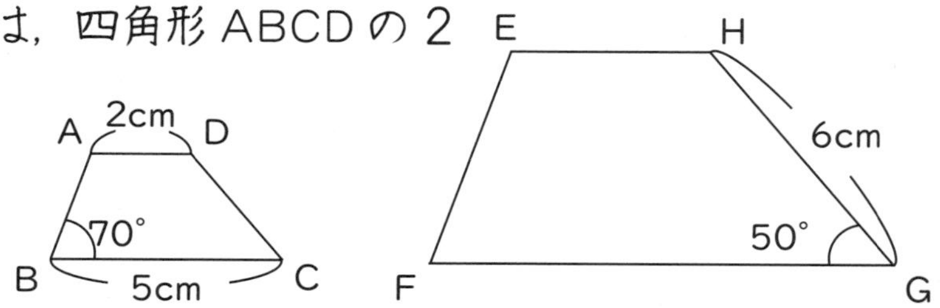

(1) 辺ADに対応する辺はどれですか。また，何cmですか。

　　　　，　　cm

(2) 角Bに対応する角はどれですか。また，何度ですか。

　　　　，　　度

(3) 辺HGに対応する辺はどれですか。また，何cmですか。

　　　　，　　cm

(4) 角Gに対応する角はどれですか。また，何度ですか。

　　　　，　　度

2 下の四角形EFGHは，四角形ABCDの3倍の拡大図です。

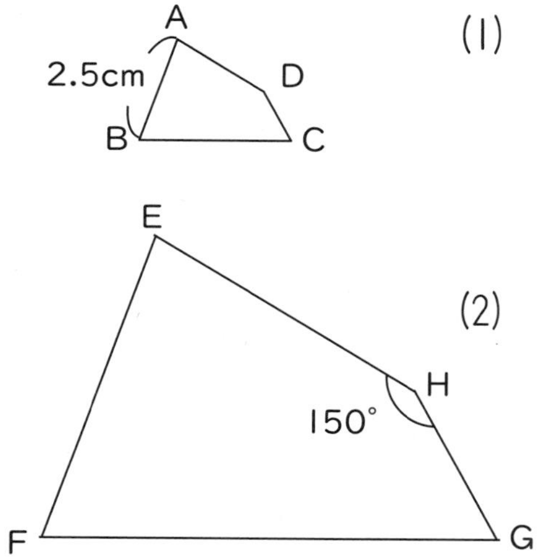

(1) 辺ABに対応する辺はどれですか。また，何cmですか。

　　　　，　　cm

(2) 角Hに対応する角はどれですか。また，何度ですか。

　　　　，　　度

月　　日

拡大図と縮図（12）

名前

● 三角形 ABC の 2 倍の拡大図(かくだいず) DEF, $\frac{1}{2}$の縮図(しゅくず) GHI を，
3 つの辺の長さを使ってかきましょう。

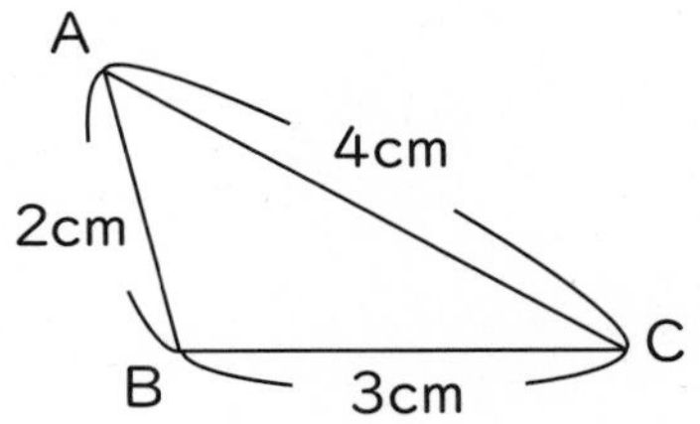

（2 倍の拡大図）

（$\frac{1}{2}$の縮図）

月　日

拡大図と縮図（13）

名前

● 三角形ABCの2倍の拡大図DEF，$\frac{1}{2}$の縮図GHIを，2辺とその間の角を使ってかきましょう。

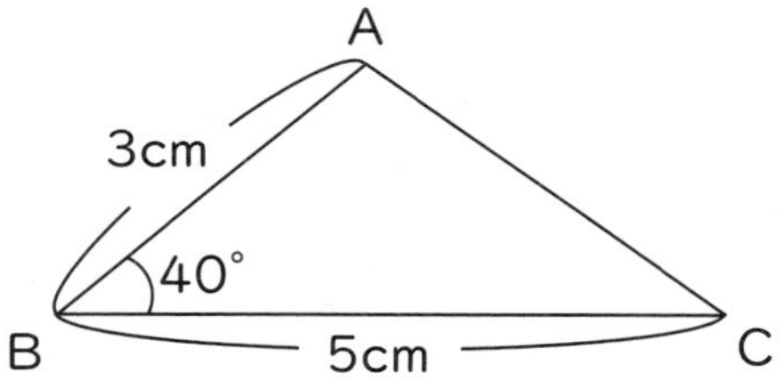

（2倍の拡大図）

（$\frac{1}{2}$の縮図）

月　　日

拡大図と縮図（14）

名前

三角形 ABC の 2 倍の拡大図 DEF, $\frac{1}{2}$の縮図 GHI を，
1 辺とその両はしの角を使ってかきましょう。

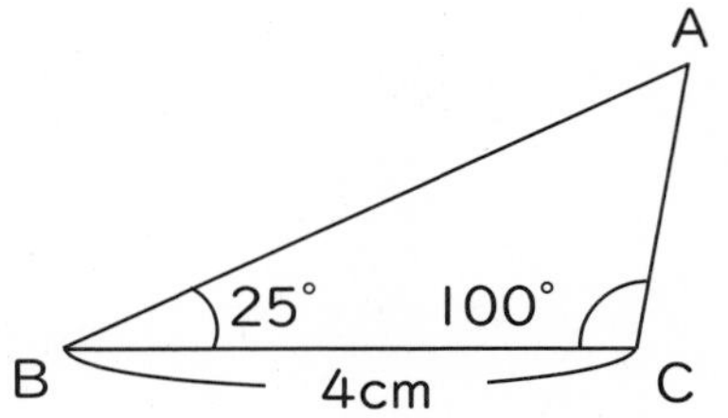

（2 倍の拡大図）

（$\frac{1}{2}$の縮図）

月　日

拡大図と縮図（15）

名前

1　三角形ABCの頂点Bを中心にして，2倍の拡大図と$\frac{1}{2}$の縮図をかきましょう。

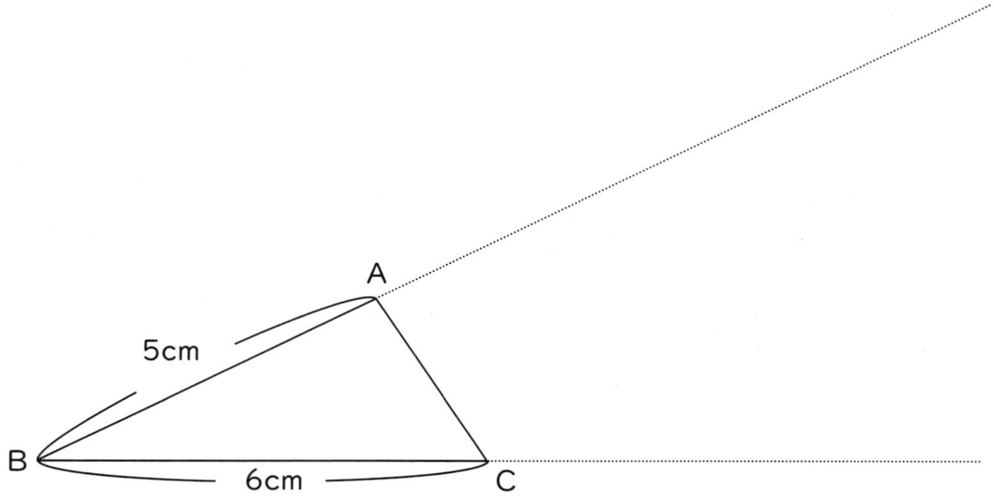

2　三角形ABCの頂点Bを中心にして，3倍の拡大図と$\frac{1}{3}$の縮図をかきましょう。

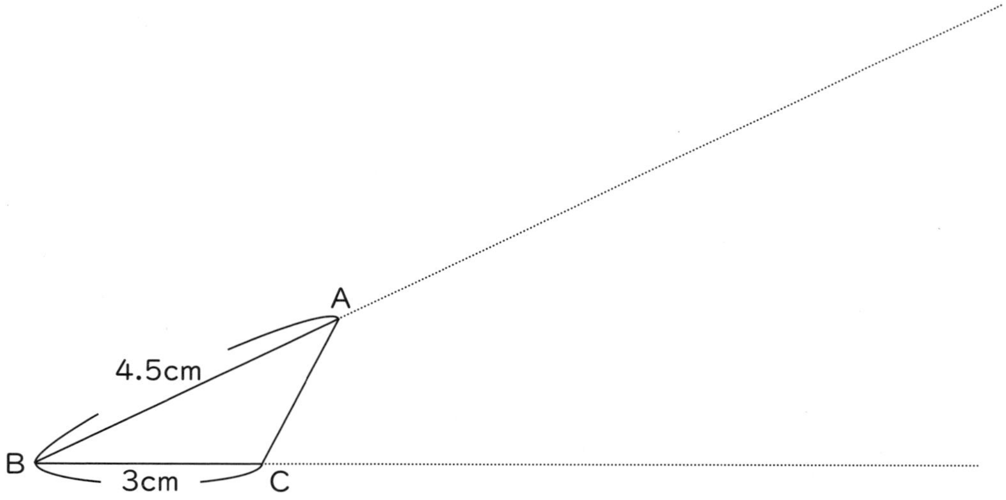

月　　日

拡大図と縮図（16）

名前

1　四角形 ABCD の頂点(ちょうてん) B を中心にして，2 倍の拡大図(かくだいず)と$\frac{1}{2}$の縮図(しゅくず)をかきましょう。

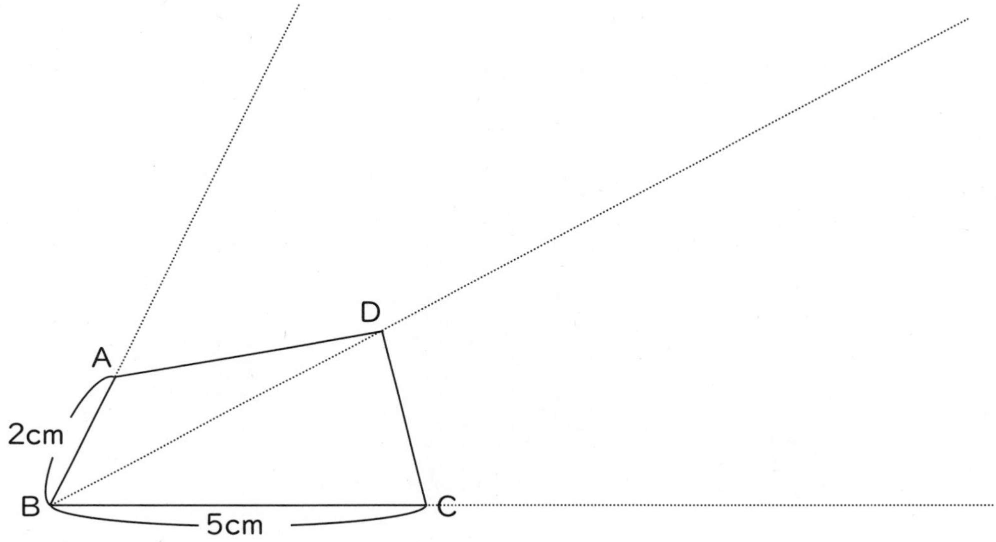

2　四角形 ABCD の頂点 B を中心にして，3 倍の拡大図と$\frac{1}{3}$の縮図を辺の長さをはかってかきましょう。

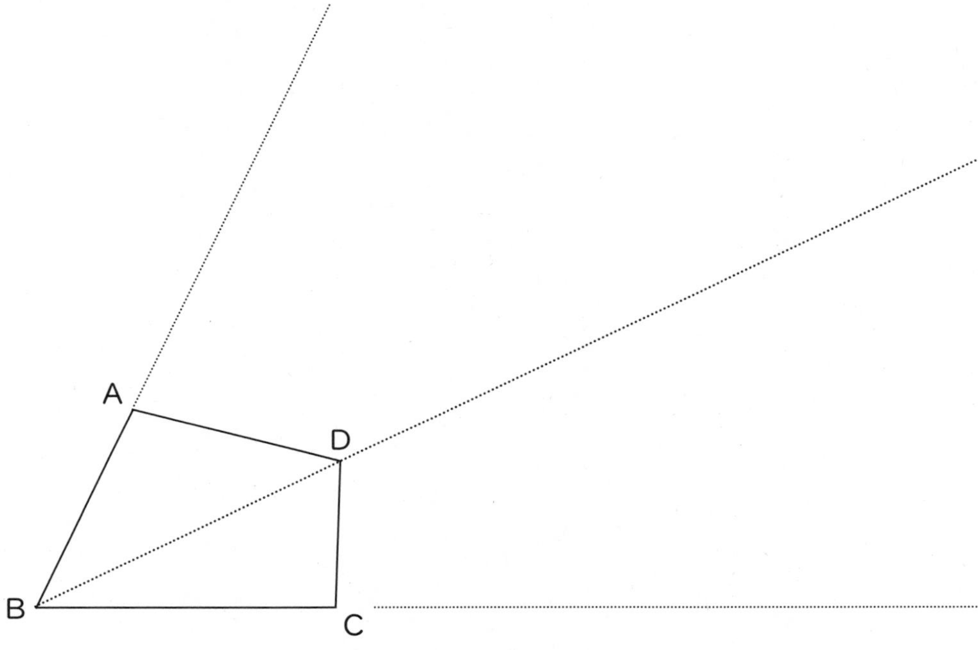

月　　日

拡大図と縮図（17）

名前

1　右の図は，家からポストまでの縮図です。実際の長さ 300m を 3cm に縮めて表しています。

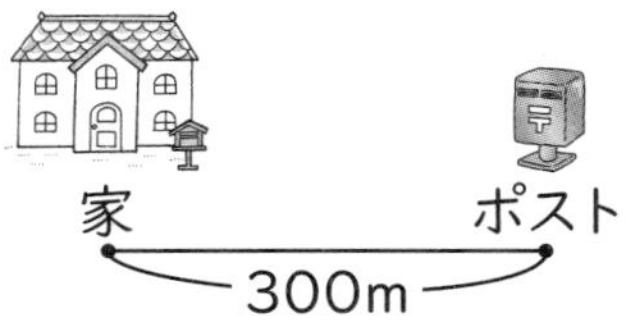

□にあてはまることばや数を，下の□から選んで書きましょう。

(1)　300mは，何 cm ですか。

300m ＝ □ cm

m			cm	
				3
3	0	0	0	0

(2)　何分の 1 にして縮図をかいていますか。

分数で表すと，□です。

(3)　縮めた割合のことを□といいます。

3000	30000	300000	$\frac{1}{1000}$	$\frac{1}{10000}$	$\frac{1}{100000}$	縮図	縮尺

2　下の縮図の A から B までの実際の長さを求めましょう。

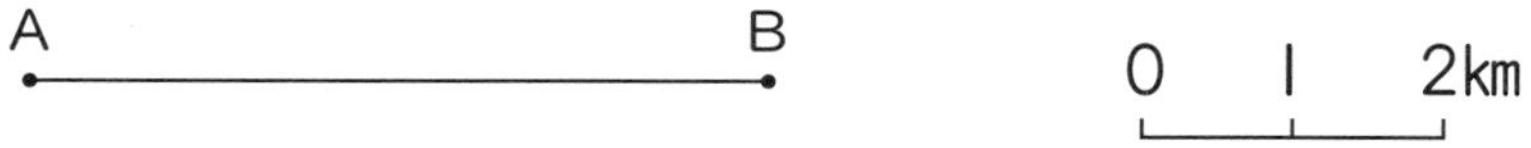

答え

5分

月　　日

# 拡大図と縮図（18）	名前	

● 右の地図は，$\frac{1}{10000}$ の縮尺でかかれた地図です。

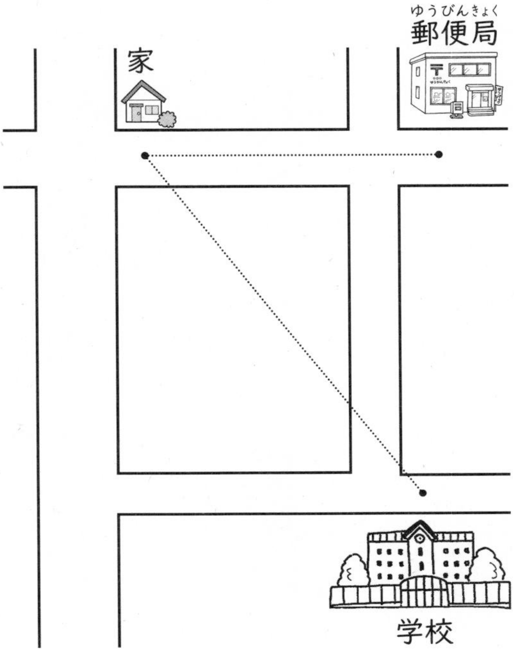

(1) 地図の上で，家から郵便局までの道のりは何 cm ですか。

答え ____________

(2) 何倍すれば，実際の長さを求めることができますか。

答え ____________

(3) 家から郵便局までの道のりは何 m ですか。また，何 km ですか。

式

答え ____________

(4) 地図の上で，家から学校までのきょりは何 cm ですか。

答え ____________

(5) 家から学校までのきょりは，何 m ですか。

式

答え ____________

月　　日

拡大図と縮図（19）

名前

● 右の図の校舎の，実際の高さを求めましょう。

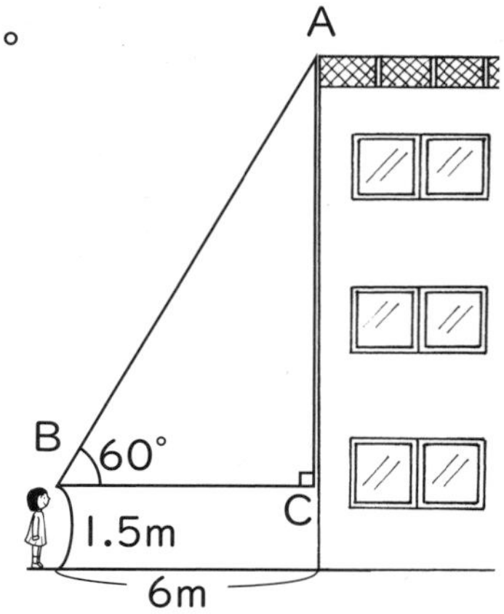

(1) 三角形 ABC の $\frac{1}{200}$ の縮図（しゅくず）をかきます。

① BC の辺は何 cm にすればよいですか。

答え

② 三角形 ABC の縮図をかきましょう。

(2) 縮図の AC の長さをはかり，実際の長さを求めましょう。

式

答え

(3) 地面から目の高さを加えて，ビルの高さを求めましょう。

式

答え

月　　日

拡大図と縮図（20）

名前

● 海岸B点から船C点までのきょりを，三角形ABCの$\frac{1}{1000}$の縮図（しゅくず）をかいて求めましょう。（下の図は，$\frac{1}{1000}$の縮図ではありません。）

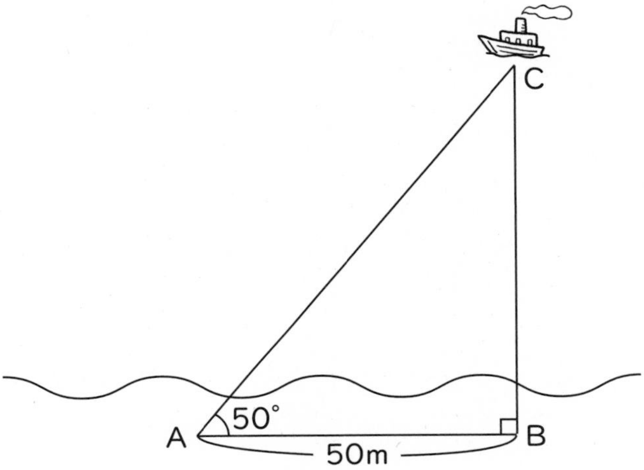

(1) 三角形ABCの$\frac{1}{1000}$の縮図をかきましょう。

(2) 縮図の辺BCの長さは何cmですか。

答え

(3) 船までの実際の長さは，何mですか。

式

答え

10分 ふりかえり

月　　日

ふりかえり
拡大図と縮図

名前

1 三角形カキクは，三角形アイウの２倍の拡大図（かくだいず）です。
□にあてはまることばや数を書きましょう。

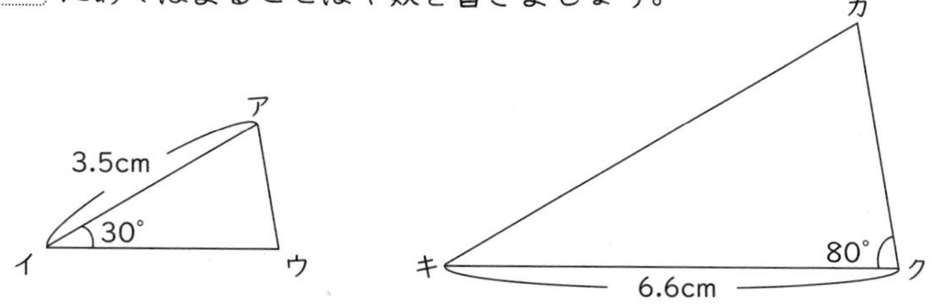

(1) 辺アイに対応する辺は，□で□cmです。

(2) 角クに対応する角は，□で□度です。

2 ㋐の２倍の拡大図はどれですか。
また，㋐の$\frac{1}{2}$の縮図（しゅくず）はどれですか。

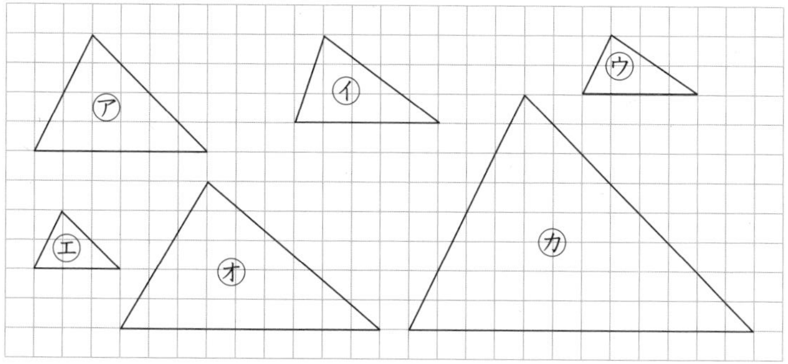

拡大図 □　　縮図 □

3 下の台形ABCDの２倍の拡大図と，$\frac{1}{2}$の縮図をかきましょう。

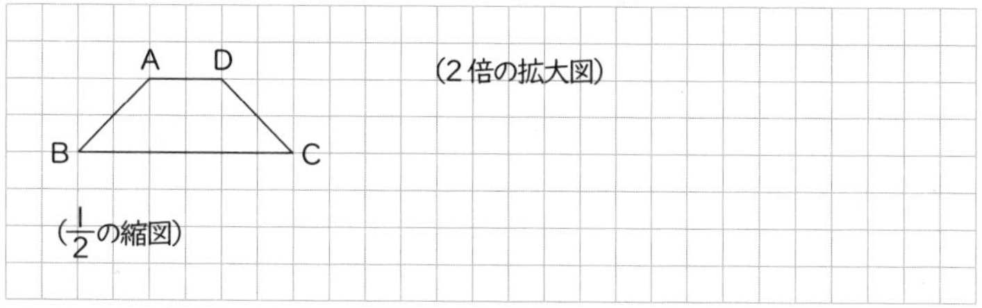

4 三角形アイウの２倍の拡大図を，頂点（ちょうてん）イを中心にかきましょう。

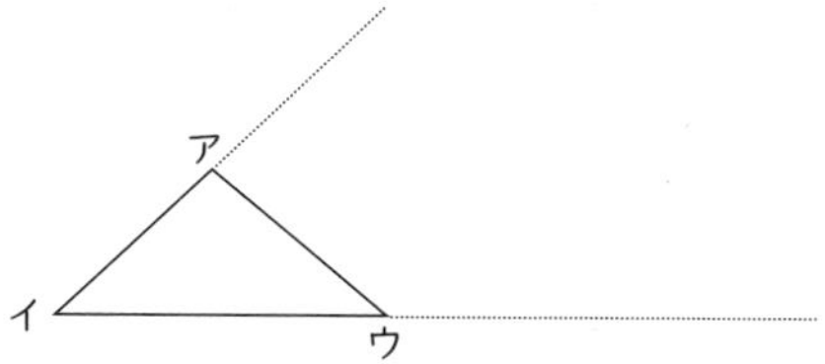

5 右の縮図を見て答えましょう。

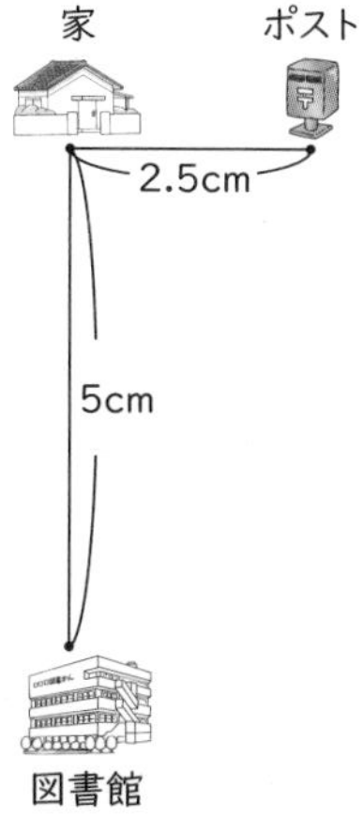

(1) この縮図は，500mを5cmに縮（ちぢ）めて表しています。何分の１の縮図ですか。

答え ＿＿＿＿＿＿

(2) この縮図で，家からポストまでが2.5cmになっています。実際の長さは，何mですか。

式

答え ＿＿＿＿＿＿

月　日

拡大図と縮図（テスト）

名前

【知識・技能】

1 四角形アイウエの２倍の拡大図（かくだいず）が四角形カキクケです。辺の長さや角度を □ の中に書きましょう。(5×4)

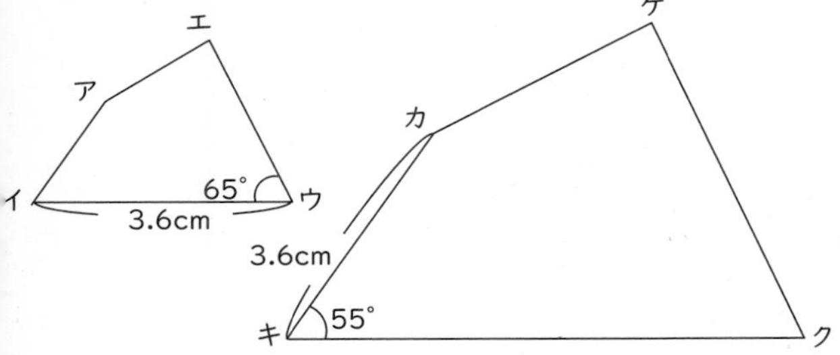

(1) 辺アイの長さは □ cm です。

(2) 辺キクの長さは □ cm です。

(3) 角イは □ °です。

(4) 角クは □ °です。

2 四角形アイウエの２倍の拡大図カキクケと $\frac{1}{2}$ の縮図サシスセをかきましょう。(10×2)

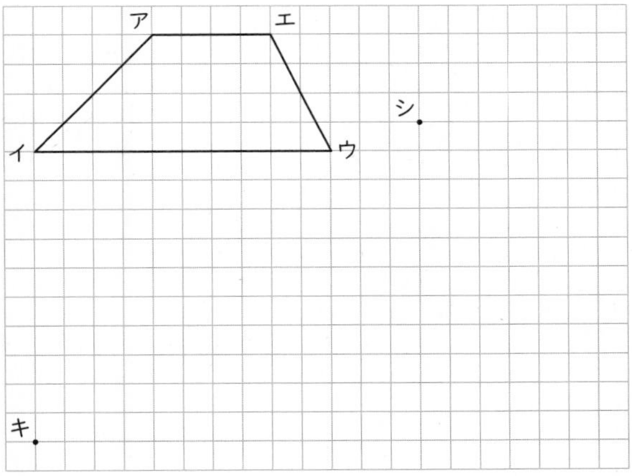

3 三角形 ABC の頂点（ちょうてん） B を中心にして，２倍の拡大図をかきましょう。(10)

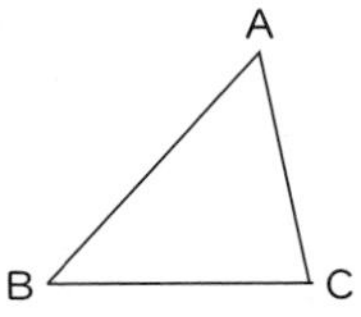

【思考・判断・表現】

4 めいさんがビルから 20 mはなれた所に立って，ビルのいちばん高い所を見ています。

ビルの高さを求めます。①～④の順にしましょう。

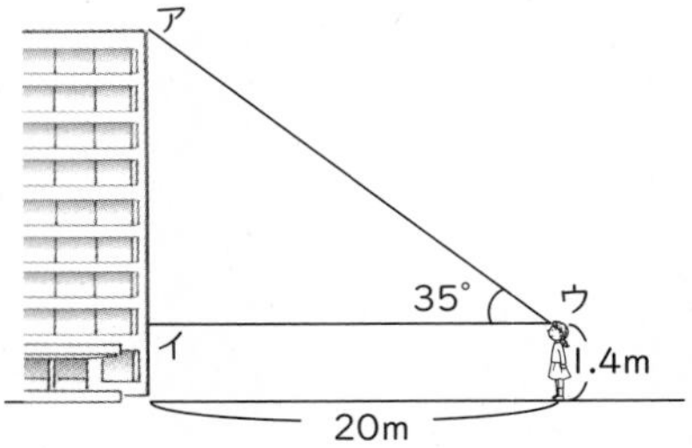

① 三角形アイウの $\frac{1}{200}$ の縮図をかきましょう。(20)

② $\frac{1}{200}$ の縮図での直線アイの長さは，約何 cm ですか。(10)

答え

③ 直線アイの実際の長さは，約何mになりますか。(5×2)

式

答え

④ ③で求めた高さからビルの高さは，約何mになりますか。小数第一位まで求めましょう。(5×2)

式

答え

月　　日

算数あそび
拡大図と縮図

名前

● あさとさんは，右の図の２倍の拡大図を下の方眼紙にかきました。
どこか変ですね。まちがいが３つあるようです。
ちがいを見つけて直しましょう。

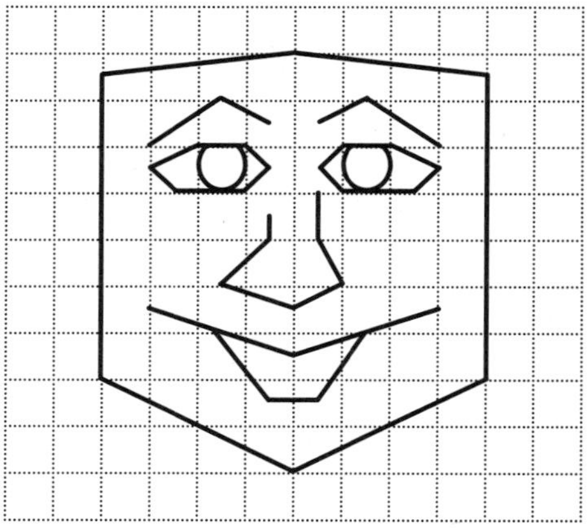

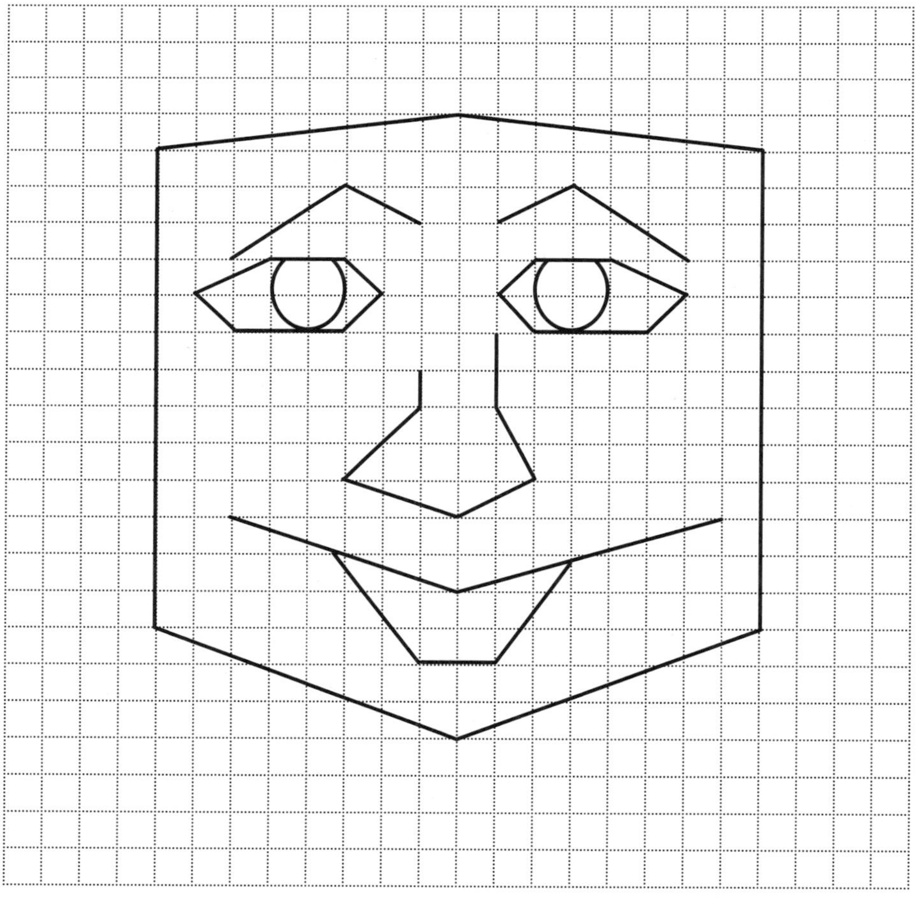

月　日

円の面積（1）

名前

● 半径 10cm の円の面積を求めます。下の図のように円を 36 等分して並べかえて考えましょう。

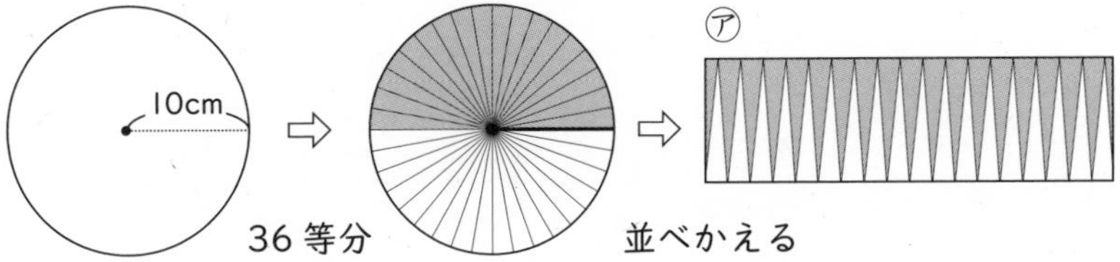

(1) 円を 36 等分して並べかえた㋐の形は，長方形に近づきます。長方形とみると，縦の長さは，何 cm ですか。

答え ＿＿＿＿＿＿

(2) ㋐の長方形の横の長さは，円周の半分の長さです。何 cm ですか。

式

答え ＿＿＿＿＿＿

(3) ㋐の長方形の縦の長さと横の長さから，面積を求めましょう。

式

答え ＿＿＿＿＿＿

月　日

円の面積（2）

名前

1 円の面積を求める公式を書きましょう。

円の面積 ＝ □ × □ × □

2 下の円の面積を求めましょう。

(1)

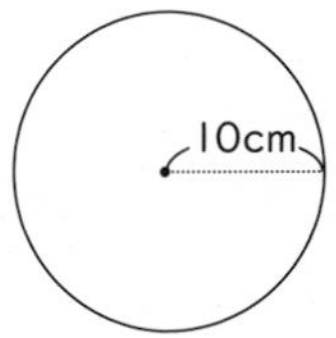

式

答え ＿＿＿＿＿＿

(2)

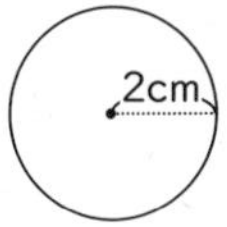

式

答え ＿＿＿＿＿＿

3分

5分

月　日

円の面積（3）

名前

● 円の面積を求めましょう。

(1)

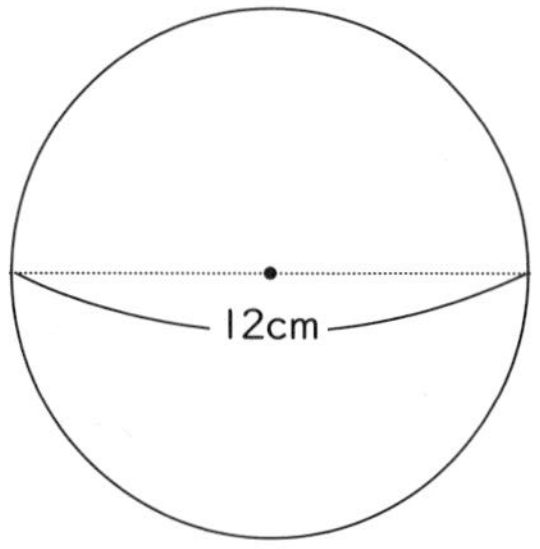

半径 □ ÷ □ ＝ □

式

答え ＿＿＿＿

(2)

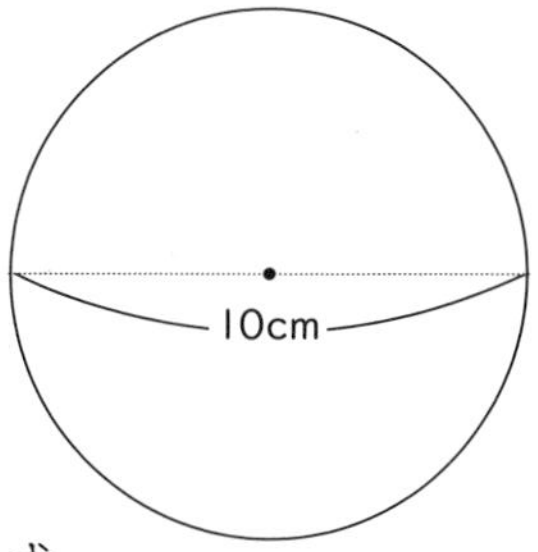

式

答え ＿＿＿＿

月　日

円の面積（4）

名前

● 下の図形の面積を求めましょう。

(1)

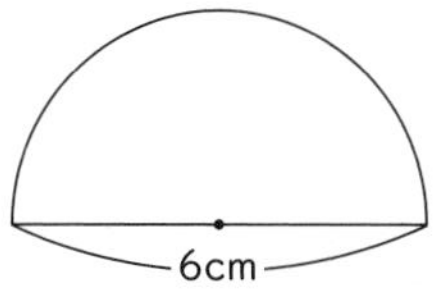

式

答え ＿＿＿＿

(2)

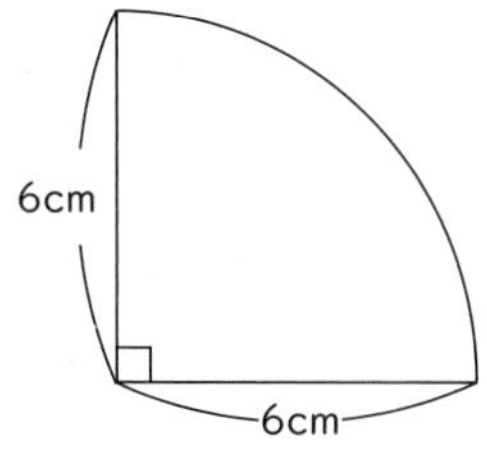

式

答え ＿＿＿＿

（141％に拡大してご使用ください。）

月　日

円の面積（5）

名前

● 下の円の面積を求めましょう。

(1)

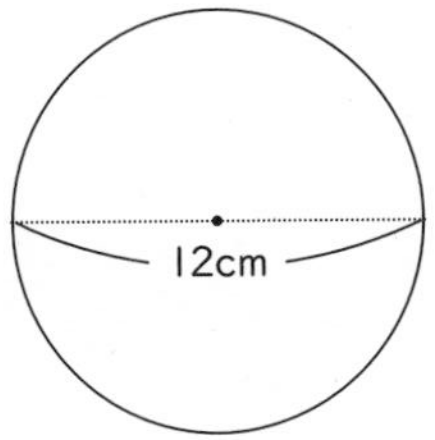

式

答え

(2)

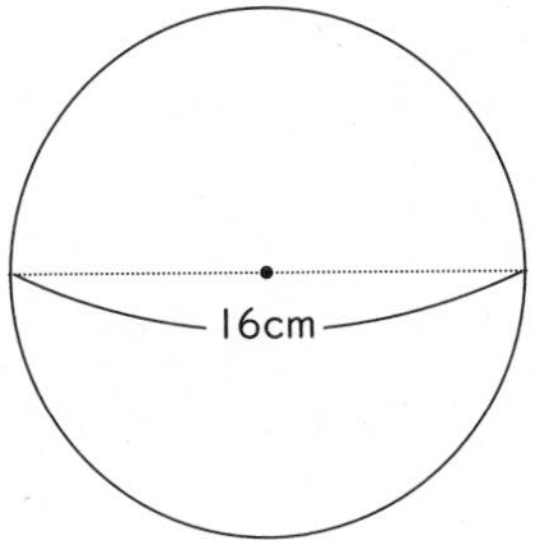

式

答え

(3)

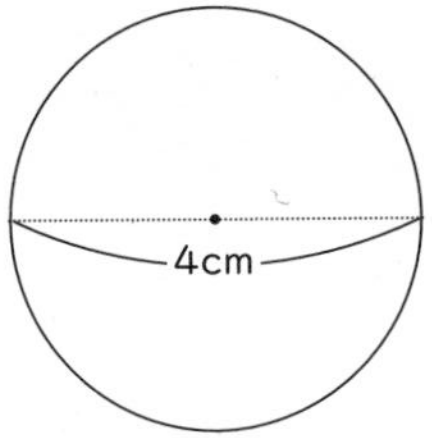

式

答え

月　日

円の面積（6）

名前

● 下の図形の面積を求めましょう。

(1)

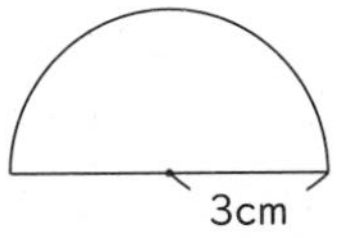

式

答え

(2)

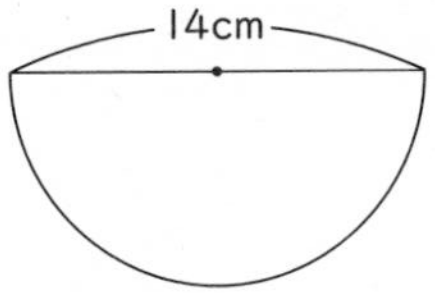

式

答え

(3)

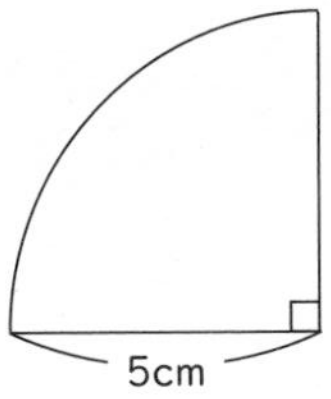

式

答え

10分

（141%に拡大してご使用ください。）

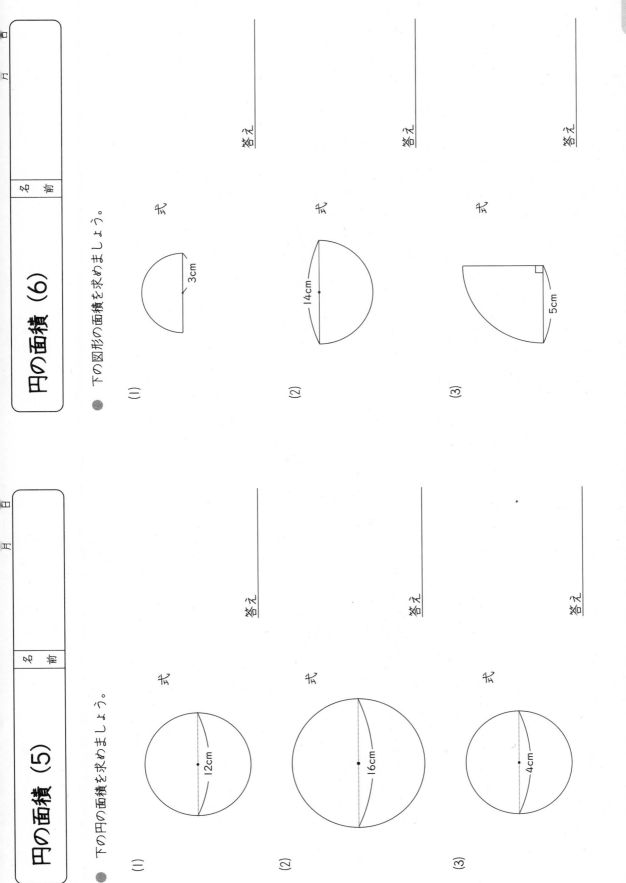

円の面積（7）

名前　　　　　　月　　日

● 下の図の色のついた部分の面積を求めましょう。

(1)

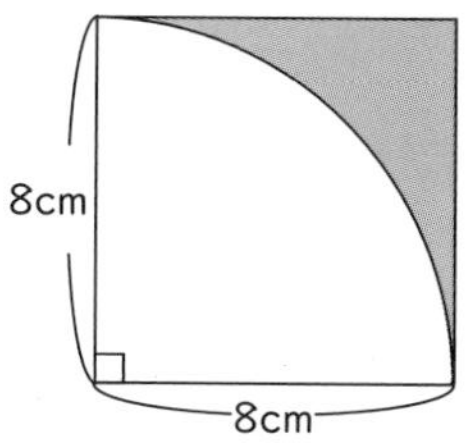

式

答え

(2)

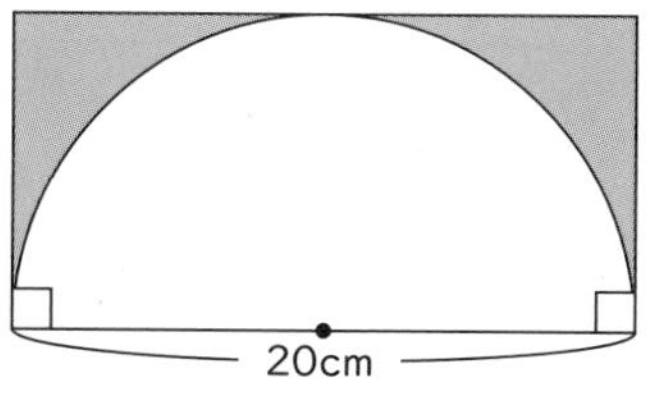

式

答え

円の面積（8）

10分

名前　　　　　　月　　日

● 下の図の色のついた部分の面積を求めましょう。

(1)

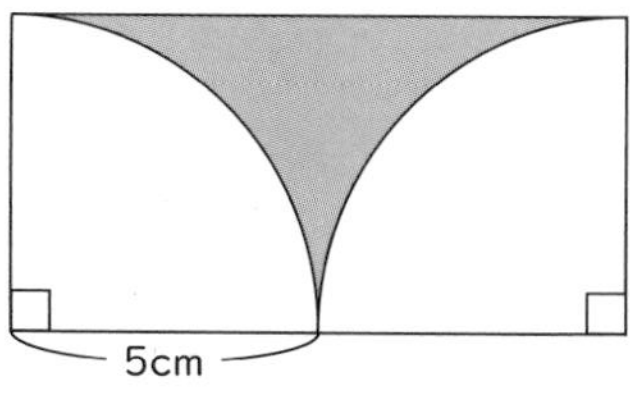

式

答え

(2)

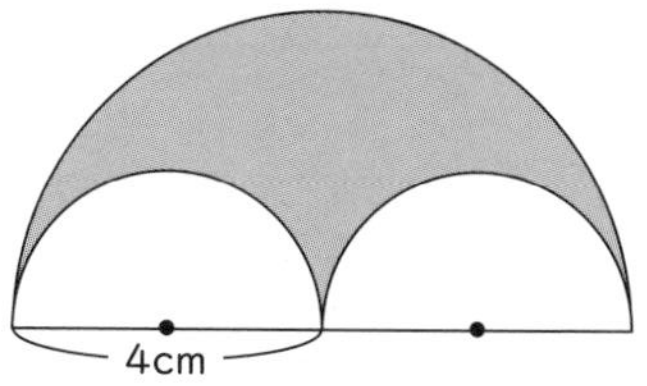

式

答え

（141％に拡大してご使用ください。）

月　日

円の面積（9）

名前

● 下の図の色のついた部分の面積を求めましょう。

(1)

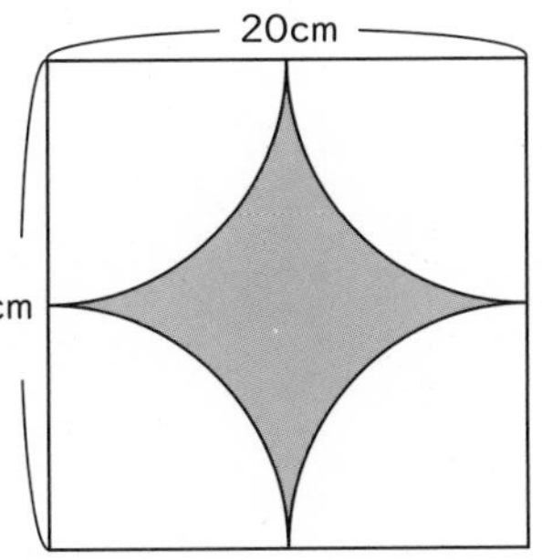

式

答え

(2)

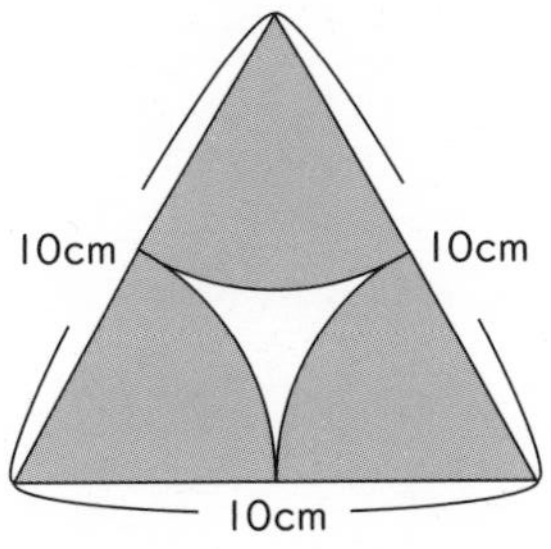

式

答え

月　日

円の面積（10）

名前

● 右のAとBの２つの円を比べましょう。

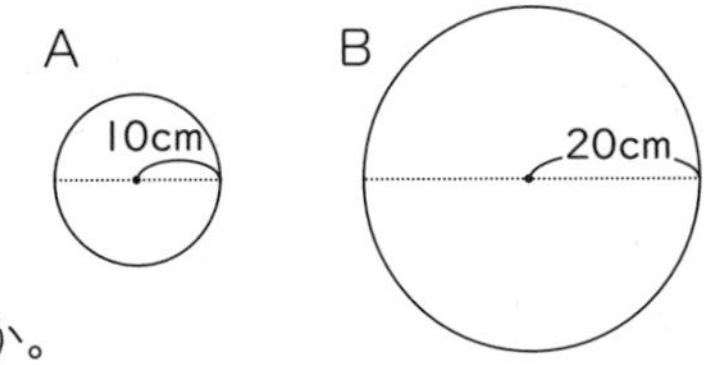

(1) 半径を比べましょう。
Bの半径は，Aの半径の何倍ですか。

答え

(2) 円周を比べましょう。

① Aの円周を求めましょう。

式

答え

② Bの円周を求めましょう。

式

答え

③ Bの円周は，Aの円周の何倍ですか。

式

答え

(3) 面積を比べましょう。

① Aの面積を求めましょう。

式

答え

② Bの面積を求めましょう。

式

答え

③ Bの面積は，Aの面積の何倍ですか。

式

答え

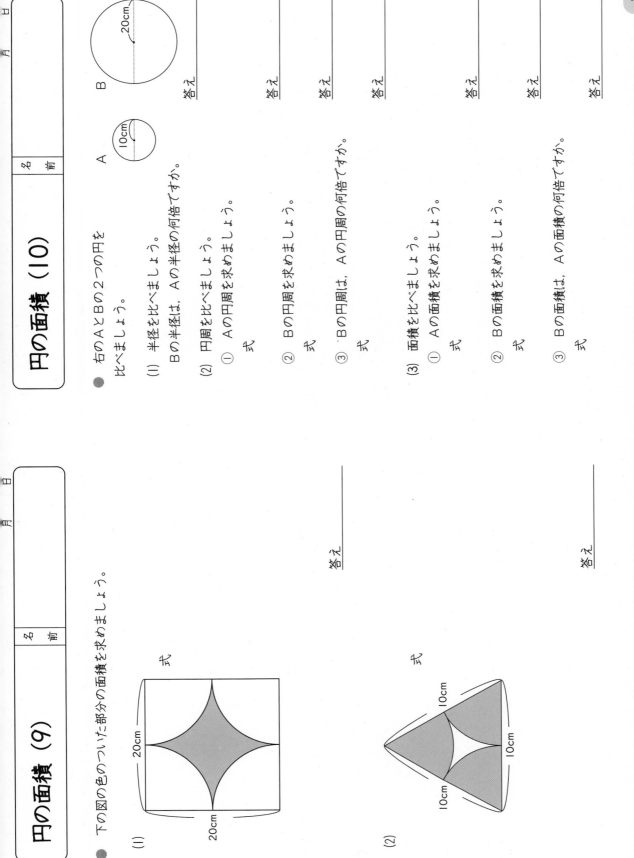

10分

月　日

ふりかえり
円の面積

名前

1 円の面積の公式を書きましょう。

円の面積＝

2 下の図形の面積を求めましょう。

(1)

式

答え

(2)
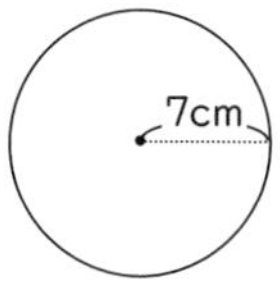

式

答え

(3)
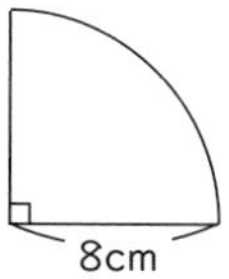

式

答え

(4)
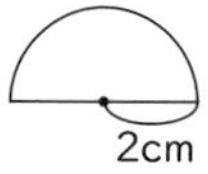

式

答え

3 下の図の色のついた部分の面積を求めましょう。

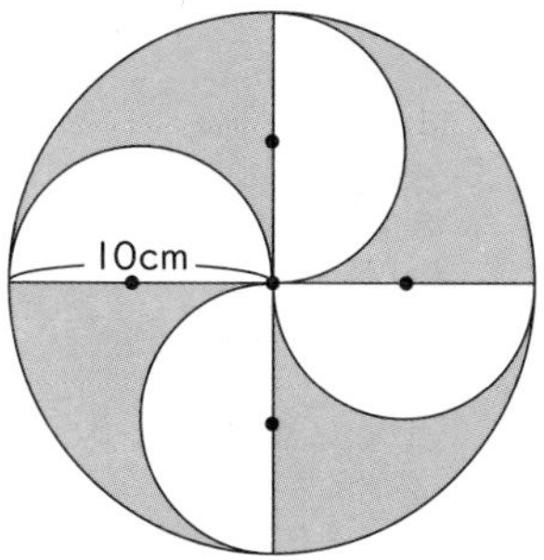

式

答え

(141%に拡大してご使用ください。)

月　　日

円の面積　（テスト）

名前	

【知識・技能】

1　円の面積を求める公式を考えましょう。(5 × 4)

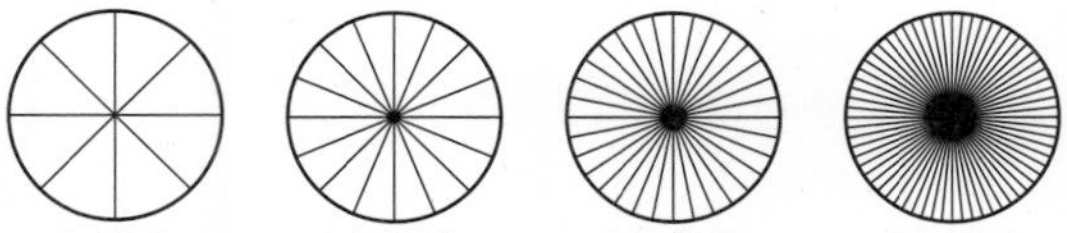

上の図のように，円をおうぎ形に切り分けて並(なら)べかえます。64 等分のように分ける数を大きくしていくと，ほぼ長方形になります。

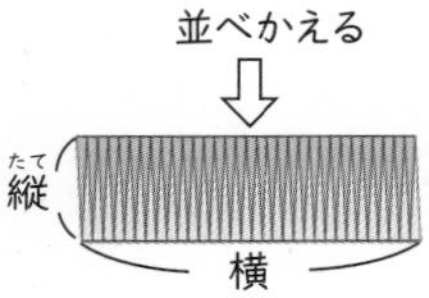

(1)　長方形の縦の長さは，円の何にあたりますか。 [　　　　]

(2)　長方形の横の長さは，円の何の半分にあたりますか。 [　　　　] の半分

(3)　長方形の横の長さを求めることばの式を完成させましょう。

[　　　　] × 3.14 ÷ 2

(4)　(1), (2), (3)より，円の面積を求める公式を書きましょう。

円の面積　＝ [　　　　　　　　]

2　下の図形の面積を求めましょう。(5 × 6)

(1)

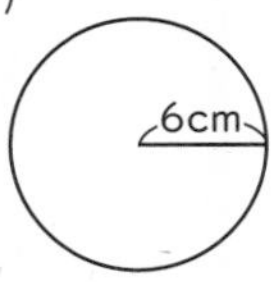

式

答え ＿＿＿＿＿＿

(2)

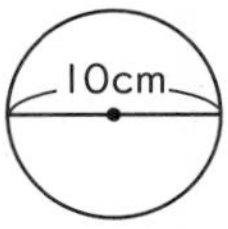

式

答え ＿＿＿＿＿＿

(3)

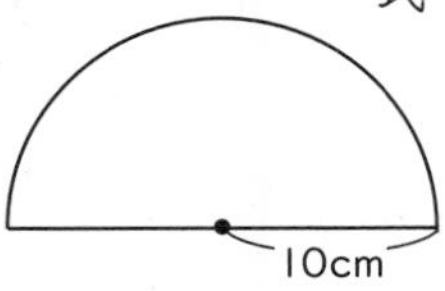

式

答え ＿＿＿＿＿＿

【思考・判断・表現】

3　下の図形の色のついた部分の面積を求めましょう。

(5 × 6)

(1)

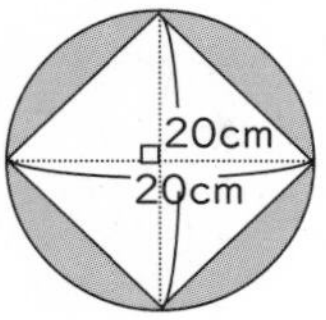

式

答え ＿＿＿＿＿＿

(2)

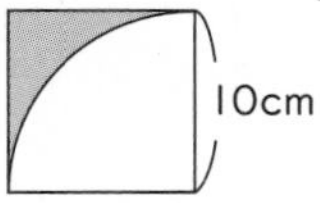

式

答え ＿＿＿＿＿＿

(3)

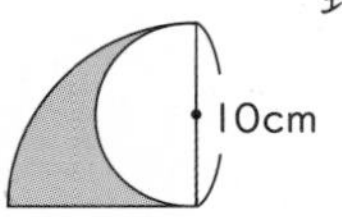

式

答え ＿＿＿＿＿＿

4　右の図形の色のついた部分の面積を求めます。

次の式はそれぞれどの部分の面積を求めているのでしょうか。

それぞれ右の図に色をぬって表しましょう。(5 × 4)

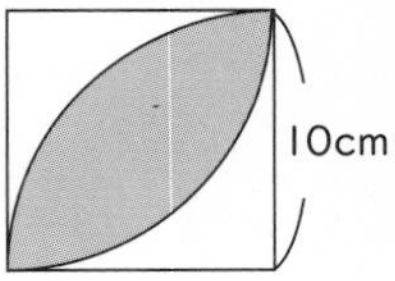

(1)　10 × 10 × 3.14 ÷ 4 ＝ 78.5

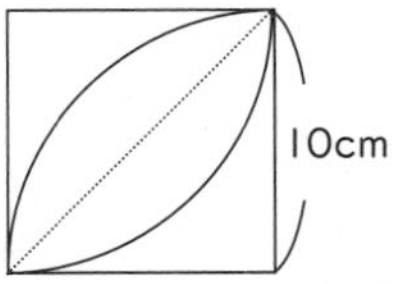

(2)　10 × 10 ÷ 2 ＝ 50

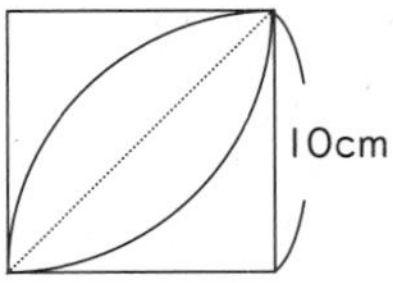

(3)　78.5 − 50 ＝ 28.5

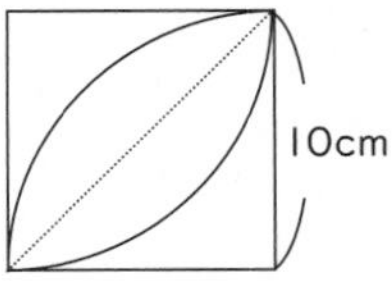

(4)　28.5 × 2 ＝ 57

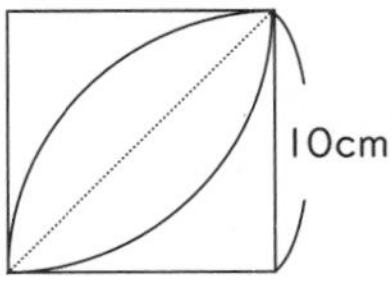

(141%に拡大してご使用ください。)

月　　日

算数あそび
円の面積 ①

名前

● 右のように，底面の半径と高さが等しい長さの円柱があります。

この円柱の上下にある底面積２つを合わせた面積と，側面の面積（側面積）とでは，どちらが広いでしょうか。

円柱の底面の半径と高さが等しいとき

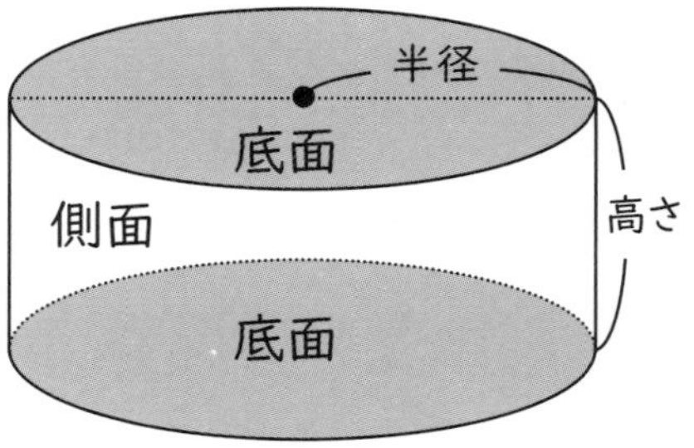

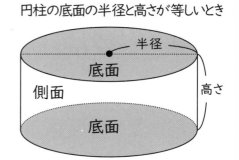

(1) まず，予想を立ててみましょう。
どれか１つに○をつけましょう。

＜予想＞

ア　底面２つを合わせた面積の方が広い。

イ　側面積の方が広い。

ウ　どちらも等しい面積。

<ヒント>

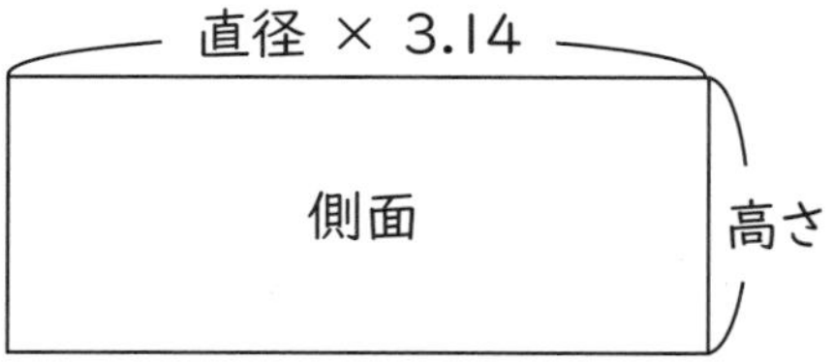

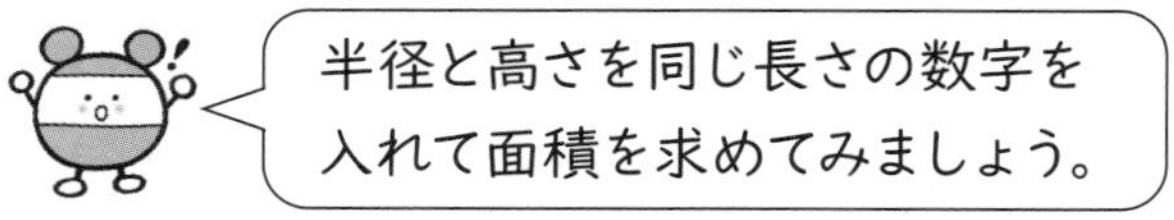

半径と高さを同じ長さの数字を入れて面積を求めてみましょう。

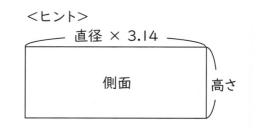

(2) どちらの面積の方が広かったですか。
分かったことを書きましょう。

月　　日

算数あそび

円の面積 ②

名前

● 図形の面積が 3.14cm^2，50.24cm^2，78.5cm^2，100.48cm^2 のところを通って，ゴールまで行きましょう。

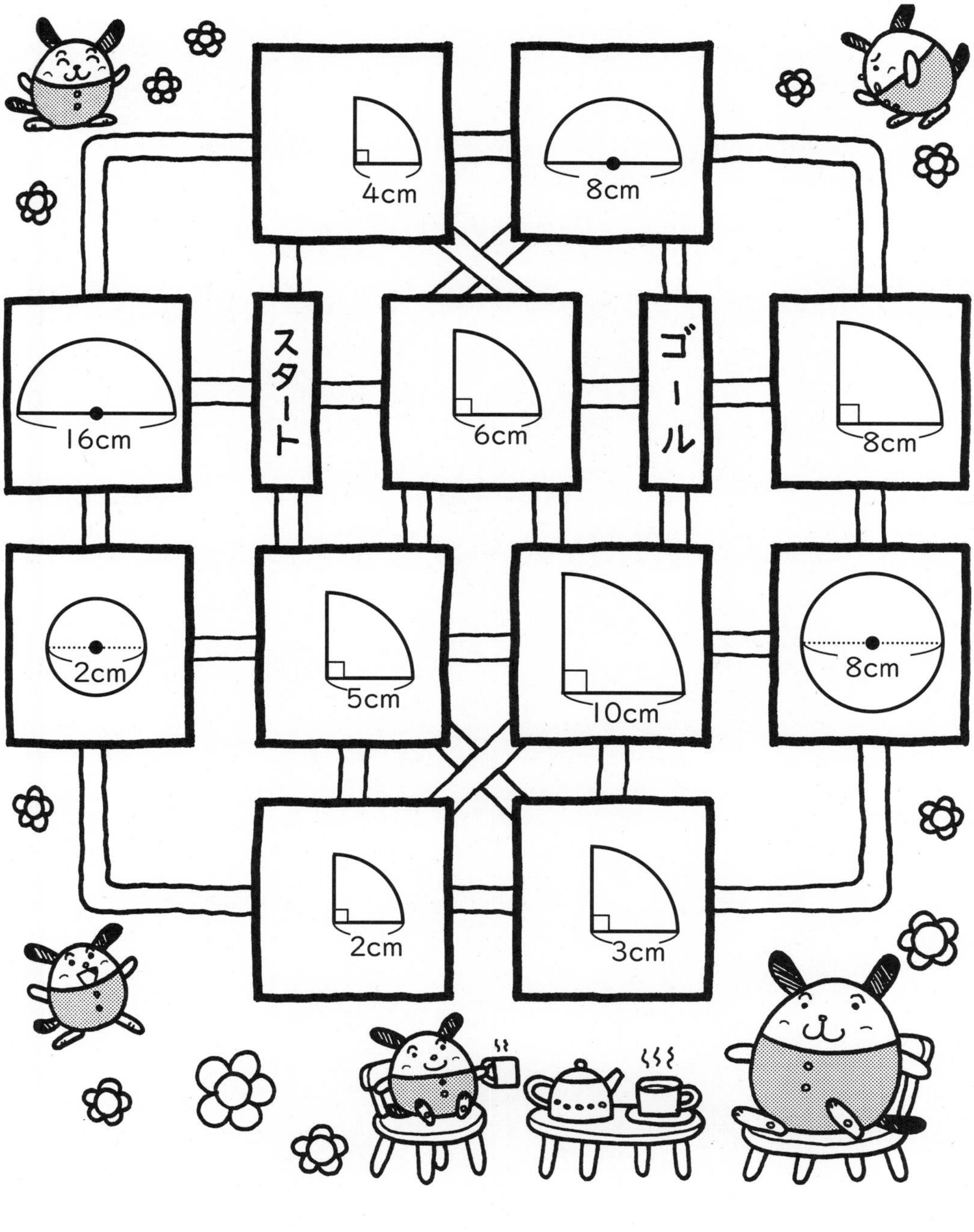

月　日

角柱と円柱の体積（1）

名前

● 下の四角柱の体積を求めましょう。

(1) 立方体

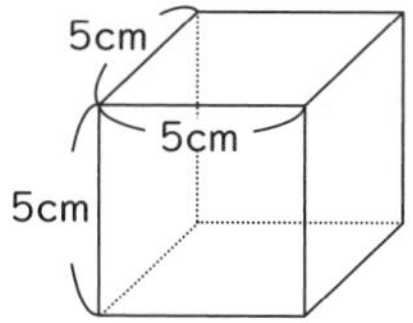

式

答え

(2)

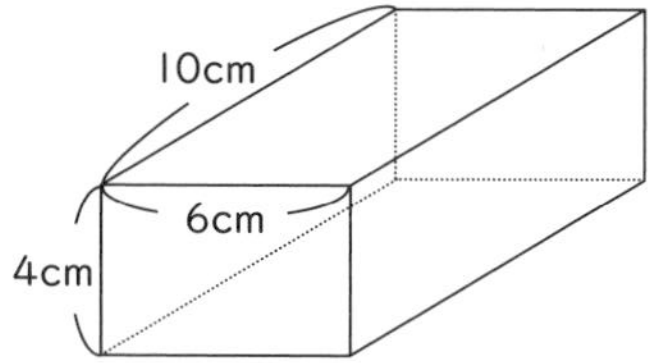

式

答え

(3)

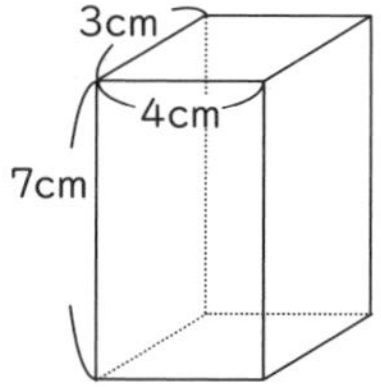

式

答え

月　日

角柱と円柱の体積（2）

名前

● 下の三角柱の体積を求めましょう。

(1)

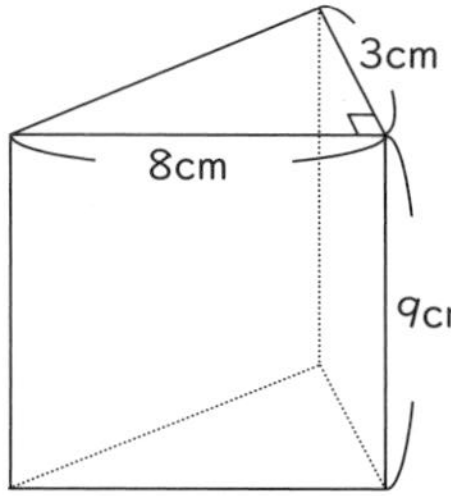

式

答え

(2)

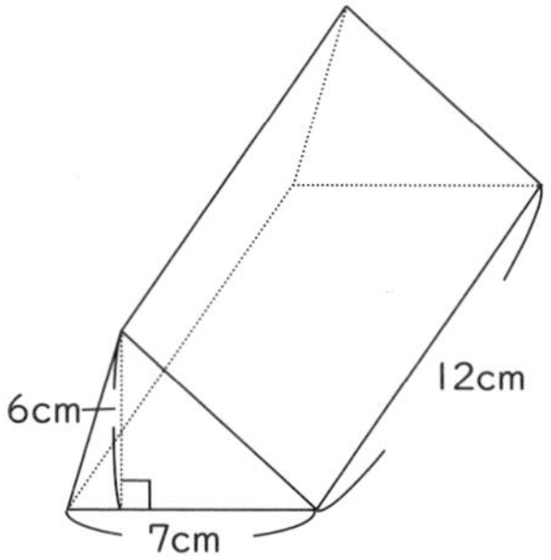

式

答え

（141%に拡大してご使用ください。）

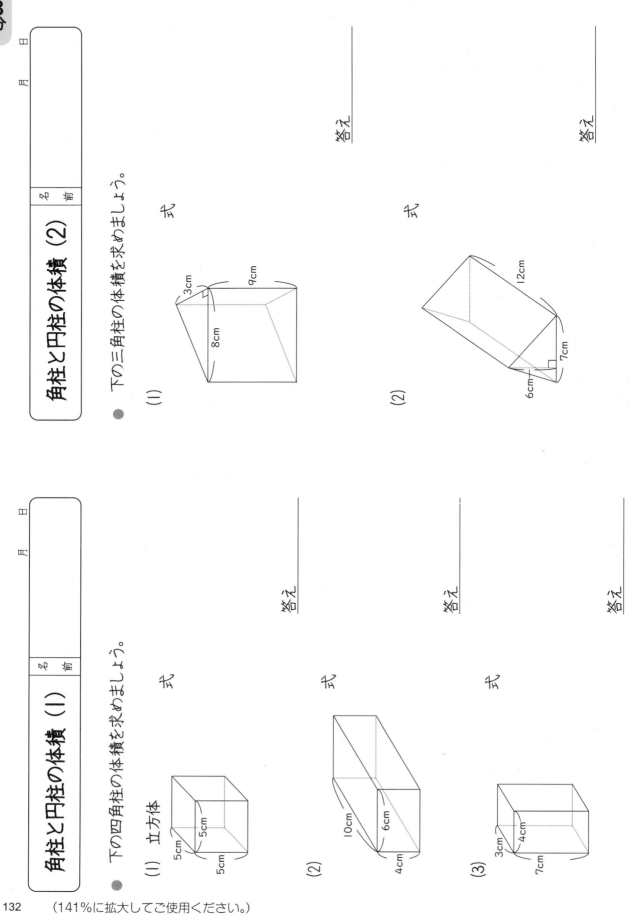

角柱と円柱の体積 (3)

名前　　　　月　　日

● 下の四角柱の体積を求めましょう。

(1)

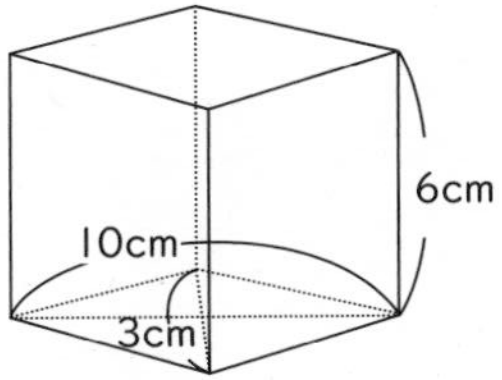

底面はひし形

式

答え ＿＿＿＿＿＿

(2)

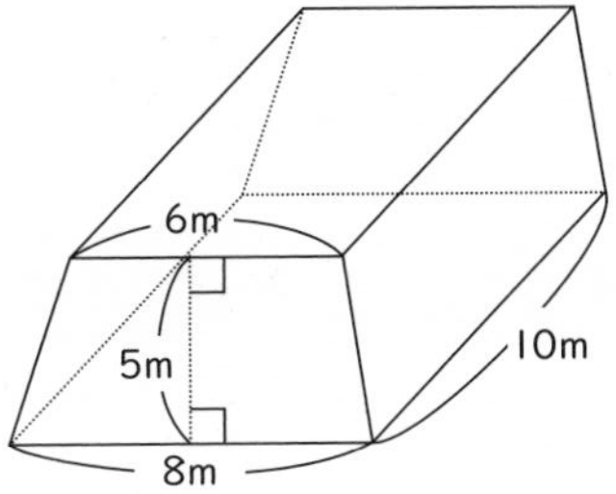

式

答え ＿＿＿＿＿＿

角柱と円柱の体積 (4)

名前　　　　月　　日

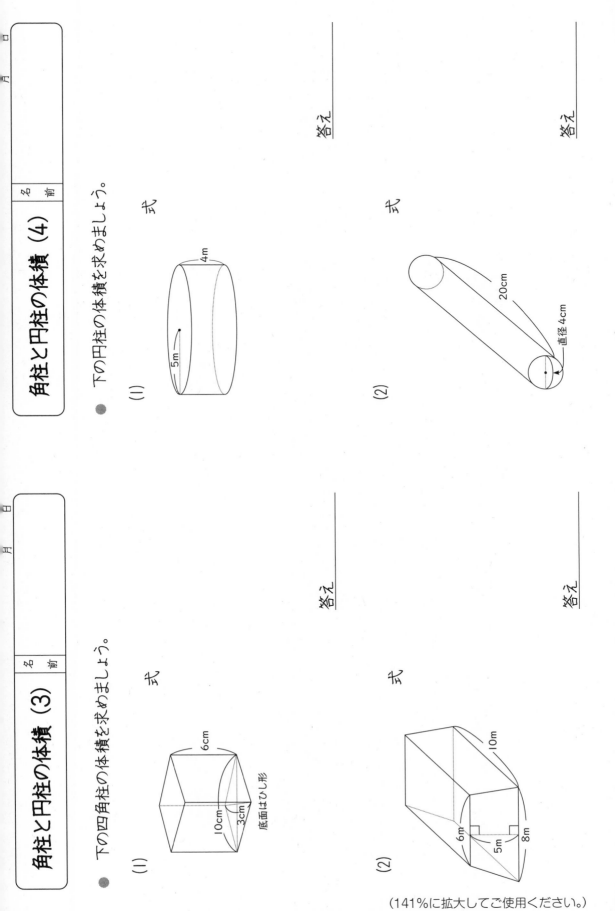

● 下の円柱の体積を求めましょう。

(1)

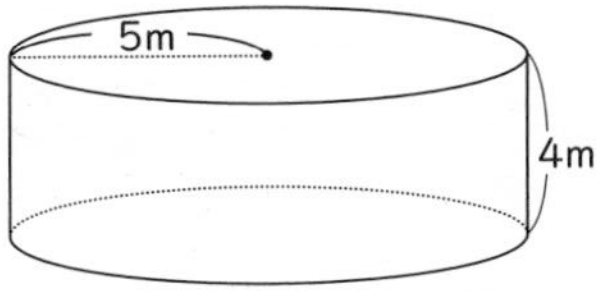

式

答え ＿＿＿＿＿＿

(2)

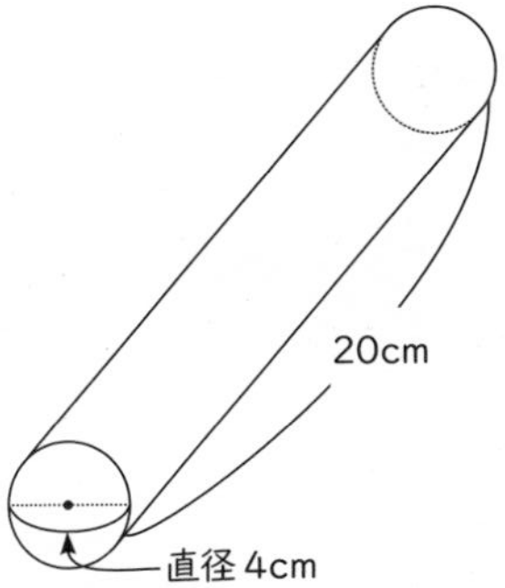

式

答え ＿＿＿＿＿＿

5分

角柱と円柱の体積（5）

月　日

名前

● 下の立体の体積を求めましょう。

(1)

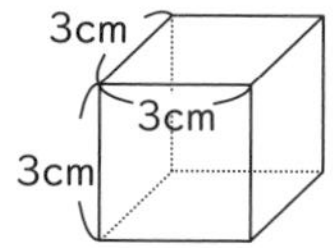

式

答え

(2)

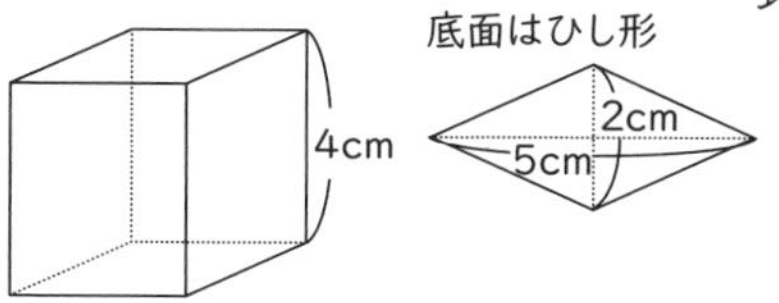

式

答え

(3)

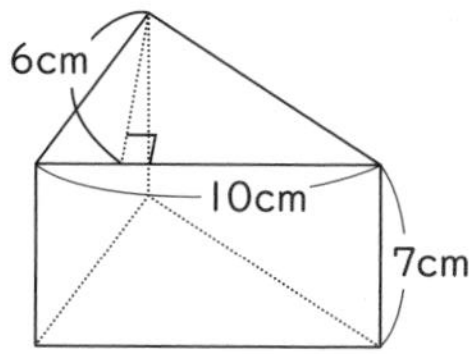

式

答え

(4)

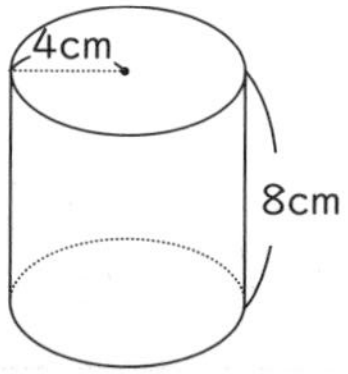

式

答え

角柱と円柱の体積（6）

月　日

名前

● 下の立体の体積を求めましょう。

(1)

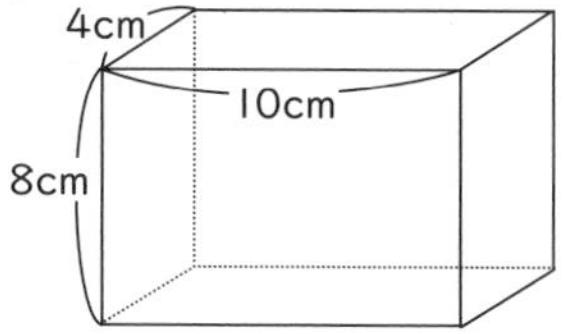

式

答え

(2)

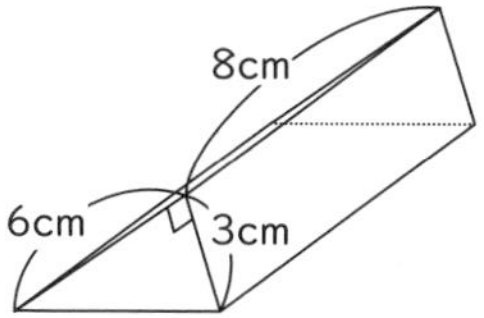

式

答え

(3)

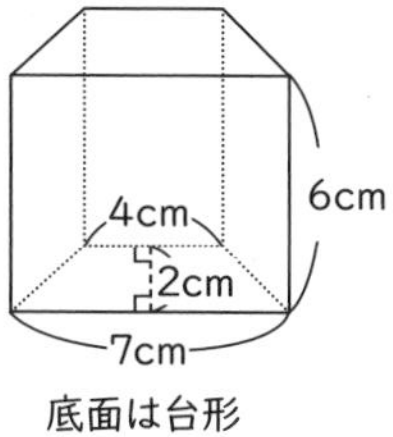

式

答え

(4)

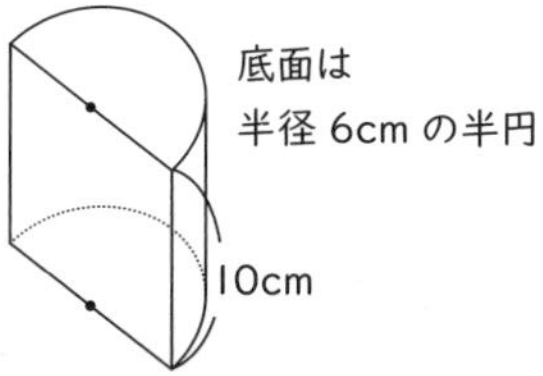

式

答え

（141％に拡大してご使用ください。）

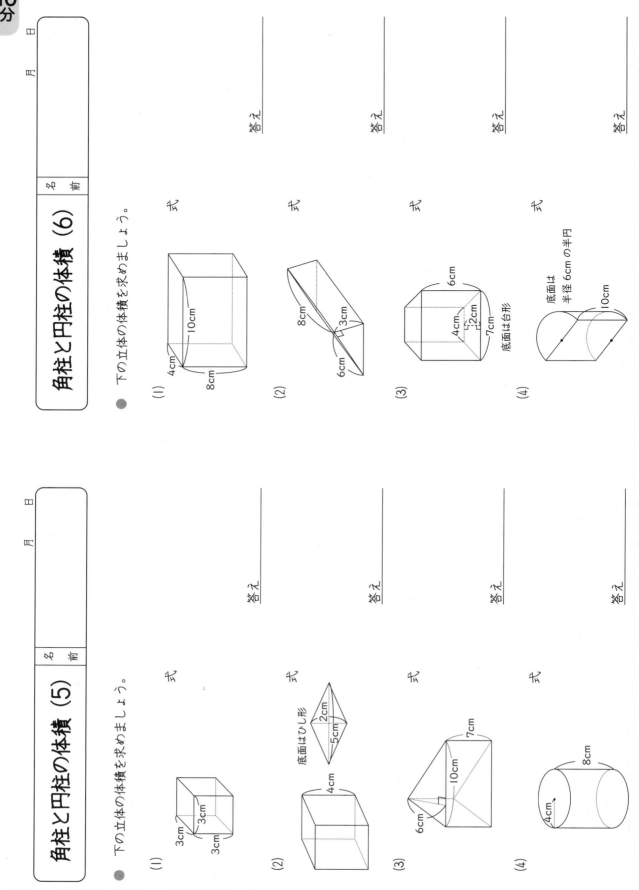

角柱と円柱の体積（7）

名前　　　月　日

● 下の立体の高さを求めましょう。

(1) 体積　942cm³

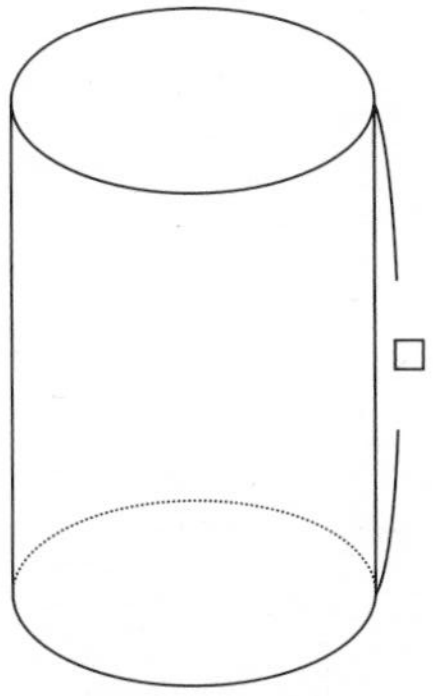

式

答え

(2) 体積　1680cm³

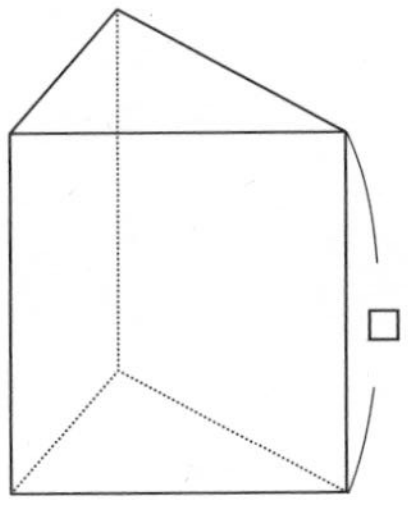

式

答え

角柱と円柱の体積（8）

名前　　　月　日

● 下の立体の体積を求めましょう。

色のついた面を底面にする。

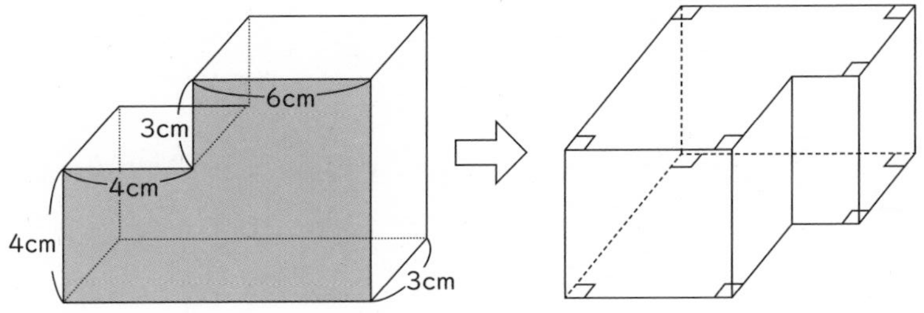

(1) 底面の面積を求めましょう。

式

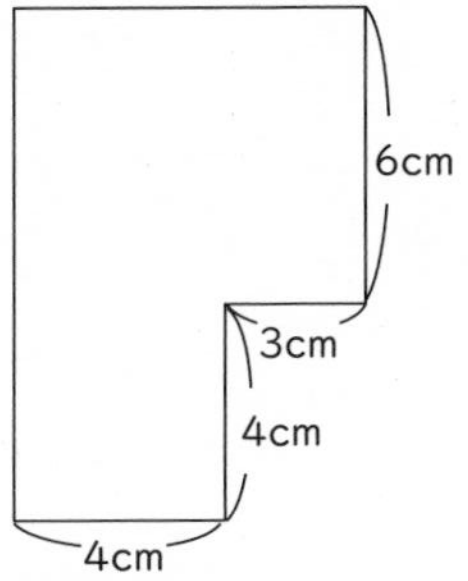

答え

(2) 高さは 3cm です。体積を求めましょう。

式

答え

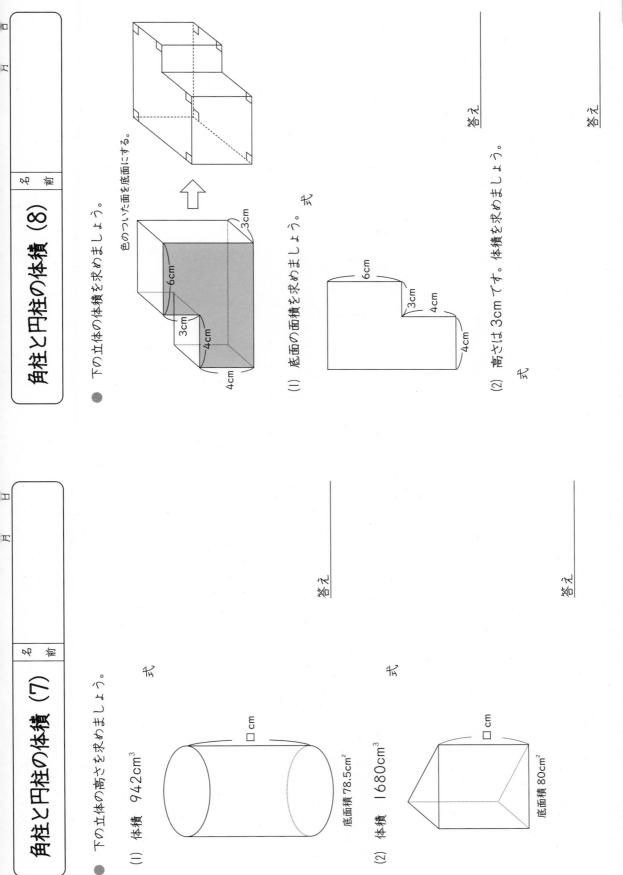

5分

月　日

ふりかえり
角柱と円柱の体積

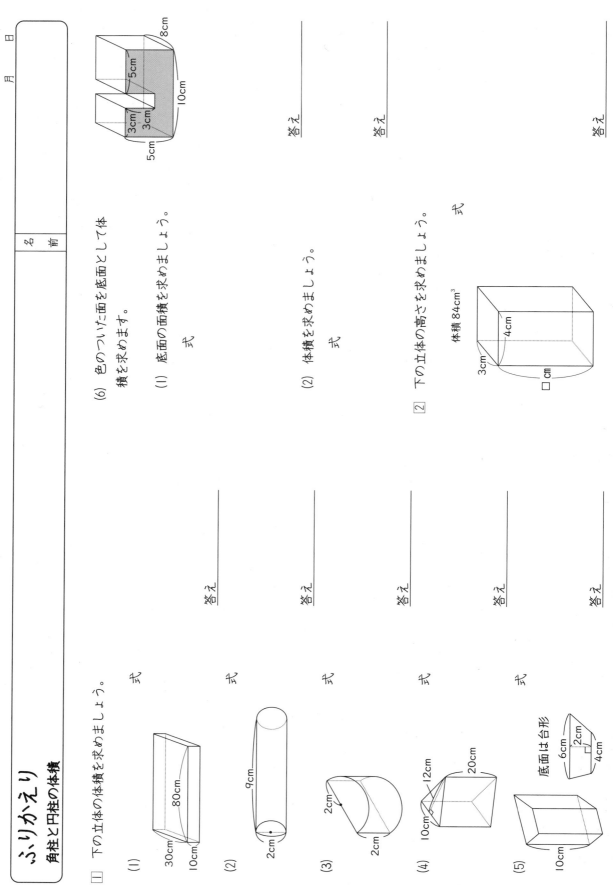

名前

1　下の立体の体積を求めましょう。

(1)

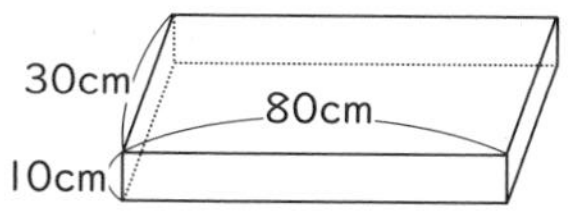

式

答え

(2)

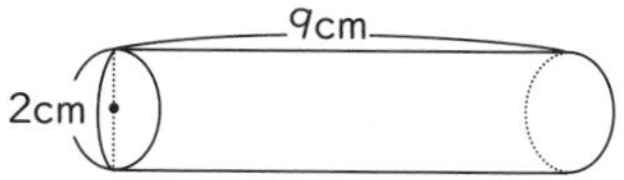

式

答え

(3)

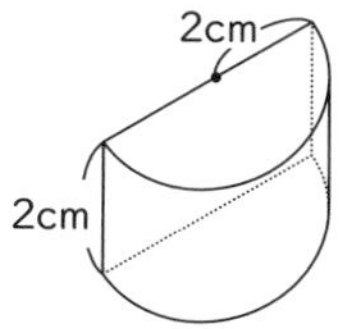

式

答え

(4)

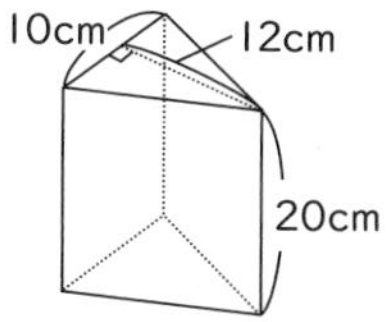

式

答え

(5)

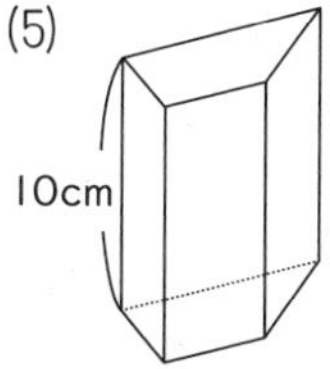

底面は台形

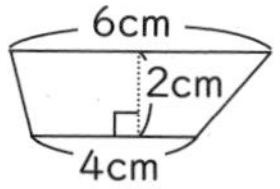

式

答え

(6)　色のついた面を底面として体積を求めます。

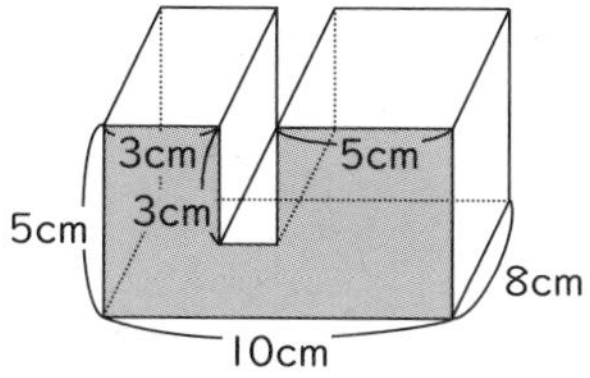

(1)　底面の面積を求めましょう。

式

答え

(2)　体積を求めましょう。

式

答え

2　下の立体の高さを求めましょう。

体積 84cm³

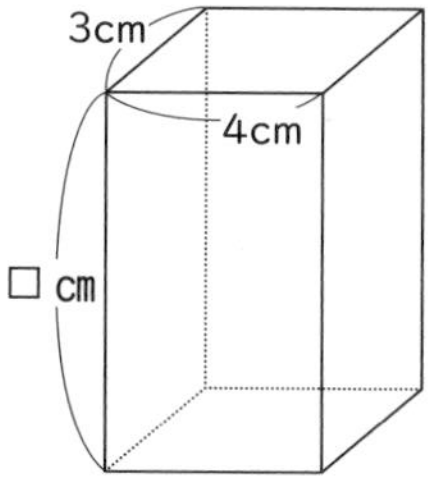

式

答え

（141％に拡大してご使用ください。）

月　日

角柱と円柱の体積（テスト）

名前

【知識・技能】

1　下の立体の体積を求めましょう。(5×10)

(1)

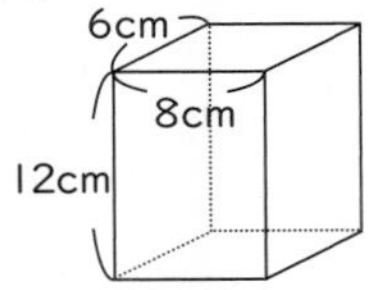

式

答え

(2)

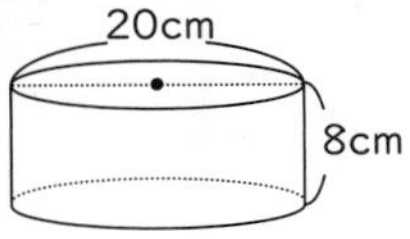

式

答え

(3)

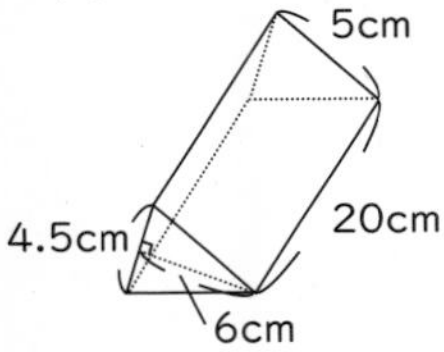

式

答え

(4)

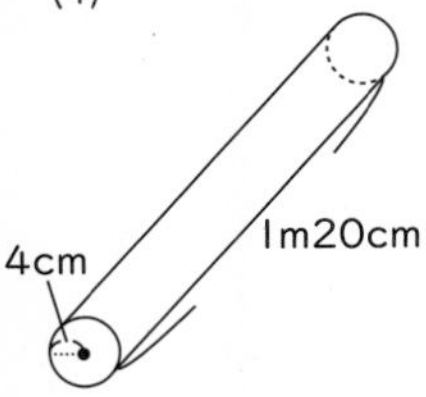

式

答え

(5)

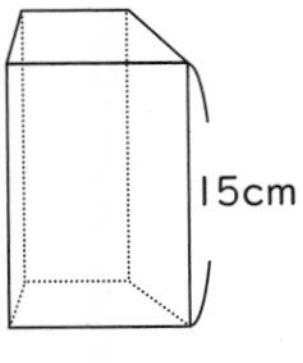

底面

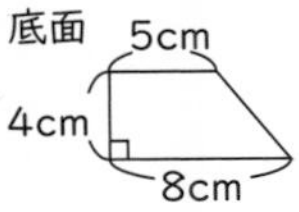

式

答え

【思考・判断・表現】

2　右の立体の体積を次の考え方で求めましょう。(5×4)

底面は半径10cmの半円

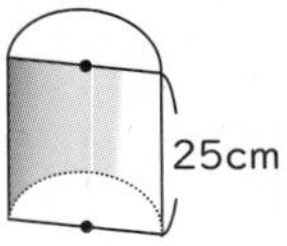

(1)　円柱の半分という考え方

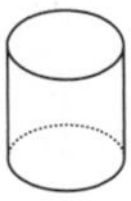

式

答え

(2)　底面積が半円で高さが25cmという考え方

式

答え

3　下の立体の体積を底面積×高さの考え方で求めましょう。(5×4)

(1)

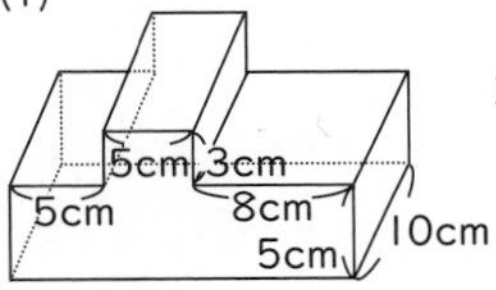

式

答え

(2)　直径4cmの円のあながあいています。

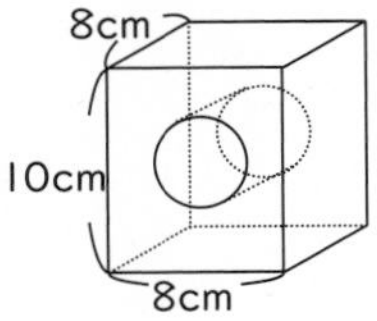

式

答え

4　下の立体の高さを求めましょう。(5×2)

体積　108cm³

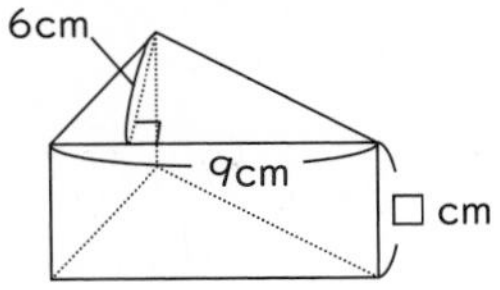

式

答え

(141%に拡大してご使用ください。)

月　　日

およその面積と体積（1）

名前

● 下のような形をした葉っぱがあります。
この葉っぱのおよその面積を 1cm² のいくつ分かで求めましょう。
1cm² に満たない面積は，すべて半分として考えましょう。

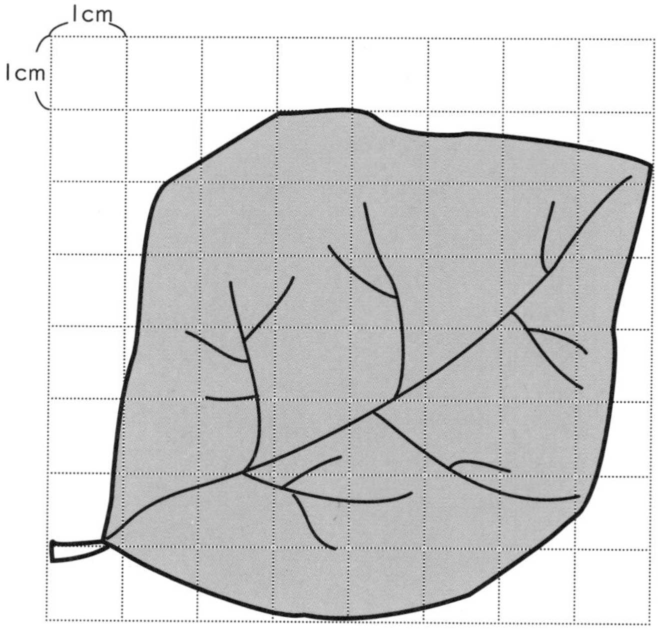

答え

月　日

およその面積と体積 (2)

名前

● 下のような形をした花だんがあります。
この花だんのおよその面積を $1m^2$ のいくつ分かで求めましょう。
$1m^2$ に満たない面積は，すべて半分として考えましょう。

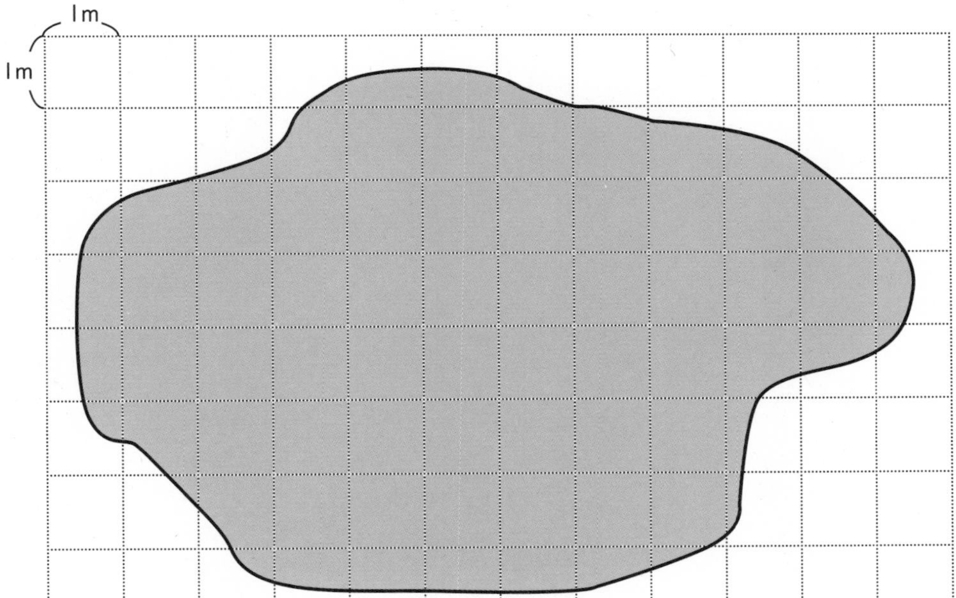

答え

月　　日

およその面積と体積（3）

名前

1　右の図は，ある畑を上から見たものです。
　この畑の形を平行四辺形とみて，およその面積を求めましょう。

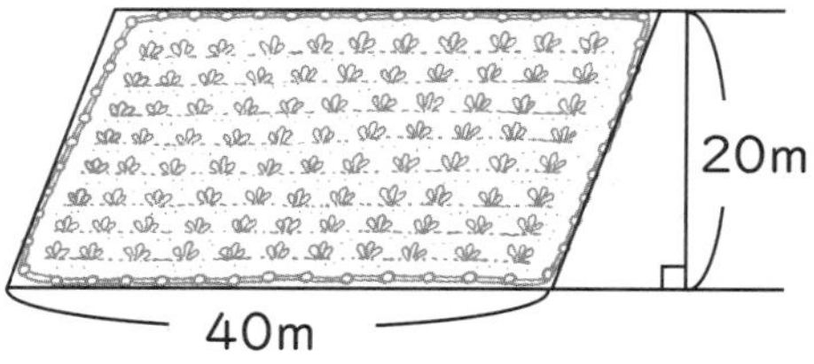

式

答え

2　右の図は，ある村を上から見たものです。
　この村を三角形とみて，およその面積を求めましょう。

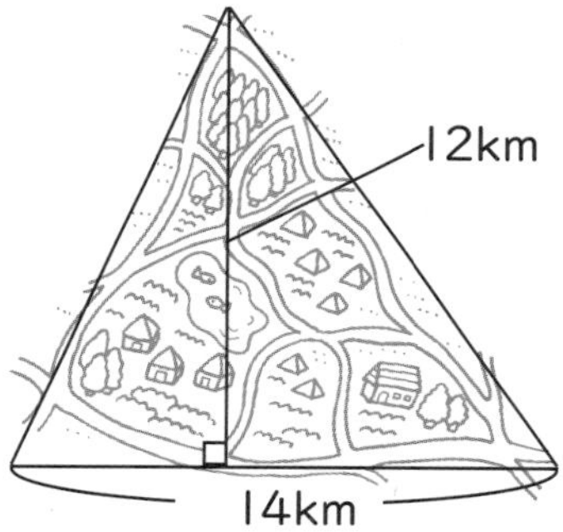

式

答え

3　右のようなピザがあります。
　このピザの形を円とみて，およその面積を求めましょう。

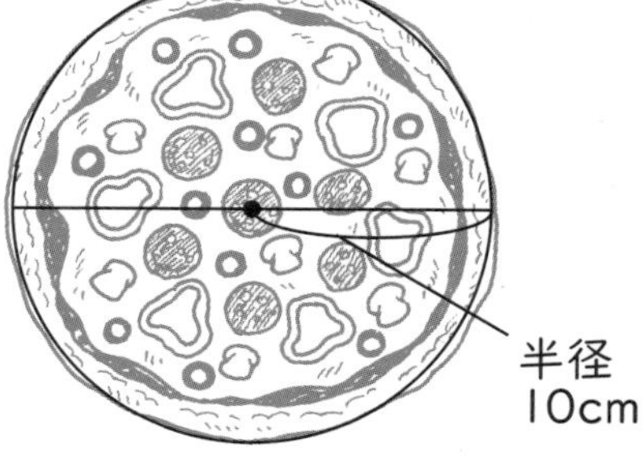

式

答え

月　　日

およその面積と体積 (4)

名前

1　右のような形をした池があります。
　この池の形を台形とみて，およその面積を求めましょう。

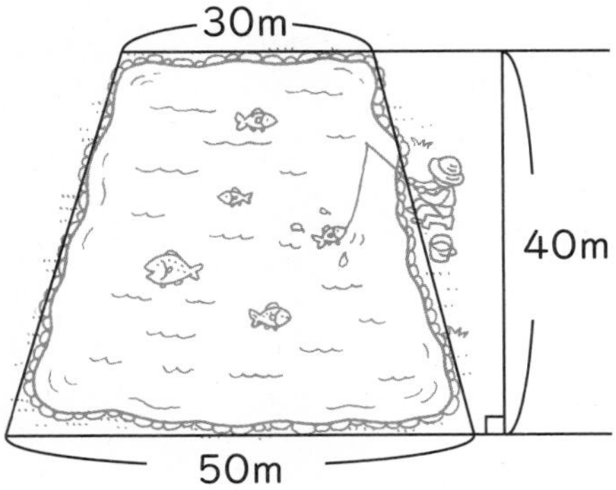

式

答え

2　右のようなイチョウの葉があります。
　この葉の形を半円とみて，およその面積を求めましょう。

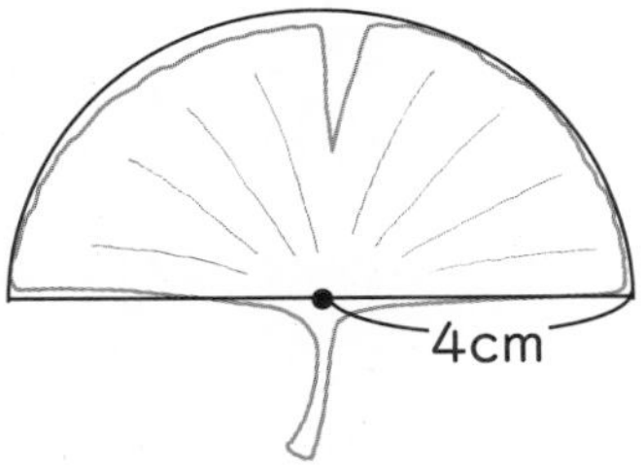

式

答え

3　右のような形をした牧場があります。この牧場の形をひし形とみて，およその面積を求めましょう。およそ何 m^2 ですか。また，それはおよそ何 ha ですか。

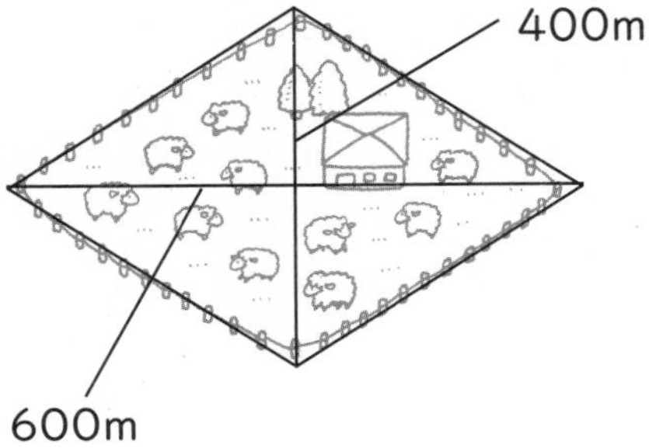

式

答え

月　　日

およその面積と体積（5）

名前

1　右の冷蔵庫（れいぞうこ）を直方体とみて，およその容積を求めましょう。

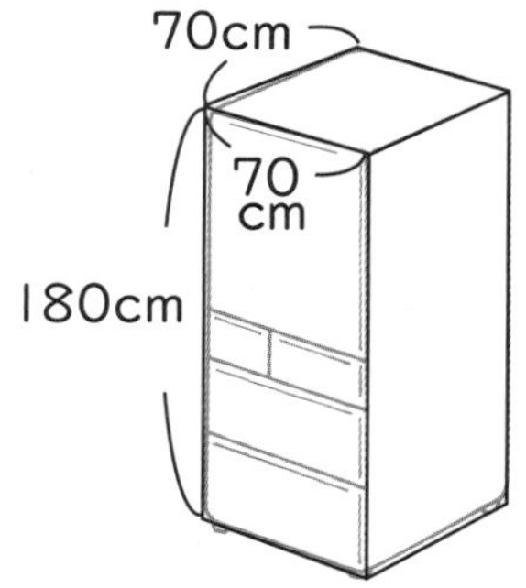

式

答え

2　右のロールケーキを円柱とみて，およその体積を求めましょう。

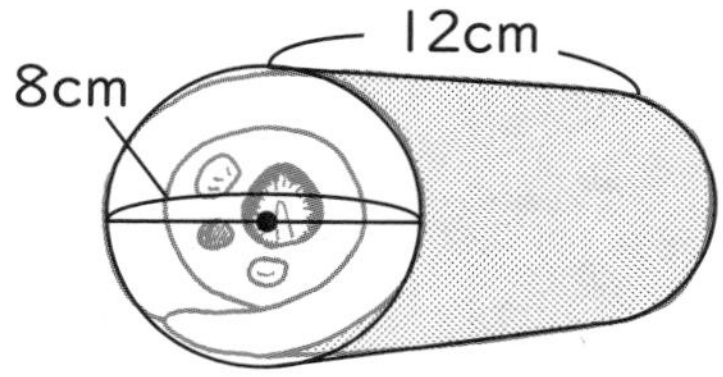

式

答え

3　右のバッグは半円を底面とした形とみることができます。
　このバッグのおよその容積を求めましょう。

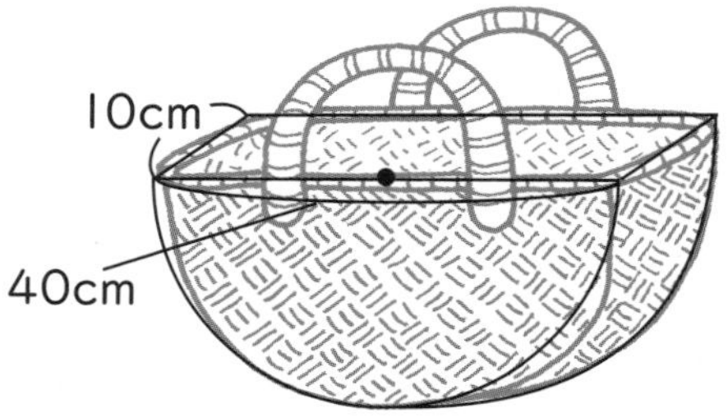

式

答え

月　　日

およその面積と体積（6）

名前

1　右のショートケーキを三角柱とみて，およその体積を求めましょう。

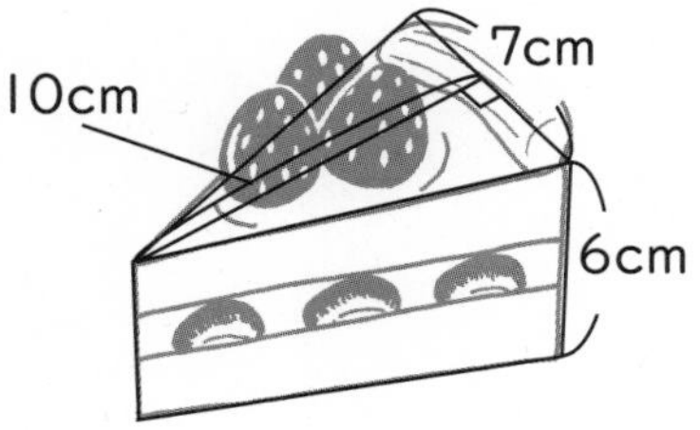

式

答え

2　右の2段(だん)ケーキのそれぞれの段を円柱とみて，ケーキのおよその体積を求めましょう。
　1段目の直径は20cm，2段目は12cmとします。

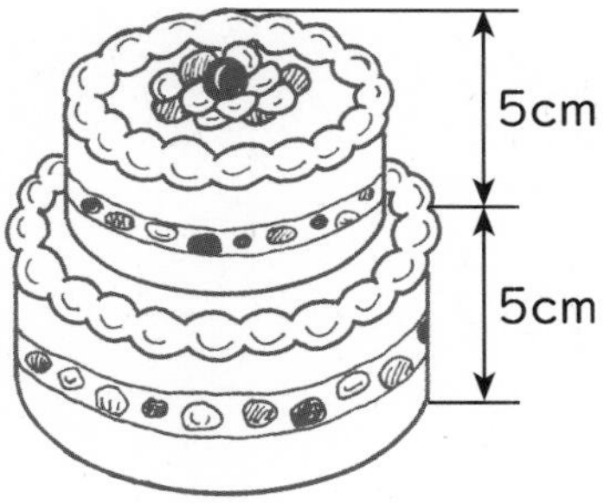

式

答え

月　　日

およその面積と体積（7）

名前

1　下のおにぎりをおよそ何かの形とみて，面積を求めましょう。

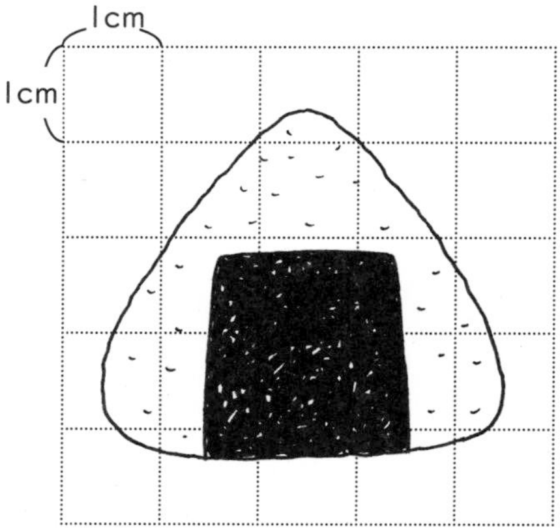

式

答え

2　埼玉県(さいたま)をおよそ何かの形とみて，面積を求めましょう。

式

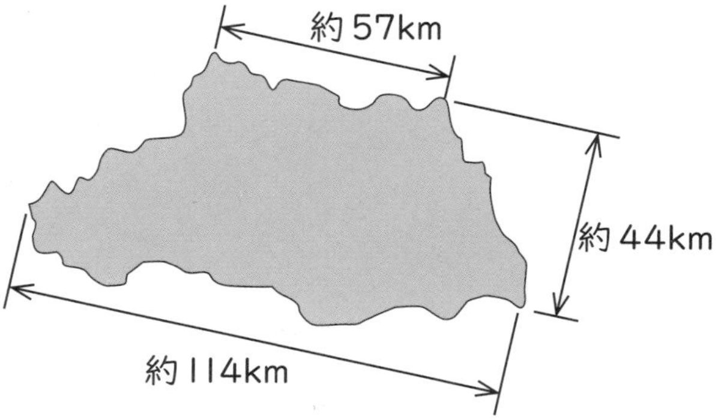

答え

月　　日

およその面積と体積（8）

名前

1　下のような池をおよそ何かの形とみて，面積を求めましょう。

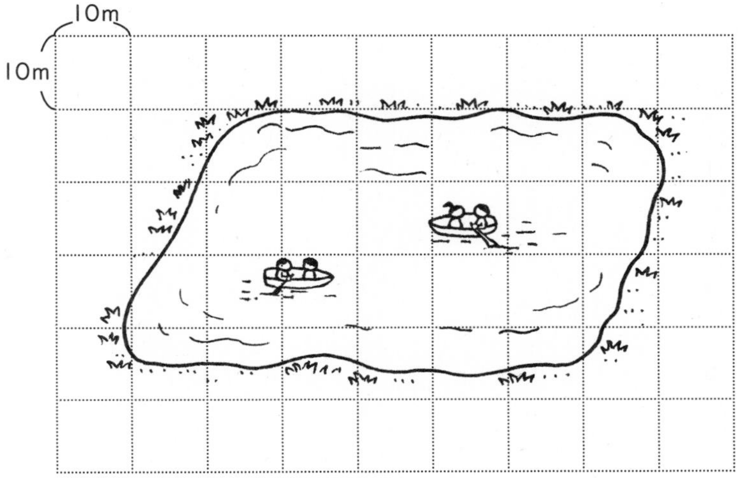

式

答え

2　下のティーポットの容積は，およそ何cm^3ですか。
また，およそ何Lですか。（上から２けたのがい数で表しましょう。）

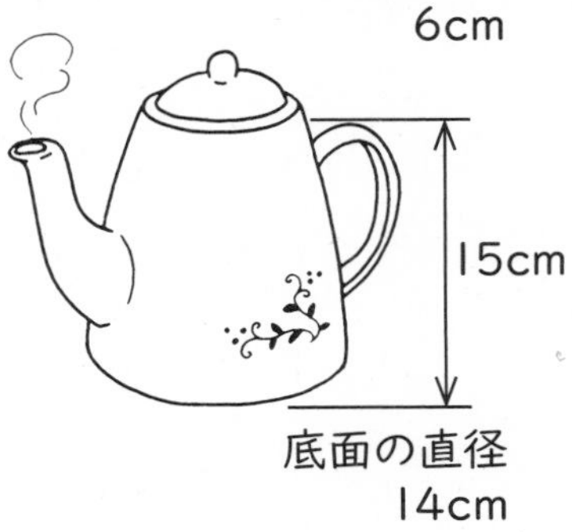

式

答え

10分 ふりかえり

月　日

ふりかえり
およその面積と体積

名前

1　右のような形をした公園があります。
　この公園の形を平行四辺形とみて，
およその面積を求めましょう。

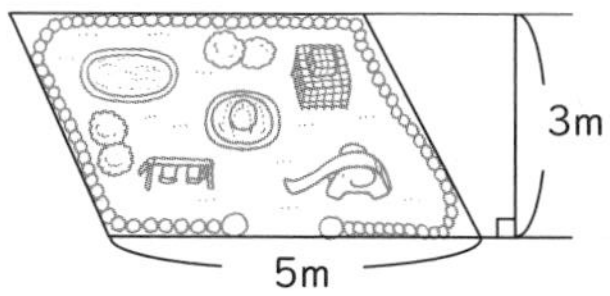

式

答え

2　右のような形をした，たこがあります。
　このたこの形を三角形とみて，
およその面積を求めましょう。

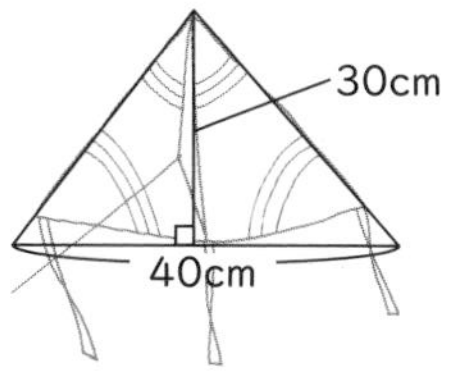

式

答え

3　右の図は，ある遊園地を上から見たものです。この遊園地の形を台形とみて，
およその面積を求めましょう。

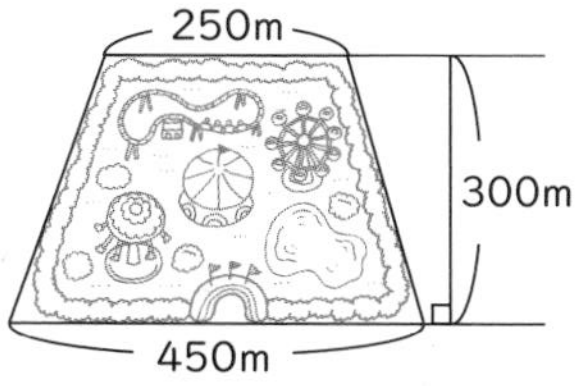

式

答え

4　右のガーベラの花の形を円とみて，
およその面積を求めましょう。

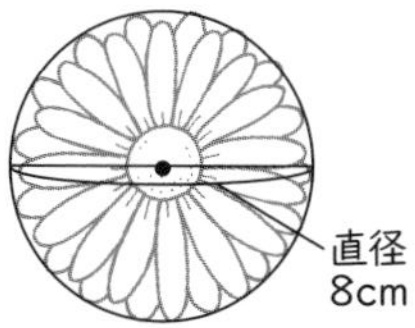

式

答え

5　右のバッグを直方体とみて，
およその容積を求めましょう。

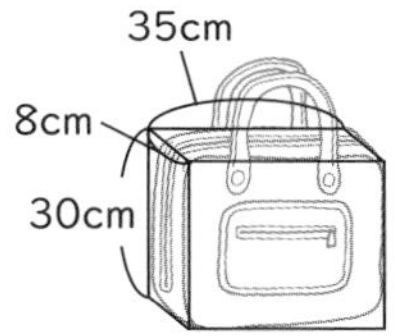

式

答え

6　右のキャリーバッグは，半円を底面とした形とみることができます。
　このキャリーバッグのおよその容積を求めましょう。

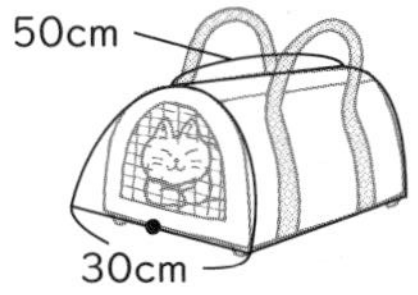

式

答え

7　右のふみ台のおよその体積を求めましょう。

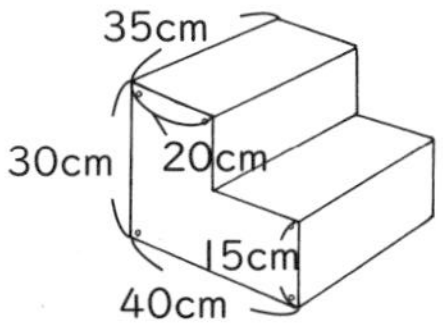

式

答え

（141%に拡大してご使用ください。）

月　　日

およその面積と体積（テスト）

名前

【知識・技能】

1　下の葉っぱのおよその面積を $1cm^2$ のいくつ分かで求めましょう。$1cm^2$ に満たない面積はすべて半分として考えましょう。(10)

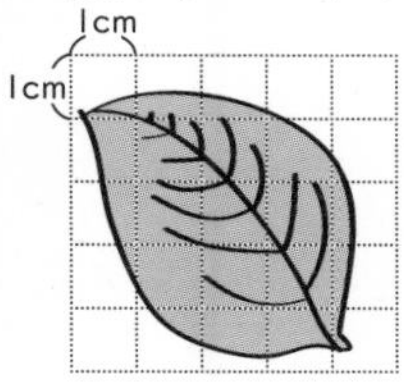

答え

2　下のような形をした花畑のおよその面積を $1m^2$ のいくつ分かで求めましょう。

$1m^2$ に満たない面積はすべて半分として求めましょう。(10)

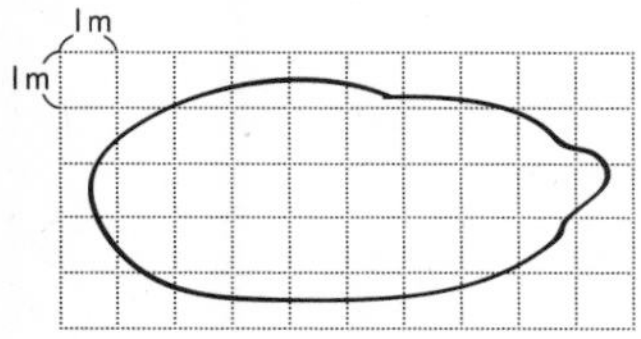

答え

3　宮崎（みやざき）県を長方形とみて，およその面積を求めましょう。(5×2)

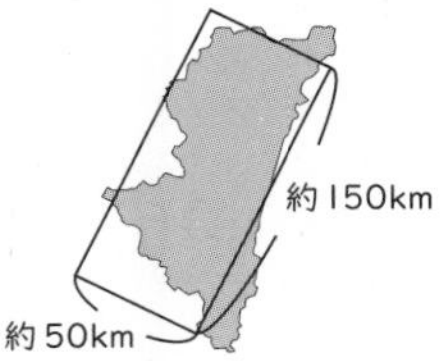

式

答え

4　下の図のケーキを円柱とみて，およその体積を求めましょう。(5×2)

式

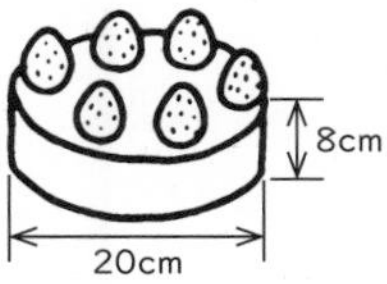

答え

5　下の図はある家の間取りです。この家の底面積は約 $100m^2$ で，天井までの高さは 3m です。この家のおよその容積を求めましょう。(5×2)

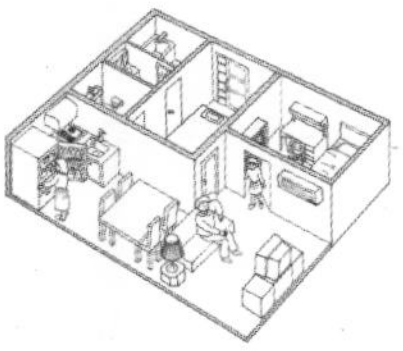

式

答え

【思考・判断・表現】

6　下のひまわりの花をおよそ何かの形とみて，面積を求めましょう。(5×2)

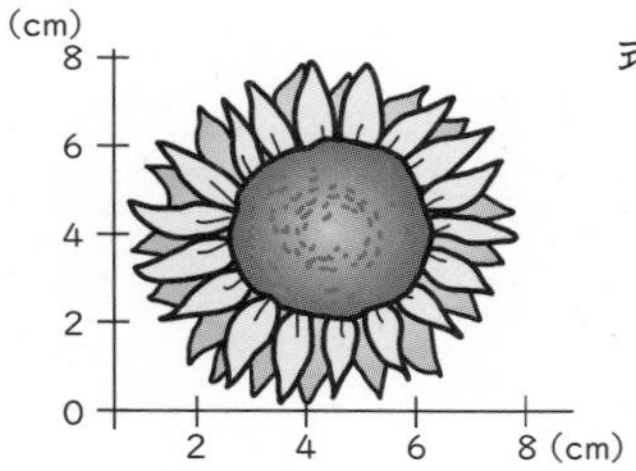

式

答え

7　下のような村をおよそ何かの形とみて，面積を求めましょう。(5×2)

式

答え

8　千葉県をおよそ何かの形とみて，面積を求めましょう。(5×2)

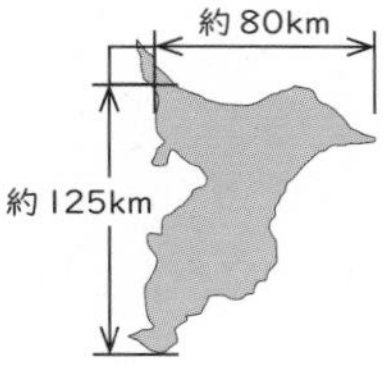

式

答え

9　下のコップのおよその容積を求めましょう。(5×2)

式

答え

10　下のやかんの矢印のところまで水を入れると約何Lになりますか。

上から2けたのがい数で表しましょう。(5×2)

いちばんふくらんでいる所の直径　16cm
いちばんせまい所の直径　12cm

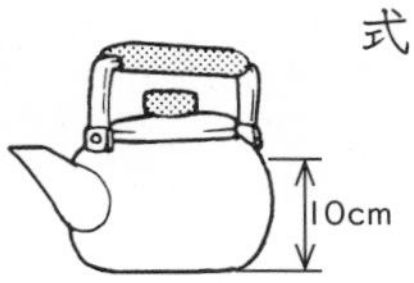

式

答え

月　日

比例（1）

名前

● 横の長さが3cmの長方形の縦(たて)を$x$cm，面積を$y$cm²として，2つの量の関係を表を使って調べましょう。

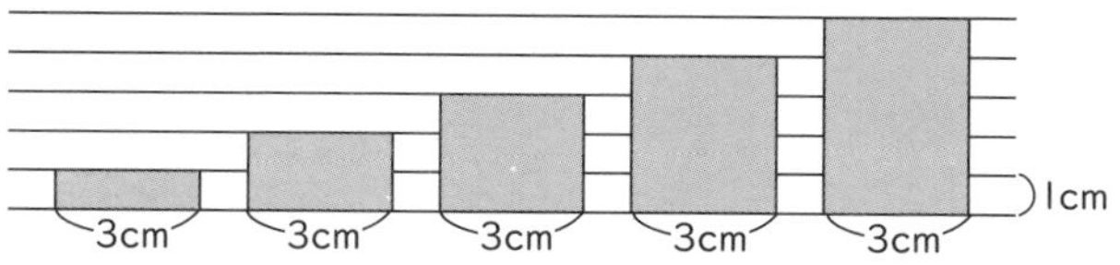

(1) 表を完成させましょう。

縦　x (cm)	1	2	3	4	5	6
面積　y (cm²)						

(2) 表を見て，□にあてはまる数を書きましょう。

① xの数の□倍は，いつもyの数になります。

② yの数をxの数でわると，いつも□になります。

③ xが1増えるとき，yの増える数はいつも□です。

(3) 面積は縦の長さに比例していますか。正しい方に○をつけましょう。

（ 比例している ・ 比例していない ）

(4) y＝決まった数×xの「決まった数」にふさわしい数を入れてyをxの式で表しましょう。

y = □ × x

月　日

比例（2）

名前

● 下の図のように，底面積が15cm²の四角柱の高さを1cm，2cm，3cm…と変えていきます。

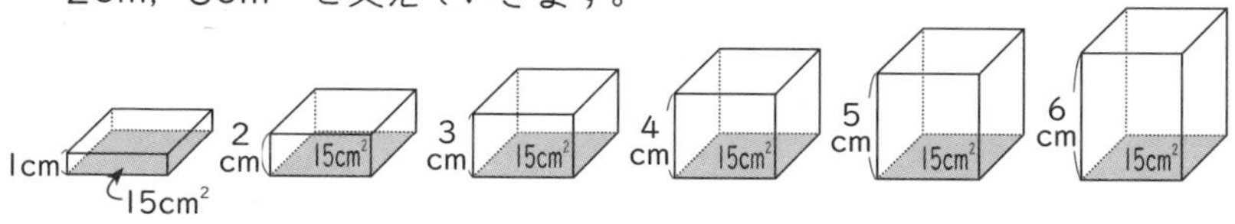

(1) 高さを$x$cm，体積を$y$cm³として，2つの量の関係を表にまとめましょう。

高さ　x (cm)	1	2	3	4	5	6
体積　y (cm³)						

(2) 表を見て，□にあてはまる数を書きましょう。

① xの値(あたい)が2倍，3倍になると，yの値も□倍，□倍になります。

② y÷xの商は，いつも□になります。

③ xの値が1増えるとき，yの値が増える数はいつも□です。

(3) 体積は高さに比例していますか。正しい方に○をつけましょう。

（ 比例している ・ 比例していない ）

(4) yをxの式で表しましょう。　y = □ × x

(5) 高さが12cmのとき，体積は何cm³ですか。

式

答え

月　日

比例（3）

名前

● 下の平行四辺形の底辺の長さが 6cm で，高さを 1cm，2cm，3cm…と変えていきます。

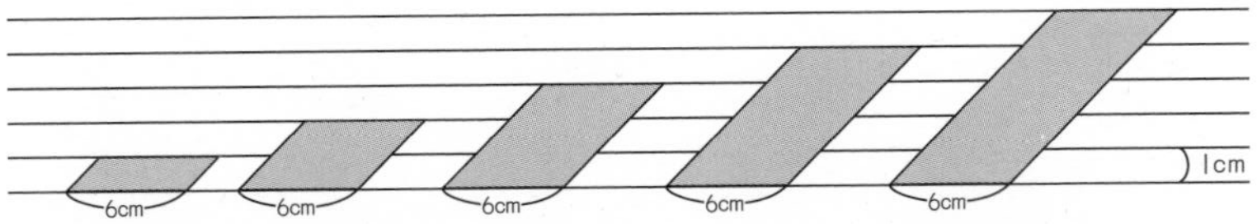

(1) 高さを $x$cm，面積を $y$cm^2 として，2つの量の関係を表にまとめましょう。

高さ　x（cm）	1	2	3	4	5	6
面積　y（cm^2）						

(2) 表を見て，□にあてはまる数を書きましょう。

① xの値（あたい）が $\frac{1}{2}$ 倍，$\frac{1}{3}$ 倍になると，yの値も□倍，□倍になります。

② $y \div x$ の商は，いつも□になります。

(3) y（面積）は x（高さ）に比例していますか。
正しい方に○をつけましょう。

（ 比例している ・ 比例していない ）

(4) yをxの式で表しましょう。 $y =$ □

(5) 面積が 72cm^2 のとき，高さは何 cm ですか。

式

答え ＿＿＿＿

月　日

比例（4）

名前

● 直方体の水そうに 1 分間で 5cm の深さの水がたまります。

(1) 時間を x 分，たまった水の深さを $y$cm として，2つの量の関係を表にまとめましょう。

時間　x（分）	1	2	3	4	5	6
深さ　y（cm）						

(2) 表を見て，□にあてはまる数を書きましょう。

① xの値（あたい）が 2 倍，3 倍になると，yの値も□倍，□倍になります。

② xの値が $\frac{1}{2}$ 倍，$\frac{1}{3}$ 倍になると，yの値も□倍，□倍になります。

③ xの値が 3 から 4 に変わるとき，xの値は何倍になりますか。
また，それに対応するyは，何倍になりますか。
それぞれ分数で答えましょう。

x □倍　　y □倍

④ xの値が 6 から 4 に変わるとき，xの値は何倍になりますか。
また，それに対応するyは，何倍になりますか。
それぞれ分数で答えましょう。

x □倍　　y □倍

5分

比例 (5)

月　日　名前

● 下の表は，底面積が 12cm² の三角柱の，高さ xcm と体積 ycm³ を表したものです。

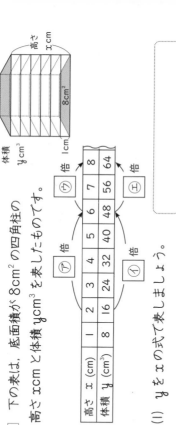

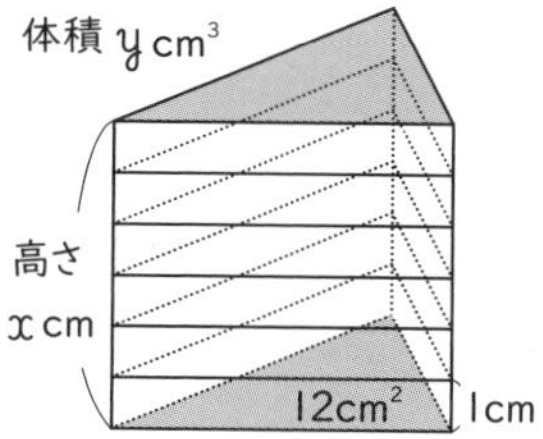

（1→4: $\frac{1}{4}$ 倍，8→5: ㋑ 倍，4→1: ㋐ 倍，8→5: ㋒ 倍）

高さ x (cm)	1	2	3	4	5	6	7	8
体積 y (cm³)	12	24	36	48	60	72	84	96

(1) 三角柱の体積は高さに比例していますか。
正しい方に○をつけましょう。
（比例している　・　比例していない）

(2) ㋐，㋑，㋒にあてはまる数を求めましょう。

㋐ □　㋑ □　㋒ □

(3) y を x の式で表しましょう。

y = □

(4) 高さ x の値（あたい）が 4 から 8 に変わるとき，x の値は何倍になっていますか。それに対応する y の値は何倍になりますか。

x の値 □ 倍，y の値 □ 倍

比例 (6)

月　日　名前

1 下の表は，底面積が 8cm² の四角柱の高さ xcm と体積 ycm³ を表したものです。

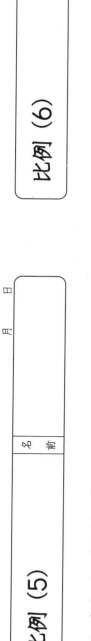

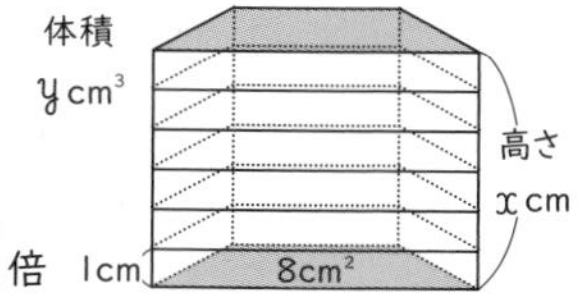

（2→6: ㋐ 倍，6→8: ㋒ 倍，2→6: ㋑ 倍，8→6: ㋓ 倍）

高さ x (cm)	1	2	3	4	5	6	7	8
体積 y (cm³)	8	16	24	32	40	48	56	64

(1) y を x の式で表しましょう。 □

(2) ㋐，㋑，㋒，㋓にあてはまる数を求めましょう。
㋒，㋓は分数で求めましょう。

㋐ □　㋑ □　㋒ □　㋓ □

(3) 高さ 16cm のときの体積は何 cm³ ですか。

式

答え ＿＿＿＿

2 下の表は，時速 120km で走る電車の時間 x 時間と道のり ykm を表したものです。

（2→1: ㋐ 倍，5→3: ㋒ 倍，2→1: ㋑ 倍，5→3: ㋓ 倍）

時間 x（時間）	1	2	3	4	5	6
道のり y (km)	120	240	360	480	600	720

(1) y を x の式で表しましょう。 □

(2) ㋐，㋑，㋒，㋓にあてはまる数を分数で求めましょう。

㋐ □　㋑ □　㋒ □　㋓ □

（141%に拡大してご使用ください。）

月　　日

比例（7）

名前

● 時速 4km で歩く人の時間と道のりの関係をグラフにかきましょう。歩く人の時間と道のりは比例しています。

時　間　x（時間）	1	2	3	4	5	6
道のり　y（km）		8				

(1) 上の表の空いているところに数を入れて，表を完成させましょう。

(2) x と y の関係を右のグラフに表しましょう。

(3) 1.5 時間では何 km 歩いていますか。

答え

(4) 5.5 時間では何 km 歩いていますか。

答え

(5) 14km を歩くのはスタートして何時間のときですか。

答え

時速 4km で歩く人の時間と道のり

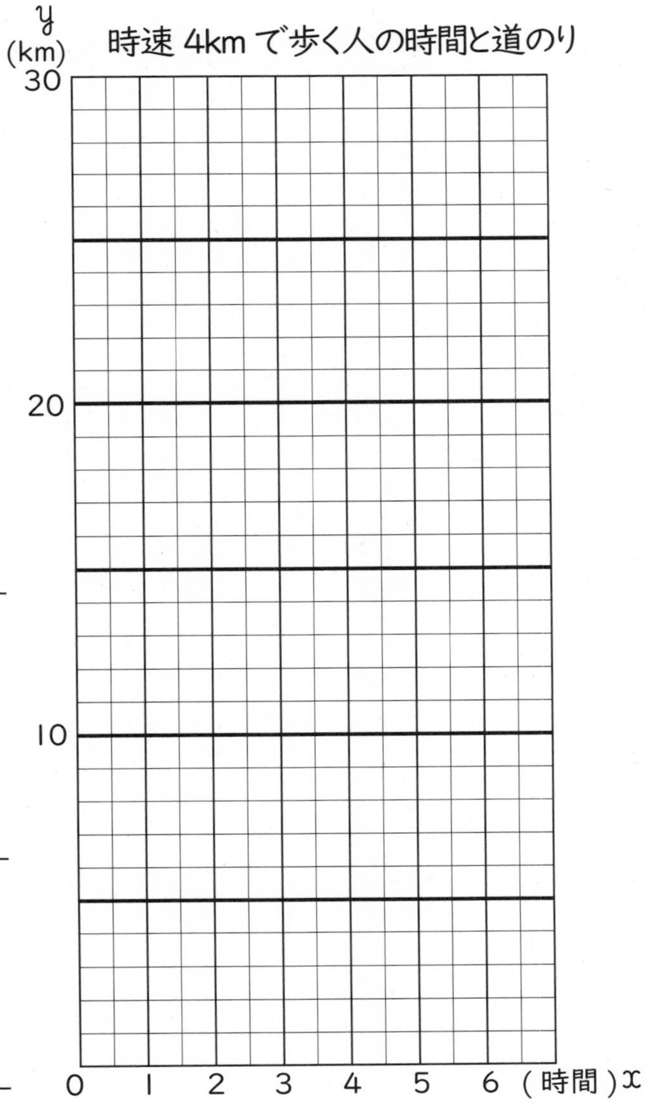

月　　日

比例（8）

名前

● 重さが長さに比例している針金（はりがね）があります。
この針金 1m あたりの重さは 6g です。

長さ　x (m)	1	2	3	4	5	6
重さ　y (g)						

(1) 上の表を完成させましょう。

(2) x と y の関係をグラフに表しましょう。

針金の長さと重さ

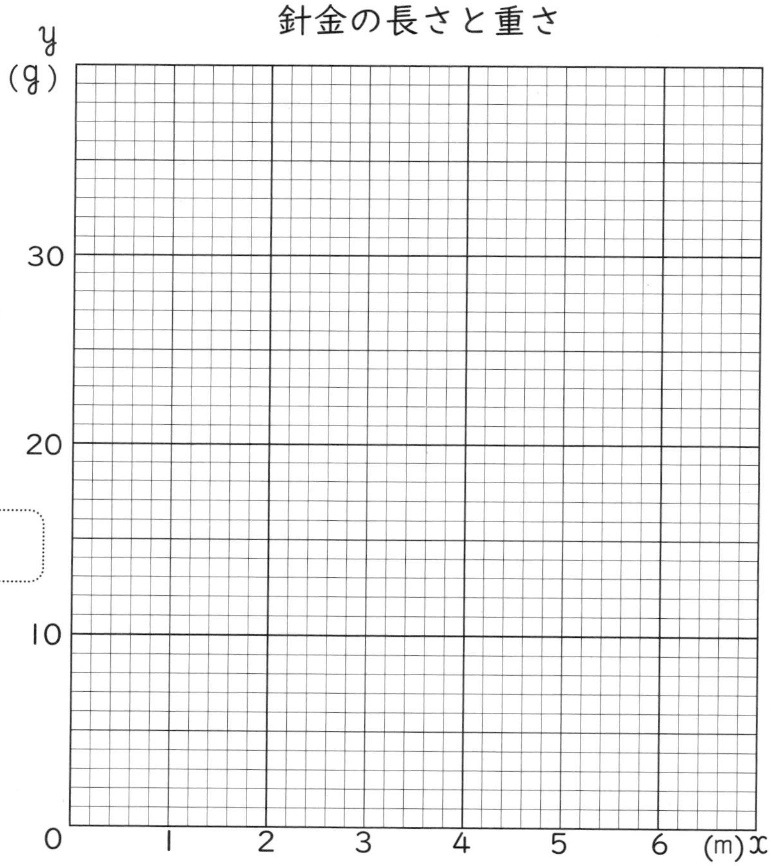

(3) y を x の式で表しましょう。

$y =$ ＿＿＿＿

(4) 10m の重さは何 g ですか。

答え＿＿＿＿＿＿＿＿

(5) 15g の重さは何 m ですか。

答え＿＿＿＿＿＿＿＿

月　　日

比例 (9)

名前

● 下のグラフは，平行四辺形Ⓐと平行四辺形Ⓑの高さ ($x$cm) と面積 ($y$cm^2) を表したものです。

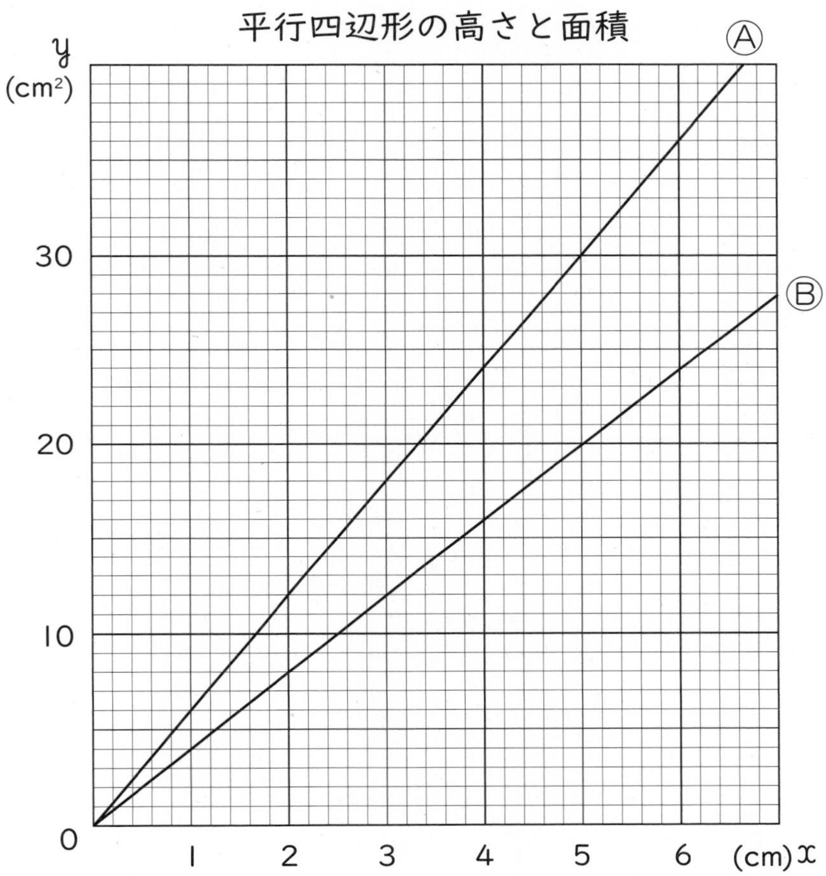

(1)　ⒶとⒷでは，どちらの底辺が長いといえますか。

(2)　高さが 3cm のとき，ⒶとⒷの平行四辺形の面積は，それぞれ何 cm^2 ですか。　Ⓐ　　Ⓑ

(3)　それぞれの面積が 24cm^2 のときの高さは何 cm ですか。

Ⓐ　　Ⓑ

(4)　高さが 5cm のとき，ⒶとⒷの平行四辺形の面積の差は何 cm^2 ですか。

月　　日

比例（10）

名前

● 下のグラフは，ひろとさんとたいきさんが自転車で同じコースを同時に出発したときの，走った時間と道のりを表しています。

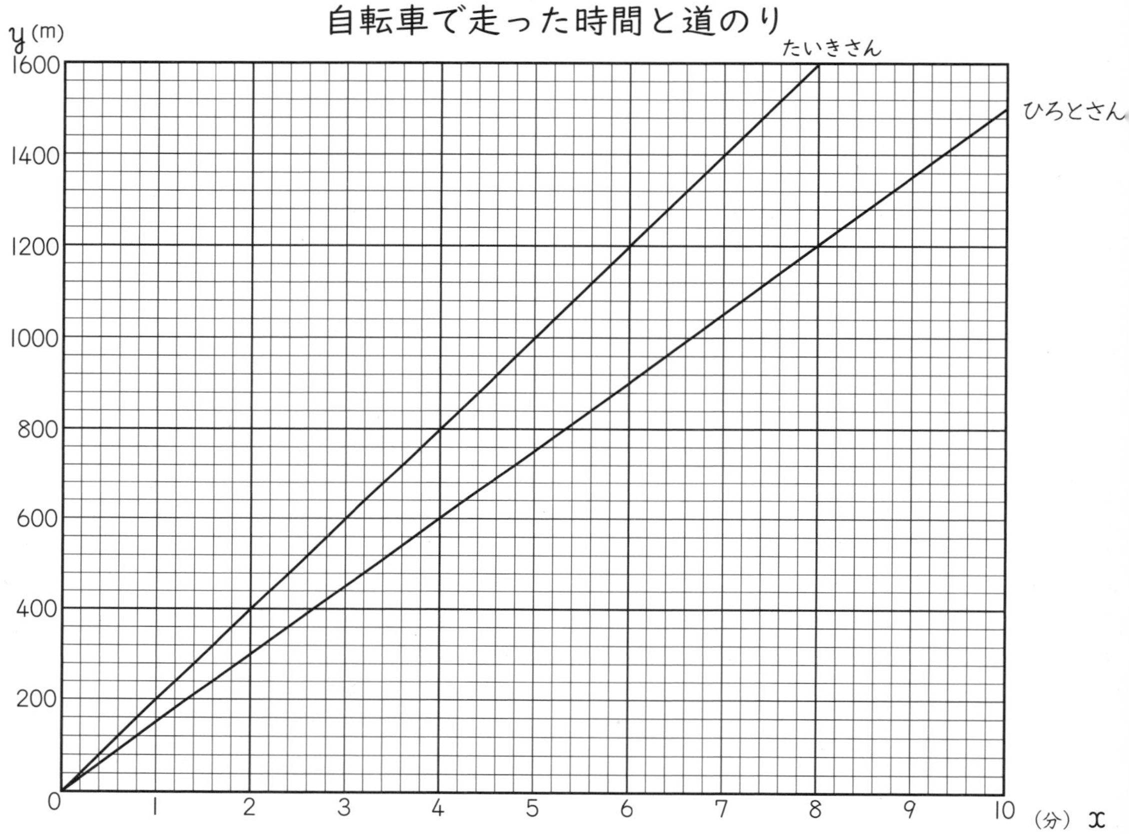

(1) ひろとさんとたいきさんでは，どちらが速いといえますか。

(2) ２人が４分間に走った道のりは，それぞれ何ｍですか。

ひろとさん　　　　たいきさん

(3) 1200ｍの地点をたいきさんが通過してから，ひろとさんが通過するまでの時間は何分ですか。

(4) 出発してから８分後に，２人は何ｍはなれますか。

(5) このまま同じ速さで走ったとすると，出発してから12分後には，２人は何ｍはなれていますか。

比例（11）

名前

10分

● 下の表は，針金（はりがね）Ⓐと Ⓑの長さと重さの関係を表したものです。
重さは，長さに比例しています。

Ⓐの針金

長さ x (m)	1	2	3	4	5	6
重さ y (g)	25	50				

Ⓑの針金

長さ x (m)	1	2	3	4	5	6
重さ y (g)		40	60			

(1) 上のⒶとⒷの表を完成させましょう。

(2) ⒶとⒷの x と y の関係をグラフに表しましょう。

(3) y を x の式で表しましょう。

Ⓐ y ＝

Ⓑ y ＝

針金の長さと重さ

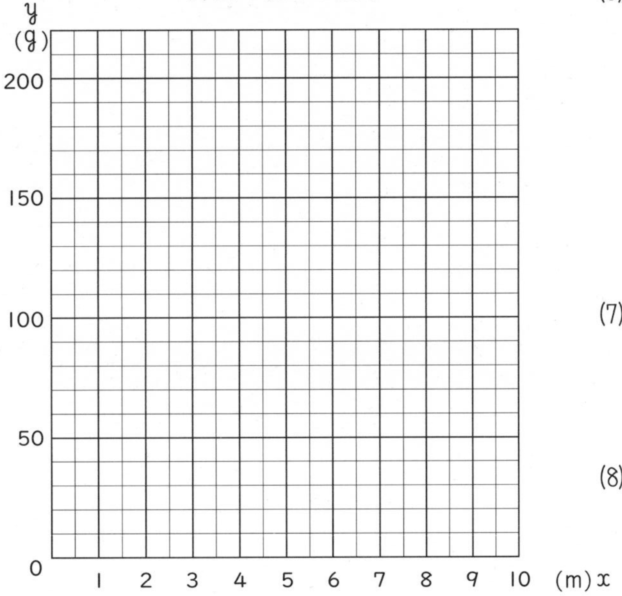

(4) 針金Ⓐと Ⓑの 1 m あたりの重さは，どちらが重いといえますか。

(5) それぞれの針金が，4m，6m のときの重さは何 g ですか。

4 m 針金Ⓐ　　針金Ⓑ

6 m 針金Ⓐ　　針金Ⓑ

(6) それぞれの針金が，50，100，150g のときの長さは何 m ですか。

50g 針金Ⓐ　　針金Ⓑ

100g 針金Ⓐ　　針金Ⓑ

150g 針金Ⓐ　　針金Ⓑ

(7) ⒶとⒷの針金が，150g のときの長さのちがいは何 m ですか。

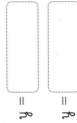

(8) ⒶとⒷの針金が，8m のときの重さのちがいは何 g ですか。

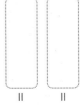

10分

月　日

比例（12）

名前

1　同じ重さのクリップ20本の重さをはかったら，8gでした。
　このことをもとにして，100本を用意する方法を考えましょう。

クリップの本数と重さ

本数 x（本）	20	100
重さ y（g）	8	□

(1)　クリップ100本は，20本の何倍ですか。

式

答え

(2)　クリップ100本の重さを求めましょう。

式

答え

2　高さ1mの木の棒（ぼう）のかげの長さは70cmでした。
　同じ時刻（じこく）に，かげの長さが245cmの木の高さは何mですか。

	棒	木
高さ　x（m）	1	□
かげの長さ　y（cm）	70	245

式

答え

3　4mの重さが30gの針金（はりがね）を使って，工作をしました。
針金の重さは，長さに比例しています。

(1)　Ⓐの作品の重さは37.5gです。使った針金は何mですか。

Ⓐ

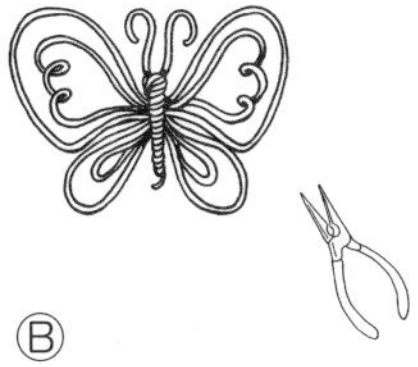

式

答え

(2)　Ⓑの作品は，針金を6.4m使って作られています。
　作品の重さは何gですか。

Ⓑ

式

答え

4　ある紙10枚（まい）の重さをはかると32gでした。

(1)　この紙1000枚，5000枚，20000枚の重さは何gですか。

式

答え　1000枚［　　］g　5000枚［　　］g　20000枚［　　］g

(2)　この紙512gの枚数は，何枚ですか。

式

答え

ふりかえり
比例

名前

1 下の表は，底面積が $6cm^2$ の三角柱の，高さ $x$cm と体積 $y cm^3$ を表したものです。

高さ x (cm)	1	2	3	4	5	6
体積 y (cm^3)	㋐	㋑	18	㋒	30	36

(1) 上の表の㋐，㋑，㋒，㋓にあてはまる値（あたい）を書きましょう。

㋐ ☐　㋑ ☐　㋒ ☐

(2) ☐ にあてはまることばを書きましょう。

① 高さが，2 倍，3 倍になると体積も ☐ 倍，☐ 倍になります。

② 三角柱の体積は，高さに ☐ しています。

③ y（体積）を x（高さ）の式で表すと，☐ になります。

2 下の表は，横が 9cm の長方形の縦（たて）を $x$cm，面積を $y cm^2$ として，2 つの量の関係を表にしたものです。㋐，㋑，㋒，㋓はそれぞれ何倍ですか。

㋐ 倍　㋒ 倍

縦 x (cm)	1	2	3	4	5	6
面積 y (cm^2)	9	18	27	36	45	54

㋑ 倍　㋓ 倍

㋐ ☐ 倍，㋑ ☐ 倍，㋒ ☐ 倍，㋓ ☐ 倍

3 下の表は，ある電車の走る時間と進む道のりの関係を表したものです。道のりは時間に比例しています。

時間 x (時間)	1	2	3	4	5	6
道のり y (km)	90	㋐	㋑	360	㋒	540

(1) 上の表の㋐，㋑，㋒にあてはまる数を書きましょう。

㋐ ☐　㋑ ☐　㋒ ☐

(2) 上の表を右のグラフに表しましょう。

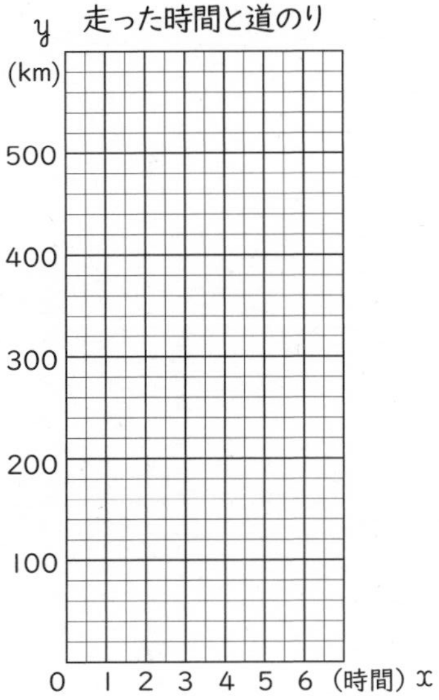

(3) y を x の式で表しましょう。

☐

(4) 12 時間で進んだ道のりは何 km ですか。

式

答え ＿＿＿＿

4 同じ重さのくぎ 20 本の重さをはかったら 45g でした。

(1) このくぎ 600 本の重さは何 g ですか。

式

答え ＿＿＿＿

(2) このくぎ 1170g は何本ですか。

式

答え ＿＿＿＿

10分 ふりかえり

月　　日

算数あそび
比例

名前

● お米を何つぶ食べたことになるのかな？

にぎりずしのお米（シャリ）は10gで約200つぶあります。
おすしを5皿食べました。（1皿におすしが2個のっています。）
お米を何つぶ食べたことになりますか？
おすし1個のお米（シャリ）は，約18gです。

式

答え

考え方を説明しましょう。

反比例(1)

月　日　名前

● 面積が $24cm^2$ の長方形の，縦(たて)の長さ $x$cm とそれに対応する横の長さ $y$cm の変わり方を調べて表にしましょう。

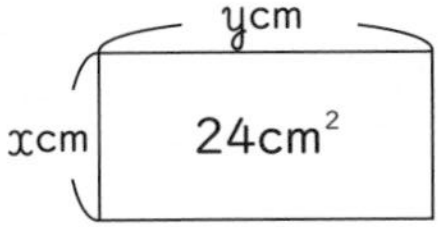

(1) 表を完成させましょう。

2倍　3倍　4倍

縦の長さ x(cm)	1	2	3	4	5	6	8	12	24
横の長さ y(cm)	24	12							

㋐　㋑　㋒

(2) 上の表の㋐，㋑，㋒にあてはまる数を書きましょう。

㋐ □ 倍　㋑ □ 倍　㋒ □ 倍

(3) 上の表を見て，□ にあてはまることばや数を書きましょう。

縦の長さ $x$cm が2倍になると，横の長さ $y$cm は □ 倍になります。x が3倍になると，y は □ 倍になります。

このようになるとき，y は x に □ するといいます。

また，縦の長さ $x$cm と，横の長さ $y$cm をかけると，必ず □ になります。

反比例(2)

月　日　名前

● 面積が $12cm^2$ の長方形の，縦(たて)の長さ $x$cm とそれに対応する横の長さ $y$cm の変わり方を調べましょう。

(1) 表を完成させましょう。

㋐　㋒

縦の長さ x(cm)	1	2	3	4	5	6	8	10	12
横の長さ y(cm)	12	6			2.4				

㋑　㋓

(2) 上の表の㋐，㋑，㋒，㋓にあてはまる数を書きましょう。

㋐ □ 倍　㋑ □ 倍　㋒ □ 倍　㋓ □ 倍

(3) 次の文の □ に，あてはまる数を書きましょう。

y が x に反比例するとき，x の値(あたい)が $\frac{1}{2}$ 倍，$\frac{1}{3}$ 倍，…になるとそれにともなって y の値は，□ 倍，□ 倍，…になります。

(4) 縦の長さと横の長さをかけると決まった数になります。その数は何ですか。下の式に数字を書きましょう。

$x \times y =$ □

(5) 上の式から，y を x の式で表しましょう。

$y =$ □ $\div x$

3分

月　日

反比例(3)

名前

1 48kmの道のりを進むときの時速とかかる時間を表にしました。

時速 x (km)	1	2	3	4	6	8	12	16	24	48
時間 y (時間)	48	24	16	12	8	6	4	3	2	1

(表の上：㋐ 2→1，㋒ 3→12，㋔ 48→16　表の下：㋑ 24→48，㋓ 16→4，㋕ 1→3)

(1) 上の表の㋐～㋕にあてはまる数を書きましょう。

㋐ □倍　㋒ □倍　㋔ □倍

㋑ □倍　㋓ □倍　㋕ □倍

(2) 表から，yをxの式で表しましょう。

$y=$ □

(3) 式を使って，xが次の値（あたい）のときのyの値を求めましょう。

① xの値が10のとき

式

答え

② xの値が15のとき

式

答え

2 体積が$100cm^3$の四角柱の高さは，底面積に反比例します。
表のあいているところに数を書きましょう。

底面積 x (cm^2)	1	2			8		20	25	50	
高さ y (cm)	100		25	20		10				1

月　日

反比例(4)

名前

● 家から駅までは，分速60mで歩いて，30分かかります。

(1) 下の表の㋐と㋑にあてはまる数を書きましょう。

分速 x (m)	60	150	
時間 y (分)	30		10

(表の上：60→150 ㋐倍　表の下：30→10 ㋑倍)

㋐ □

㋑ □

(2) この道を自転車で，分速150mで走ると，何分かかりますか。
答えを求めて，上の表にも書きましょう。

式

答え

(3) 自転車で10分で行こうと思うと，分速何mで走ればよいですか。
答えを求めて，上の表にも書きましょう。

式

答え

(4) この道を分速xmで行くときにかかる時間をy分として，
xとyの関係を式に表しましょう。

$y=$ □

（141%に拡大してご使用ください。）

月　　日

反比例 (5)

名前

● 面積が 12cm² の長方形の縦（たて）と横の長さの関係をグラフに表します。

縦の長さ x (cm)	1	2	3	4	5	6	8	10	12
横の長さ y (cm)	12		4					1.2	

(1) 上の表を完成させ，グラフに表しましょう。

面積が 12cm² の長方形の縦と横の長さ

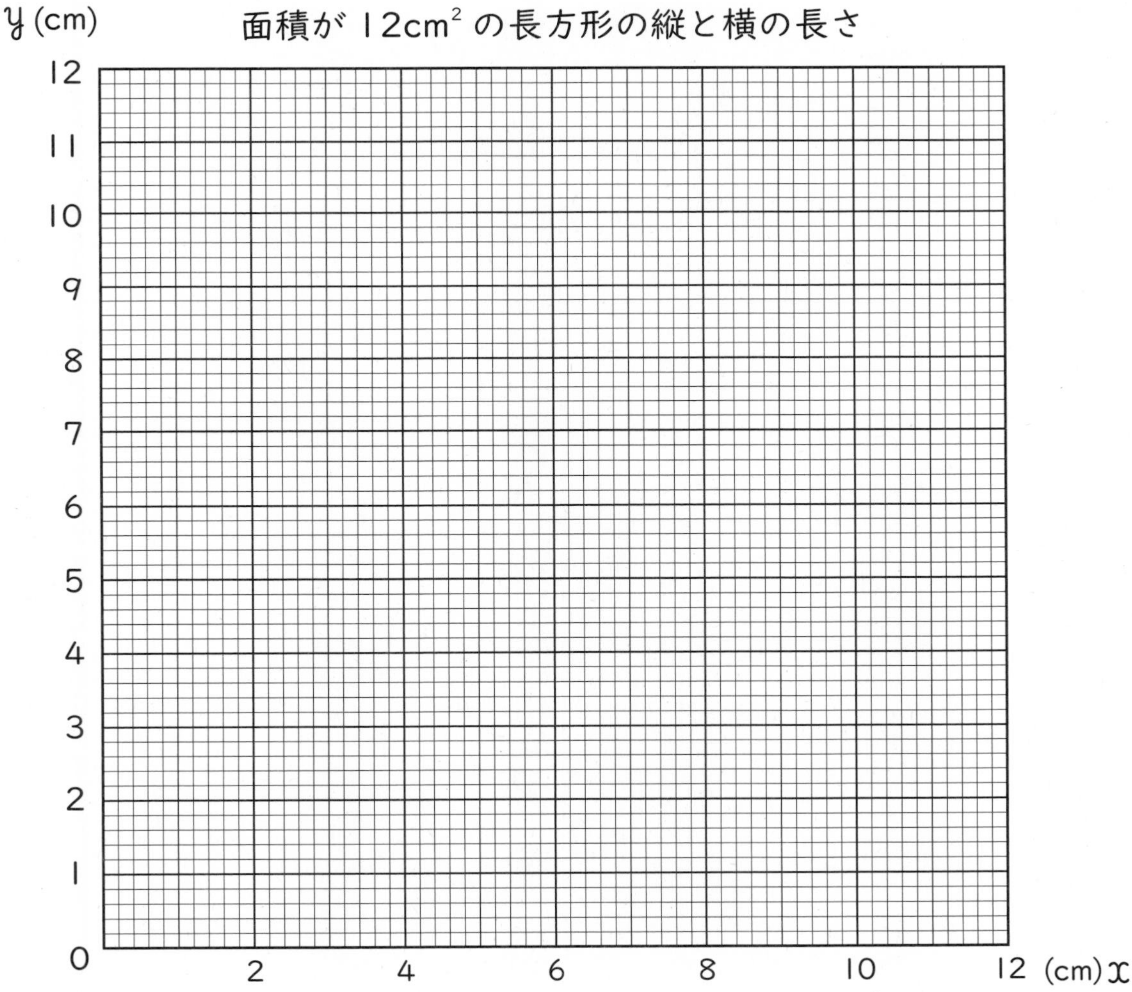

(2) y を x の式で表しましょう。

$y =$

5分

月　　日

反比例(6)

名前

● 下の表は，1分に入れる水の量 x Lと，いっぱいにするのにかかる時間 y 分の変わり方を表したものです。

1分に入れる水の量　x (L)	1	2	3	4	5	6	8	10	12	16	20	24
かかる時間　y (分)	24			6			3					1

(1) 上の表を完成させ，グラフに表しましょう。

y (時間)　1分に入れる水の量といっぱいにするのにかかる時間

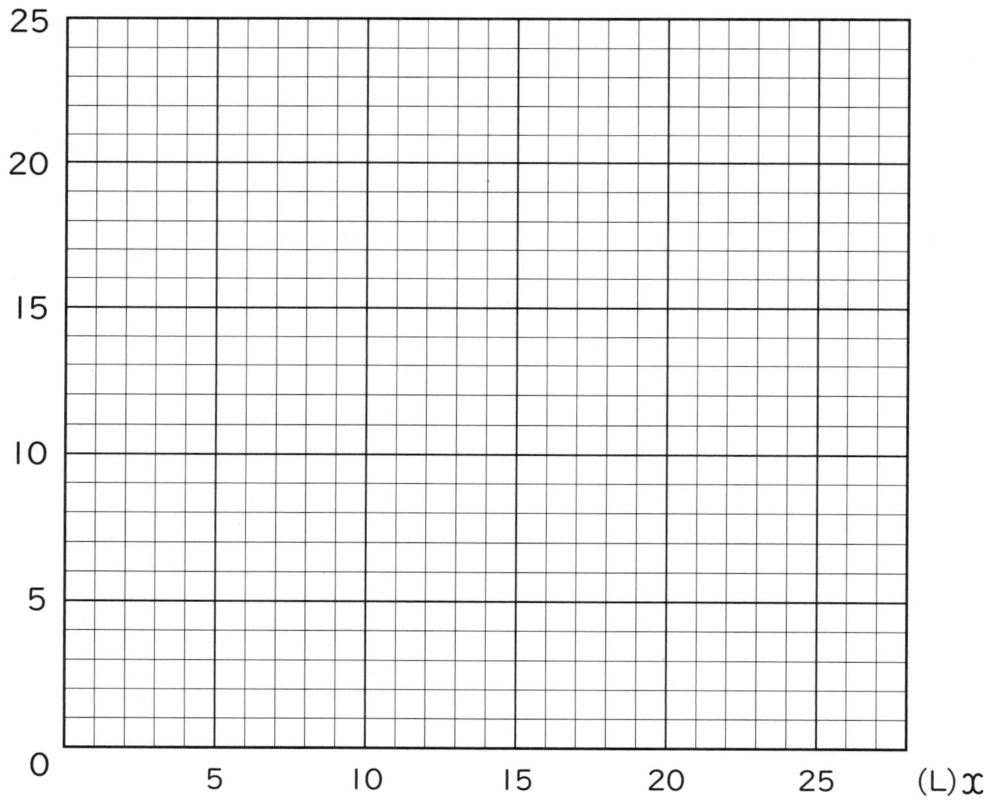

(2) y を x の式で表しましょう。

y =

月　日

ふりかえり
反比例

名前

1 30kmの道のりを進むときの，時速とかかる時間を表にしました。

（㋐：1→2，㋑：30→15，㋒：15→5，㋓：2→6）

時速 x(km)	1	2	3	4	5	6	10	12	15	20	30
時間 y(時間)	30	15			6				2		

(1) 上の表を完成させましょう。

(2) 上の表の㋐，㋑，㋒，㋓にあてはまる数を書きましょう。

㋐ □倍　㋑ □倍　㋒ □倍　㋓ □倍

(3) 次の文の□に，あてはまる数を書きましょう。

yがxに反比例するとき，xの値（あたい）が2倍，3倍，…になると

それにともなってyの値は，□倍，□倍，…になります。

(4) 表から，yをxの式で表しましょう。

y = □ ÷ x

(5) 式を使って，次の値を求めましょう。

① xが2.5のときのyの値

式　　　　　　　　答え＿＿＿＿

② yが25のときのxの値

式　　　　　　　　答え＿＿＿＿

2 面積48cm^{2}の平行四辺形で，底辺の長さが高さに反比例する関係を表に表します。

底辺 x(cm)	1	2	3	4	6	8	12	16	24	48
高さ y(cm)	48				8				2	

(1) 上の表を完成させましょう。

(2) 表をグラフに表しましょう。

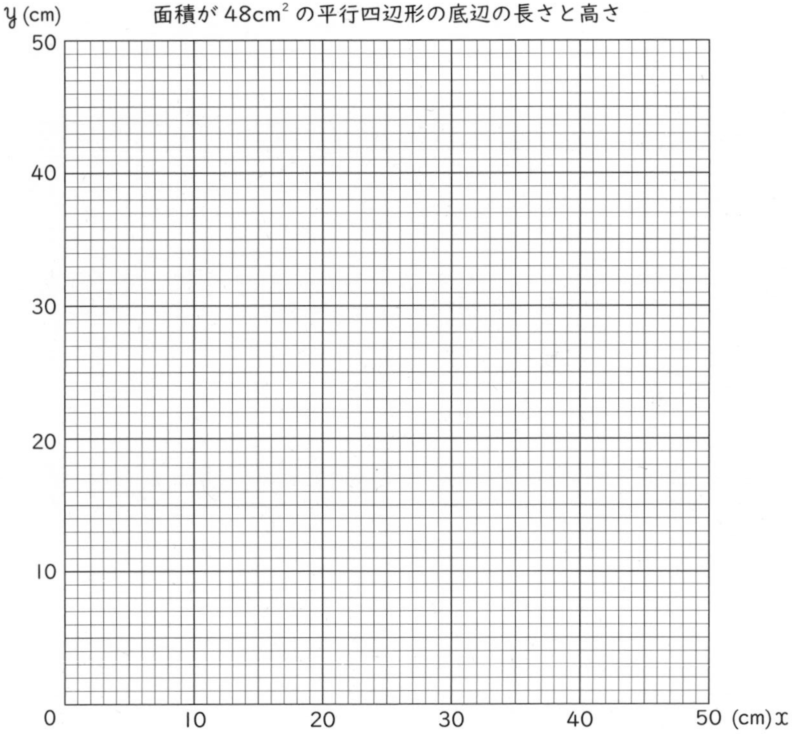

(141%に拡大してご使用ください。)

月　　日

比例と反比例（テスト）

名前

【知識・技能】

1 時速 40km で走る自動車があります。(5 × 5)

(1) 時間を x 時間，走った道のりを $y$km として，2つの量の関係を表にしましょう。

時間 x(時間)	1	2	3	4	5	6
道のり y(km)						

(2) 表を右のグラフに表しましょう。

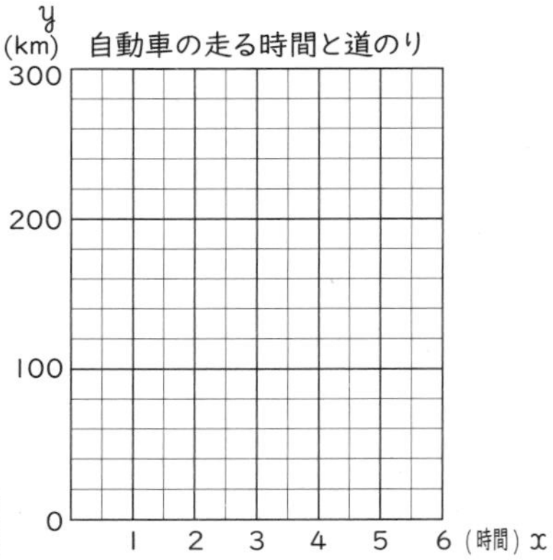

(3) x と y の関係を式に表しましょう。

(4) この自動車が 1.5 時間，8時間進んだときの道のりは何 km ですか。

1.5 時間 ＿＿ km　8 時間 ＿＿ km

2 12km を一定の速さで進みます。時速を x(km)，かかる時間を y(時間)とします。(5 × 5)

(1) x と y の関係を下の表に書きましょう。

時速 x(km)	1	2	3	4	6	12
時間 y(時間)	12	6				

(2) 表を右のグラフに表しましょう。

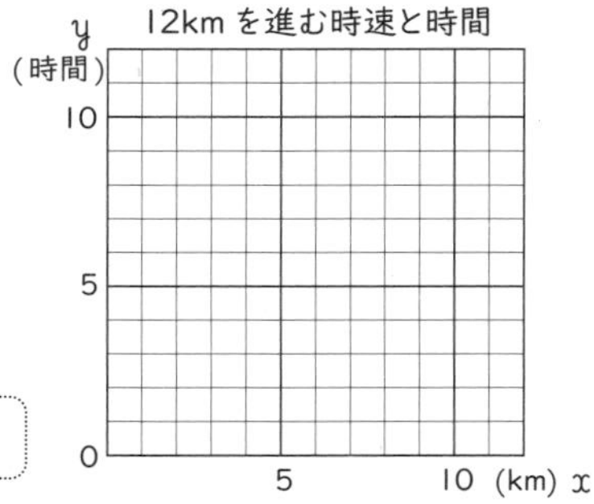

(3) x と y の関係を式に表しましょう。

(4) 時速が 5km，8km のときにかかる時間はそれぞれ何時間ですか。

5km ＿＿ 時間　8km ＿＿ 時間

【思考・判断・表現】

3 ともなって変わる2つの量が比例しているものには㋪，反比例しているものには㋩，比例でも反比例でもないものには×を □ に書きましょう。(4 × 5)

(1) □ 三角形の面積が 15cm² のときの底辺の長さと高さ

(2) □ 鉄線の長さと重さ

(3) □ 正方形の1辺の長さと面積

(4) □ お風呂に 260L のお湯を入れるときの1分間に入れる量とかかる時間

(5) □ 三角形の底辺の長さが 6cm のときの高さと面積

4 下のグラフは，自動車AとBの進む時間（時間）と道のり (km) の関係を表したものです。(5 × 6)

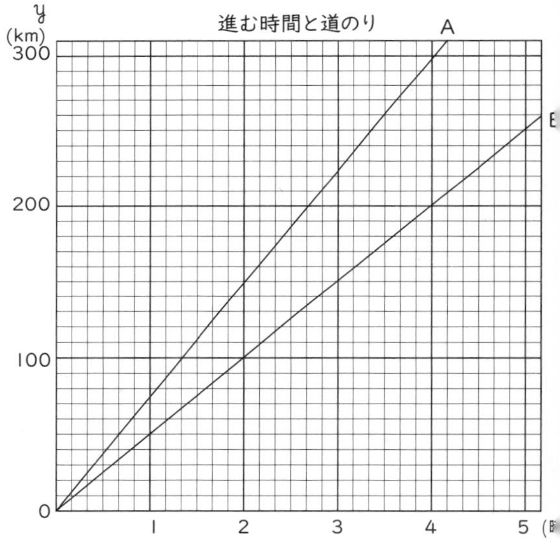

(1) グラフからAとBの時速を求めましょう。

A ＿＿ km　B ＿＿ km

(2) AとBそれぞれの x と y の関係を式に表しましょう。

A ＿＿　B ＿＿

(3) 200km 進むのに，それぞれ何時間何分かかりますか。

A ＿＿　B ＿＿

（141%に拡大してご使用ください。）

並べ方 (1)

月　　日　名前

● 本屋，パン屋，ケーキ屋の３か所で買い物をします。買い物をする順番は，何通りありますか。図を完成させて調べましょう。

記号におきかえて考えましょう。
本　屋 … ㋭
パン屋 … ㋫
ケーキ屋 … ㋘

(1)　１番めに本屋に行く場合，何通りありますか。

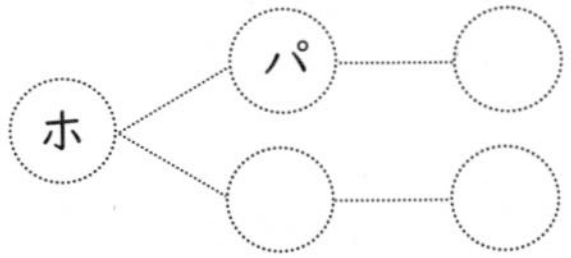

□通り

(2)　１番めにパン屋に行く場合，何通りありますか。

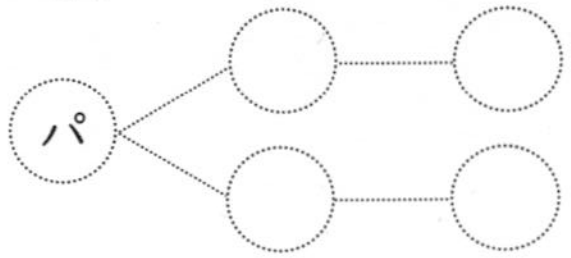

□通り

(3)　１番めにケーキ屋に行く場合，何通りありますか。

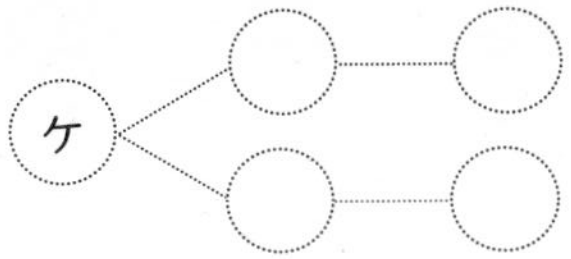

□通り

(4)　３か所で買い物をする順番は，全部で何通りありますか。

□通り

並べ方 (2)

月　　日　名前

● ゆいさん，まゆさん，あやさん，ひなさんの４人でリレーのチームをつくります。４人の走る順番は，何通りありますか。

記号におきかえて考えましょう。
ゆい … ㋙
まゆ … ㋮
あや … ㋐
ひな … ㋪

(1)　１番めに，ゆいさんが走る場合，何通りありますか。
図をかいて調べましょう。

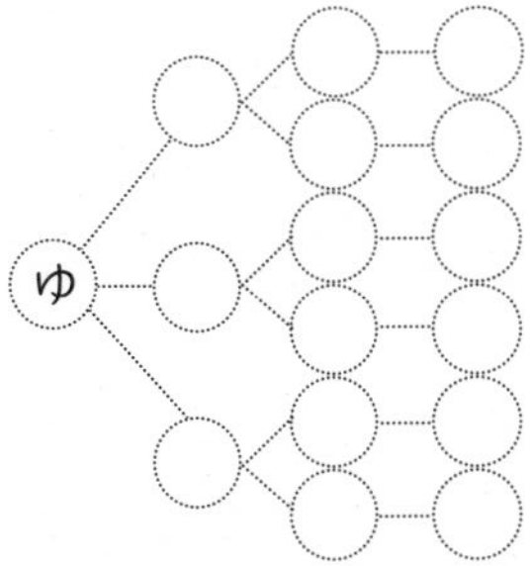

□通り

(2)　１番めに，まゆさんが走る場合，何通りありますか。

□通り

(3)　１番めに，あやさんが走る場合，何通りありますか。

□通り

(4)　１番めに，ひなさんが走る場合，何通りありますか。

□通り

(5)　４人の走る順番は，全部で何通りありますか。

□通り

並べ方（3）

月　日　名前

● 1，2，3，4の4つの数字を1回ずつ使って，4けたのパスワードをつくります。
何通りのパスワードができるか，図にかいて調べましょう。

(1) 1を先頭にしたとき

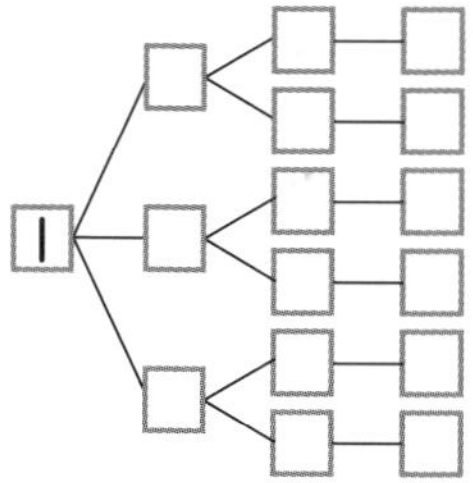

通り

(2) 2を先頭にしたとき

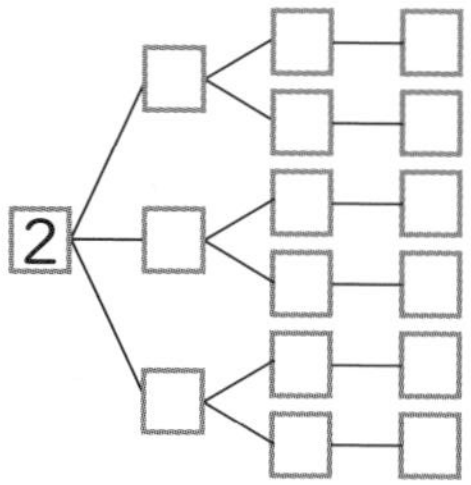

通り

(3) 3を先頭にしたとき

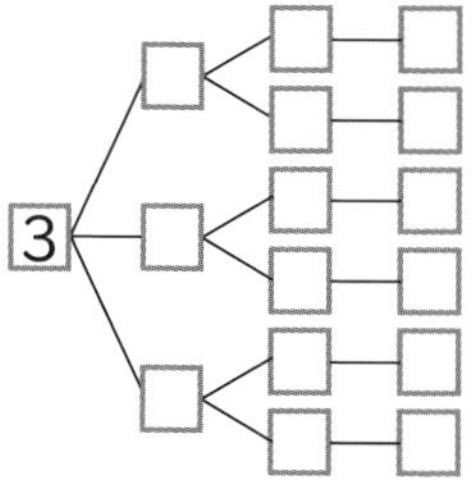

通り

(4) 4を先頭にしたとき

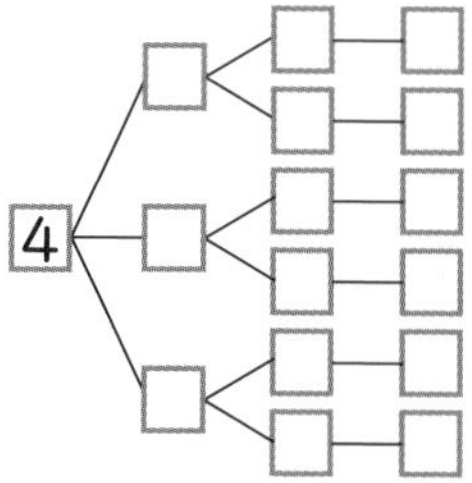

通り

(5) 全部で何通りになりますか。

通り

並べ方（4）

月　日　名前

● 右のような，4枚のカードがあります。 2 3 4 5
このカードのうち，何枚かを選んで整数をつくります。どんな整数ができるか調べましょう。

(1) 2枚を選んで，2けたの整数をつくります。

① 2を十の位にした場合，何通りになるか，図をかいて調べましょう。

十の位　一の位

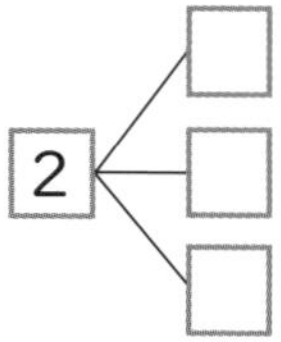

通り

② 3，4，5を十の位にした場合，それぞれ何通りになるか，図をかいて調べましょう。

3を十の位にした場合　4を十の位にした場合　5を十の位にした場合

③ 全部で何通りの整数ができますか。

通り

(2) 3枚を選んで，3けたの整数をつくります。
全部で何通りの整数ができますか。

百の位　十の位　一の位

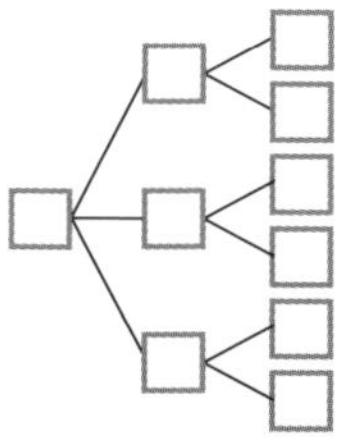

通り

（141%に拡大してご使用ください。）

月　日

並べ方 (5)

名前

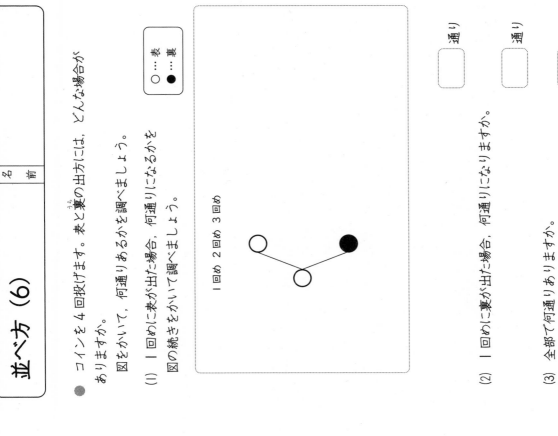

● 赤，黄，緑，白の４色のうちの３色を使って右のような旗に色をぬります。

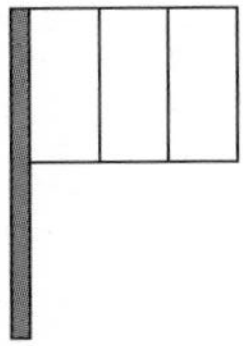

(1) いちばん左が赤の場合は何通りありますか。
下の旗に色をかいて，調べましょう。
(旗があまる場合もあります。)

記号におきかえて考えましょう。
赤…あ　黄……き
緑…み　白……し

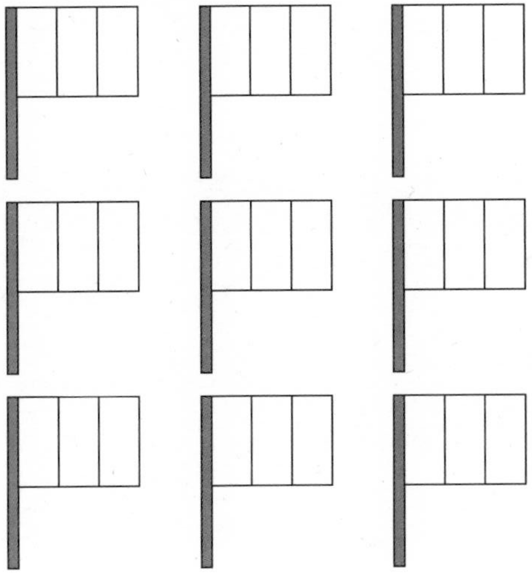

□通り

(2) 旗のぬり方は，全部で何通りありますか。

□通り

(3) 右のような旗に，赤，黄，緑，白の４色を全部使ってぬります。
ぬり方には何通りありますか。

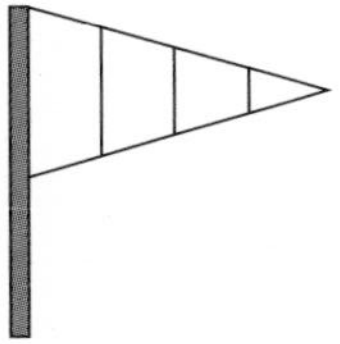

□通り

月　日

並べ方 (6)

名前

● コインを４回投げます。表と裏（うら）の出方には，どんな場合がありますか。
図をかいて，何通りあるかを調べましょう。

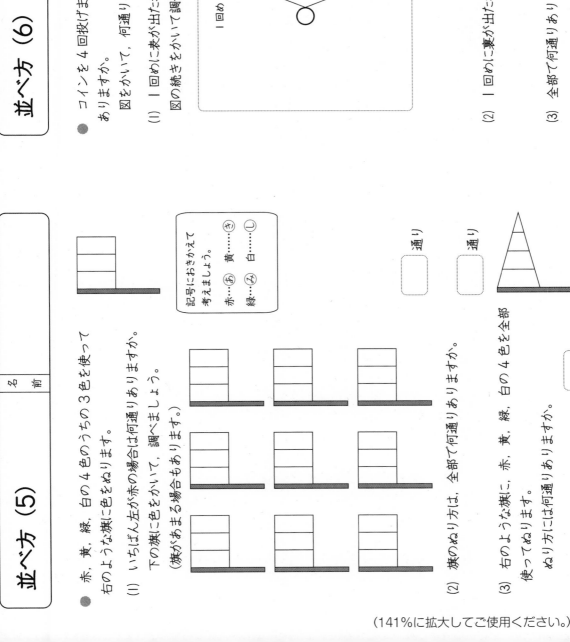

(1) １回めに表が出た場合，何通りになるかを図の続きをかいて調べましょう。

○…表
●…裏

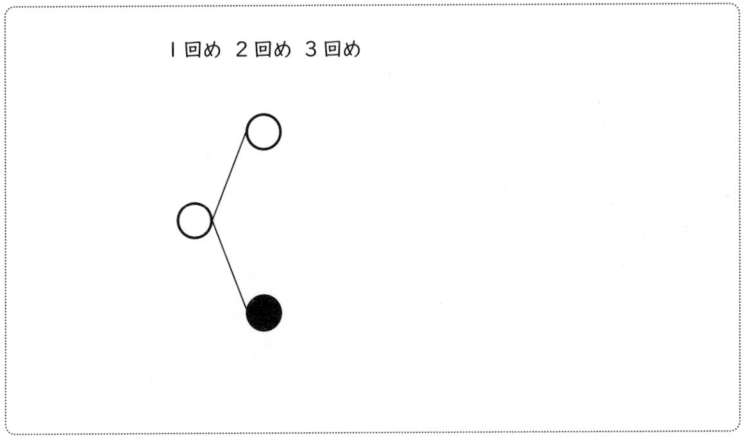

□通り

(2) １回めに裏が出た場合，何通りになりますか。

□通り

(3) 全部で何通りありますか。

□通り

5分

並べ方 (7)

月　日　名前

● 右のような，4枚のカードがあります。　1 3 5 6

このカードのうち，何枚かを選んで整数をつくります。

(1) このカードのうち，2枚を並べてできる2けたの整数をすべて書きましょう。何通りできますか。

通り

(2) 3枚を並べてできる3けたの整数をすべて書きましょう。何通りできますか。

通り

並べ方 (8)

月　日　名前

● A, B, C, D, E の5つの地点が下の図のような位置にあります。

点Aから出発して，点B, C, D, E をすべてまわり，点Aに帰ってくる方法は，何通りありますか。

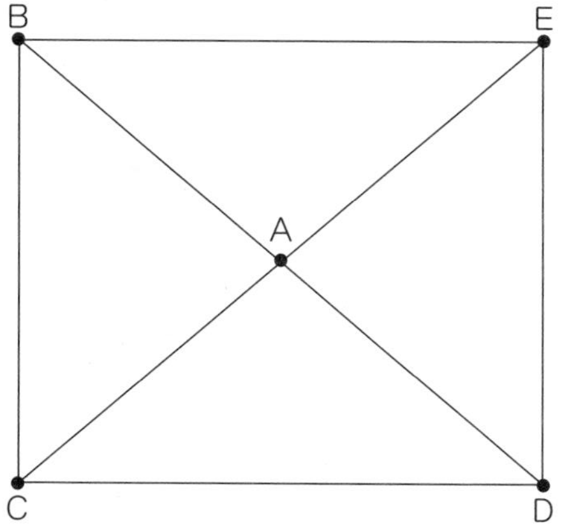

通り

ふりかえり
並べ方

名前　　　　月　日

1 公園で，すべり台，鉄棒（てつぼう），シーソー，ブランコを１回ずつ使って遊びます。遊ぶ順序には，どんなものがありますか。
図にして調べましょう。

記号におきかえて考えましょう。
すべり台…ス
鉄棒………テ
シーソー……シ
ブランコ……ブ

(1) １番めに，すべり台をする場合，何通りになりますか。

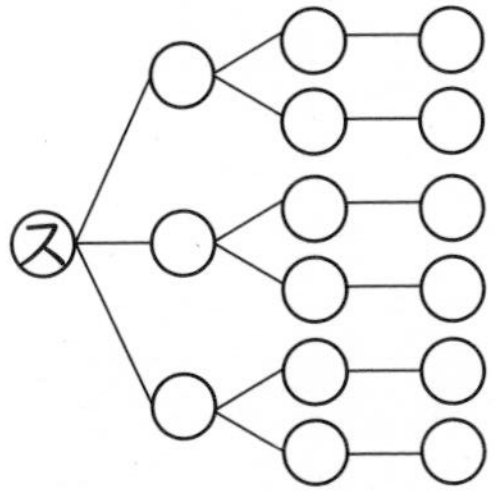

□通り

(2) 全部で何通りありますか。　□通り

2 [2]，[4]，[5]，[7] の４枚（まい）のカードを使って，４けたの整数をつくります。どんな整数ができるか，図にして調べましょう。
(1) [2] を千の位にした場合，何通りになるか調べましょう。

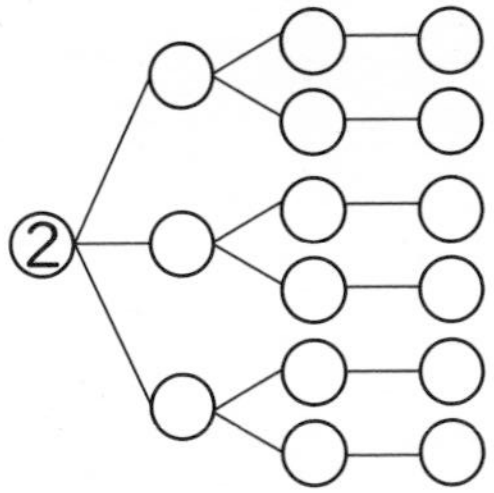

□通り

(2) 全部で何通りの整数ができますか。　□通り

3 [1]，[2]，[3]，[4]，[5] の５枚のカードのうちの２枚を選んで，２けたの整数をつくります。全部で何通りの整数ができますか。

□通り

4 ゆうきさん，けいたさん，まきさん，さやさん，ゆみさんの５人が下のようなテーブルにすわります。５人のすわり方は，全部で何通りありますか。

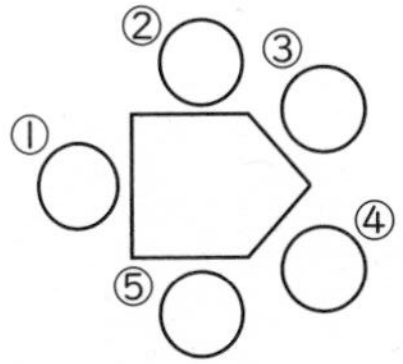

□通り

5 箱の中に赤玉と白玉がたくさん入っています。
そこから４回玉を取り出します。取り出した玉の色は，どんな場合がありますか。何通りあるかを調べましょう。

(1) １回めに赤玉を取った場合を調べましょう。
図の続きをかいて調べましょう。

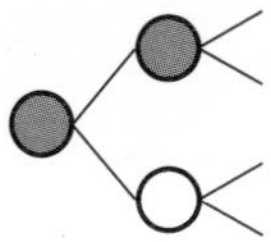

□通り

(2) 全部で何通りになりますか。　□通り

10分 ふりかえり

月　日

組み合わせ方（1）

名前

● A，B，C，Dの４チームで，バスケットボールの試合をします。
どのチームも，ちがったチームと１回ずつ試合をするとき，どんな対戦がありますか。
下の表を使って調べましょう。

(1) AとA，BとBなど，同じチームが試合をすることはありません。
そのますは，ななめの線をひきましょう。

＼	A	B	C	D
A		○		
B	×			
C				
D				

(2) AとBの対戦とBとAの対戦は同じですから，対戦するところには○を，同じところには×をつけましょう。

(3) 全部で何試合になりますか。

□ 試合

月　日

組み合わせ方（2）

名前

● A，B，C，D，Eの５チームで，野球の試合をします。
どのチームも，ちがったチームと１回ずつ試合をするとき，どんな対戦があるか調べましょう。

(1) 右の表にかいて調べましょう。

＼	A	B	C	D	E
A					
B					
C					
D					
E					

(2) 全部で何試合になりますか。

□ 試合

（141%に拡大してご使用ください。）

組み合わせ方（3）

名前

月　日

● 4種類のアイスクリームから，ちがう2種類を選びます。
何通りの組み合わせがありますか。
下の表を使って調べましょう。

	バニラ	チョコレート	ストロベリー	まっ茶
バニラ				
チョコレート				
ストロベリー				
まっ茶				

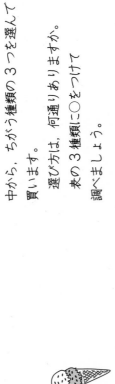

□通り

組み合わせ方（4）

名前

月　日

● A～Eの5種類のドーナツの中から，ちがう種類の3つを選んで買います。
選び方は，何通りありますか。
表の3種類に○をつけて調べましょう。

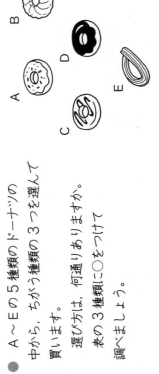

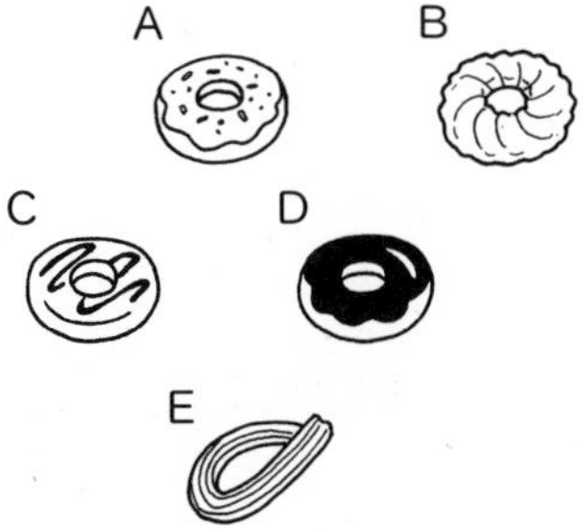

A	B	C	D	E

□通り

3分

月　日

組み合わせ方（5）

名前

1　A，B，Cの３チームで，サッカーの試合をします。どのチームも，ちがったチームと１回ずつ試合をするとき，どんな対戦があるか，右の表を使って調べましょう。

	A	B	C
A			
B			
C			

(1)　AとA，BとB，CとCは，試合をすることはありません。
　そのますは，ななめの線をひきましょう。

(2)　AとBの対戦とBとAの対戦は同じですから，対戦するところに○をつけ，同じところは×をつけましょう。

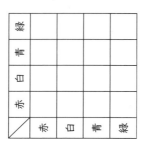

(3)　全部で何試合になりますか。

□試合

2　A, B, C, Dの４チームで試合をすると，全部で何試合になりますか。
　３チームのときと同じように，右の表を使って調べましょう。

	A	B	C	D
A				
B				
C				
D				

□試合

月　日

組み合わせ方（6）

名前

1　赤，白，青，緑の４チームで，バレーボールの試合をします。
　どのチームも，ちがったチームと１回ずつ試合をするとき，どんな対戦があるか調べましょう。

(1)　右の表にかいて調べましょう。

(2)　全部で何試合になりますか。

□試合

	赤	白	青	緑
赤				
白				
青				
緑				

2　赤，青，黄，緑，オレンジの５チームでドッジボールの試合をします。
　どのチームも，ちがったチームと１回ずつ試合をするとき，どんな対戦があるか，右の表を使って調べましょう。

	赤	青	黄	緑	オレンジ
赤					
青					
黄					
緑					
オレンジ					

□試合

月　日

組み合わせ方（7）

名前

1　レタス，きゅうり，トマト，ブロッコリーの４種類から，２種類を選んでお皿にとります。選び方は，全部で何通りありますか。
下の表にかいて調べましょう。

	レタス	きゅうり	トマト	ブロッコリー
レタス				
きゅうり				
トマト				
ブロッコリー				

□通り

2　５種類のおでんの具の中から，ちがう種類の３つを選びます。
選び方は，何通りありますか。下の表にかいて調べましょう。

	大根	あつあげ	ちくわ	こんにゃく	たまご
大根					
あつあげ					
ちくわ					
こんにゃく					
たまご					

５種類の中から，３種類を選ぶとは，２種類を選ばないということと同じだね。

□通り

月　日

組み合わせ方（8）

名前

1　赤，青，緑，黄，茶の５色の色えん筆があります。
その中から，２色を選んで使います。
選び方は，全部で何通りありますか。
下の表にかいて調べましょう。

	赤	青	緑	黄	茶
赤					
青					
緑					
黄					
茶					

□通り

2　あるレストランのランチセットのメニューです。
Ⓐ，Ⓑ，Ⓒ からそれぞれ１種類ずつ選んで注文します。
選び方は，何通りありますか。

Ⓐ	Ⓑ	Ⓒ
・サンドイッチ	・スープ	・アイスクリーム
・ピザ	・フルーツ	・クレープ
・ハンバーガー	・サラダ	・プリン

□通り

月　日

ふりかえり
組み合わせ方

名前

1　赤，白，青，黄の４チームで玉入れをします。
どのチームも，ちがったチームと１回ずつ対戦するとき，どんな組み合わせがあるか調べましょう。

(1)　右の表にかいて調べましょう。

	赤	白	青	黄
赤				
白				
青				
黄				

(2)　全部で何試合になりますか。

□試合

2　りなさん，あみさん，たつきさん，りくとさん，はるとさんの５人がテニスの試合をします。
どの人も，ちがった人と１回ずつ試合をするとき，どんな対戦があり，全部で何試合になるか，右の表にかいて調べましょう。

	りな	あみ	たつき	りくと	はると
りな					
あみ					
たつき					
りくと					
はると					

□試合

3　５種類のおすしの中から，ちがう種類の３つを選んで買います。選び方は，何通りありますか。

(1)　右の表にかいて調べましょう。

まぐろ	サーモン	いか	たまご	いくら

(2)　全部で何通りになりますか。

□通り

4　あるレストランで，下の表のⒶ，Ⓑ，Ⓒからそれぞれ１種類を選んで注文します。選び方は，何通りありますか。

Ⓐ	Ⓑ	Ⓒ
・ハンバーグ ・オムレツ ・コロッケ	・ポテトサラダ ・トマトサラダ	・ヨーグルト ・ゼリー ・プリン

□通り

月　　日

並べ方と組み合わせ方（テスト）

名前

【知識・技能】

1　動物園で，トラ，サル，キリンの３種類の動物を１回ずつ見て回ります。見て回る順番は，何通りありますか。(6×4)

記号におきかえて考えましょう。
トラ　…ト
サル　…サ
キリン…キ

(1)　１番めにトラを見る場合は，何通りありますか。

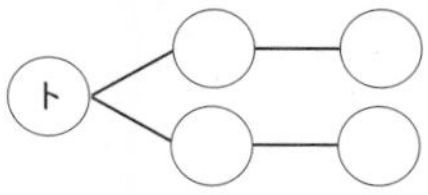

□通り

(2)　１番めにサルを見る場合，何通りありますか。　□通り

(3)　１番めにキリンを見る場合，何通りありますか。　□通り

(4)　３種類の動物を見て回る順番は全部で何通りありますか。　□通り

2　1，2，3，4の４枚のカードを使って，４けたの整数をつくります。できる整数は，何通りありますか。(6×2)

(1)　１を千の位にした場合，何通りになるかを調べましょう。

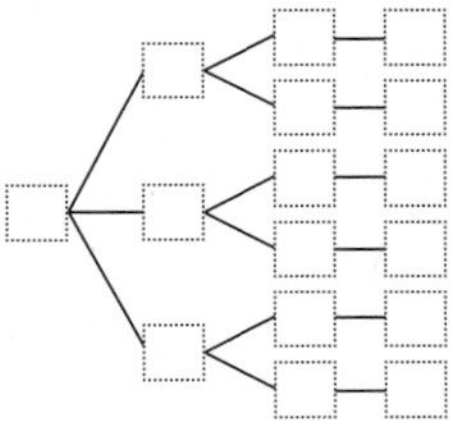

□通り

(2)　全部で何通りになりますか。　□通り

3　あきおさん，かずきさん，ひかるさん，さとしさんの４人のうち３人ずつゲームに参加できます。どのような組み合わせがありますか。

(1)　右の表に参加できる３人に○をつけて考えましょう。(8)

あきお	かずき	ひかる	さとし

(2)　組み合わせは全部で何通りですか。(6)　□通り

【思考・判断・表現】

4　箱の中に赤玉と白玉がたくさん入っています。（中は見えません。）そこから３回玉を取り出します。取り出した玉の色は，どんな場合がありますか。(7×3)

(1)　１回めに赤玉を取った場合を調べましょう。図をかいて調べましょう。

(2)　１回めに赤玉を取った場合は何通りありますか。　□通り

(3)　全部で何通りになりますか。　□通り

5　Ａ，Ｂ，Ｃ，Ｄの４チームで，ドッジボールの試合をします。どのチームも，ちがったチームと１回ずつ試合をすると，全部で何試合になりますか。(7×2)

(1)　図や表にかいて調べましょう。

(2)　全部で何試合になりますか。　□試合

6　梅，こんぶ，ツナ，さけ，高菜の５種類のおにぎりから３種類を選んで食べます。

(1)　どんな選び方がありますか。図にかいて調べましょう。(8)

(2)　全部で何通りの組み合わせがありますか。(7)　□通り

（141％に拡大してご使用ください。）

月　日

算数あそび

並べ方と組み合わせ方 ①

名前

● トランプが右のようにあります。
３人に同じ枚数（まいすう）ずつ，すべてのカードを配り，どの人にも数の合計が同じになるようにします。
どんな配り方があるでしょうか。

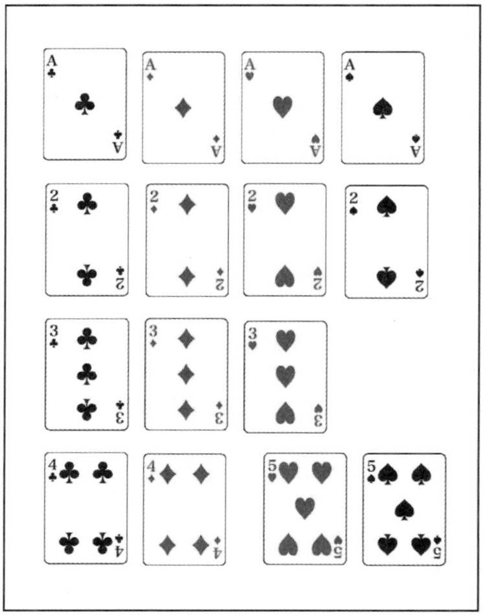

配り方１

配り方２

配り方３

月　　日

算数あそび
並べ方と組み合わせ方 ②

名前

● つぼの中に 1 2 3 4 5 6 7 8 9 10 の 10 枚(まい)のカードが入っていて，5人が2枚ずつカードを取りました。

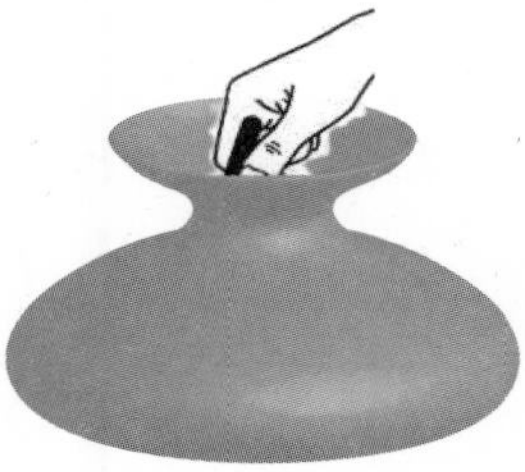

Aさん「私は2枚のカードを合わせて
　　　12になりました。」
Bさん「ぼくは2枚のカードを合わせたら
　　　15にもなるよ。」
Cさん「私は2枚のカードを合わせても
　　　6にしかならないよ。」
Dさん「ぼくは，それよりも少ないよ。
　　　2枚合わせても4なんだよ。」
Eさん「私がいちばん多いみたいだね。
　　　合わせたら18にもなるよ。」

さて，Aさん，Bさん，Cさん，Dさん，Eさんが取った2枚のカードは何だったのか。

君は，推理(すいり)をはたらかせて，見破ることができるだろうか ?!

月　　日

データの調べ方（1）

名前

● 下の表は，Ⓐと Ⓑの畑でとれたさつまいもの重さを記録したものです。

（電たく使用可）

Ⓐの畑のさつまいもの重さ(g)

① 299	② 307	③ 302	④ 291	⑤ 323
⑥ 309	⑦ 295	⑧ 307	⑨ 307	

Ⓑの畑のさつまいもの重さ(g)

① 301	② 316	③ 304	④ 294	⑤ 316	⑥ 320
⑦ 316	⑧ 297	⑨ 313	⑩ 304	⑪ 297	

(1) それぞれの畑の，いちばん重いさつまいもは何gですか。

Ⓐ　　　　Ⓑ

(2) それぞれの畑の，いちばん軽いさつまいもは何gですか。

Ⓐ　　　　Ⓑ

(3) それぞれの畑の，さつまいもの重さの合計は何gですか。

Ⓐ　　　　Ⓑ

(4) それぞれの畑の，さつまいもの重さの平均は何gですか。平均値（へいきんち）を求めましょう。（小数第一位を四捨五入（ししゃごにゅう）し，整数で表しましょう。）

Ⓐ　　　　Ⓑ

月　　日

データの調べ方 (2)

名前

● 下の表のⒶの畑のさつまいもの重さは，それぞれどんなはんいにどのようにちらばっているか調べましょう。

Ⓐの畑のさつまいもの重さ (g)

① 299	② 307	③ 302	④ 291	⑤ 323
⑥ 309	⑦ 295	⑧ 307	⑨ 307	

(1) ①〜⑨の重さを，(例) のようにドットプロットに表しましょう。

数直線の上にデータをドット（点）で表した図をドットプロットというよ。

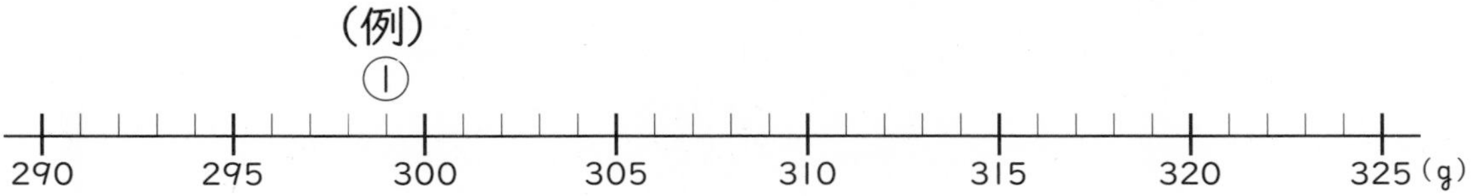

(2) いちばん重い重さといちばん軽い重さの差を求めましょう。

式

答え ＿＿＿＿＿＿＿＿

(3) 平均の重さを表すところに，⬆をかきましょう。
(四捨五入して，整数で表しましょう。)

(4) 中央値は何 g ですか。

月　　日

データの調べ方（3）

名前

● 下の表のⒷの畑のさつまいもの重さは，それぞれどんなはんいにどのようにちらばっているか調べましょう。

Ⓑの畑のさつまいもの重さ（g）

① 301	② 316	③ 304	④ 294	⑤ 316	⑥ 320
⑦ 316	⑧ 297	⑨ 313	⑩ 304	⑪ 297	

(1) ①～⑪の重さを，ドットプロットに表しましょう。

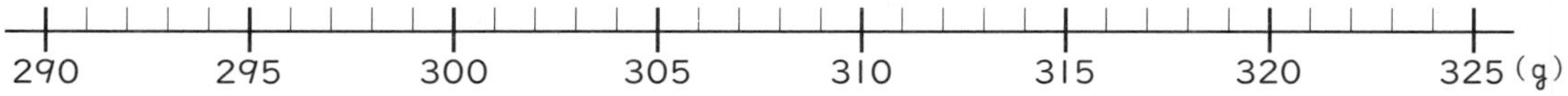

(2) いちばん重い重さといちばん軽い重さの差を求めましょう。

式

答え

(3) 平均の重さを表すところに，⬆をかきましょう。

(4) 中央値は何gですか。

月　日

データの調べ方（4）

名前

● Ⓐの畑のさつまいもの重さについて，全体のちらばりが数でわかるように表に整理しましょう。

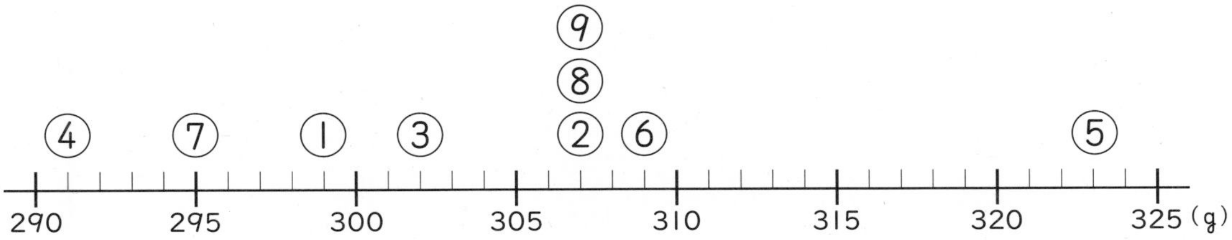

(1)　それぞれの重さのはんいに入るさつまいもの数を，右の表に書きましょう。

Ⓐの畑のさつまいもの重さ

重　さ（g）	個数（個）
290以上～295未満	
295　～300	
300　～305	
305　～310	
310　～315	
315　～320	
320　～325	
合　計	

(2)　最頻値（さいひんち）は何gですか。

(3)　300g未満のさつまいもは，何個ありますか。

(4)　300g以上310g未満のさつまいもは，何個ありますか。

(5)　(4)で答えた個数は，全体の個数の何％ですか。
（小数第三位を四捨五入（ししゃごにゅう）して，％で表しましょう。）

答え

月　　日

データの調べ方（5）

名前

● Ⓐと Ⓑの畑でとれたとうもろこしの重さのちらばりをヒストグラムに表しました。

Ⓐの畑のとうもろこしの重さ

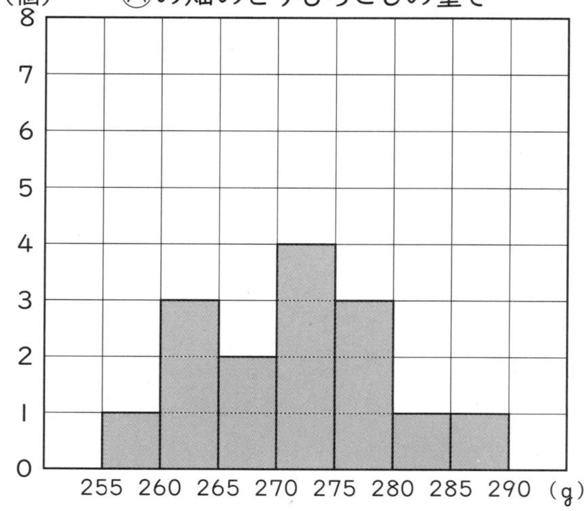

Ⓑの畑のとうもろこしの重さ

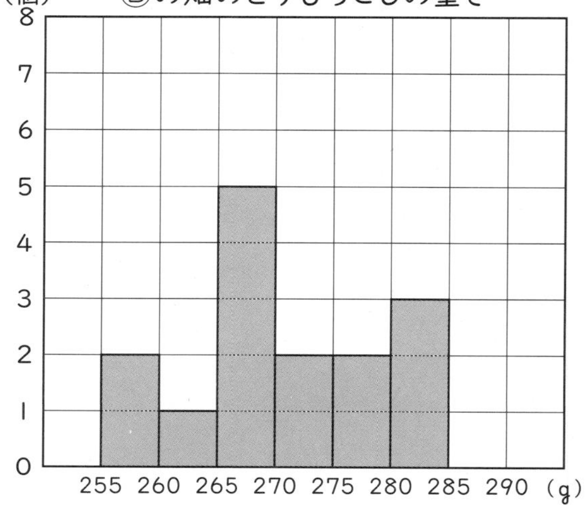

(1) 個数が最も多い階級は，それぞれ何 g 以上何 g 未満ですか。

Ⓐ ［　　　］以上［　　　］未満

Ⓑ ［　　　］以上［　　　］未満

(2) 軽い方から 4 番めのとうもろこしは，どの階級にありますか。

Ⓐ ［　　　］以上［　　　］未満

Ⓑ ［　　　］以上［　　　］未満

(3) 280g 以上のとうもろこしが多いのは，どちらの畑ですか。

［　　　］

月　　日

データの調べ方（6）

名前

● 下のグラフは，スポーツテストでの１組と２組の50m走の結果を表したものです。

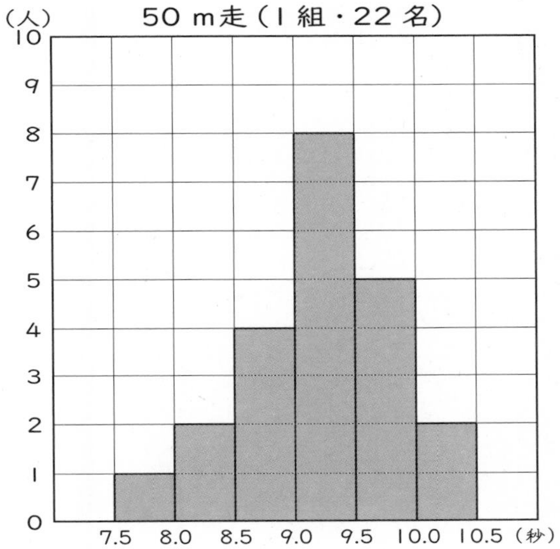

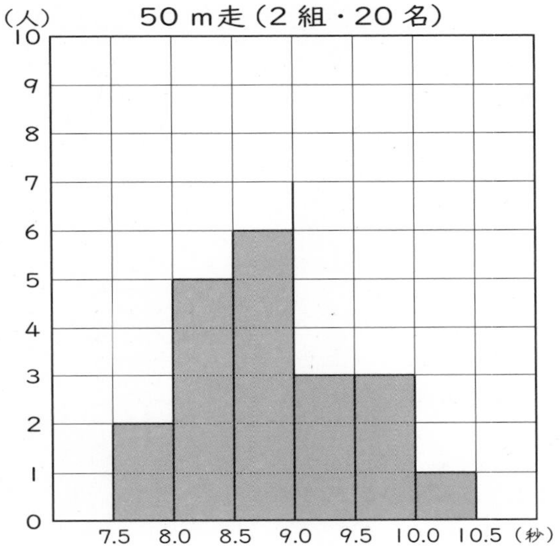

(1) 人数が最も多い階級は，それぞれ何秒以上何秒未満ですか。
また，それは全体の何%ですか。
（わり切れない場合は，小数第三位を四捨五入（ししゃごにゅう）して，%で表しましょう。）

１組 □ 以上 □ 未満，□ %

２組 □ 以上 □ 未満，□ %

(2) 8.5秒未満は，それぞれ何人ですか。

１組 □　　２組 □

(3) 中央値（ちゅうおうち）は，何秒以上何秒未満の階級にありますか。

１組 □ 以上 □ 未満

２組 □ 以上 □ 未満

月　　日

データの調べ方（7）

名前

● 下の表は，Ⓐ と Ⓑ の畑でとれたさつまいもの重さについて，整理したものです。

Ⓐの畑でとれたさつまいもの重さ

重　さ（g）	個数（個）
290 以上 ～ 295 未満	1
295 ～ 300	2
300 ～ 305	1
305 ～ 310	4
310 ～ 315	0
315 ～ 320	0
320 ～ 325	1
合　計	9

Ⓑの畑でとれたさつまいもの重さ

重　さ（g）	個数（個）
290 以上 ～ 295 未満	1
295 ～ 300	2
300 ～ 305	3
305 ～ 310	0
310 ～ 315	1
315 ～ 320	3
320 ～ 325	1
合　計	11

(1) ヒストグラムに表しましょう。

Ⓐの畑でとれたさつまいもの重さ

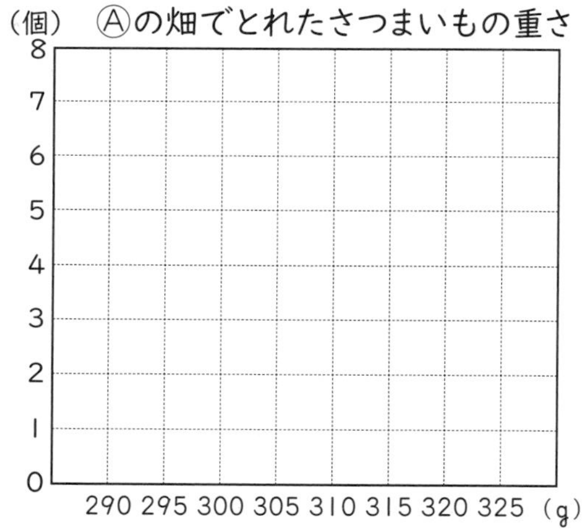

Ⓑの畑でとれたさつまいもの重さ

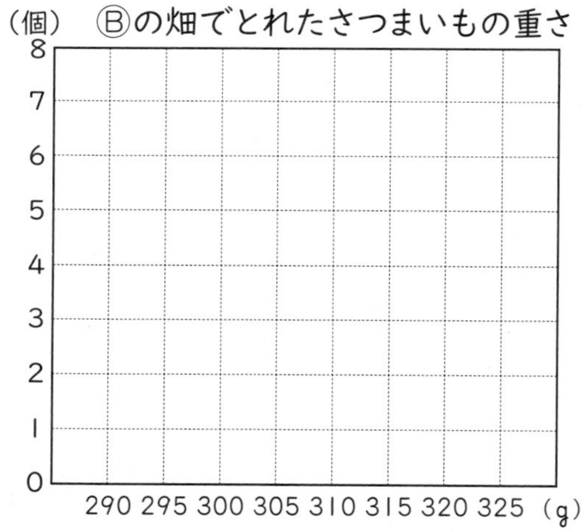

(2) 305g 未満はそれぞれ何個で，全体の何％ですか。
（わりきれない場合は，小数第三位を四捨五入（ししゃごにゅう）して％で表しましょう。）

Ⓐの畑のさつまいも　□ 個，□ ％

Ⓑの畑のさつまいも　□ 個，□ ％

月　　日

データの調べ方（8）

名前

● 下の表は，体育の時間の１組と２組のソフトボール投げの結果を整理したものです。

ソフトボール投げ（１組）

記　録（m）	人数（人）
10 以上 ～ 15 未満	1
15 ～ 20	2
20 ～ 25	5
25 ～ 30	6
30 ～ 35	3
35 ～ 40	0
40 ～ 45	1
45 ～ 50	0
合　計	18

ソフトボール投げ（２組）

記　録（m）	人数（人）
10 以上 ～ 15 未満	0
15 ～ 20	3
20 ～ 25	6
25 ～ 30	4
30 ～ 35	5
35 ～ 40	1
40 ～ 45	0
45 ～ 50	1
合　計	20

(1) ヒストグラムに表しましょう。

ソフトボール投げ（１組）

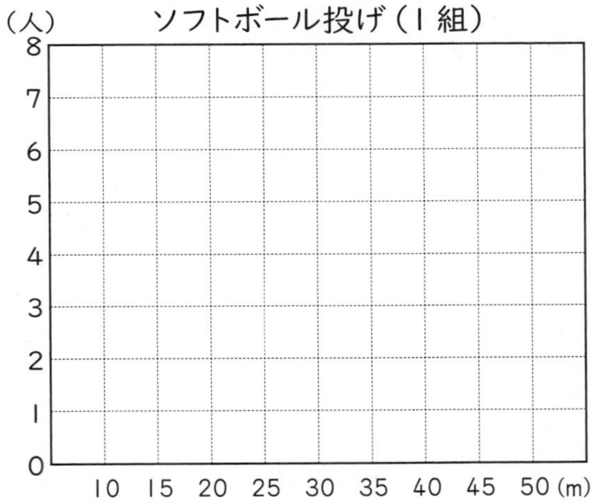

ソフトボール投げ（２組）

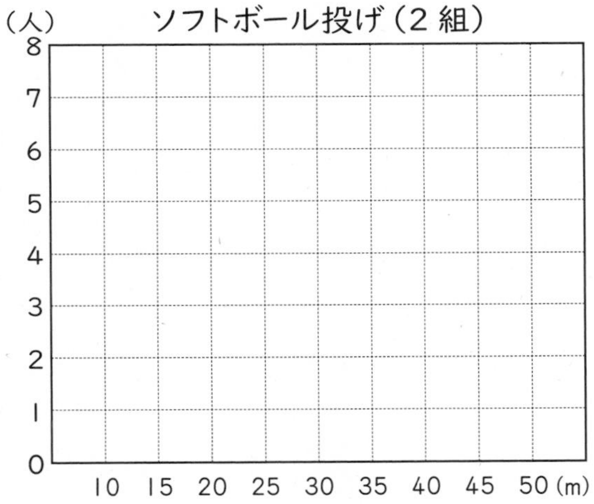

(2) 人数が最も多い階級は，それぞれ何ｍ以上何ｍ未満ですか。
また，それは全体の何％ですか。
（わりきれない場合は，小数第三位を四捨五入（ししゃごにゅう）して％で表しましょう。）

１組 ＿＿＿ 以上 ＿＿＿ 未満，＿＿＿ ％

２組 ＿＿＿ 以上 ＿＿＿ 未満，＿＿＿ ％

5分

月　　日

データの調べ方（9）

名前

● 下の表は，わかさんの家の畑でとれた玉ねぎの重さを調べたものです。

わかさんの家の畑の玉ねぎの重さ（g）

① 202	② 199	③ 213	④ 191	⑤ 203
⑥ 215	⑦ 187	⑧ 198	⑨ 203	⑩ 206
⑪ 199	⑫ 200	⑬ 189	⑭ 220	⑮ 218
⑯ 209	⑰ 201	⑱ 203	⑲ 209	⑳ 198

(1) 度数分布表に表しましょう。

わかさんの家の畑の玉ねぎの重さ

重　さ（g）	個数	
	正の字	（個）
185以上 ～ 190未満		
190 ～ 195		
195 ～ 200		
200 ～ 205		
205 ～ 210		
210 ～ 215		
215 ～ 220		
220 ～ 225		

(2) ヒストグラムに表しましょう。

わかさんの家の畑の玉ねぎの重さ

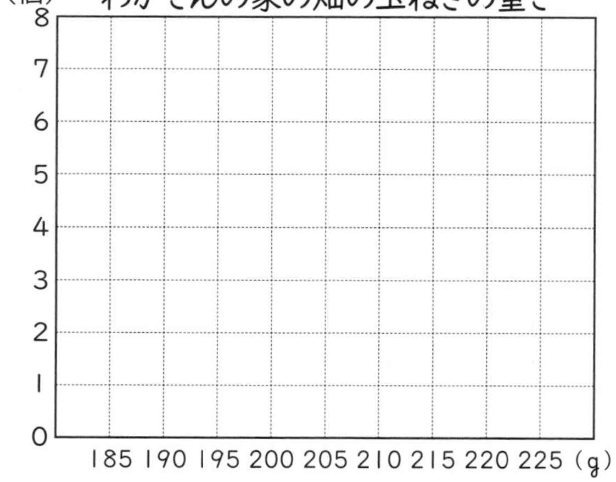

月　　日

データの調べ方（10）

名前

● 下の表は，かずきさんの家の畑でとれた玉ねぎの重さを調べたものです。

かずきさんの家の畑の玉ねぎの重さ（g）

① 222	② 195	③ 190	④ 206	⑤ 197
⑥ 195	⑦ 202	⑧ 203	⑨ 194	⑩ 199
⑪ 192	⑫ 198	⑬ 195	⑭ 201	⑮ 214
⑯ 199	⑰ 185	⑱ 205	⑲ 221	⑳ 194

(1) 度数分布表に表しましょう。

かずきさんの家の畑の玉ねぎの重さ

重　さ（g）	個数	
	正の字	（個）
185以上 ～ 190未満		
190 ～ 195		
195 ～ 200		
200 ～ 205		
205 ～ 210		
210 ～ 215		
215 ～ 220		
220 ～ 225		

(2) ヒストグラムに表しましょう。

（個） かずきさんの家の畑の玉ねぎの重さ

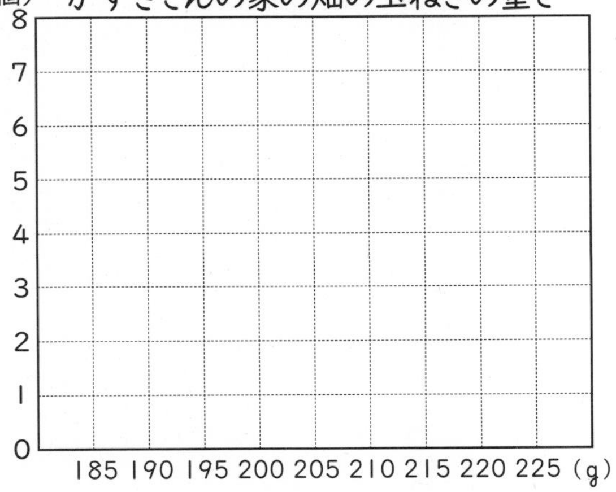

5分

月　　日

データの調べ方（11）

名前

● 下の表は，1組の算数のテストの得点を記録したものです。

算数のテスト（1組）（点）

① 46	② 100	③ 76	④ 23	⑤ 68	⑥ 96	⑦ 88	⑧ 100	⑨ 38
⑩ 41	⑪ 73	⑫ 65	⑬ 76	⑭ 89	⑮ 76	⑯ 100	⑰ 88	⑱ 53
⑲ 78	⑳ 80	㉑ 97	㉒ 65	㉓ 66	㉔ 49	㉕ 100		

(1) 度数分布表に表しましょう。

算数のテスト（1組）

得　点（点）	人　数	
	正の字	（人）
20以上～30未満		
30以上～40未満		
40以上～50未満		
50以上～60未満		
60以上～70未満		
70以上～80未満		
80以上～90未満		
90以上～100以下		

(2) ヒストグラムに表しましょう。

算数のテスト（1組）

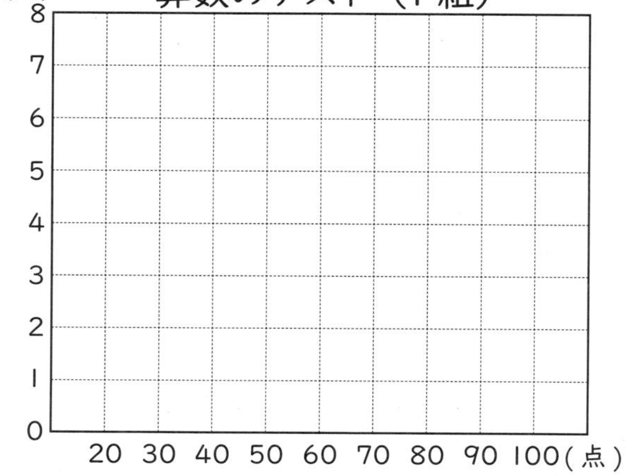

月　　日

データの調べ方（12）

名前

● 下の表は，２組の算数のテストの得点を記録したものです。

算数のテスト（２組）（点）

① 89	② 50	③ 93	④ 21	⑤ 42	⑥ 36	⑦ 80	⑧ 43	⑨ 86
⑩ 100	⑪ 34	⑫ 89	⑬ 64	⑭ 67	⑮ 95	⑯ 78	⑰ 80	⑱ 48
⑲ 61	⑳ 29	㉑ 70	㉒ 98	㉓ 67	㉔ 57	㉕ 20		

(1) 度数分布表に表しましょう。

算数のテスト（２組）

得　点（点）	人　数	
	正の字	（人）
20 以上 ～ 30 未満		
30 以上 ～ 40 未満		
40 以上 ～ 50 未満		
50 以上 ～ 60 未満		
60 以上 ～ 70 未満		
70 以上 ～ 80 未満		
80 以上 ～ 90 未満		
90 以上 ～ 100 以下		

(2) ヒストグラムに表しましょう。

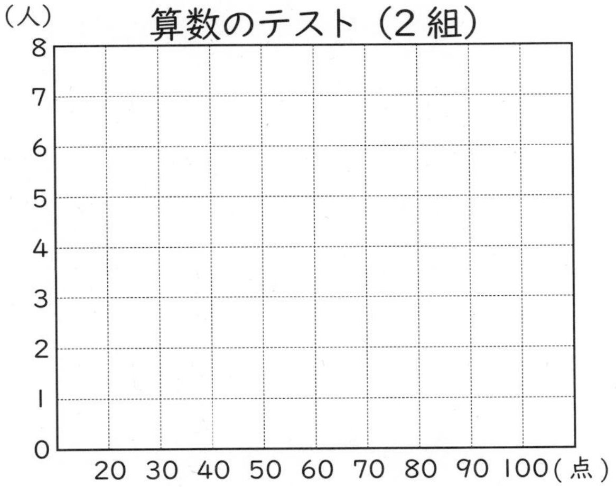

月　　日

データの調べ方（13）

名前

● わかさんの家の畑とかずきさんの家の畑でとれた玉ねぎの重さをヒストグラムに表しました。

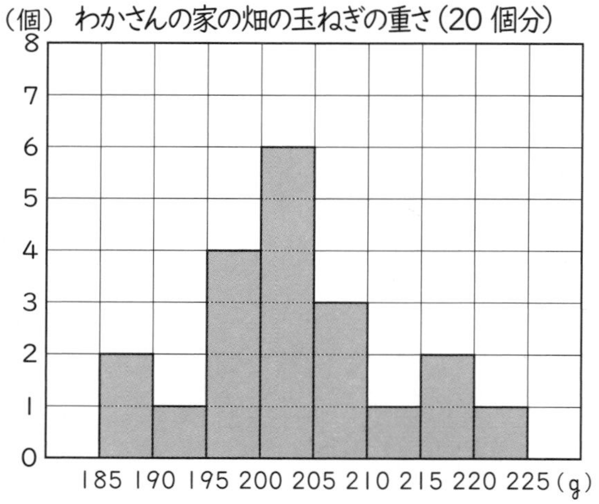

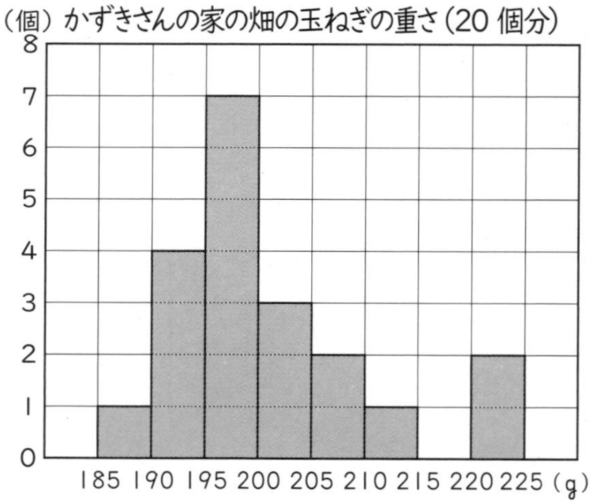

(1) 中央値(ちゅうおうち)は，それぞれどの階級にありますか。

わかさんの家の畑　　　□以上　□未満

かずきさんの家の畑　　□以上　□未満

(2) 度数がいちばん大きい階級は，それぞれどの階級ですか。
また，その割合(わりあい)は全体の何%ですか。

わかさんの家の畑　　　□以上　□未満，□%

かずきさんの家の畑　　□以上　□未満，□%

(3) 210g 以上の玉ねぎの個数はそれぞれ何個で，その割合は全体の何%ですか。

わかさんの家の畑　　　□個，□%

かずきさんの家の畑　　□個，□%

月　　日

データの調べ方（14）

名前

● 1組と2組の算数のテストの得点をヒストグラムに表しました。

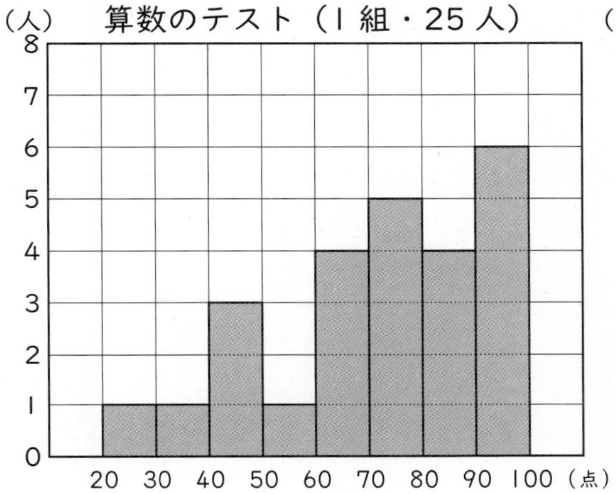

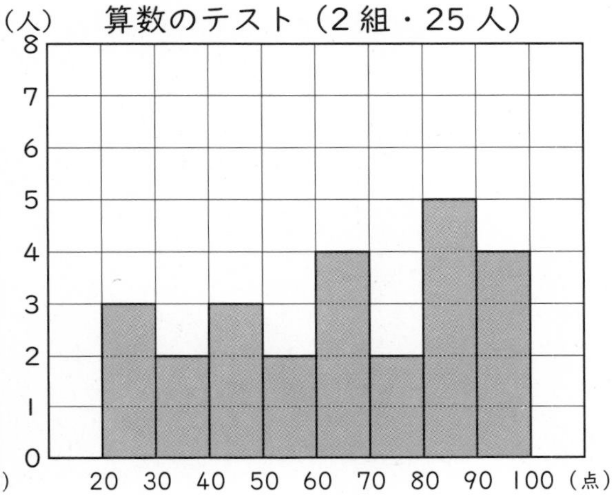

(1) 中央値(ちゅうおうち)は，それぞれどの階級にありますか。

1組 ［　　］以上 ［　　］未満

2組 ［　　］以上 ［　　］未満

(2) 度数がいちばん大きい階級は，それぞれどの階級ですか。
また，その割合(わりあい)は全体の何%ですか。

1組 ［　　］以上 ［　　］未満，［　　］%

2組 ［　　］以上 ［　　］未満，［　　］%

(3) 70点以上の人はそれぞれ何人で，その割合は全体の何%ですか。

1組 ［　　］人，［　　］%

2組 ［　　］人，［　　］%

月　日

ふりかえり
データの調べ方 ①

名前

● 下の表は，スポーツテストでの立ちはばとびの記録（25 人分）です。

立ちはばとびの記録（cm）

① 155	② 178	③ 157	④ 162	⑤ 149	⑥ 168	⑦ 146	⑧ 162	⑨ 166	⑩ 170
⑪ 166	⑫ 152	⑬ 155	⑭ 171	⑮ 150	⑯ 155	⑰ 167	⑱ 168	⑲ 162	⑳ 162
㉑ 165	㉒ 160	㉓ 152	㉔ 149	㉕ 166					

(1) 25 人分の記録を，数直線に①～㉕を書いて表しましょう。

(2) 最頻値（さいひんち）は何 cm ですか。

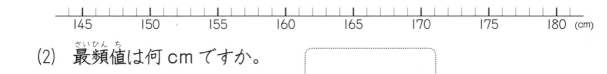

(3) 度数分布表にまとめましょう。

立ちはばとび

記　録（cm）	人数（人）
145以上 ～ 150未満	
150 ～ 155	
155 ～ 160	
160 ～ 165	
165 ～ 170	
170 ～ 175	
175 ～ 180	

(4) ヒストグラムに表しましょう。

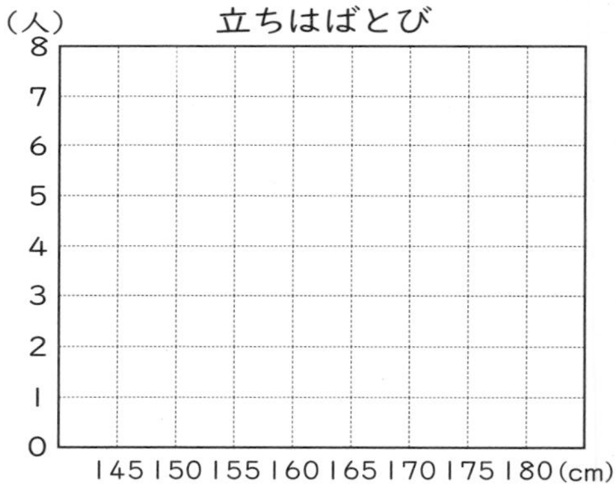

(5) 度数がいちばん大きい階級は，どの階級ですか。
また，その割合は全体の何％ですか。

以上　　　未満，　　　％

(6) 170cm 以上とんだ人は何人ですか。
また，その割合は全体の何％ですか。

人，　　　％

月　　日

ふりかえり
データの調べ方 ②

名前

● 1組と2組の身長の記録をヒストグラムに表しました。

1組（25人）の身長

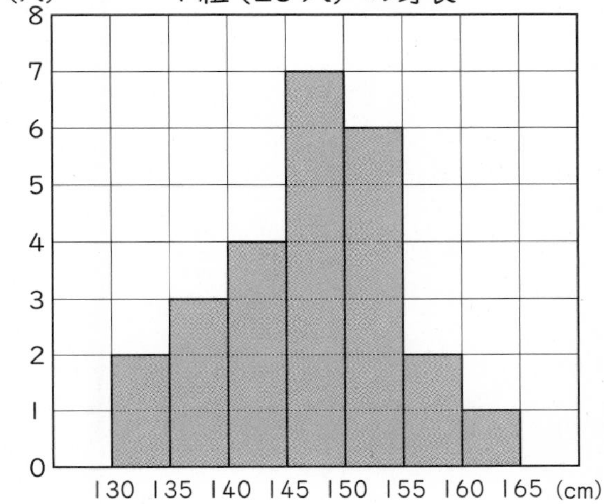

2組（25人）の身長

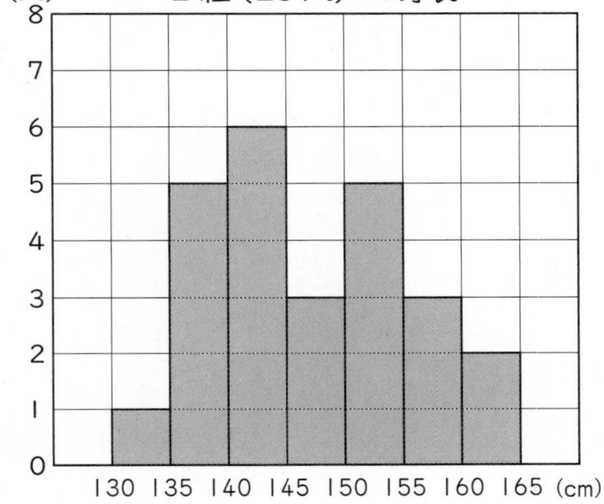

(1) 中央値（ちゅうおうち）は，それぞれどの階級にありますか。

1組 ＿＿＿ 以上 ＿＿＿ 未満

2組 ＿＿＿ 以上 ＿＿＿ 未満

(2) 度数がいちばん大きい階級は，それぞれどの階級ですか。
また，その割合（わりあい）は全体の何％ですか。

1組 ＿＿＿ 以上 ＿＿＿ 未満, ＿＿＿ ％

2組 ＿＿＿ 以上 ＿＿＿ 未満, ＿＿＿ ％

(3) 150cm 以上の人はそれぞれ何人で，その割合は全体の何％ですか。

1組 ＿＿＿ 人, ＿＿＿ ％

2組 ＿＿＿ 人, ＿＿＿ ％

月　日

データの調べ方（テスト）

名前

【知識・技能】

1 下の表は畑でとれたトマトの重さです。どんなはんいに，どのようにちらばっているか調べましょう。

畑のトマトの重さ（g）

① 117	② 108	③ 91	④ 96	⑤ 108	⑥ 96	⑦ 91	⑧ 96
⑨ 124	⑩ 93	⑪ 98	⑫ 89	⑬ 105	⑭ 104	⑮ 99	

(1) ①～⑮の重さをドットプロットに表しましょう。(10)

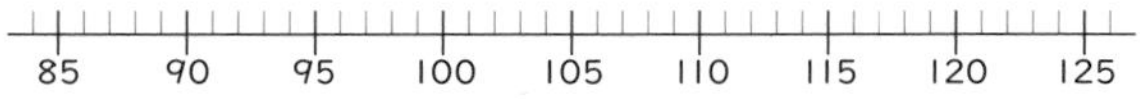

(2) いちばん重い重さといちばん軽い重さの差を求めましょう。(5×2)

式

答え

(3) 平均の重さを表すところに，⬆を かきましょう。(5)

(4) 中央値（ちゅうおうち）は何gですか。(5)　　g

2 下の表はA組のスポーツテストのボール投げの結果です。度数分布表とヒストグラムに表しましょう。(10×2)

［A組］ボール投げ（m）

① 18	② 37	③ 23	④ 18	⑤ 20
⑥ 33	⑦ 30	⑧ 14	⑨ 40	⑩ 18
⑪ 19	⑫ 20	⑬ 36	⑭ 32	⑮ 25
⑯ 12	⑰ 36	⑱ 21	⑲ 32	⑳ 28

(1) 度数分布表に表しましょう。

［A組］ボール投げ

記録（cm）	人数（人）	
10以上～15未満	T	
15 ～ 20		
20 ～ 25		
25 ～ 30		
30 ～ 35		
35 ～ 40		
40 ～ 45		

(2) ヒストグラムに表しましょう。

［A組］ボール投げ

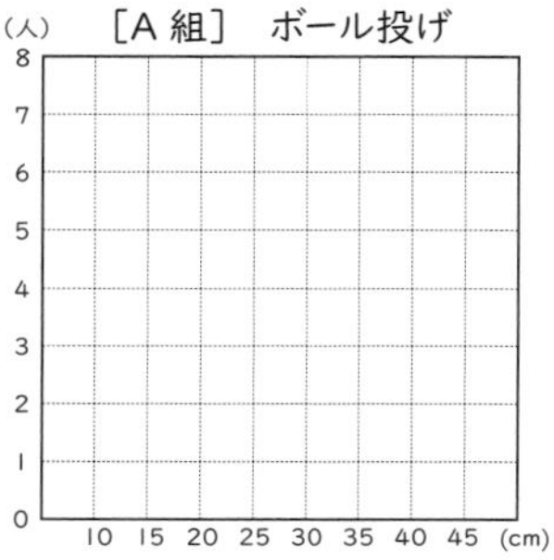

【思考・判断・表現】

3 東西の畑でとれたなすの重さをヒストグラムに表しました。

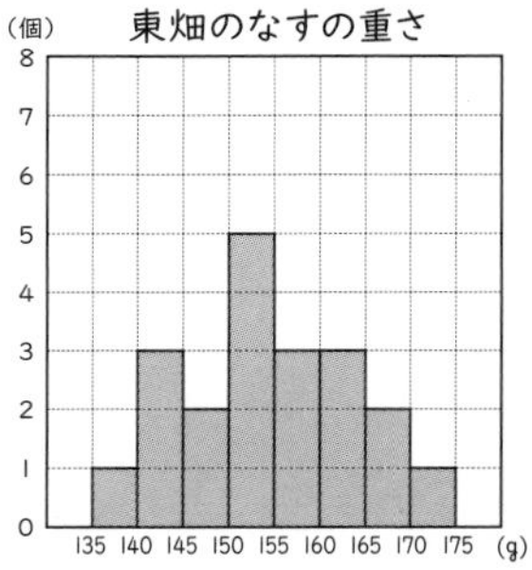

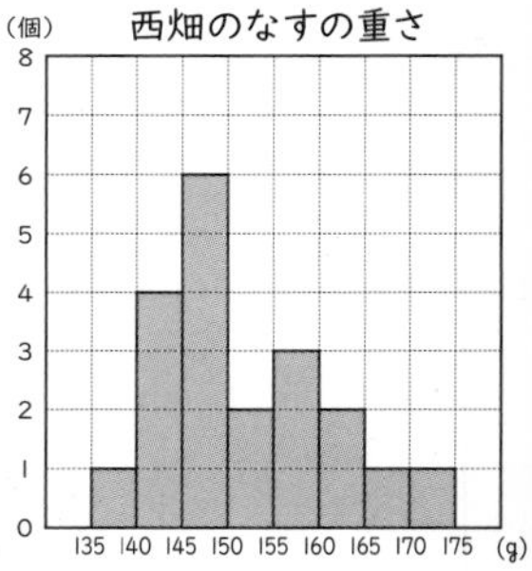

(1) 中央値は，それぞれどの階級にありますか。(5×2)

［東畑のなす］　　g以上　　g未満

［西畑のなす］　　g以上　　g未満

(2) 度数がいちばん大きい階級は，それぞれどの階級ですか。また，その割合（わりあい）は全体の何％ですか。(5×4)

［東畑のなす］　　g以上　　g未満で　　％

［西畑のなす］　　g以上　　g未満で　　％

(3) 160g以上のなすの個数はそれぞれ何個ですか。また，その割合は全体の何％ですか。(5×4)

［東畑のなす］　　個で　　％

［西畑のなす］　　個で　　％

　（141％に拡大してご使用ください。）

月　日

10分

データの活用（1）

名前

● 現在，世界で人口のいちばん多い中国と２番めに多いインドについて調べました。グラフを見て，下の問いに答えましょう。

Ⓐ 2018年　中華人民共和国（ちゅうかじんみんきょうわこく）
1393686493人

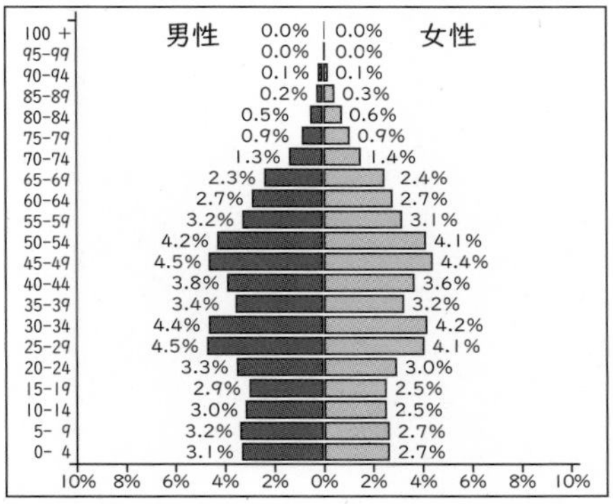

Ⓑ 2019年　インド
1373605068人

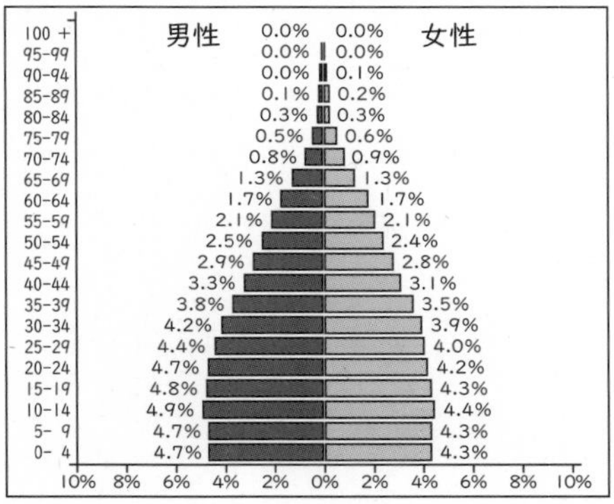

（引用データ：PopulationPyramid.net）

Ⓒ 中国とインドの人口の推移（すいい）

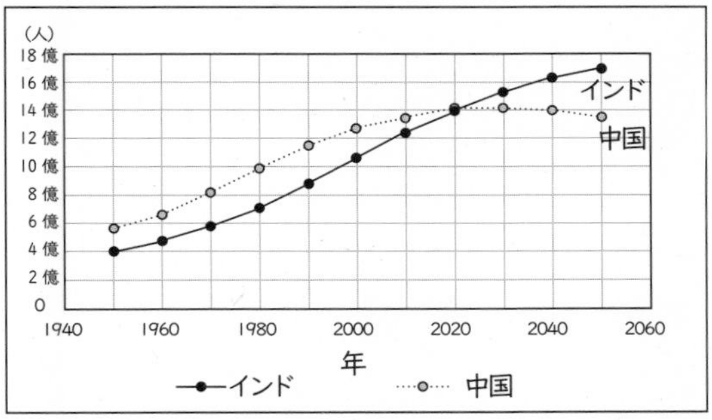

（引用データ：総務省統計局）から
参照　MISAO India Pribate Limited

(1) ⒶとⒷのグラフを見て，答えましょう。

① 中国とインドで，人口がいちばん多い年れいの階級は，それぞれ何才～何才ですか。

中国（　　才～　　才）　インド（　　才～　　才）

② 中国とインドの人口のちらばりの様子をみて，どんなことがわかりますか。

(2) Ⓒのグラフを見て，答えましょう。

① インドが人口の多さで中国をぬくのは何年以降（いこう）と予想されていますか。

② 2050年の中国とインドの人口は約何人になると予想されていますか。

中国　　　　インド

（141％に拡大してご使用ください。）

10分

月　　日

データの活用（2）

名前

● 格安航空では，航空券は他社よりも安いです。しかしその分，手荷物についての制限や料金がかかります。まず，手に持ち機内に入れる荷物は，大きさ，個数，重さが決まっています。それ以上になると荷物はあずけることになり，その料金は路線と重さによってちがいます。

下のグラフは，成田と福岡（ふくおか）間であずける荷物の重さと料金です。

グラフから読み取り，下の問いに答えましょう。

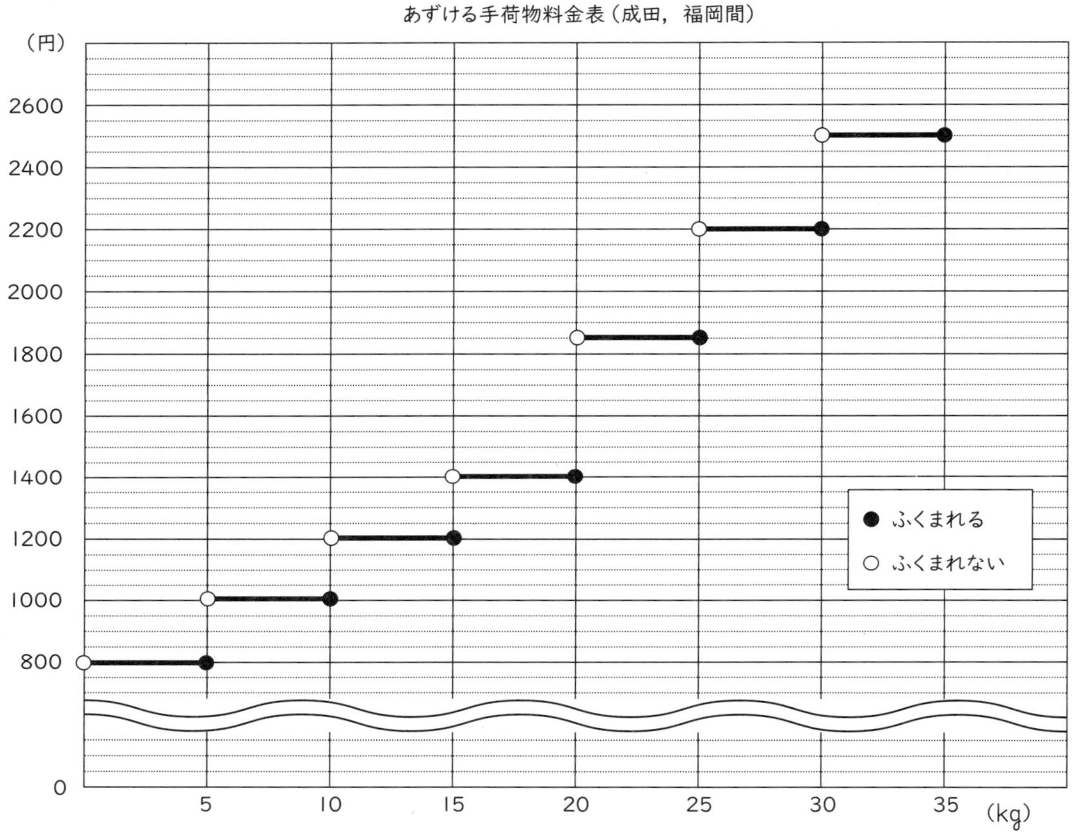

(1) 次の重さの荷物をあずけると，料金はいくらになりますか。

① 7.5kg [　　　] 円　② 10kg [　　　] 円　③ 22.7kg [　　　] 円

(2) 料金を 2000 円以内にしようと思ったら，あずける荷物は何 kg 以内にすればいいですか。

[　　　] kg 以内にする。

(3) 料金を 2500 円以内にしようと思ったら，あずける荷物は何 kg 以内にすればいいですか。

[　　　] kg 以内にする。

　（141％に拡大してご使用ください。）

月　　日

対話して解決する問題（1）

線対称・点対称

名前

● 下の図を４つの合同な図形に分けましょう。

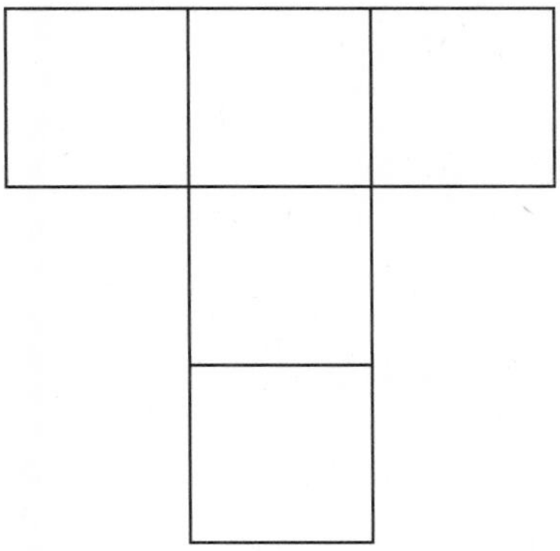

左の図のように正方形５つがＴの字につながっています。

これを同じ形の４つに分けます。

式　$5 \div 4 = \frac{5}{4} = 1\frac{1}{4}$

$1\frac{1}{4}$ずつになるように，４等分しましょう。

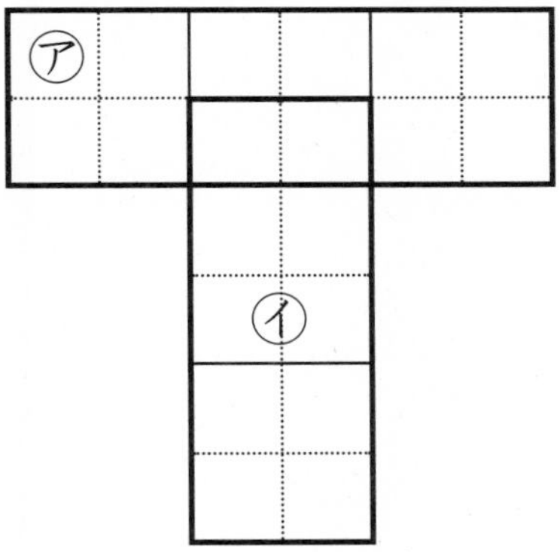

<ヒント>

左のように全部の正方形を4つに分けると，小さな正方形が20個になりますから

20 ÷ 4 ＝ 5　小さな正方形が５個ずつです。

㋐の部分は線対称になるように分けましょう。

㋑の部分は点対称になるように分けましょう。

そうすれば，合同な4つの形に分けることができます。

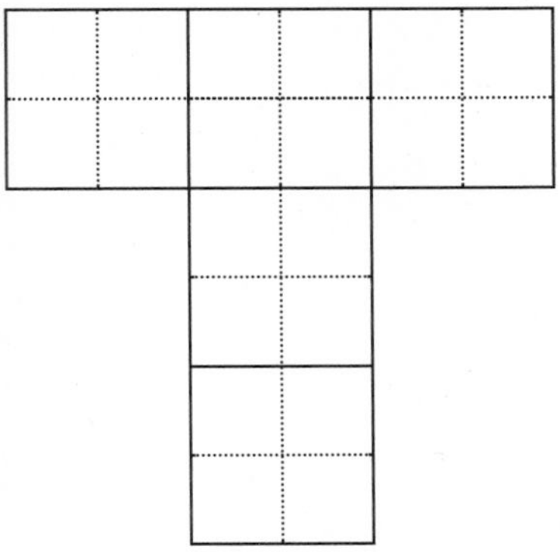

左の図に線をひいて答えましょう。

月　日

対話して解決する問題 (2)
多角形と対称

名前

1　下の図は四角形の右半分と上半分をかくしている図です。
四角形の名前を下の □ から選んで ⬚ に書き，四角形の図を完成させましょう。

(1)

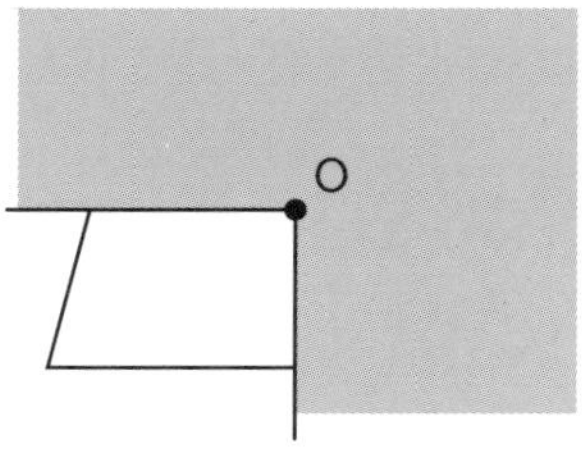

点 O は対称(たいしょう)の中心

(2)

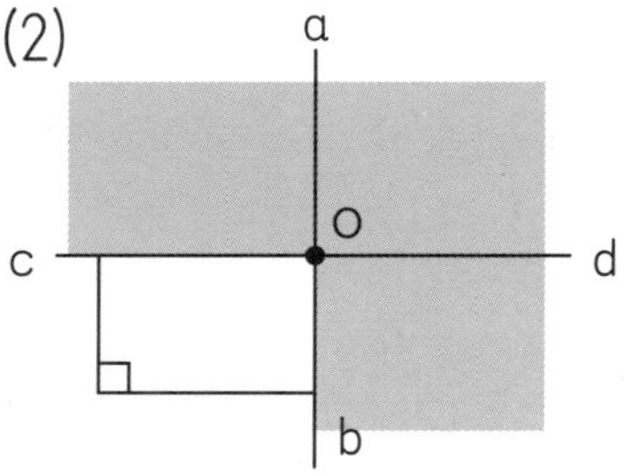

点 O は対称の中心
直線 ab と直線 cd は対称の軸(じく)

(3)

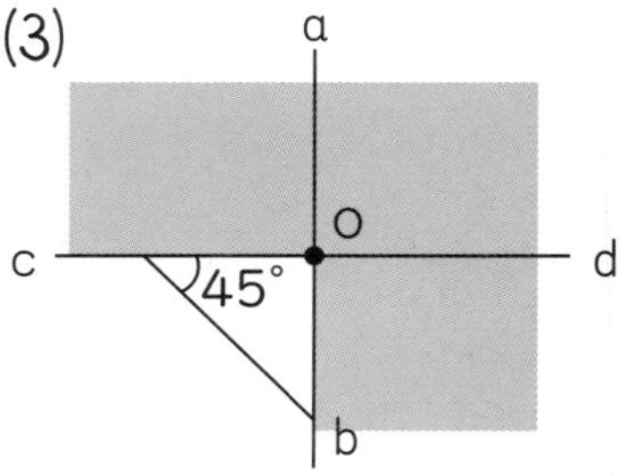

点 O は対称の中心
直線 ab と直線 cd は対称の軸

正方形 ・ 長方形 ・ ひし形 ・ 平行四辺形

2　下の図は正多角形の 1 つの辺の長さと，辺の長さの $\frac{1}{2}$ をかいている図です。正多角形の名前を下の □ から選んで ⬚ に書き，正多角形の図を完成させましょう。

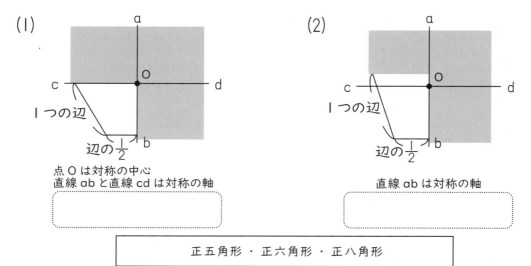

(1)

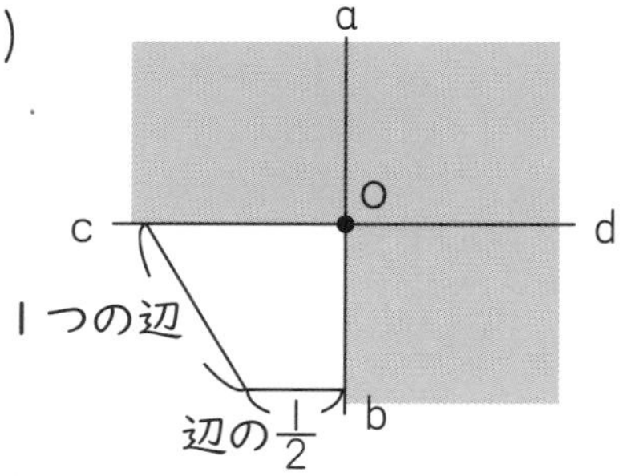

点 O は対称の中心
直線 ab と直線 cd は対称の軸

(2)

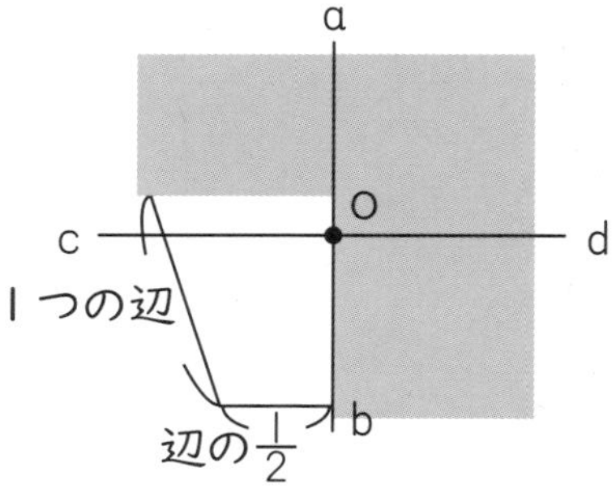

直線 ab は対称の軸

正五角形 ・ 正六角形 ・ 正八角形

月　日

対話して解決する問題 (3)
文字と式

名前

● 次の x と y の関係を表す式を書いて，問いに答えましょう。

(1) 子どもの年令は x 才，お父さんの年令は y 才で，年令の差は32才です。

$y =$ [　　　　]

お父さんの年令が子どもの年令の2倍になるのは，子どもが何才になったときですか。 [　　　　]

(2) 底辺が $x$cm で，高さが $y$cm の平行四辺形の面積は $24cm^2$ です。

$y =$ [　　　　]

① 底辺が5cmのときの高さは何cmですか。 [　　　　]

② 高さが8cmのときの底辺は何cmですか。 [　　　　]

(3) 時速 $x$km の速さで y 時間走った道のりは110kmでした。

$y =$ [　　　　]

自動車が時速50kmで走った場合，かかった時間は何時間何分ですか。 [　　　　]

(4) $x$kg と12kg と $y$kg の平均は15kgでした。

$y =$ [　　　　]

① x が20kgの場合，y は何kgですか。 [　　　　]

② y が10kgの場合，x は何kgですか。 [　　　　]

月　　日

対話して解決する問題（4）

分数×整数・分数÷整数

名前	

● 1～9までの数を1回ずつ使って，次の分数×整数，分数÷整数の3つの式が成り立つようにしましょう。

㋐ $\dfrac{\square}{\square} \times 6 = \dfrac{\square}{4}$

（真分数）

㋑ $\dfrac{\square}{5} \times \square = \dfrac{28}{\square}$

（真分数）

㋒ $\dfrac{\square}{\square} \div \square = \dfrac{3}{4}$

（仮分数）

月　日

対話して解決する問題（5）

分数のかけ算・わり算（何算になるのかな？）

名前

● 時間を分数で表して問題を解きましょう。また，問題を図に表して問題を解きましょう。

1 Aのトラクターを使うと1時間で$\frac{2}{3}$haを耕すことができました。
20分では何haを耕すことができますか。

(1) 20分を分数で表しましょう。　　□時間

(2) 図に表しましょう。下の2つの図のうち，自分でどちらかを選んで使いましょう。

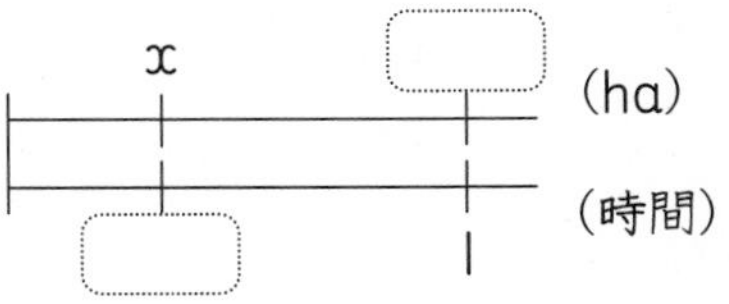

1時間	

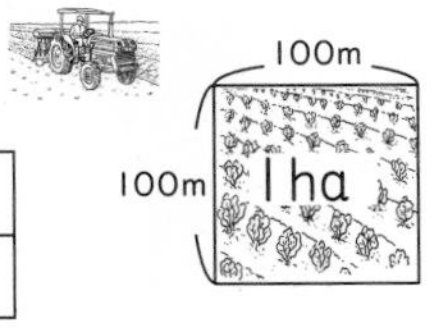

(3) 答えを求めましょう。

式

答え ＿＿＿＿＿＿

2 Bのトラクターを使うと1時間45分で$1\frac{2}{5}$haを耕すことができました。
1時間で何haを耕したことになりますか。

(1) 1時間45分を分数で表しましょう。　　□時間

(2) 図に表しましょう。下の2つの図のうち，自分でどちらかを選んで使いましょう。

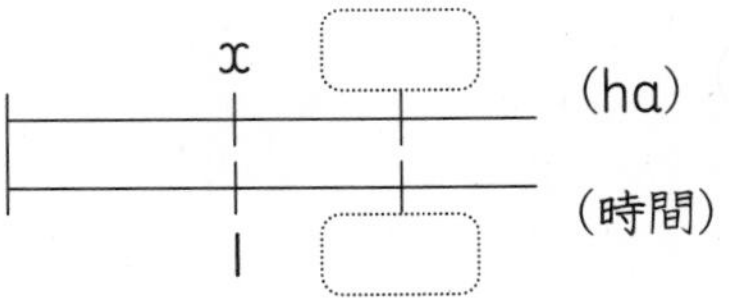

1時間	

(3) 答えを求めましょう。

式

答え ＿＿＿＿＿＿

3 Cのトラクターを使うと1時間で$1\frac{1}{5}$haを耕すことができました。
2haを耕すには何時間何分かかりますか。

(1) 図に表しましょう。下の2つの図のうち，自分でどちらかを選んで使いましょう。

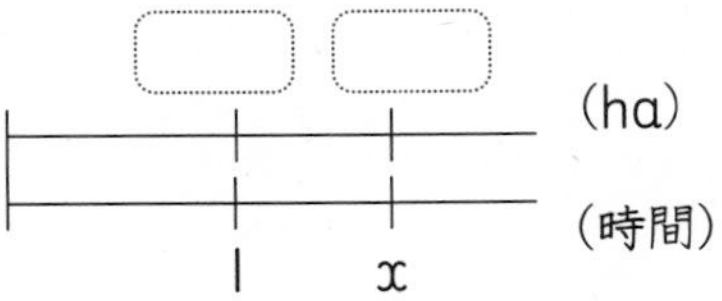

1時間	

(2) 答えを求めましょう。

式

答え ＿＿＿＿＿＿

月　　日

対話して解決する問題（6）

分数と小数のまじった計算

名前

● □ に小数を入れて，答えを式にある整数にしましょう。

① $\frac{4}{5} \times \frac{5}{2} \times \square = 1$

② $\square \div \frac{4}{5} \times \frac{2}{3} = 2$

③ $\left(\frac{2}{5} + \square \right) \times \frac{3}{2} = 3$

④ $\square \div \frac{2}{5} \times \frac{5}{6} = 4$

⑤ $\left(\square - \frac{4}{5} \right) \times \frac{4}{5} = 5$

月　　日

対話して解決する問題（7）
比

名前	

● みなさんが使っているB5判のノートは右の図のように縦1030mm，横1456mmの用紙を半分に切っていったものです。

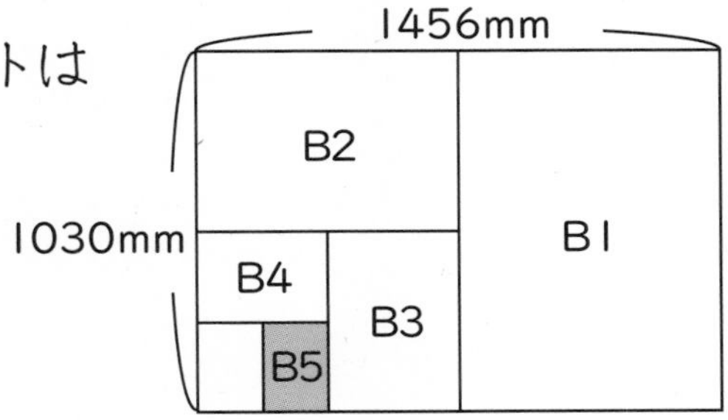

何回半分にしたかというと，B5というのは5回です。半分の半分の半分の半分の半分です。

右の図では，長さを計算しやすいように少し変えて表してみました。

B1からB5までの用紙の長い辺の長さと短い辺の長さの比の値を小数で求めてみましょう。（わり切れない場合は，小数第二位を四捨五入しましょう。）

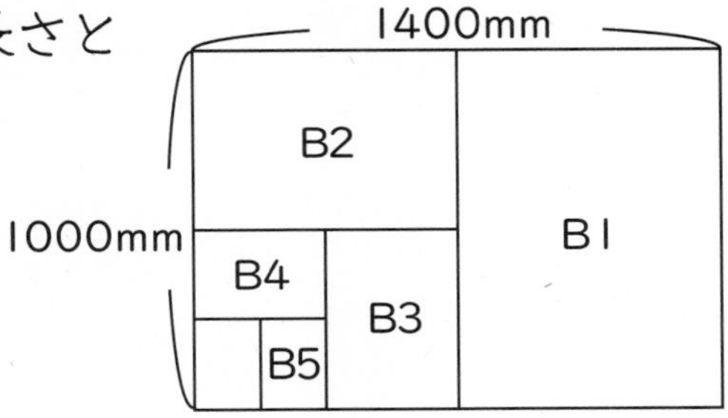

(1) B1

(2) B2

(3) B3

(4) B4

(5) B5

正確には，B1もB2，B3，B4，B5のどれも同じ比率になっています。
つまり，大きさがちがっても，どれも同じ形の長方形になるようになっています。
どの長方形も横：縦の比率が1：1.41（もっと正確には1：1.41421356…）です。

月　　日

対話して解決する問題（8）
拡大図と縮図

名前

● 右の図は，東京湾にある「東京湾アクアライン」の地図です。
この地図は，縮尺10万分の1です。
下の問いに答えましょう。

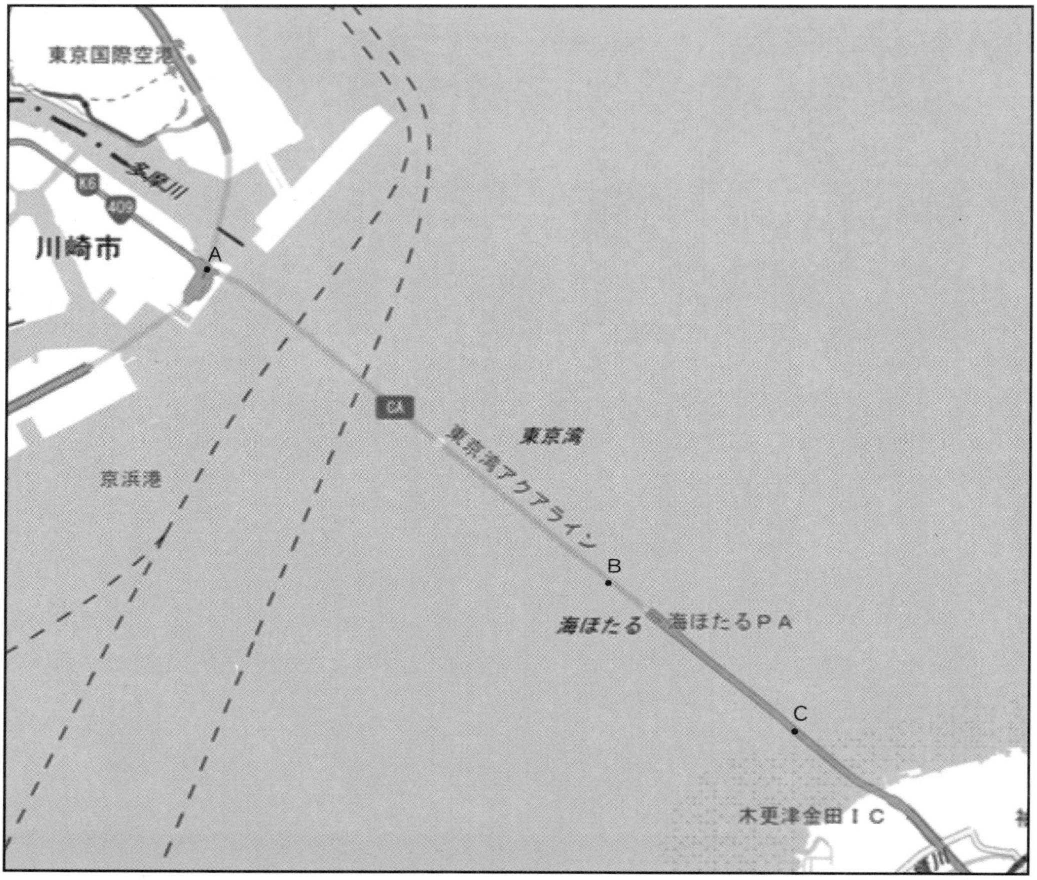

(1) この地図で1cmは，実際には何kmですか。

(2) 点Aから点Bまでは東京湾アクアトンネルです。海底道路トンネルでは世界最長のこのトンネルの長さは約何kmですか。

式

答え

(3) 点Bから点Cまでは東京湾アクアブリッジです。海にかかる橋としては日本最長のこの橋の長さは約何kmですか。

式

答え

　（141%に拡大してご使用ください。）

月　　日

対話して解決する問題（9）

円の面積

名前

● 下のようなカタツムリのようなうずまきの色のついたところの面積を求めましょう。$\frac{1}{4}$の円の半径が 1,1,2,3,5,8,13 と変化しています。

半円㋐の中心は点 a です。　$\frac{1}{4}$の円㋑の中心は点 b です。

$\frac{1}{4}$の円㋒の中心は点 c です。　$\frac{1}{4}$の円㋓の中心は点 d です。

$\frac{1}{4}$の円㋔の中心は点 e です。　$\frac{1}{4}$の円㋕の中心は点 f です。

（方眼の１ますを１cm とします）

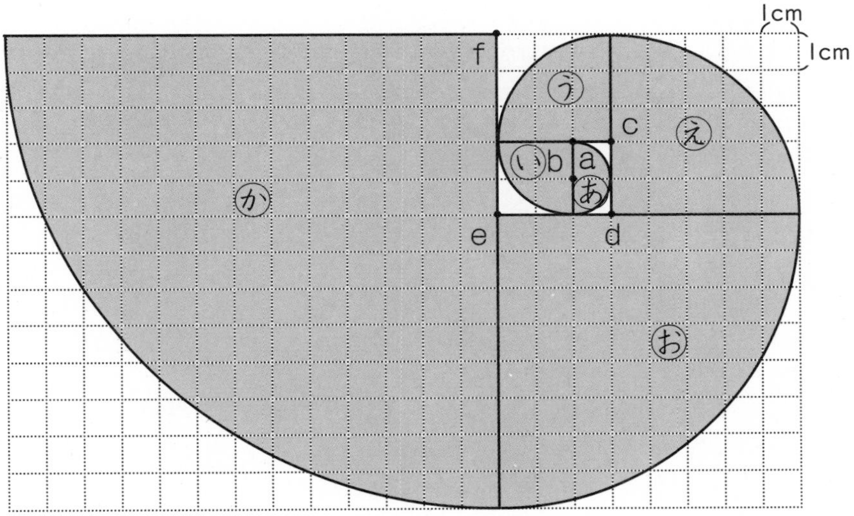

式

答え

1,1,2,3,5,8,13,21…という数の変化をみてください。1＋1＝2　1＋2＝3　2+3=5　3＋5＝8　5＋8＝13　8＋13＝21　となっています。こんな数の並(なら)びを見つけたのはフィボナッチという人です。ですからフィボナッチの数列と言います。自然の中にかくれている数の並びです。まき貝，松ぼっくり，ひまわりの種の並び方のしくみです。

月　　日

対話して解決する問題（10）
角柱と円柱の体積

名前

● 底面の周りの長さは 20cm で高さが 10cm の四角柱を作ります。

どんな四角柱にすればいちばん大きな四角柱になるでしょうか。

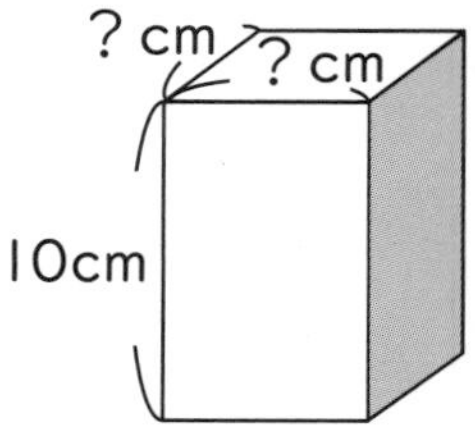

(1) 周りの長さが 20cm の四角形の底面にはどんなものがあるか表にしてみましょう。

縦（たて）の長さ (cm)	1	2							
横の長さ (cm)									
底面積 (cm^2)									

(2) 底面の四角形の形を変えると体積はどのように変化しますか。

(3) いちばん体積が大きくなるのは，どんな四角形のときですか。「体積」「底面積」のことばを使って説明しましょう。

(4) いちばん体積の大きい四角柱と底面の周りの長さは 20cm で高さが 10cm の円柱と比べたら，どちらがどのくらい大きいですか。小数第二位を四捨五入（ししゃごにゅう）して答えましょう。

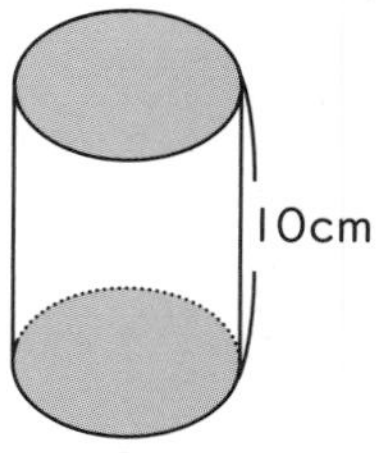

式

答え

月　　日

対話して解決する問題（11）
比例

名前

● 直方体の体積と表面積は比例するのでしょうか。

〔予想〕　比例する　・　比例しない

〔理由〕

(1) 底面積が縦（たて）5cm，横4cmの長方形で考えてみましょう。

㋐ 高さ1cmの場合の体積と表面積を求めてみましょう。

体積 式

表面積 式

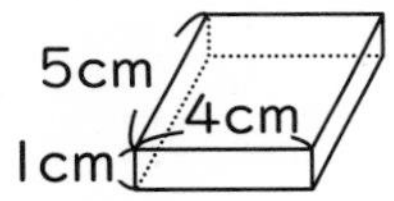

答え

答え

㋑ 高さ2cmの場合の体積と表面積を求めてみましょう。

体積 式

表面積 式

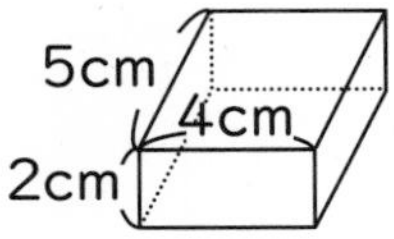

答え

答え

㋒ 高さ3cmの場合の体積と表面積を求めてみましょう。

体積 式

表面積 式

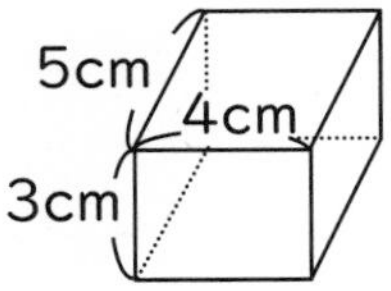

答え

答え

(2) 直方体の体積と表面積は比例しますか。

〔結論〕　比例する　・　比例しない

〔理由〕

月　日

対話して解決する問題（12）
反比例

名前

● Aさんが24個の荷物を200mはなれた所まで取りに行って1個ずつ運びます。運ぶときの速さは，荷物を持ったときは分速40mで，持たないときは分速100mです。

(1) Aさんが荷物を全部運ぶには，何分かかりますか。

式

答え ____________

(2) Aさんが大変そうなので，3人の友達が手伝ってくれることになりました。4人で運ぶと何分でできますか。

式

答え ____________

(3) 4人で運ぶと元気が出て，2倍の速さで運べるそうです。
4人で2倍の速さで運ぶと何分でできますか。
また，その時間は，はじめに1人で運ぼうとしていたときの何分の1ですか。

式

答え ____________

月　日

対話して解決する問題（13）
並べ方と組み合わせ方

名前

● アイスクリームやさんで，下の５種類から３種類のアイスクリームを選んで食べます。

バニラ・チョコレート・ミント・ストロベリー・ラムレーズン

(1) りゅうくんは，カップに３種類を入れてもらいます。
カップに入れる場合は，どれからでも食べられるので並(なら)び方は関係ありません。何通りの選び方がありますか。

バニラ	チョコレート	ミント	ストロベリー	ラムレーズン

通り

(2) あゆみさんは，コーンに三段(だん)重ねにしてもらいます。
三段重ねにする場合は，食べる順番が決まるので，重ねる順番もお願いすることにします。何通りの選び方になりますか。

通り

月　　日

対話して解決する問題（14）
データの調べ方

名前

● ６年生50人の図書館利用を調べてⒶⒷⒸの３つの表にしました。ふさわしいグラフ用紙を選んで，グラフに表しましょう。

Ⓐ　月別・借りた冊数(さっすう)調べ

月	4	5	6	7	8	9	10
冊数（冊）	28	66	83	60	96	122	145

Ⓑ　１人で借りた冊数調べ

借りた冊数（冊）	人数（人）
０以上～５未満	7
5　～　10	18
10　～　15	5
15　～　20	10
20　～　25	8
25　～　30	2
合　計	50

Ⓒ　借りた本の種類調べ

種類	冊数（冊）
物　語	294
歴　史	124
科　学	72
スポーツ	44
伝　記	36
その他	30
合　計	600

月　日

対話して解決する問題（15）

データの活用

名前

● 右のグラフは日本の男女別，年れい別人口の割合（わりあい）を表したグラフです。

戦争が終わって間もない1950年，それから30年後の1980年，それから約40年後の2019年のグラフを見て下の問いに答えましょう。

1950年 総人口 8320万人

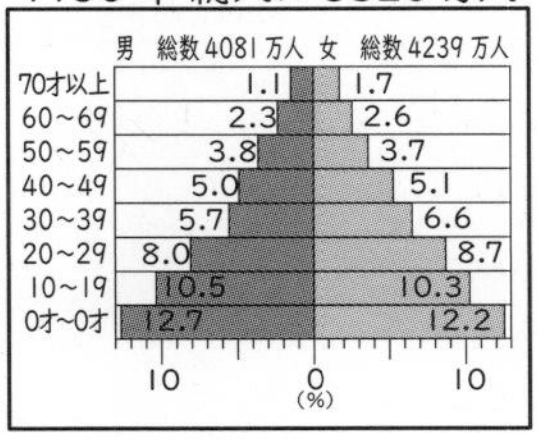

1980年 総人口 11706万人

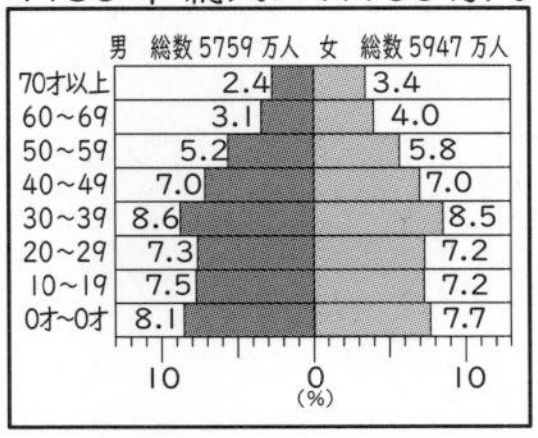

2019年 総人口 12623万人

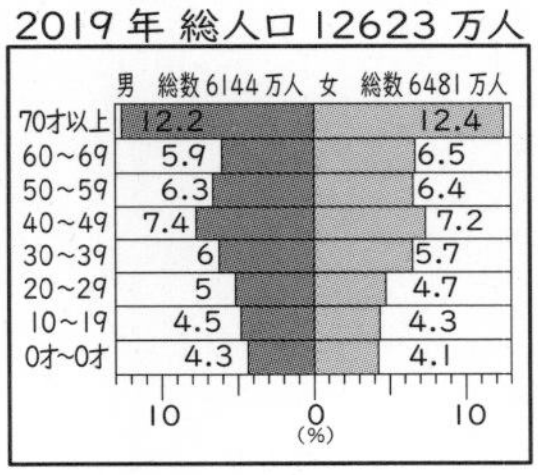

(1) それぞれの年代の20才未満の人口の割合は何%ですか。

1950年

1980年

2019年

(2) それぞれの年代の特ちょうを書きましょう。

1950年

1980年

2019年

(3) 50年後の日本の人口がどのようになっているかを予想して，今後，どのようなことをすればよいかを考えて書きましょう。

月　日

プログラミング (1)

名前

● 右にある白い三角形，黒い三角形，白い五角形を使って次の順番で図をかくと，㋐～㋓のどの図になりますか。
　□に記号を書きましょう。

(1)

左から順にかきます。
① 黒い三角形を 180° 回転してかく。
② 白い五角形を 180° 回転してかく。
③ 白い三角形をかく。

㋐

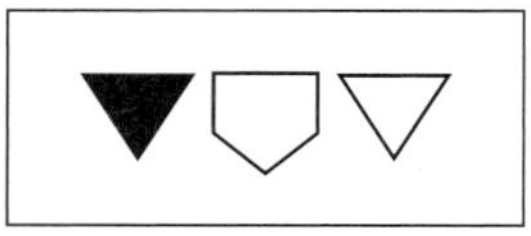

㋑

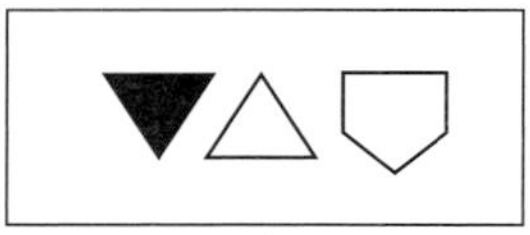

㋒

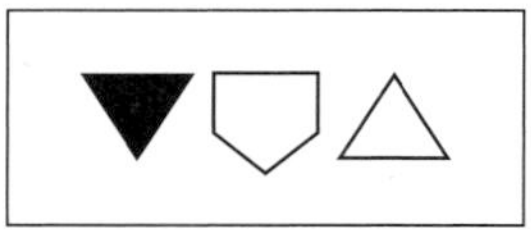

㋓

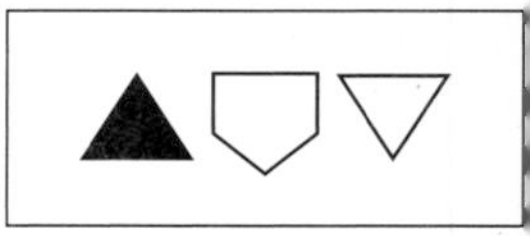

(2)

① 真ん中に白い三角形を 180° 回転してかく。
② 左側に白い五角形をかく。
③ 右側に黒い三角形を 180° 回転してかく。

㋐

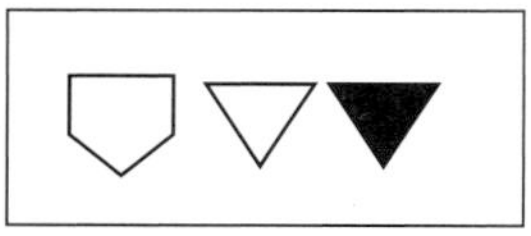

㋑

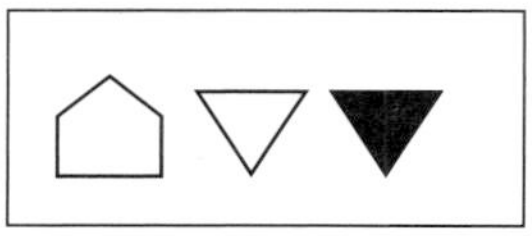

㋒

㋓

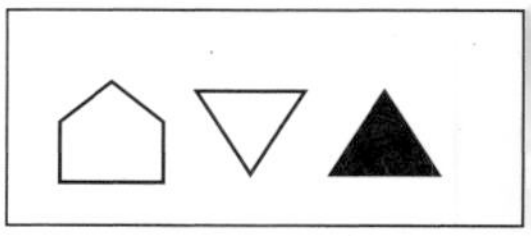

(3)

① 真ん中に白い五角形を 180° 回転してかく。
② 左側に白い三角形を 180° 回転してかく。
③ 右側に黒い三角形をかく。

㋐

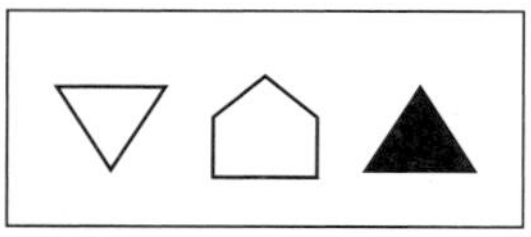

㋑

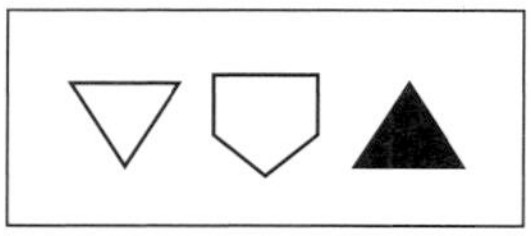

㋒

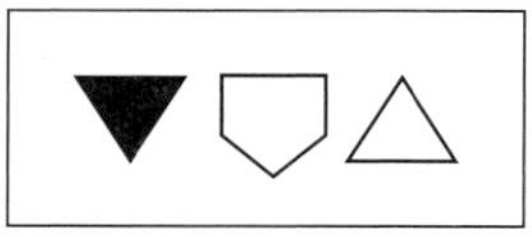

㋓

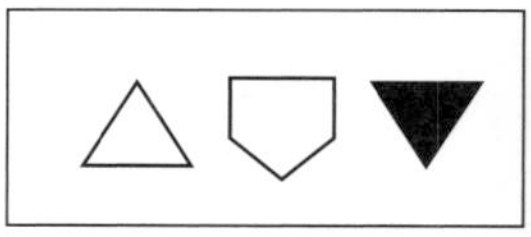

(141%に拡大してご使用ください。)

月　日

プログラミング (2)

名前

● 次のような指示を出すと，ロボットはどう動きますか。
どこを動いたかわかるように，線をひきましょう。

(例)

① 左に90°回転する。
② 前に1進む。
③ 左に90°回転する。
④ 前に2進む。

（①〜④を）2回くり返す。

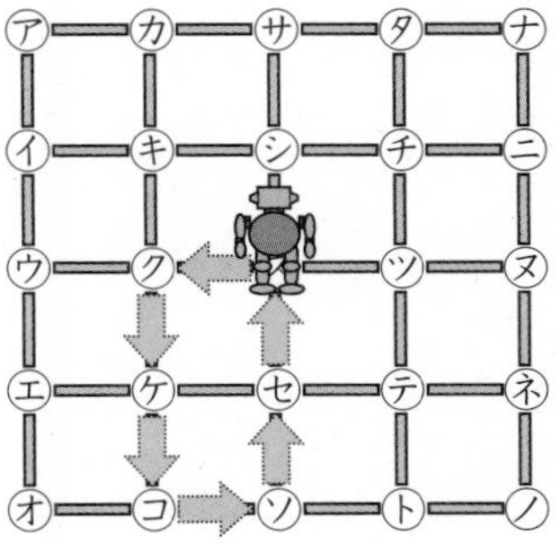

(1)

① 180°回転する。
② 前に1進む。
③ 右に90°回転する。
④ 前に2進む。
⑤ 右に90°回転する。
⑥ 前に2進む。

（⑤〜⑥を）2回くり返す。

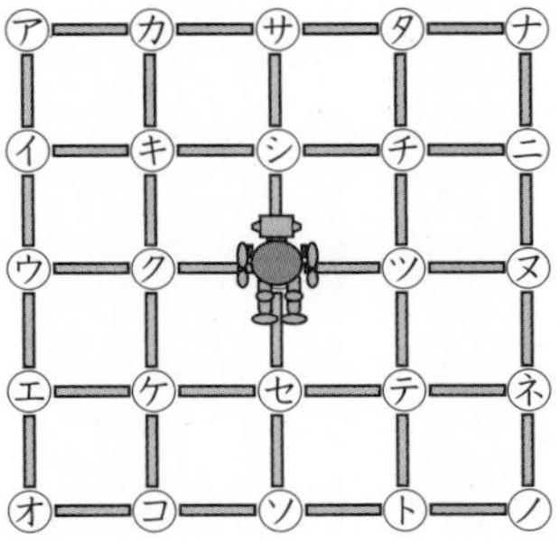

(2)

① 前に2進む
② 右に90°回転する。
③ 前に1進む。
④ 右に90°回転する。
⑤ 前に3進む。

（④〜⑤を）3回くり返す。

⑥ 右に90°回転する。
⑦ 前に1進む。

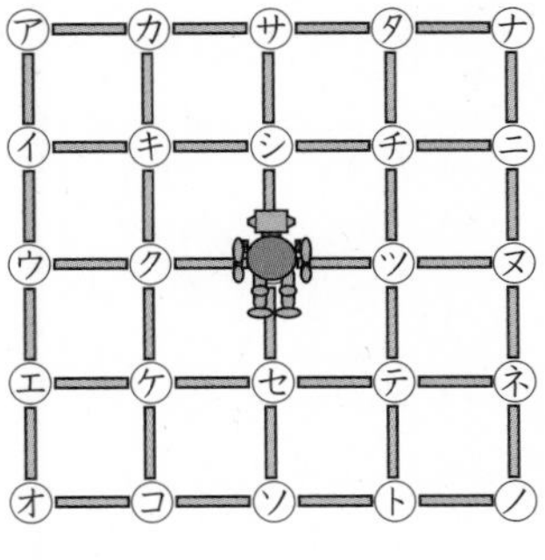

(3)

① 180°回転する。
② 前に1進む。
③ 左に90°回転する。
④ 前に2進む。
⑤ 左に90°回転する。
⑥ 前に3進む。

（⑤〜⑥を）2回くり返す。

⑦ 左に90°回転する。
⑧ 前に1進む。

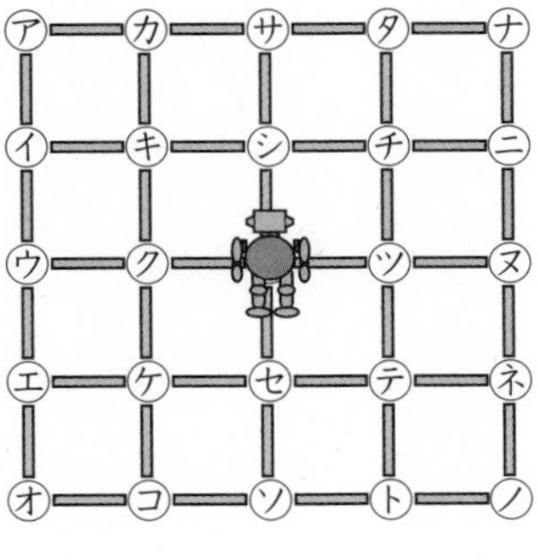

(141%に拡大してご使用ください。)

月　　日

プログラミング（3）

名前

● ロボットが図の線の上を通るように指示を出しましょう。

（例）

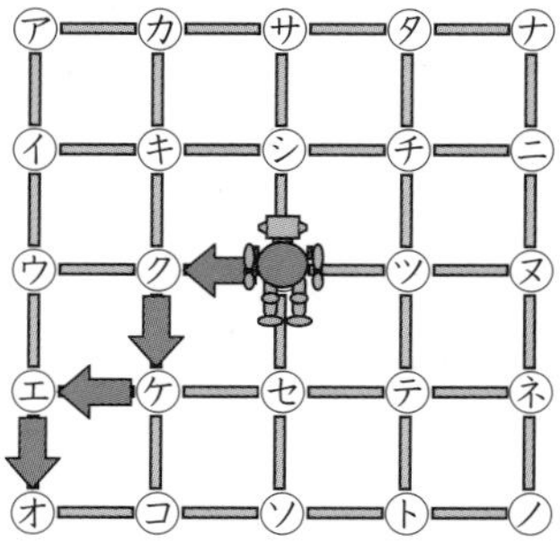

① 左に90°回転する。　② 前に１進む。
③ 左に90°回転する。　④ 前に１進む。
⑤ 右に90°回転する。　⑥ 前に１進む。
⑦ 左に90°回転する。　⑧ 前に１進む。

(1)

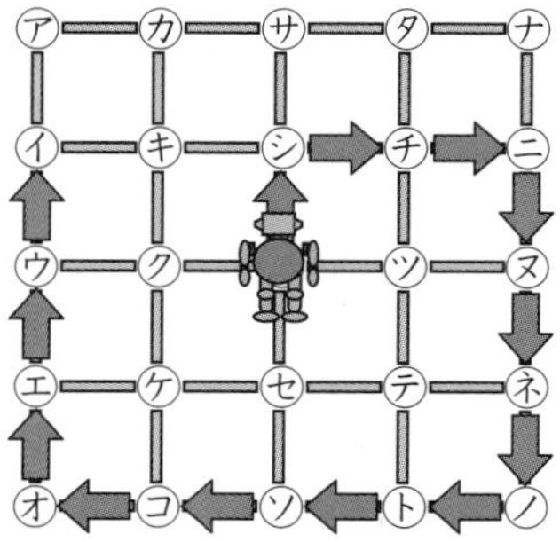

① 前に１進む。　② 右に90°回転する。
③ 　④
⑤ 　⑥
⑦ 　⑧
⑨

(2)

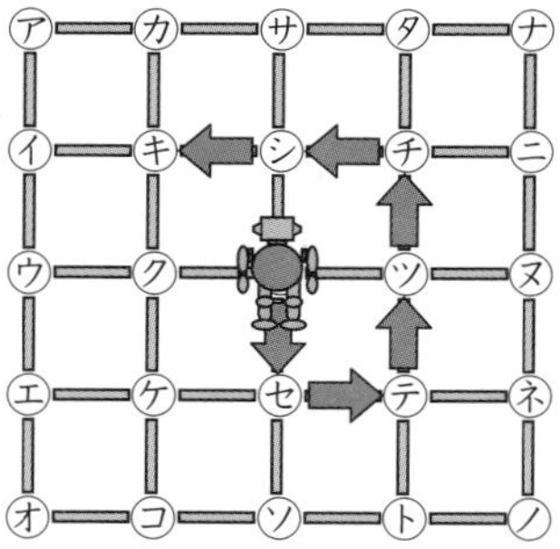

① 180°回転する。　② 前に１進む。
③ 　④
⑤ 　⑥
⑦ 　⑧

(3)

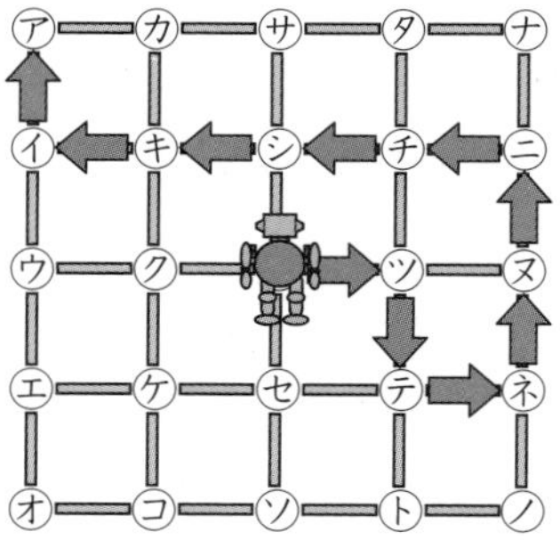

① 右に90°回転する。　② 前に１進む。
③ 　④
⑤ 　⑥
⑦ 　⑧
⑨ 　⑩
⑪ 　⑫

　（141％に拡大してご使用ください。）

月　日

プログラミング (4)

名前

● ロボットはまっすぐ進みますが，看板(かんばん)に「▲」のある交差点では，曲がることになっています。
その他のマークはまっすぐ進みます。ロボットは，どこへ着きますか。記号を ⬚ に書きましょう。

(1)

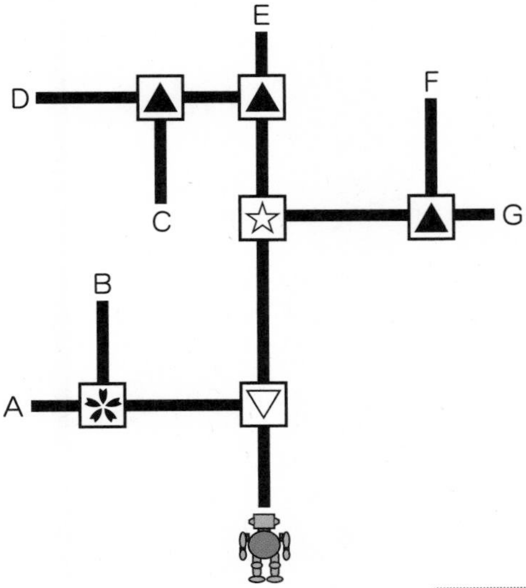

⬚

(2)

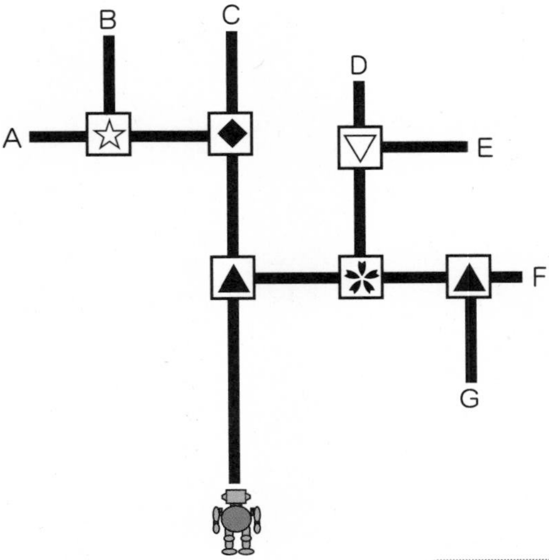

⬚

(3)

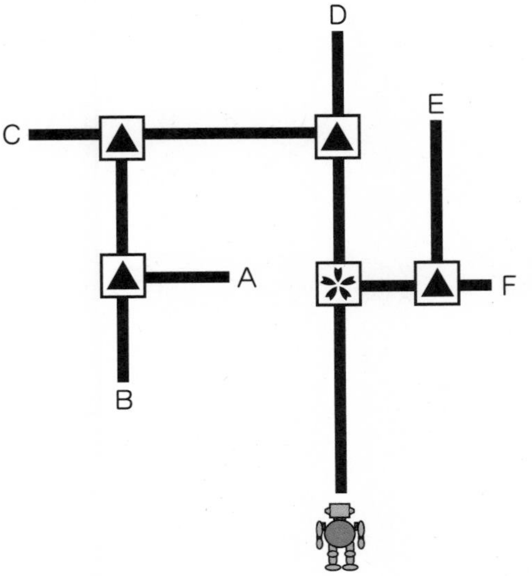

⬚

(4)

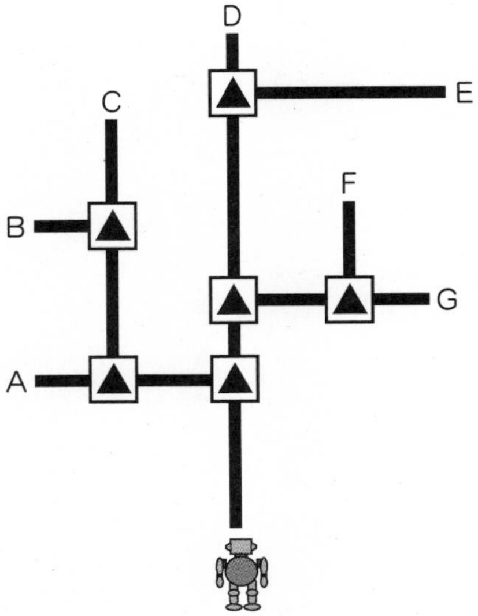

⬚

月　日

プログラミング (5)

名前

● ロボットに次の２つの命令を覚えさせます。

線をひく① ・・・	進む (2) 右回転 (60)

2cm 線をひきながら進んだあと
右方向へ 60 度回転するという意味

線をひく② ・・・	進む (3) 右回転 (90)

3cm 線をひきながら進んだあと
右方向へ 90 度回転するという意味

(1) ロボットに　命令を出します。
〔 線をひく①　→　線をひく② 〕
どのようになりますか。
右にかきましょう。

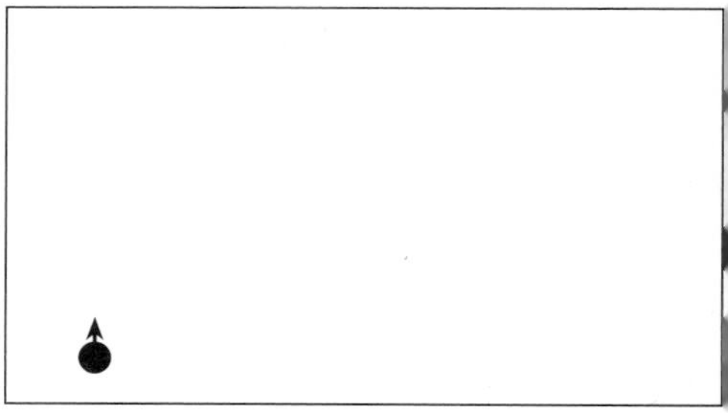

(2) ロボットに　命令を出します。
〔 線をひく①　→　線をひく② 〕
２回くり返す。
どのようになりますか。
右にかきましょう。

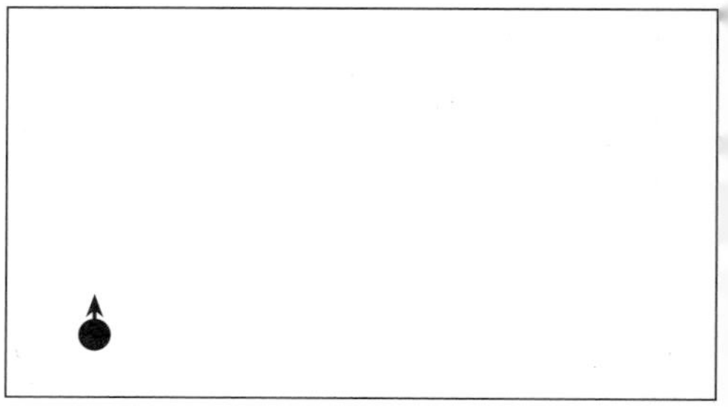

(3) ロボットに出す命令を下のようにへんこうします。

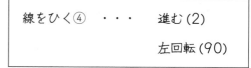

線をひく③ ・・・	進む (3) 左回転 (45)

線をひく④ ・・・	進む (2) 左回転 (90)

ロボットに　命令を出します。
〔 線をひく③　→　線をひく④ 〕
２回くり返す。
どのようになりますか。
右にかきましょう。

（141%に拡大してご使用ください。）

月　日

プログラミング (6)

名前

● ロボットに次の２つの命令を覚えさせます。

線をひく⑤ ・・・	進む (3) 右回転 (90)

3cm 線をひきながら進んだあと
右方向へ 90 度回転するという意味

線をひく⑥ ・・・	進む (2) 右回転 (120)

2cm 線をひきながら進んだあと
右方向へ 120 度回転するという意味

(1) ロボットに　命令を出します。
〔 線をひく⑤ → 線をひく⑥ 〕
どのようになりますか。
右にかきましょう。

(2) ロボットに　命令を出します。
〔 線をひく⑤ → 線をひく⑥ 〕
２回くり返す。
どのようになりますか。
右にかきましょう。

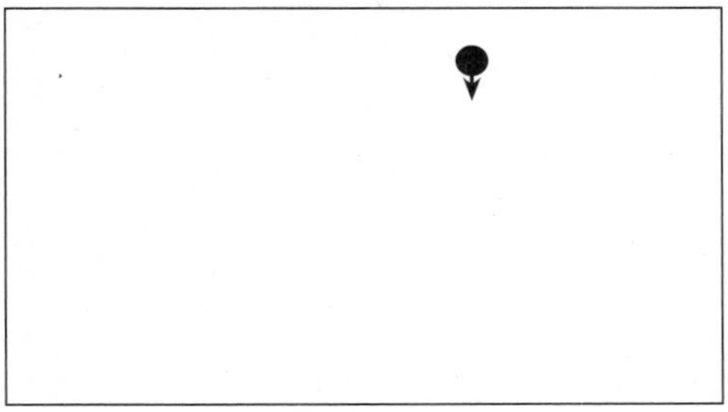

(3) ロボットに出す命令を下のように変こうします。

線をひく⑦ ・・・	進む (3) 左回転 (120)

線をひく⑧ ・・・	進む (2) 左回転 (150)

ロボットに　命令を出します。
〔 線をひく⑦ → 線をひく⑧ 〕
２回くり返す。
どのようになりますか。
右にかきましょう。

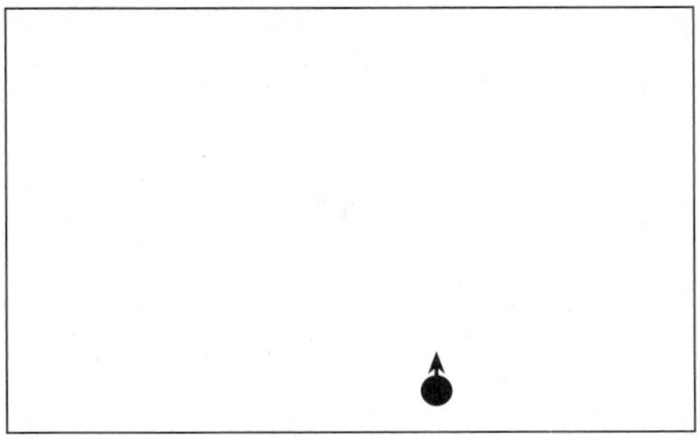

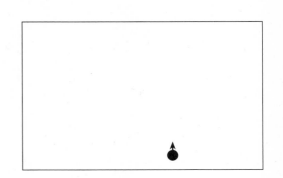

月　　日

プログラミング (7)

名前

● 12けたの数字があります。それを次の方法で計算して一の位が5になればポストのカギを開けることができます。

㋐ 左から順番に①～⑫の○の中の数字が奇数のときの下の数をたします。
㋑ 左から順番に①～⑫の○の中の数字が偶数のときの下の数をたします。
㋒ ㋐で計算した数に9をかけます。
㋓ ㋑の計算の結果と，㋒の計算の結果をたします。

(例) 次のカード数は，ポストのカギを開けることができますか。どちらかを◯で囲みましょう。

①	②	③	④	⑤	⑥	⑦	⑧	⑨	⑩	⑪	⑫
4	9	0	1	8	7	3	8	9	0	3	7

（ ポストのカギは開く ・ ポストのカギは開かない ）

㋐ ① ③ ⑤ ⑦ ⑨ ⑪
4 + 0 + 8 + 3 + 9 + 3 = 27

㋑ ② ④ ⑥ ⑧ ⑩ ⑫
9 + 1 + 7 + 8 + 0 + 7 = 32

㋒ 27 × 9 = 243

㋓ 32 + 243 = 275

(1) 次のカード数は，ポストのカギを開けることができますか。どちらかを◯で囲みましょう。

①	②	③	④	⑤	⑥	⑦	⑧	⑨	⑩	⑪	⑫
0	9	2	2	8	6	5	8	7	4	3	3

（ ポストのカギは開く ・ ポストのカギは開かない ）

(2) 次のカード数は，ポストのカギを開けることができますか。どちらかを◯で囲みましょう。

①	②	③	④	⑤	⑥	⑦	⑧	⑨	⑩	⑪	⑫
6	7	2	9	0	5	5	6	1	8	5	9

（ ポストのカギは開く ・ ポストのカギは開かない ）

　(141%に拡大してご使用ください。)

月　　日

迷路にチャレンジ（1）

文字と式

名前

● xの値（あたい）が大きい方を通って，ゴールしましょう。
（通った方の答えを □ に書きましょう。）

(1)

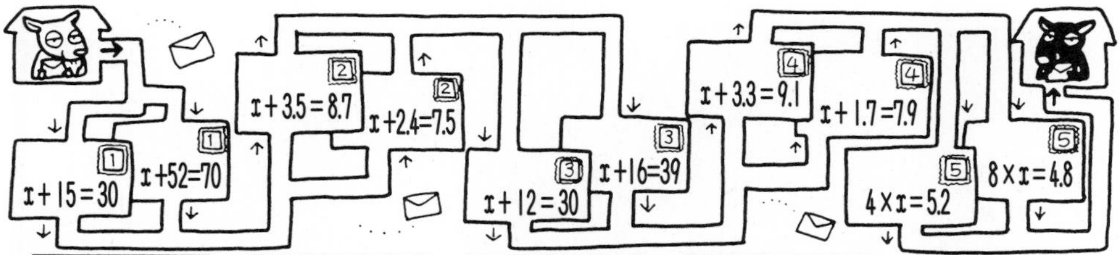

① □　② □　③ □　④ □　⑤ □

(2)

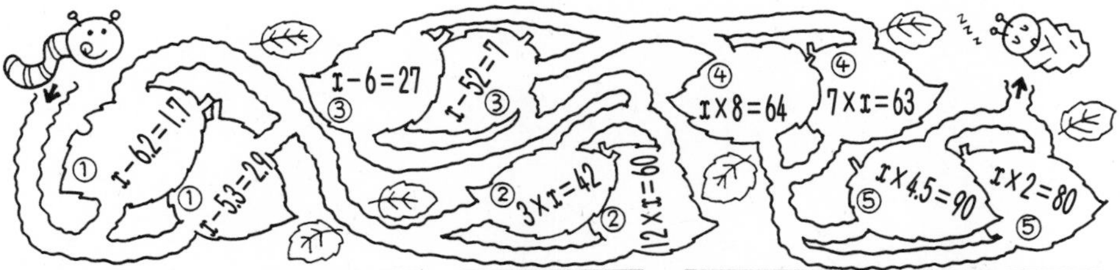

① □　② □　③ □　④ □　⑤ □

(3)

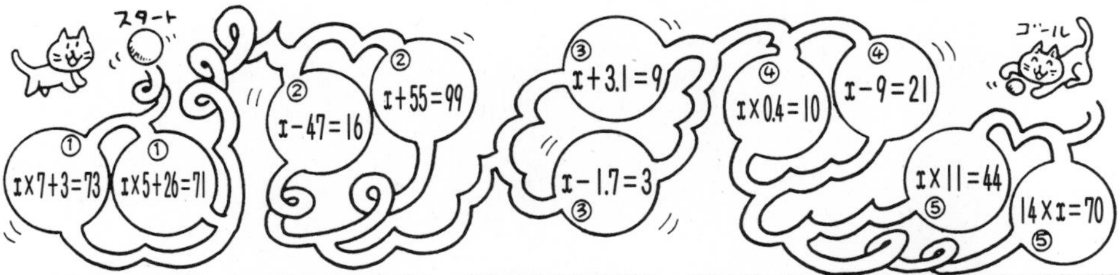

① □　② □　③ □　④ □　⑤ □

(4)

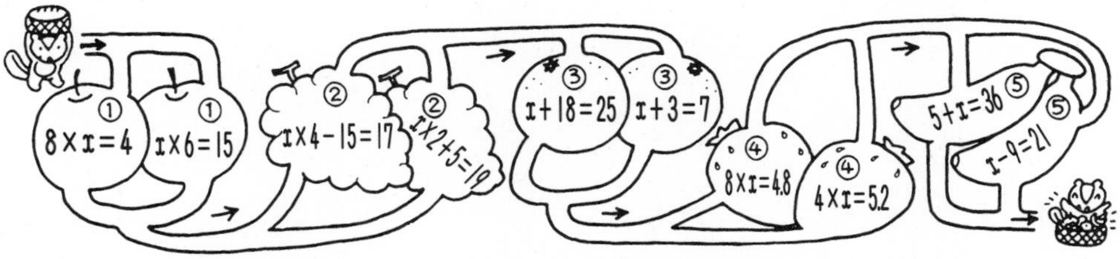

① □　② □　③ □　④ □　⑤ □

月　　日

迷路にチャレンジ (2)

分数のかけ算

名前	

● 答えの大きい方を通って，ゴールしましょう。
(通った方の答えを □ に書きましょう。)

(1)

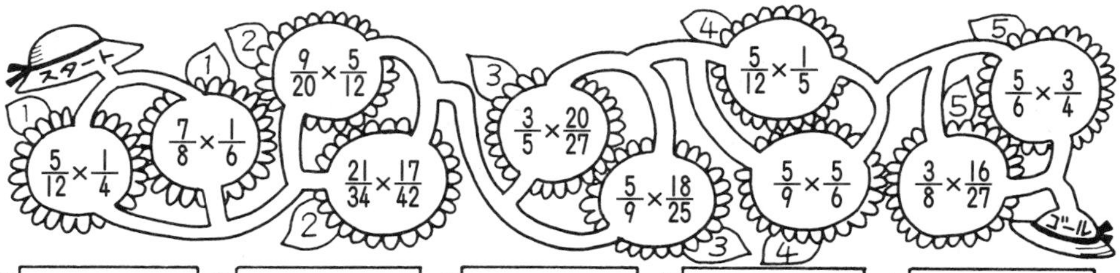

① □　② □　③ □　④ □　⑤ □

(2)

① □　② □　③ □　④ □　⑤ □

(3)

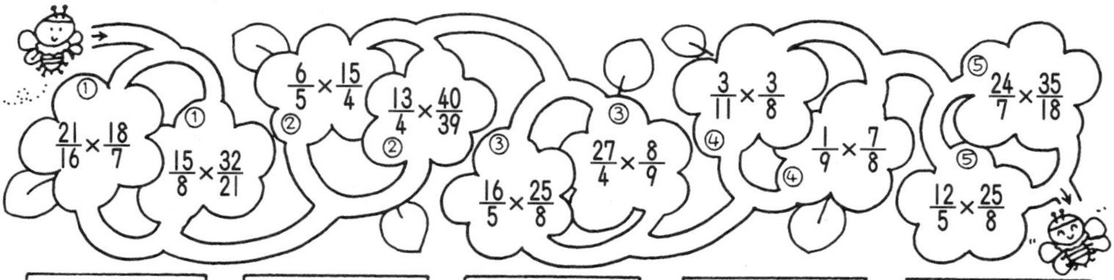

① □　② □　③ □　④ □　⑤ □

(4)

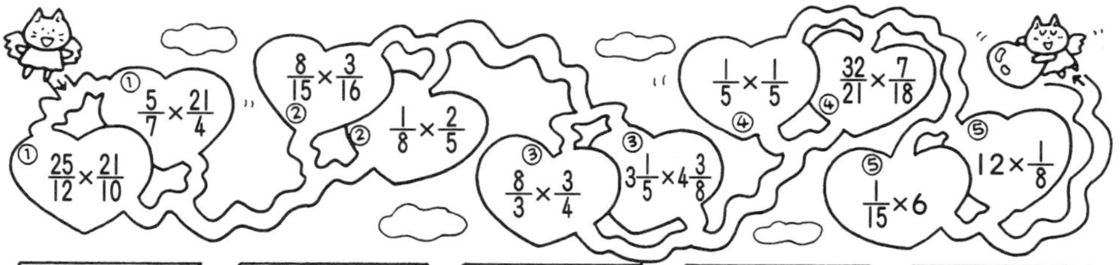

① □　② □　③ □　④ □　⑤ □

月　　日

迷路にチャレンジ (3)
分数のかけ算

名前	

● 答えの大きい方を通って，ゴールしましょう。
（通った方の答えを □ に書きましょう。）

(1)

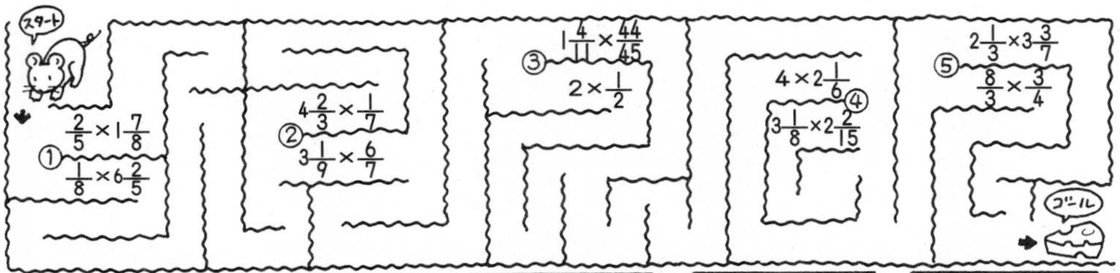

① □　② □　③ □　④ □　⑤ □

(2)

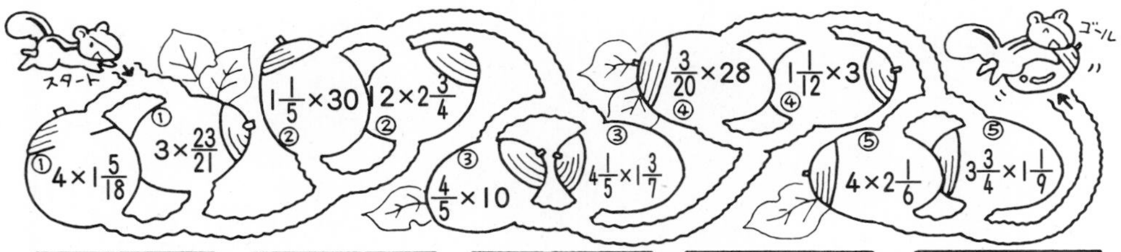

① □　② □　③ □　④ □　⑤ □

(3)

① □　② □　③ □　④ □　⑤ □

(4)

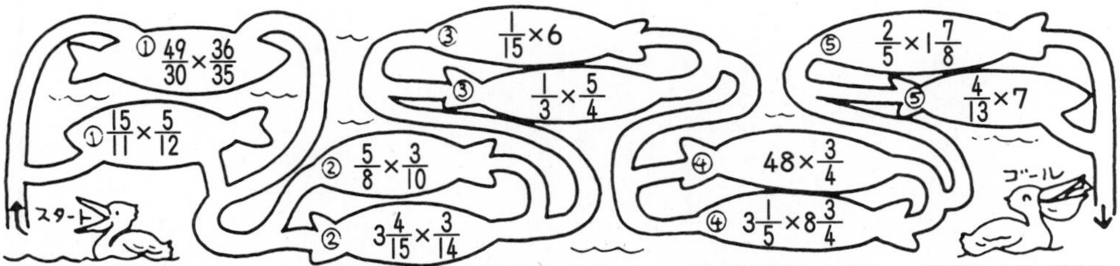

① □　② □　③ □　④ □　⑤ □

月　日

迷路にチャレンジ（4）

分数のわり算

名前	

● 答えの大きい方を通って，ゴールしましょう。
（通った方の答えを □ に書きましょう。）

(1)

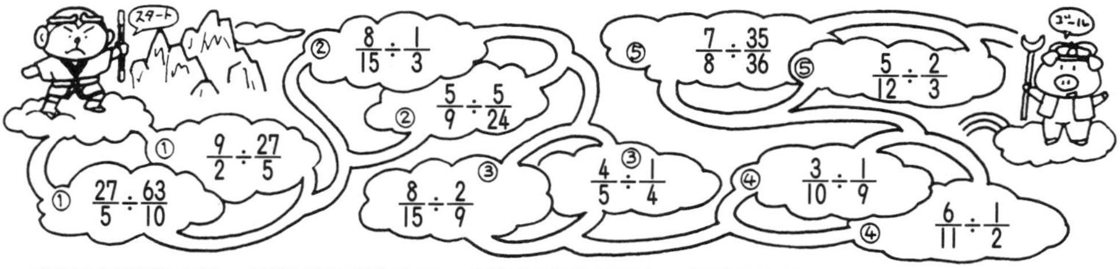

① □　② □　③ □　④ □　⑤ □

(2)

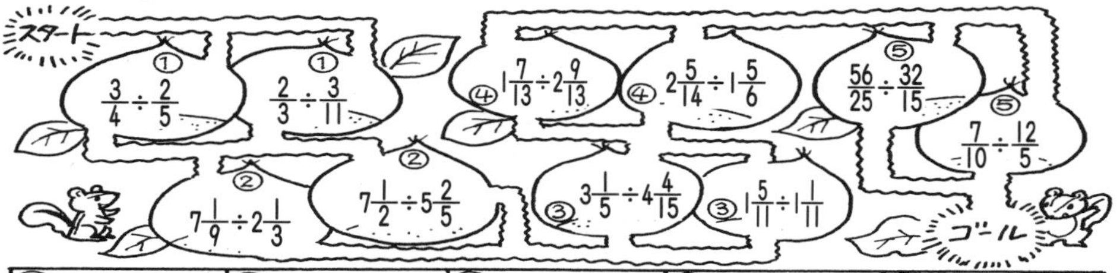

① □　② □　③ □　④ □　⑤ □

(3)

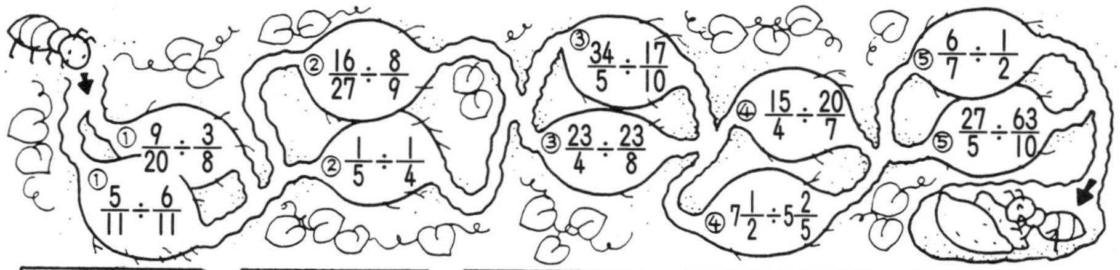

① □　② □　③ □　④ □　⑤ □

(4)

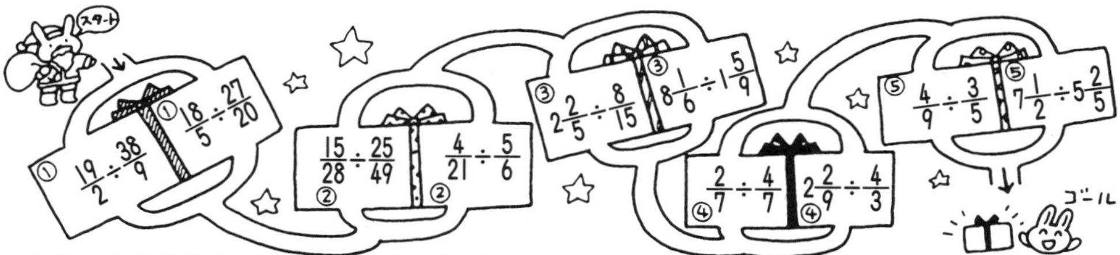

① □　② □　③ □　④ □　⑤ □

月　日

迷路にチャレンジ (5)

分数のわり算

名前

● 答えの大きい方を通って，ゴールしましょう。
（通った方の答えを □ に書きましょう。）

(1)

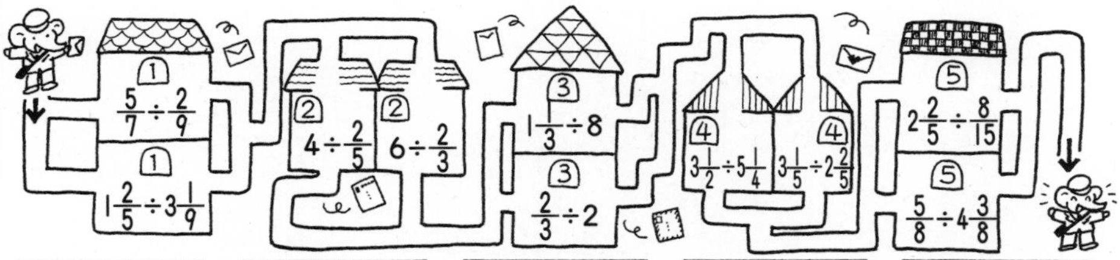

① □　② □　③ □　④ □　⑤ □

(2)

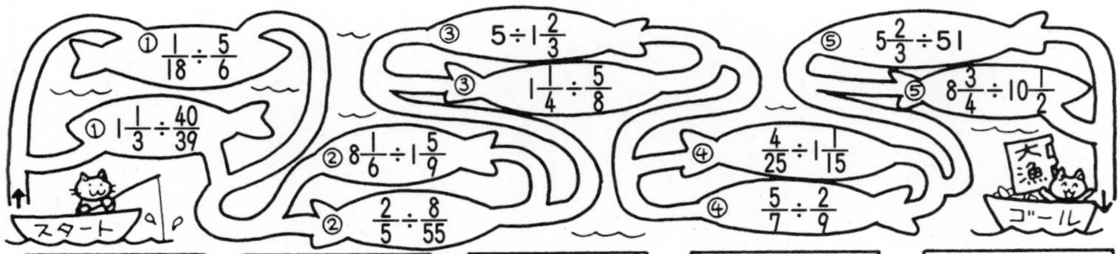

① □　② □　③ □　④ □　⑤ □

(3)

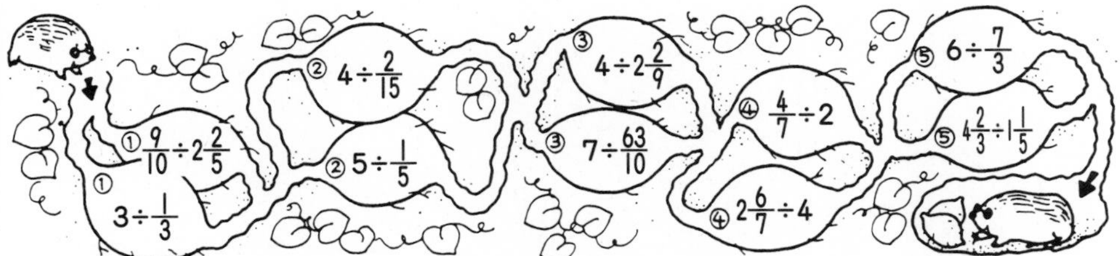

① □　② □　③ □　④ □　⑤ □

(4)

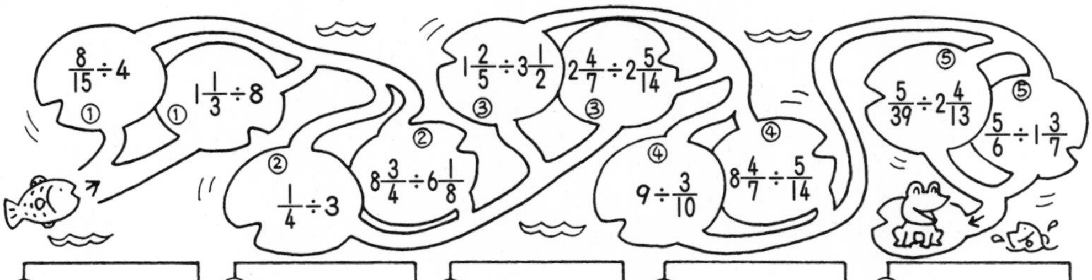

① □　② □　③ □　④ □　⑤ □

月　　日

迷路にチャレンジ（6）

分数のかけ算・わり算

名前	

● 答えの大きい方を通って，ゴールしましょう。
（通った方の答えを □ に書きましょう。）

(1)

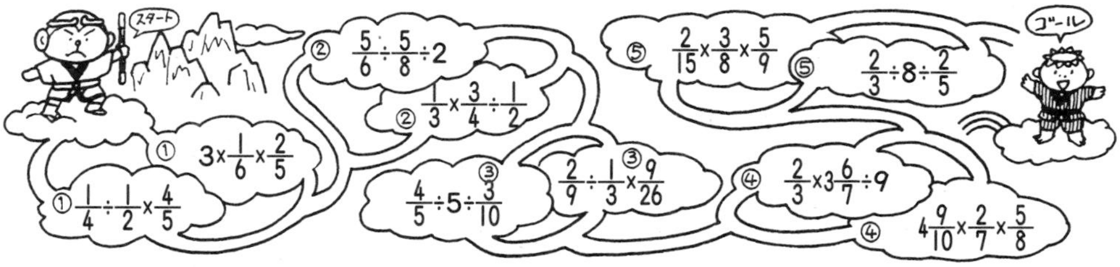

① □　② □　③ □　④ □　⑤ □

(2)

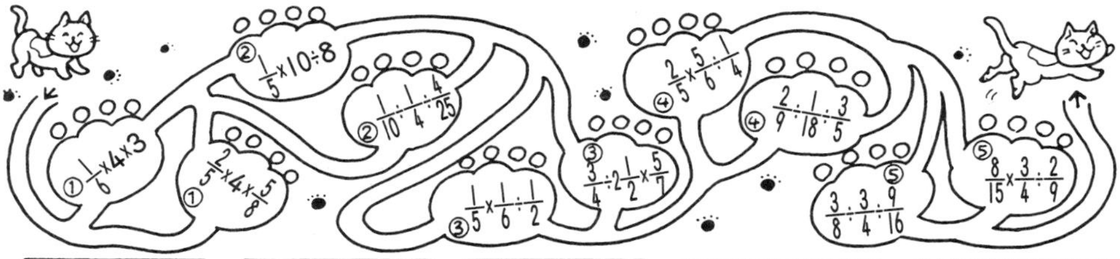

① □　② □　③ □　④ □　⑤ □

(3)

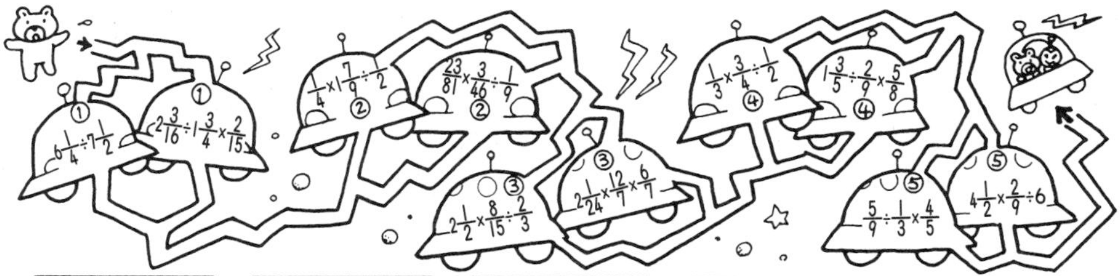

① □　② □　③ □　④ □　⑤ □

(4)

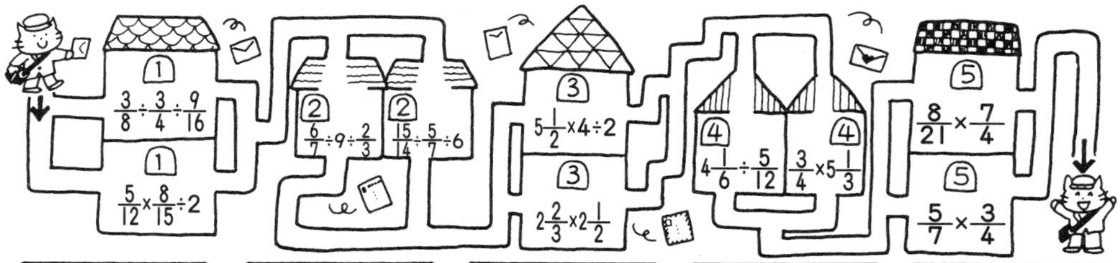

1 □　2 □　3 □　4 □　5 □

月　　日

迷路にチャレンジ (7)

分数のかけ算・わり算

名前

● 答えの大きい方を通って，ゴールしましょう。
（通った方の答えを □ に書きましょう。）

(1)

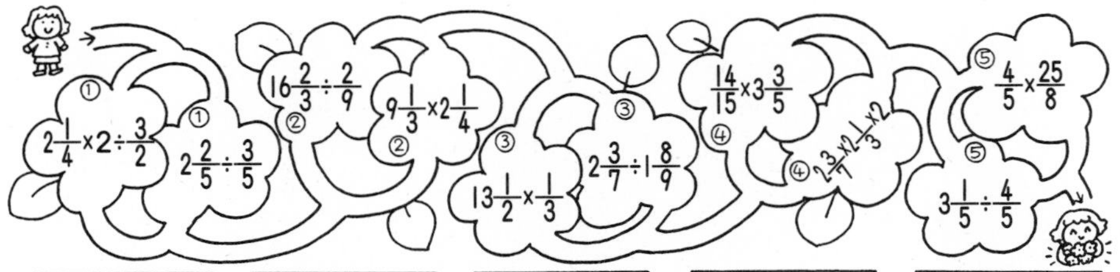

① □　② □　③ □　④ □　⑤ □

(2)

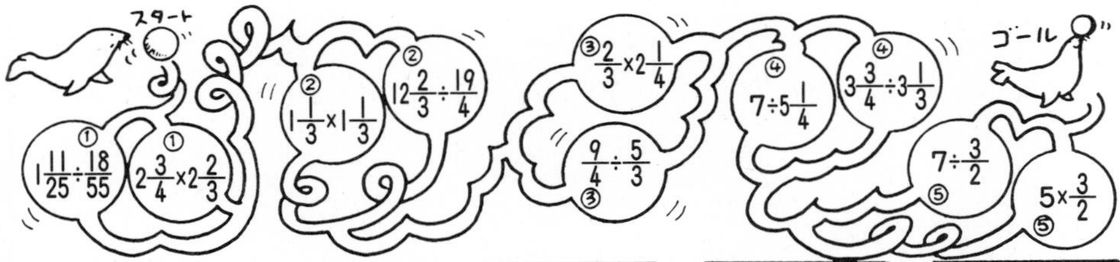

① □　② □　③ □　④ □　⑤ □

(3)

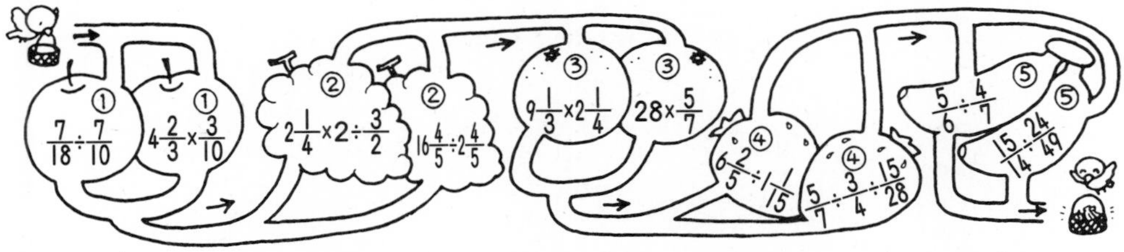

① □　② □　③ □　④ □　⑤ □

(4)

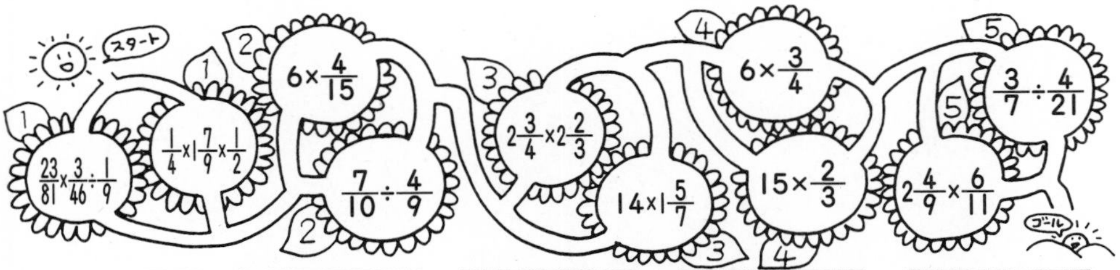

① □　② □　③ □　④ □　⑤ □

月　日

迷路にチャレンジ (8)
分数に小数や整数のまじった計算

名前	

● 答えの大きい方を通って，ゴールしましょう。
（通った方の答えを □ に分数で書きましょう。）

(1)

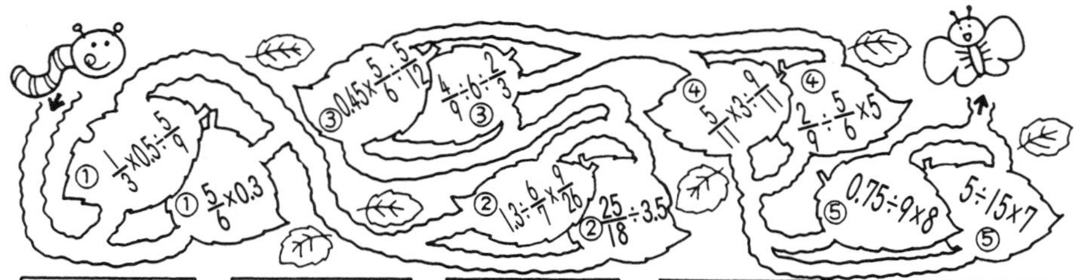

① □　② □　③ □　④ □　⑤ □

(2)

① □　② □　③ □　④ □　⑤ □

(3)

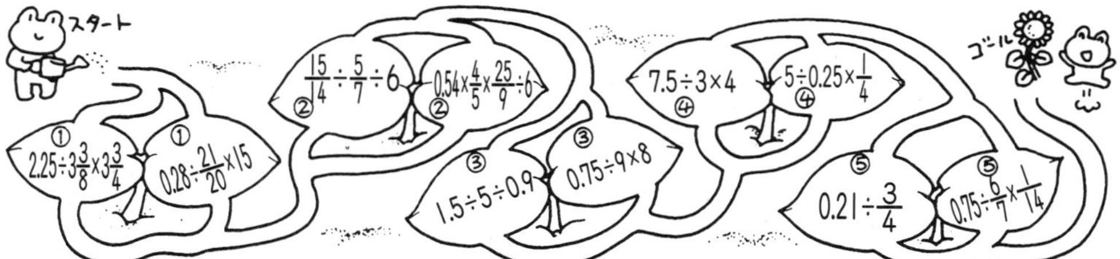

① □　② □　③ □　④ □　⑤ □

(4)

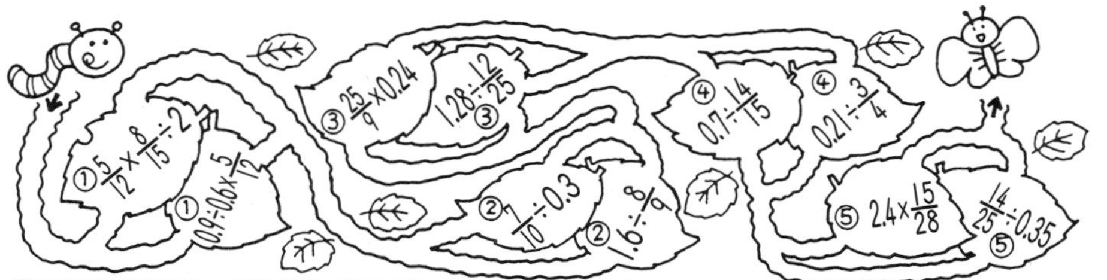

① □　② □　③ □　④ □　⑤ □

月　　日

迷路にチャレンジ (9) 分数に小数や整数のまじった計算	名前	

● 答えの大きい方を通って，ゴールしましょう。
（通った方の答えを □ に分数で書きましょう。）

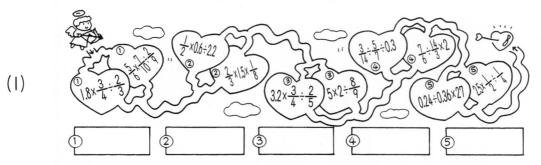

(1)

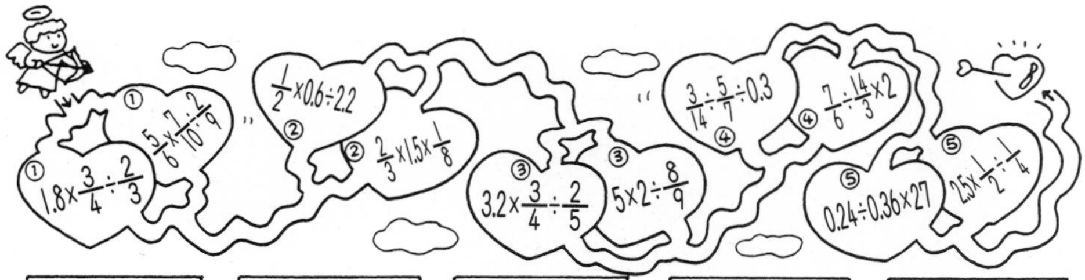

① □　② □　③ □　④ □　⑤ □

(2)

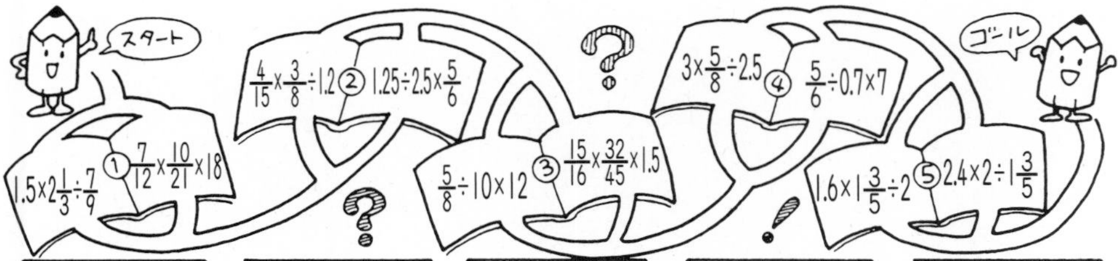

① □　② □　③ □　④ □　⑤ □

(3)

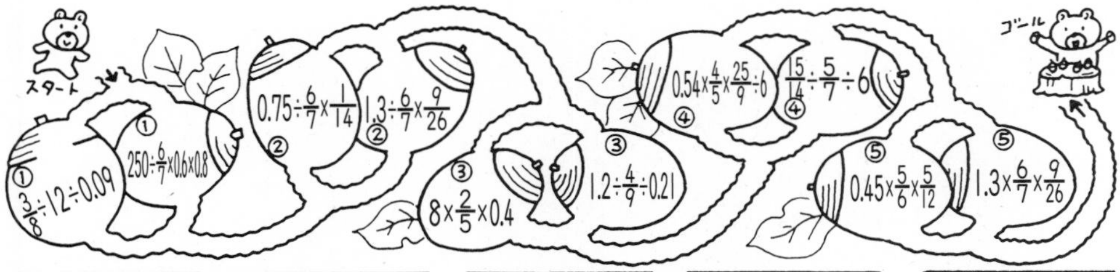

① □　② □　③ □　④ □　⑤ □

(4)

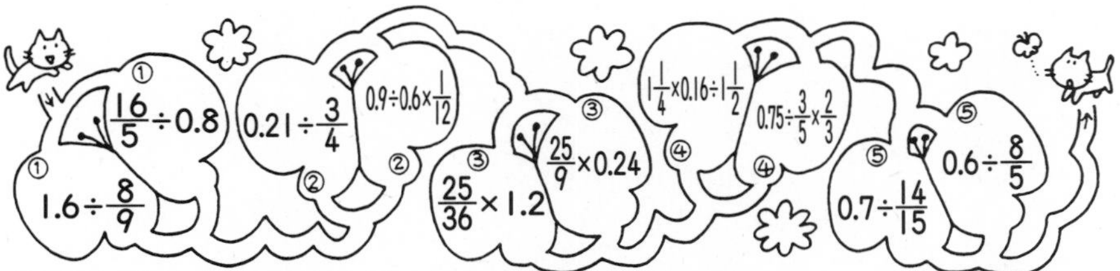

① □　② □　③ □　④ □　⑤ □

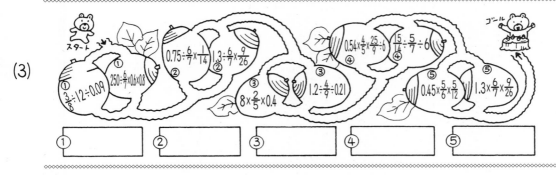

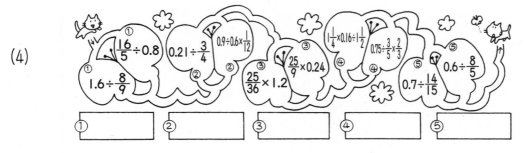

月　　日

迷路にチャレンジ (10)

比

名前

● xの値(あたい)が大きい方を通って，ゴールしましょう。
（通った方の答えを □ に書きましょう。）

(1)

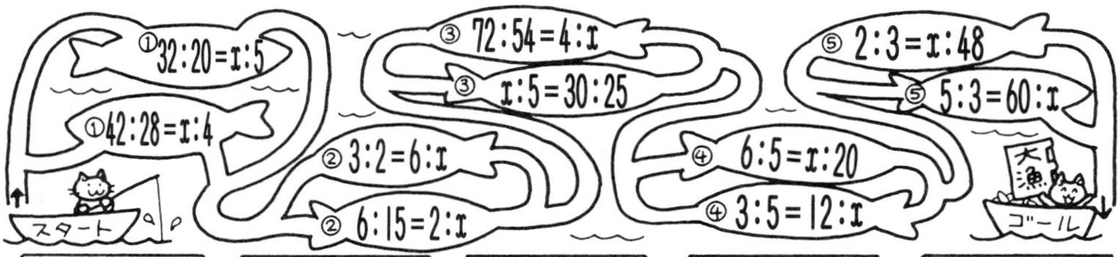

① □　② □　③ □　④ □　⑤ □

(2)

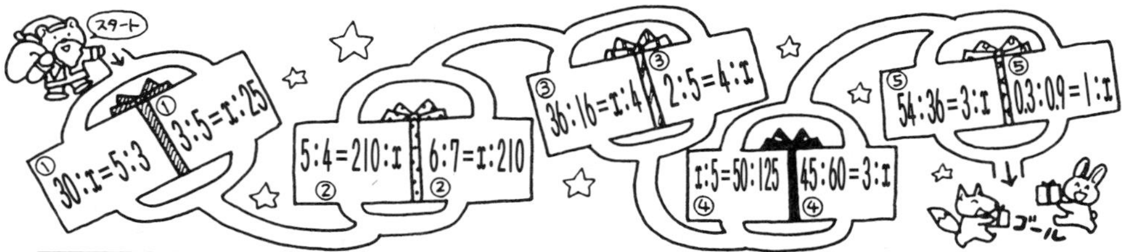

① □　② □　③ □　④ □　⑤ □

(3)

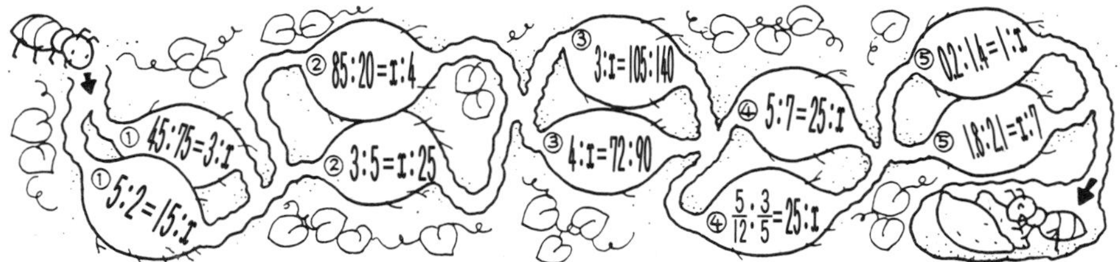

① □　② □　③ □　④ □　⑤ □

(4)

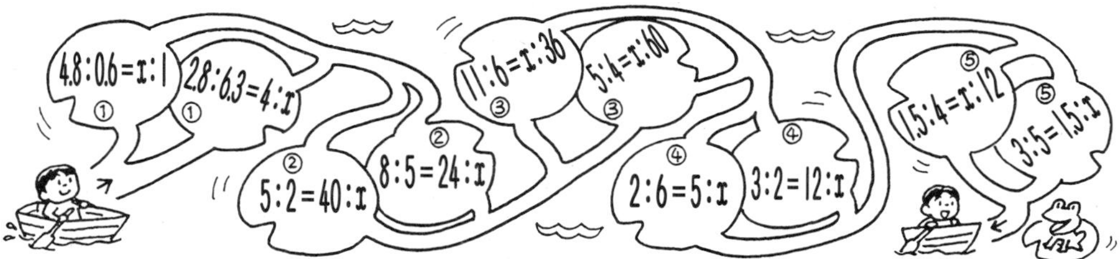

① □　② □　③ □　④ □　⑤ □

月　日

計算にチャレンジ（1）

分数のかけ算・わり算 ①

名前

● 次の３つの分数の中から２つの分数を使って，かけ算とわり算をします。右のＡ～Ｈの答えになる式を作りましょう。
１つは自分で答えも出して，その答えをＩの（　）に書きましょう。

$\frac{1}{2}$，$\frac{1}{3}$，$\frac{1}{4}$

（例）① E　$\frac{1}{2} \times \frac{1}{4} = \frac{1}{8}$

② □　—×—＝

③ □　—×—＝

（例）④ C　$\frac{1}{2} \div \frac{1}{3} = \frac{3}{2}\left(1\frac{1}{2}\right)$

⑤ □　—÷—＝

⑥ □　—÷—＝

⑦ □　—÷—＝

⑧ □　—÷—＝

⑨ □　—÷—＝

式ができたら印をつけておこう。

A	$\frac{1}{12}$
B	$1\frac{1}{3}$
C	$1\frac{1}{2}$
D	$\frac{1}{2}$
E	$\frac{1}{8}$
F	$\frac{2}{3}$
G	$\frac{1}{6}$
H	2
I	１つたりない答え（　）

月　日

計算にチャレンジ（2）

分数のかけ算・わり算 ②

名前

● 次の３つの分数の中から２つの分数を使って，かけ算とわり算をします。右のＡ～Ｈの答えになる式を作りましょう。
１つは自分で答えも出して，その答えをＩの（　）に書きましょう。

$\frac{2}{3}$，$\frac{3}{4}$，$\frac{1}{5}$

① □　—×—＝

② □　—×—＝

③ □　—×—＝

④ □　—÷—＝

⑤ □　—÷—＝

⑥ □　—÷—＝

⑦ □　—÷—＝

⑧ □　—÷—＝

⑨ □　—÷—＝

式ができたら印をつけておこう。

A	$3\frac{1}{3}$
B	$3\frac{3}{4}$
C	$1\frac{1}{8}$
D	$\frac{1}{2}$
E	$\frac{3}{10}$
F	$\frac{2}{15}$
G	$\frac{8}{9}$
H	$\frac{3}{20}$
I	１つたりない答え（　）

（141%に拡大してご使用ください。）

計算にチャレンジ (3)

分数のかけ算・わり算 ③

月　　日　　名前

● 次の３つの分数の中から２つの分数を使って，かけ算とわり算をします。右のＡ～Ｈの答えになる式を作りましょう。
　１つは自分で答えも出して，その答えをＩの（　）に書きましょう。

$\frac{4}{5}$ ， $\frac{3}{4}$ ， $\frac{2}{5}$

① □ $— \times — =$
② □ $— \times — =$
③ □ $— \times — =$
④ □ $— \div — =$
⑤ □ $— \div — =$
⑥ □ $— \div — =$
⑦ □ $— \div — =$
⑧ □ $— \div — =$
⑨ □ $— \div — =$

式ができたら印をつけておこう。

A 2
B $\frac{8}{25}$
C $1\frac{1}{15}$
D $\frac{1}{2}$
E $\frac{3}{10}$
F $\frac{3}{5}$
G $1\frac{7}{8}$
H $\frac{15}{16}$
I 1つたりない答え（　　）

計算にチャレンジ (4)

分数のかけ算・わり算 ④

月　　日　　名前

● 次の３つの分数の中から２つの分数を使って，かけ算とわり算をします。右のＡ～Ｈの答えになる式を作りましょう。
　１つは自分で答えも出して，その答えをＩの（　）に書きましょう。

$\frac{1}{4}$ ， $\frac{3}{4}$ ， $\frac{3}{5}$

① □ $— \times — =$
② □ $— \times — =$
③ □ $— \times — =$
④ □ $— \div — =$
⑤ □ $— \div — =$
⑥ □ $— \div — =$
⑦ □ $— \div — =$
⑧ □ $— \div — =$
⑨ □ $— \div — =$

式ができたら印をつけておこう。

A $\frac{1}{3}$
B $\frac{5}{12}$
C $1\frac{1}{4}$
D $\frac{3}{16}$
E $2\frac{2}{5}$
F $\frac{3}{20}$
G $\frac{4}{5}$
H $\frac{9}{20}$
I 1つたりない答え（　　）

（141％に拡大してご使用ください。）

計算にチャレンジ (5)

分数のかけ算・わり算 ⑤

月　日　名前

● 次の３つの分数の中から２つの分数を使って，かけ算とわり算をします。右のＡ～Ｈの答えになる式を作りましょう。
１つは自分で答えも出して，その答えをＩの（　）に書きましょう。

$\frac{1}{4}$ ，$\frac{2}{5}$ ，$\frac{5}{6}$

① □ —×—＝
② □ —×—＝
③ □ —×—＝
④ □ —÷—＝
⑤ □ —÷—＝
⑥ □ —÷—＝
⑦ □ —÷—＝
⑧ □ —÷—＝
⑨ □ —÷—＝

式ができたら印をつけておこう。

A $3\frac{1}{3}$
B $1\frac{3}{5}$
C $\frac{1}{10}$
D $\frac{5}{24}$
E $\frac{12}{25}$
F $\frac{5}{8}$
G $\frac{1}{3}$
H $\frac{3}{10}$
I （　　）１つたりない答え

計算にチャレンジ (6)

分数のかけ算・わり算 ⑥

月　日　名前

● 次の３つの分数の中から２つの分数を使って，かけ算とわり算をします。右のＡ～Ｈの答えになる式を作りましょう。
１つは自分で答えも出して，その答えをＩの（　）に書きましょう。

$\frac{5}{7}$ ，$\frac{6}{7}$ ，$\frac{7}{8}$

① □ —×—＝
② □ —×—＝
③ □ —×—＝
④ □ —÷—＝
⑤ □ —÷—＝
⑥ □ —÷—＝
⑦ □ —÷—＝
⑧ □ —÷—＝
⑨ □ —÷—＝

式ができたら印をつけておこう。

A $1\frac{9}{40}$
B $1\frac{1}{48}$
C $\frac{30}{49}$
D $\frac{5}{8}$
E $\frac{3}{4}$
F $\frac{5}{6}$
G $\frac{40}{49}$
H $\frac{48}{49}$
I （　　）１つたりない答え

（141％に拡大してご使用ください。）

月　日

計算にチャレンジ (7)
分数のかけ算・わり算 ⑦

名前

● 次の３つの分数の中から２つの分数を使って，かけ算とわり算をします。右のＡ～Ｈの答えになる式を作りましょう。
１つは自分で答えも出して，その答えをＩの（　）に書きましょう。

$\frac{6}{7}$ ， $\frac{7}{8}$ ， $\frac{8}{9}$

① □ ― × ― ＝
② □ ― × ― ＝
③ □ ― × ― ＝
④ □ ― ÷ ― ＝
⑤ □ ― ÷ ― ＝
⑥ □ ― ÷ ― ＝
⑦ □ ― ÷ ― ＝
⑧ □ ― ÷ ― ＝
⑨ □ ― ÷ ― ＝

式ができたら印をつけておこう。

A	$1\frac{1}{27}$
B	$1\frac{1}{63}$
C	$1\frac{1}{48}$
D	$\frac{16}{21}$
E	$\frac{7}{9}$
F	$\frac{48}{49}$
G	$\frac{27}{28}$
H	$\frac{63}{64}$
I	１つたりない答え（　）

月　日

計算にチャレンジ (8)
分数のかけ算・わり算 ⑧

名前

● 次の３つの分数の中から２つの分数を使って，かけ算とわり算をします。右のＡ～Ｈの答えになる式を作りましょう。
１つは自分で答えも出して，その答えをＩの（　）に書きましょう。

$\frac{1}{2}$ ， $\frac{6}{7}$ ， $\frac{7}{8}$

① □ ― × ― ＝
② □ ― × ― ＝
③ □ ― × ― ＝
④ □ ― ÷ ― ＝
⑤ □ ― ÷ ― ＝
⑥ □ ― ÷ ― ＝
⑦ □ ― ÷ ― ＝
⑧ □ ― ÷ ― ＝
⑨ □ ― ÷ ― ＝

式ができたら印をつけておこう。

A	$\frac{7}{12}$
B	$\frac{4}{7}$
C	$\frac{3}{7}$
D	$\frac{7}{16}$
E	$\frac{3}{4}$
F	$1\frac{5}{7}$
G	$1\frac{1}{48}$
H	$1\frac{3}{4}$
I	１つたりない答え（　）

（141％に拡大してご使用ください。）

計算にチャレンジ (9)

分数のかけ算・わり算 ⑨

月　日　名前

● 次の３つの分数の中から２つの分数を使って，かけ算とわり算をします。右のＡ～Ｈの答えになる式を作りましょう。

１つは自分で答えも出して，その答えをＩの（　）に書きましょう。

$\frac{4}{5}$ ， $\frac{3}{7}$ ， $\frac{3}{8}$

① □ — × — =

② □ — × — =

③ □ — × — =

④ □ — ÷ — =

⑤ □ — ÷ — =

⑥ □ — ÷ — =

⑦ □ — ÷ — =

⑧ □ — ÷ — =

⑨ □ — ÷ — =

式ができたら印をつけておこう。

A	$\frac{7}{8}$
B	$\frac{15}{28}$
C	$1\frac{1}{7}$
D	$\frac{12}{35}$
E	$\frac{3}{10}$
F	$2\frac{2}{15}$
G	$1\frac{13}{15}$
H	$\frac{9}{56}$
I	１つたりない答え（　）

計算にチャレンジ (10)

分数のかけ算・わり算 ⑩

月　日　名前

● 次の３つの分数の中から２つの分数を使って，かけ算とわり算をします。右のＡ～Ｈの答えになる式を作りましょう。

１つは自分で答えも出して，その答えをＩの（　）に書きましょう。

$\frac{7}{9}$ ， $\frac{3}{4}$ ， $\frac{5}{7}$

① □ — × — =

② □ — × — =

③ □ — × — =

④ □ — ÷ — =

⑤ □ — ÷ — =

⑥ □ — ÷ — =

⑦ □ — ÷ — =

⑧ □ — ÷ — =

⑨ □ — ÷ — =

式ができたら印をつけておこう。

A	$1\frac{1}{27}$
B	$1\frac{4}{45}$
C	$1\frac{1}{20}$
D	$\frac{27}{28}$
E	$\frac{20}{21}$
F	$\frac{45}{49}$
G	$\frac{5}{9}$
H	$\frac{7}{12}$
I	１つたりない答え（　）

計算にチャレンジ（11）
分数のかけ算・わり算 ⑪

名前　　　　月　日

● 下の３つの分数を使って，かけ算やわり算をしたら，右のＡ～Ｅのような答えが出ました。同じ答えになる式を作りましょう。

$\frac{1}{2}$ ， $\frac{1}{3}$ ， $\frac{1}{4}$

（例）① C　$\frac{1}{4} \div \frac{1}{3} \times \frac{1}{2} = \frac{3}{8}$

② □　—　—　— =

③ □　—　—　— =

④ □　—　—　— =

⑤ □　—　—　— =

式ができたら印をつけておこう。

A $\frac{2}{3}$

B $\frac{1}{24}$

C $\frac{3}{8}$

D 6

E $2\frac{2}{3}$

計算にチャレンジ（12）
分数のかけ算・わり算 ⑫

名前　　　　月　日

● 下の３つの分数を使って，かけ算やわり算をしたら，右のＡ～Ｅのような答えが出ました。同じ答えになる式を作りましょう。

$\frac{2}{5}$ ， $\frac{5}{6}$ ， $\frac{5}{7}$

① □　—　—　— =

② □　—　—　— =

③ □　—　—　— =

④ □　—　—　— =

⑤ □　—　—　— =

式ができたら印をつけておこう。

A $\frac{5}{21}$

B $\frac{12}{35}$

C $1\frac{41}{84}$

D $2\frac{11}{12}$

E $2\frac{1}{7}$

（141％に拡大してご使用ください。）

計算にチャレンジ (13)

分数のかけ算・わり算 ⑬

名前　　　　月　　日

● 下の３つの分数を使って，かけ算やわり算をしたら，右のＡ～Ｅのような答えが出ました。同じ答えになる式を作りましょう。

$\frac{3}{8}$，$\frac{4}{9}$，$\frac{2}{7}$

① □ ― ― ― ＝

② □ ― ― ― ＝

③ □ ― ― ― ＝

④ □ ― ― ― ＝

⑤ □ ― ― ― ＝

式ができたら印をつけておこう。

A $\frac{7}{12}$

B $1\frac{5}{7}$

C $2\frac{61}{64}$

D $\frac{27}{112}$

E $4\frac{4}{27}$

計算にチャレンジ (14)

分数のかけ算・わり算 ⑭

名前　　　　月　　日

● 下の３つの分数を使って，かけ算やわり算をしたら，右のＡ～Ｅのような答えが出ました。同じ答えになる式を作りましょう。

$\frac{2}{5}$，$\frac{3}{7}$，$\frac{7}{9}$

① □ ― ― ― ＝

② □ ― ― ― ＝

③ □ ― ― ― ＝

④ □ ― ― ― ＝

⑤ □ ― ― ― ＝

式ができたら印をつけておこう。

A $4\frac{29}{54}$

B $\frac{54}{245}$

C $\frac{5}{6}$

D $1\frac{1}{5}$

E $\frac{2}{15}$

月　日

計算にチャレンジ（15）
分数のかけ算・わり算 ⑮

名前

● 下の４つの分数の中から３つの分数を使って，かけ算やわり算をします。右のＡ～Ｄの答えになる式を作りましょう。

$\frac{1}{2}$，$\frac{1}{3}$，$\frac{1}{4}$，$\frac{1}{5}$

式ができたら印をつけておこう。

A $\frac{1}{24}$

B $2\frac{2}{5}$

C $\frac{1}{6}$

D $\frac{1}{10}$

① □

② □

③ □

④ □

月　日

計算にチャレンジ（16）
分数のかけ算・わり算 ⑯

名前

● 下の４つの分数の中から３つの分数を使って，かけ算やわり算をします。右のＡ～Ｄの答えになる式を作りましょう。

$\frac{1}{6}$，$\frac{1}{7}$，$\frac{1}{8}$，$\frac{1}{9}$

式ができたら印をつけておこう。

A $\frac{1}{432}$

B $4\frac{2}{3}$

C $\frac{3}{16}$

D $\frac{3}{14}$

① □

② □

③ □

④ □

月　日

計算にチャレンジ（17）

分数のかけ算・わり算 ⑰

名前

● 下の４つの分数の中から３つの分数を使って，かけ算やわり算をします。右のＡ～Ｄの答えになる式を作りましょう。

$\frac{2}{3}$，$\frac{4}{5}$，$\frac{6}{7}$，$\frac{8}{9}$

式ができたら印をつけておこう。

A $\frac{64}{105}$

B $1\frac{8}{27}$

C $1\frac{1}{7}$

D $1\frac{1}{15}$

①

②

③

④

月　日

計算にチャレンジ（18）

分数のかけ算・わり算 ⑱

名前

● 下の４つの分数の中から３つの分数を使って，かけ算やわり算をします。右のＡ～Ｄの答えになる式を作りましょう。

$1\frac{2}{3}$，$\frac{1}{2}$，$\frac{4}{5}$，$3\frac{5}{6}$

式ができたら印をつけておこう。

A $2\frac{19}{48}$

B $\frac{12}{115}$

C $\frac{20}{23}$

D $\frac{6}{25}$

①

②

③

④

月　日

計算にチャレンジ (19)
分数と整数のかけ算・わり算 ①

名前

● 下の分数と整数を３つとも使って，かけ算やわり算をすると，右のＡ～Ｅのような答えが出ました。３つの数字と×÷の順番を自由に変えて，同じ答えになる式を作りましょう。

$\frac{1}{2}$ ， 4 ， $\frac{1}{3}$

式ができたら印をつけておこう。

A $\frac{2}{3}$
B $2\frac{2}{3}$
C $\frac{1}{6}$
D 6
E 24

（例） B $4 \times \frac{1}{3} \div \frac{1}{2} = \frac{8}{3}\ (2\frac{2}{3})$

① □ □ □ □ ＝

② □ □ □ □ ＝

③ □ □ □ □ ＝

④ □ □ □ □ ＝

月　日

計算にチャレンジ (20)
分数と整数のかけ算・わり算 ②

名前

● 下の分数と整数を３つとも使って，かけ算やわり算をすると，右のＡ～Ｅのような答えが出ました。３つの数字と×÷の順番を自由に変えて，同じ答えになる式を作りましょう。

$\frac{2}{5}$ ， 8 ， $\frac{5}{6}$

式ができたら印をつけておこう。

A $2\frac{2}{3}$
B $\frac{3}{50}$
C $\frac{1}{24}$
D 24
E $\frac{25}{96}$

① □ □ □ □ ＝

② □ □ □ □ ＝

③ □ □ □ □ ＝

④ □ □ □ □ ＝

⑤ □ □ □ □ ＝

（141％に拡大してご使用ください。）

計算にチャレンジ (21)

分数と整数のかけ算・わり算 ③

名前　　　　月　日

● 下の分数と整数を３つとも使って，かけ算やわり算をすると，右のＡ～Ｅのような答えが出ました。３つの数字と×÷の順番を自由に変えて，同じ答えになる式を作りましょう。

$\frac{3}{8}$ ， 6 ， $\frac{4}{9}$

① □ □ □ □ =

② □ □ □ □ =

③ □ □ □ □ =

④ □ □ □ □ =

⑤ □ □ □ □ =

式ができたら印をつけておこう。

A $5\frac{1}{16}$

B $\frac{9}{64}$

C $7\frac{1}{9}$

D 1

E $\frac{1}{36}$

計算にチャレンジ (22)

分数と整数のかけ算・わり算 ④

名前　　　　月　日

● 下の分数と整数を３つとも使って，かけ算やわり算をすると，右のＡ～Ｅのような答えが出ました。３つの数字と×÷の順番を自由に変えて，同じ答えになる式を作りましょう。

$\frac{3}{4}$ ， 12 ， $\frac{1}{6}$

① □ □ □ □ =

② □ □ □ □ =

③ □ □ □ □ =

④ □ □ □ □ =

⑤ □ □ □ □ =

式ができたら印をつけておこう。

A $\frac{1}{54}$

B $2\frac{2}{3}$

C $\frac{3}{8}$

D 54

E $1\frac{1}{2}$

(141%に拡大してご使用ください。)

月　日

計算にチャレンジ (23)

分数と整数のかけ算・わり算 ⑤

名前

● 下の分数と整数を３つとも使って，かけ算やわり算をすると，右のＡ～Ｅのような答えが出ました。３つの数字と×÷の順番を自由に変えて，同じ答えになる式を作りましょう。

$\frac{6}{5}$ ， 4 ， $\frac{5}{6}$

式ができたら印をつけておこう。

A	$\frac{1}{4}$
B	$\frac{9}{25}$
C	$2\frac{7}{9}$
D	4
E	$5\frac{19}{25}$

① □ □ □ □ =

② □ □ □ □ =

③ □ □ □ □ =

④ □ □ □ □ =

⑤ □ □ □ □ =

月　日

計算にチャレンジ (24)

分数と整数のかけ算・わり算 ⑥

名前

● 下の分数と整数を３つとも使って，かけ算やわり算をすると，右のＡ～Ｅのような答えが出ました。３つの数字と×÷の順番を自由に変えて，同じ答えになる式を作りましょう。

$\frac{3}{14}$ ， 3 ， $\frac{6}{7}$

式ができたら印をつけておこう。

A	$\frac{3}{49}$
B	$\frac{3}{4}$
C	$\frac{27}{49}$
D	12
E	$1\frac{1}{3}$

① □ □ □ □ =

② □ □ □ □ =

③ □ □ □ □ =

④ □ □ □ □ =

⑤ □ □ □ □ =

（141％に拡大してご使用ください。）

月　　日

一筆書きにチャレンジ

名前

● 次の図形は，一筆書きができますか。できる場合は○を，できない場合は×を　　に書きましょう。

①

②

③

④
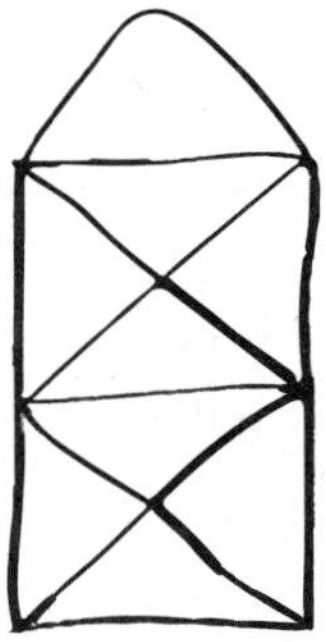

⑤
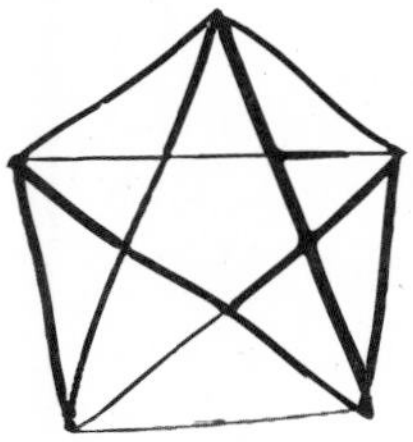

⑥
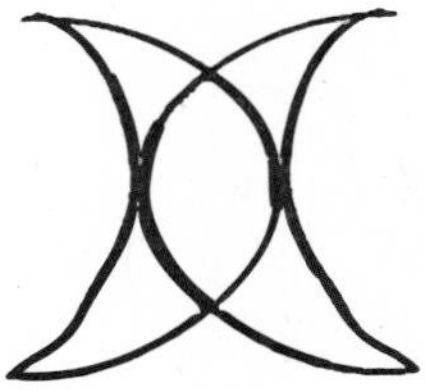

⑦
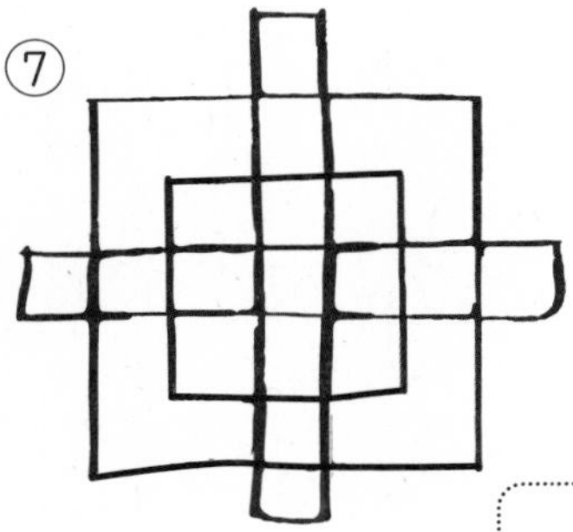

⑧
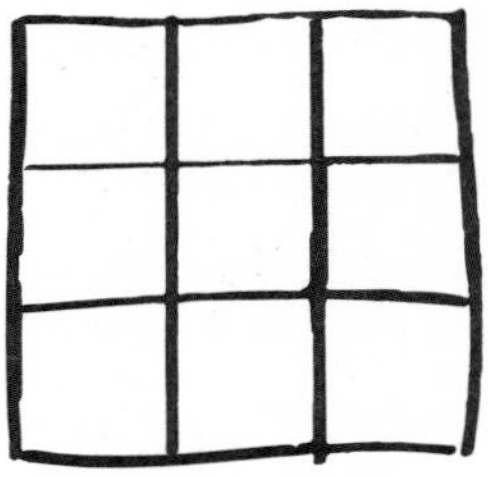

⑨
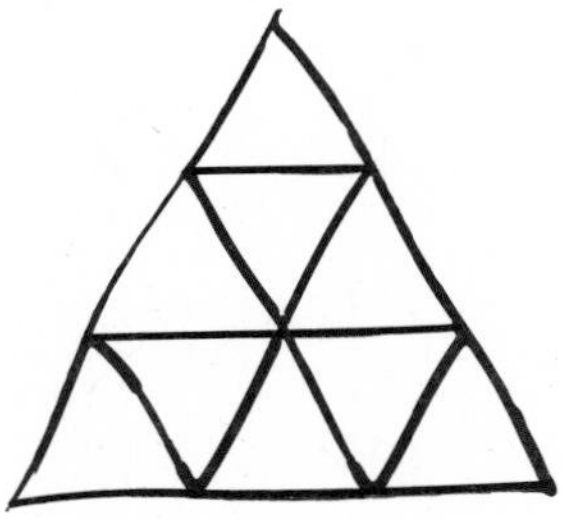

できるのは，
6 つあるよ。

できる，できないの
きまりはあるのかな。

解答

児童に実施させる前に，必ず指導される方が問題を解いてください。本書の解答は，あくまでも１つの例です。

P6

線対称（1） 名前　月　日

● 下の図形を，とう明なシートにうつしとり，直線アイで半分に折ってみましょう。

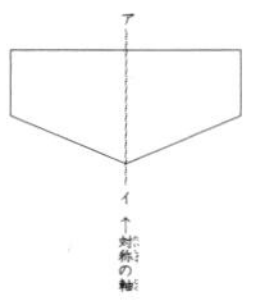

直線で半分に折ると，両側の部分がぴったりと重なりますね。
このような図形を線対称な図形といいます。

線対称（2） 名前　月　日

● □にあてはまることばを，下から選んで書きましょう。

(1) １本の直線を折り目にして半分に折ると，両側の部分がぴったり重なる図形を［線対称］な図形といいます。また，折り目になる直線を［対称の軸］といいます。

(2) 線対称な図形で，半分に折ったときに重なり合う点，辺，角をそれぞれ［対応する］点，辺，角といいます。

対称の軸　・　対応する　・　線対称

P7

線対称（3） 名前　月　日

● 下の線対称な図形を見て，対応する点を□に書きましょう。

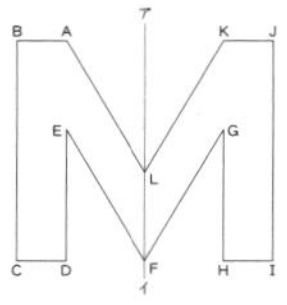

(1) 点A［点K］　(2) 点B［点J］
(3) 点C［点I］　(4) 点D［点H］
(5) 点E［点G］

線対称（4） 名前　月　日

● 下の線対称な図形を見て，対応する辺，対応する角を□に書きましょう。

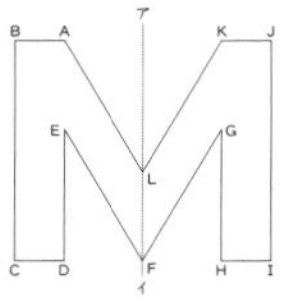

(1) 対応する辺を書きましょう。
① 辺BC［辺JI］
② 辺CD［辺IH］
③ 辺DE［辺HG］

(2) 対応する角を書きましょう。
① 角H［角D］
② 角I［角C］
③ 角J［角B］

P8

線対称（5） 名前　月　日

1 下の図形を，とう明なシートにうつしとり，直線アイで半分に折ってみましょう。

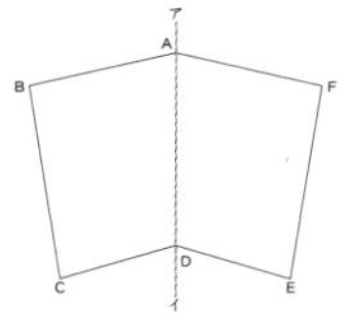

2 1の図形を見て，（　）の中の正しい方を○で囲みましょう。

(1) 直線アイで半分に折ったとき，ぴったり重なる図形を，（対称の形・〔線対称な図形〕）といいます。

(2) 直線アイのような折り目になる直線のことを，（〔対称の軸〕・対称の直線）といいます。

(3) 半分に折ったとき，点Bとぴったり重なるのは，点（E・〔F〕）です。
点Cとぴったり重なるのは，点（〔E〕・F）です。

3 □にあてはまることばを書きましょう。

線対称な図形では，対応する辺の長さや対応する角の大きさは，それぞれ［等しく］なっています。

P9

線対称（6） 名前　月　日

1 下の図形は，どれも線対称な図形です。対称の軸をひきましょう。

(1)　(2)

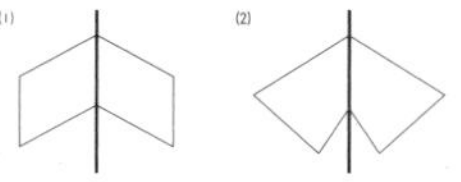

2 右の四角形は，線対称な図形で，直線アイは対称の軸です。

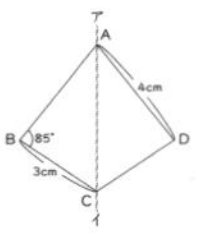

(1) 辺ABは何cmですか。［4cm］

(2) 辺DCは何cmですか。［3cm］

(3) 角Dの大きさは何度ですか。［85°］

線対称（7） 名前　月　日

● 直線アイが対称の軸になるように，線対称な図形をかきましょう。

(1)　(2)

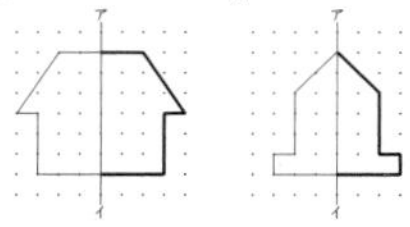

(3)　(4)

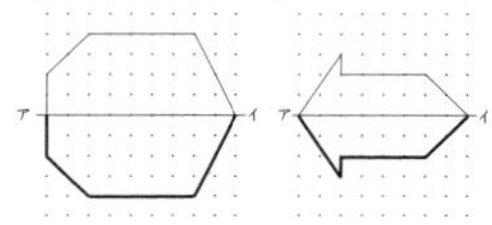

P10

ふりかえり
線対称 名前　月　日

1 下の図形を見て，□にあてはまることばや記号，数を書きましょう。

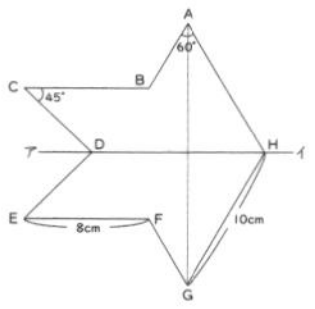

(1) 直線アイを折り目にして半分に折ると，両側の部分がぴったり重なります。このような図形を［線対称］な図形といいます。

(2) 折り目になる直線アイを［対称の軸］といいます。

(3) 直線AGは，対称の軸アイと［垂直］に交わっています。

(4) 点Bに対応する点は，点［F］です。

(5) 点Gに対応する点は，点［A］です。

(6) 辺EFに対応する辺は，辺［CB］です。

(7) 辺ABに対応する辺は，辺［GF］です。

(8) 角Cに対応する角は，角［E］です。

(9) 辺AHは，［10］cmです。

(10) 角Gは，［60］°です。

2 直線アイが対称の軸になるように線対称な図形をかきましょう。

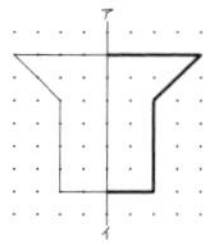

P11

算数あそび
線対称 ① 名前　月　日

● 直線アイが対称の軸になるように，線対称な図形をかきましたが，まちがっているところがあります。
右の図のまちがっている形すべてに色をぬりましょう。

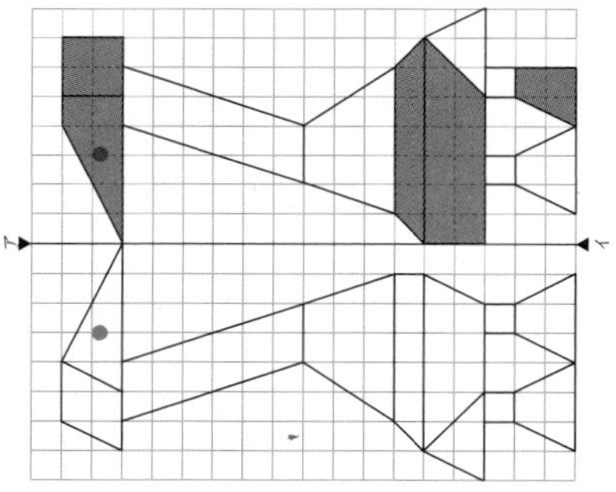

P12

算数あそび
線対称 ② 名前　月　日

● 直線アイが対称の軸になるように，線対称な図形をかきましたが，まちがっているところがあります。
下の図のまちがっている形すべてに色をぬりましょう。

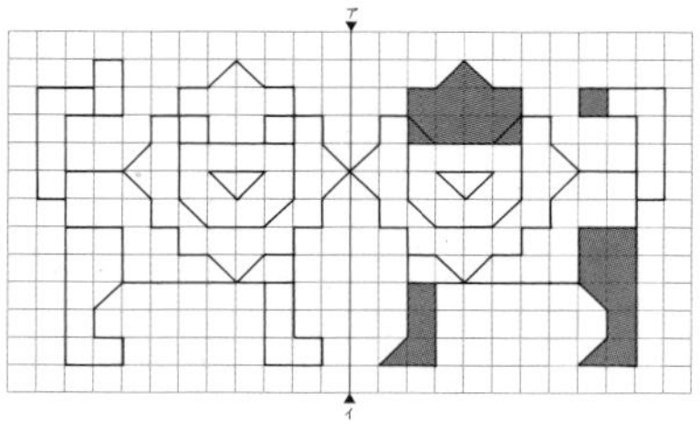

P13

点対称（1） 名前　月　日

● 下の図形を，とう明なシートにうつしとり，•の点を中心として，180°回転させてみましょう。

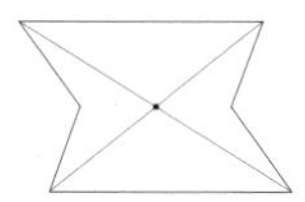

点対称（2） 名前　月　日

● □にあてはまることばを，下から選んで書きましょう。

(1) １つの点を中心にして，［180°］回転したとき，もとの図形にぴったり重なる図形を［点対称］な図形といいます。
また，この点を［対称の中心］といいます。

(2) 点対称な図形では，対応する辺の長さも，対応する角の大きさも［等しく］なっています。

線対称　・　点対称　・　対称の軸
対称の中心　・　等しく　・　360°　・　180°

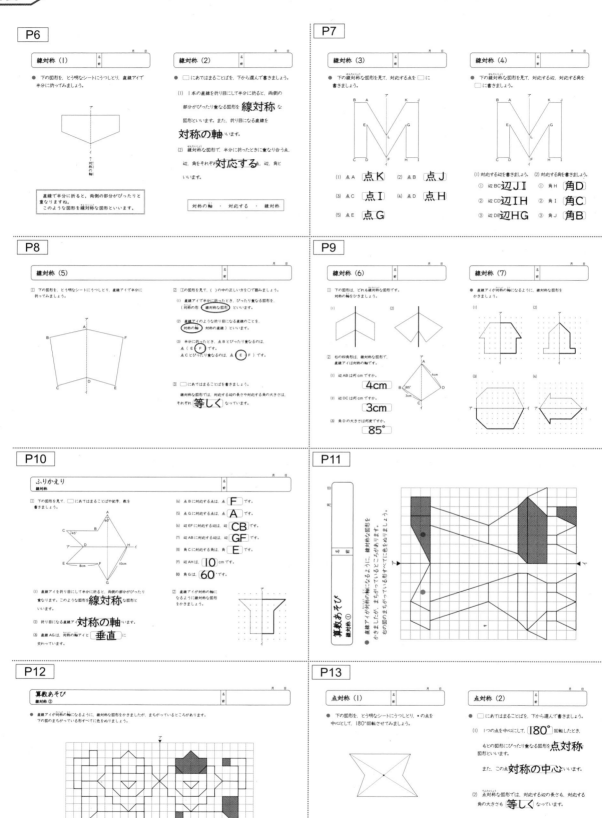

（解答は，200 ～ 300％に拡大してお使い下さい。）

P14

点対称（3）

月　日　名前

● 下の図形は，点対称な図形です。対応する点，辺，角を書きましょう。

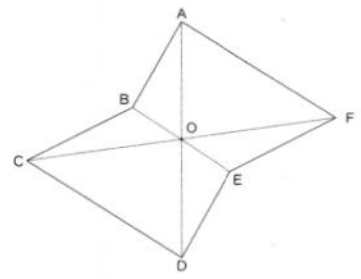

(1) 点A 点D　(2) 点C 点F
(3) 辺AB 辺DE　(4) 辺EF 辺BC
(5) 角B 角E　(6) 角F 角C

点対称（4）

月　日　名前

● 下の点対称な図形について調べましょう。

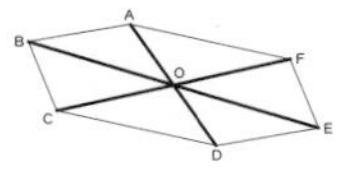

(1) 対応する点を直線で結びましょう。
(2) 直線COは4cmです。直線FOは何cmですか。 4cm
(3) 直線EOは5cmです。直線BOは何cmですか。 5cm

P15

点対称（5）

月　日　名前

● 下の点対称な図形を見て答えましょう。

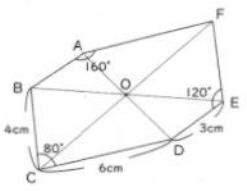

(1) 対応する点，辺，角を書きましょう。
① 点B 点E　② 点F 点C
③ 辺AB 辺DE　④ 辺CD 辺FA
⑤ 角D 角A　⑥ 角C 角F
(2) 辺FEは，何cmですか。 4cm
(3) 角Bの大きさは，何度ですか。 120°

点対称（6）

月　日　名前

● 下の点対称な図形（平行四辺形）について調べましょう。

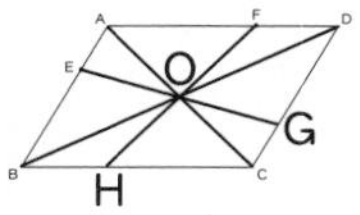

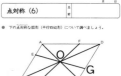

(1) ① 対応する点を直線で結びましょう。
② 対称の中心Oを図にかきましょう。
(2) ① 点Eから対称の中心Oを通る直線をひきましょう。
② 点Eに対応する点Gを図にかきましょう。
(3) ① 点Fから対称の中心Oを通る直線をひきましょう。
② 点Fに対応する点Hを図にかきましょう。

P16

点対称（7）

月　日　名前

● 点Oが対称の中心になるように，点対称な図形をかきましょう。

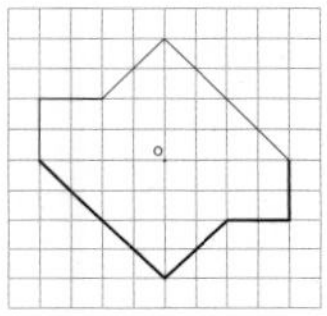

点対称（8）

月　日　名前

● 点Oが対称の中心になるように，点対称な図形をかきましょう。

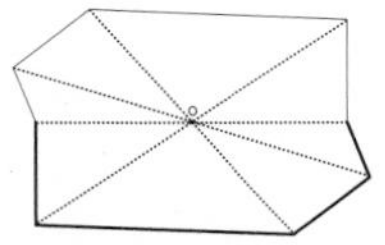

P17

ふりかえり 点対称

月　日　名前

1 下の点対称な図形を見て答えましょう。

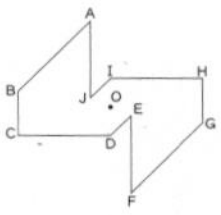

(1) 次の点に対応する点を書きましょう。
① 点A 点F
② 点J 点E
(2) 次の辺に対応する辺を書きましょう。
① 辺AJ 辺FE
② 辺CD 辺HI
(3) □にあてはまることばを，下から選んで書きましょう。
点対称な図形では，対応する2つの点を直線で結ぶと，点Oを通ります。点Oを 対称の中心 といいます。
また，対応する2つの点から点Oまでの長さは 等しい です。ですから，点Bから点Oまでの長さが3cmのとき，点Gから点Oまでの長さは 3cm になります。

対称の中心 ・ 3cm ・ 6cm ・ 点対称 ・ 等しい

2 点Oが対称の中心になるように，点対称な図形をかきましょう。

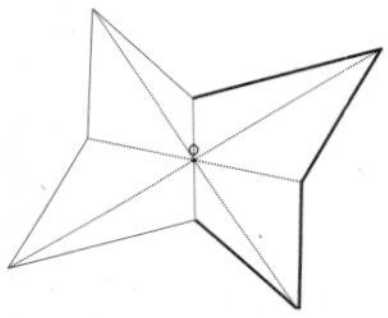

P18

多角形と対称（1）

月　日　名前

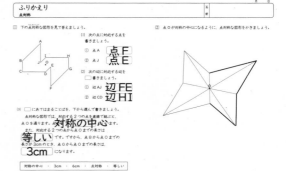

● 下の4つの四角形について，線対称な図形か，点対称な図形か調べて，下の表にまとめましょう。

	線対称 ○×	対称の軸の数	点対称 ○×
平行四辺形	×	0	○
ひし形	○	2	○
長方形	○	2	○
正方形	○	4	○

多角形と対称（2）

月　日　名前

● 下の三角形や正多角形，円について，線対称な図形か，点対称な図形か調べて，下の表にまとめましょう。

	線対称 ○×	対称の軸の数	点対称 ○×
正三角形	○	3	×
正方形	○	4	○
正五角形	○	5	×
正六角形	○	6	○
正七角形	○	7	×
正八角形	○	8	○
円	○	無数	○

P19

ふりかえり 多角形と対称

月　日　名前

1 下の図形は線対称な図形ですか。線対称な図形であれば（ ）に○をつけ，対称の軸をすべてかきましょう。

(1) 平行四辺形（ ）　(2) ひし形（○）　(3) 長方形（○）　(4) 正三角形（○）　(5) 正五角形（○）

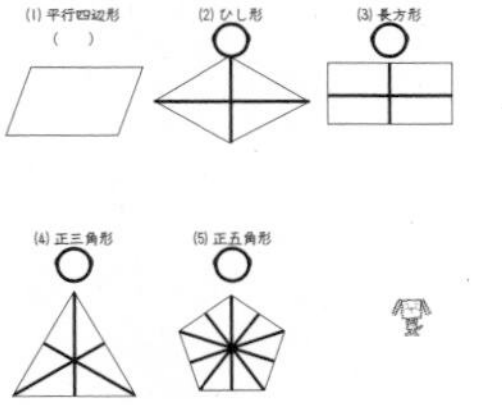

2 下の図形は点対称な図形ですか。点対称な図形であれば（ ）に○をつけ，対称の中心をかきましょう。

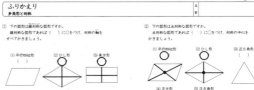

(1) 平行四辺形（○）　(2) ひし形（○）　(3) 正三角形（ ）　(4) 正方形（○）　(5) 正五角形（ ）

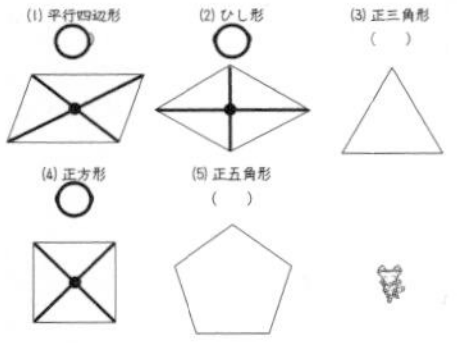

● 円について，調べましょう。

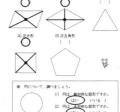

(1) 円は，線対称な図形ですか。（**はい**　いいえ）
(2) 円は，点対称な図形ですか。（**はい**　いいえ）

P20

対称な図形（1）

月　日　名前

● 線対称な図形であれば，線対称を，点対称な図形であれば，点対称を○で囲みましょう。（両方に○がつく場合もあります。）

(1) 地図記号

① 神社（**線対称**　点対称）
② 工場（**線対称**　**点対称**）
③ 寺院（線対称　**点対称**）
④ 小・中学校（**線対称**　点対称）
⑤ 郵便局（**線対称**　点対称）
⑥ 消防署（**線対称**　点対称）

(2) 道路標識

①（**線対称**　点対称）
②（**線対称**　点対称）
③（線対称　**点対称**）
④（**線対称**　**点対称**）

対称な図形（2）

月　日　名前

● 線対称な図形であれば，線対称を，点対称な図形であれば，点対称を○で囲みましょう。（両方に○がつく場合もあります。）

★都道府県のマーク

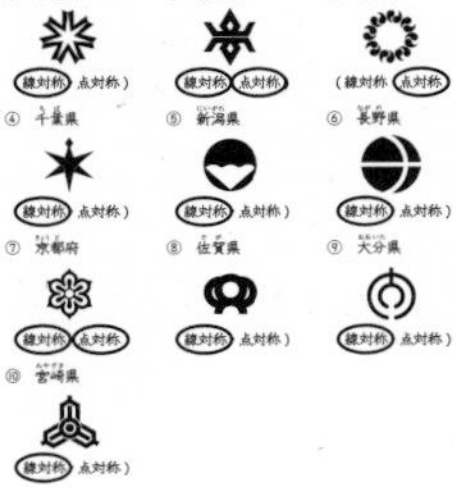

① 北海道（**線対称**　点対称）
② 岩手県（**線対称**　**点対称**）
③ 埼玉県（線対称　**点対称**）
④ 千葉県（**線対称**　点対称）
⑤ 新潟県（**線対称**　点対称）
⑥ 長野県（**線対称**　点対称）
⑦ 京都府（**線対称**　**点対称**）
⑧ 佐賀県（**線対称**　点対称）
⑨ 大分県（**線対称**　点対称）
⑩ 宮崎県（**線対称**　点対称）

P21

対称な図形（テスト）

月　日　名前

[知識・技能]

1 下の線対称な図形を見て答えましょう。(5×3)

(1) AからEにひいた直線を何といいますか。 対称の軸
(2) 点Bと対応する点Hをつないだ直線は直線AEとどのように交わりますか。 垂直
(3) 直線BIが4cmのとき，直線BHは何cmですか。 8 cm

2 下の点対称な図形を見て答えましょう。(5×3)

(1) 図の中に対称の中心をかき入れましょう。
(2) 点Cに対応する点は何ですか。 点 F
(3) 辺AFに対応する辺は何ですか。 辺 DC

3 直線アイを対称の軸とした線対称な図形をかきましょう。(10)

4 点Oを対称の中心とした点対称な図形をかきましょう。(10)

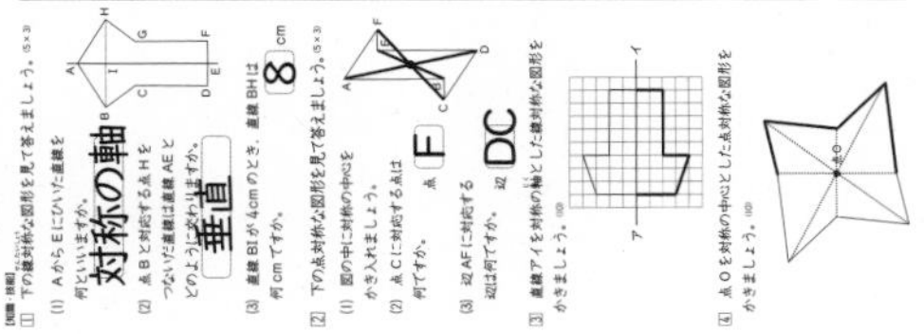

[思考・判断・表現]

5 次の四角形に対称の軸をすべてかきましょう。(5×3)

(1) 正方形　(2) 長方形　(3) ひし形

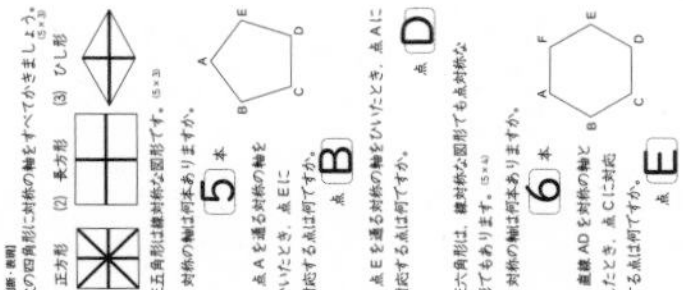

6 正五角形は線対称な図形です。(5×3)

(1) 対称の軸は何本ありますか。 5 本
(2) 点Aを通る対称の軸をひいたとき，点Eに対応する点は何ですか。 点 B
(3) 点Eを通る対称の軸をひいたとき，点Aに対応する点は何ですか。 点 D

7 正六角形は，線対称な図形でも点対称な図形でもあります。(5×4)

(1) 対称の軸は何本ありますか。 6 本
(2) 直線ADを対称の軸としたとき，点Cに対応する点は何ですか。 点 E
(3) 直線BEを対称の軸としたとき，辺EFに対応する辺は何ですか。 辺 ED
(4) 点対称な図形とみたとき，辺EFに対応する辺は何ですか。 辺 BC

解答

児童に実施させる前に，必ず指導される方が問題を解いてください。本書の解答は，あくまでも１つの例です。

P22

算数あそび　対称な図形

1 直線A,B,Cがそれぞれとなりとの線対称の軸になるように，線対称な図形をかきましょう。できたら色もぬってみましょう。

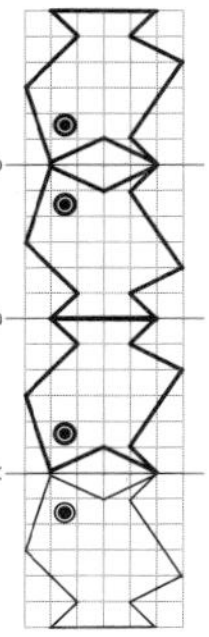

2 点D,E,Fがそれぞれとなりとの対称の中心になるように，点対称な図形をかきましょう。できたら色もぬってみましょう。

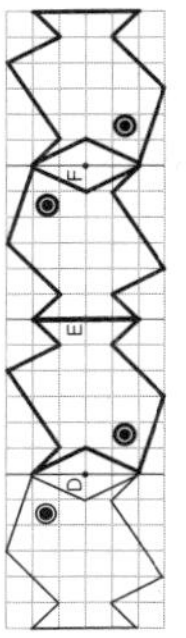

P23

文字と式（1）

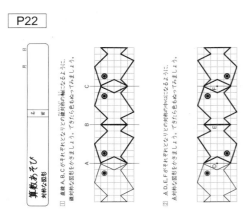

● 縦5cmのテープの面積を求めます。

(1) 図を見て，□に数を入れて，面積を求める式を書きましょう。

5cm・2cm　5×2
5cm・5cm　5×5
5cm・10cm　5×10
5cm・15cm　5×15
5cm・□cm　5×□
5cm・xcm　5×x

(2) xを使って，面積を求める式を書きましょう。　5×x

(3) xが18のときのテープの面積を，式を書いて求めましょう。

式 5×18=90　答え 90cm^2

文字と式（2）

● 1個30円の小さなシュークリームをx個買って，20円の箱に入れます。

(1) 代金を求める式を書きましょう。

1個のとき 30×1＋20
2個のとき 30×2＋20
3個のとき 30×3＋20
x個のとき 30×x＋20

(2) xを使って，代金を求める式を書きましょう。　30×x+20

(3) xが10のときの代金を，式を書いて求めましょう。

式 30×10+20=320　答え 320円

P24

文字と式（3）

● 円の直径xcmと円周ycmの関係を式に表します。□にあてはまる数やxの文字を書きましょう。

(1) 直径が次の長さのときの円周の長さを，式を書いて求めましょう。

1cmのとき 1×3.14＝3.14
2cmのとき 2×3.14＝6.28
10cmのとき 10×3.14＝31.4
xcmのとき x×3.14＝y

(2) 直径をx，円周の長さをyとして，xとyの関係を表した式を書きましょう。　x×3.14=y

(3) 上のxとyの関係を表した式を使って，xの値が5のときのyの値を求めましょう。

式 5×3.14=15.7　答え 15.7

文字と式（4）

● 次の場面のxとyの関係を式に表します。□には，数字やx，yの文字を，○には＋，－，×，÷のどれかを書きましょう。

(1) 150ページある本をxページ読むと，残りはyページになります。　150－x＝y

(2) 18dLのお茶をx人で同じように分けると，1人分はydLになります。　18÷x＝y

(3) 1個100円のドーナツをx個買ったときの代金はy円です。　100×x＝y

(4) 1100gのランドセルに，xgの教科書を入れたときの全体の重さはygです。　1100＋x＝y

P25

文字と式（5）

1 1個200円のりんごをx個買って，100円のかごに入れます。

(1) xを使って，代金を求める式を書きましょう。　200×x＋100

(2) りんごを次の個数買うときの代金を，(1)で作った式を使って求めましょう。

① 2個のとき　200×2+100=500　答え 500円

② 10個のとき　200×10+100=2100　答え 2100円

2 1本500gのペットボトルをx本買って，70gの箱に入れます。

(1) xを使って，重さの合計を求める式を書きましょう。　500×x＋70

(2) ペットボトルが3本のときの，重さの合計を求めましょう。

式 500×3+70=1570　答え 1570g

文字と式（6）

1 次の①～④の式に表された場面を，下の㋐～㋓の文章から選んで記号を□に書きましょう。

① 80＋x＝y　㋑
② 80－x＝y　㋓
③ 80×x＝y　㋐
④ 80÷x＝y　㋒

㋐ 1枚80円のクッキーをx枚買うと，代金はy円になります。
㋑ 男の子が80人，女の子がx人います。全部でy人います。
㋒ 80個のみかんをx人で等しく分けると，1人分はy個になります。
㋓ 計算問題が80問あります。x問解くと，残りはy問になります。

2 次の場面のxとyの関係を式に表しましょう。

(1) 針金が30cmあります。xcm使うと，残りはycmです。　30－x=y

(2) 1辺の長さがxcmの正方形のまわりの長さはycmです。　x×4=y

P26

文字と式（7）

● xの値を求めましょう。

(1) x＋7＝35　x=28
(2) x－3＝52　x=55
(3) x×8＝48　x=6
(4) 12×x＝84　x=7
(5) x÷9＝4　x=36

文字と式（8）

● xの値を求めましょう。

(1) x×6＋2＝26　x=4
(2) x×3－8＝19　x=9
(3) x×7＋46＝60　x=2
(4) x×12＋39＝135　x=8
(5) x×1.6－3＝5　x=5

P27

文字と式（9）

● 文ぼう具の買い物をしました。絵を見て(1)～(4)の式が何を表しているか，ことばで説明しましょう。

えん筆 1本 x円　ノート 1冊 120円　消しゴム 1個 40円　セロハンテープ 1個 170円

(1) x×8　えん筆8本の代金

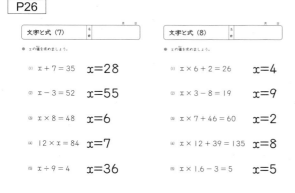

(2) x×3＋120＋40　えん筆3本と，ノート1冊と，消しゴム1個の代金

(3) x＋40＋170　えん筆1本と,消しゴム1個と，セロハンテープ1個の代金

(4) x×5＋120　えん筆5本と，ノート1冊の代金

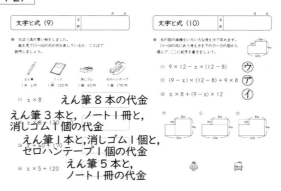

文字と式（10）

● 右の図の面積をいろいろな考え方で求めます。(1)～(3)の式にあう考え方を下の㋐～㋒の図から選んで，□に記号を書きましょう。

(1) 9×12－x×(12－8)　㋒
(2) (9－x)×(12－8)＋9×8　㋐
(3) x×8＋(9－x)×12　㋑

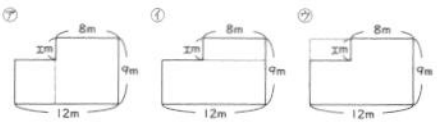

P28

ふりかえり　文字と式

1 1個50円のチョコレートがあります。

(1) このチョコレートをx個買ったときの代金y円を求める式を書きましょう。　50×x=y

(2) xが次の数のときの代金を求めましょう。

① xが5のとき　式 50×5=250　答え 250円

② xが12のとき　式 50×12=600　答え 600円

2 次の場面のxとyの関係を式に表しましょう。

(1) お茶が500mLあります。xmL飲むと，残りはymLになります。　500－x=y

(2) 1mが210円のテープをxm買うと，代金はy円です。　210×x=y

(3) xgのかんづめを100gの箱に入れます。全部でygになります。　x+100=y

3 次の式になる場合を下の㋐，㋑，㋒から選んで，記号を□に書きましょう。

(1) x+40=y　㋐　(2) x−40=y　㋒　(3) x×40=y　㋑

㋐ おにぎりがx個あります。40個作ると，全部でy個になります。
㋑ 縦xcm，横40cmの長方形の面積は，ycm^{2}です。
㋒ 子どもがx人遊んでいます。40人帰ると，残りはy人になります。

4 xの値を求めましょう。

(1) x＋42＝81　x=39
(2) x－3.2＝1.8　x=5
(3) x×25＝200　x=8
(4) x×6＋4＝28　x=4

P29

文字と式（テスト）

1 xとyの関係を式で表し，yの値を求めましょう。

(1) 1本x円のえん筆を6本買ったときの代金はy円です。　x×6=y

(2) xの値が次のときのyの値を求めましょう。
① xの値が80　480
② xの値が110　660

2 xとyの関係を式で表し，xの値を求めましょう。

(1) 1個x円のあめ5個と，100円のジュースを買うと，代金はy円です。　x×5+100=y

(2) yの値が次のときのxの値を求めましょう。
① yの値が200　20
② yの値が250　30

3 xの値を求めましょう。

(1) x＋7＝15　8
(2) x－7＝15　22
(3) 24×x＝120　5
(4) x÷4.8＝5　24

4 絵を見て，下の式が何を表しているかことばで説明しましょう。

あめ x円　ドーナツ 90円　ガム 70円

(1) x×6　あめ6個の代金
(2) x×4＋90　あめ4個と，ドーナツ1個の代金
(3) x×3＋70×2　あめ3個と，ガム2個の代金
(4) x＋90×3＋70　あめ1個と，ドーナツ3個と，ガム1個の代金

5 次の(1)～(3)の式に表される場面を，下の㋐～㋒から選んで，記号を□に書きましょう。

(1) x＋80＝y　㋑　(2) x－80＝y　㋐　(3) x×80＝y　㋒

㋐ 折り紙をx枚持っていましたが，80枚使ったのでy枚になりました。
㋑ x円のジュースと，80円のおかしを買うと，代金はy円になりました。
㋒ 1枚x円の画用紙があります。それを80枚買うと，y円になります。

6 右の図のような形をした畑があります。下の(1)～(3)の式は畑の面積をくふうして求めたものです。それぞれの式はどのように考えたのでしょうか。合う図を右のあ～うから選んで，記号を□に書きましょう。

(1) (8－x)×4＋x×10　い
(2) 8×10－(8－x)×(10－4)　う
(3) 8×4＋x×(10－4)　あ

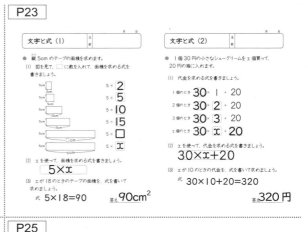

（解答は，200 ～ 300%に拡大してお使い下さい。）

P30

算数あそび 文字と式

月　日　名前

● xの箱1個の中には何が入っているでしょうか。下の㋐～㋓から選んで，記号を書きましょう。（箱の重さは考えないことにします。）

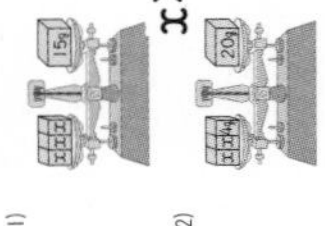

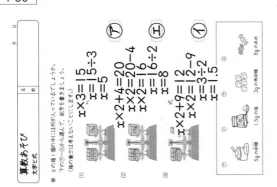

(1) 式 $x \times 3 = 15$
$x = 15 \div 3$
$x = 5$　　㋐

(2) 式 $x \times 2 + 4 = 20$
$x \times 2 = 20 - 4$
$x \times 2 = 16$
$x = 16 \div 2$
$x = 8$　　㋓

(3) 式 $x \times 2 + 9 = 12$
$x \times 2 = 12 - 9$
$x = 3 \div 2$
$x = 1.5$　　㋑

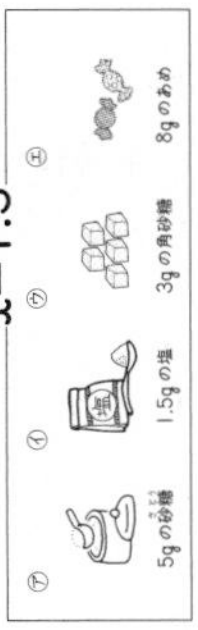

P31

分数のかけ算（1）（分数×整数）約分なし

● 次の計算をしましょう。

① $\frac{3}{8} \times 3$　$\frac{9}{8}\left(1\frac{1}{8}\right)$
② $\frac{1}{6} \times 7$　$\frac{7}{6}\left(1\frac{1}{6}\right)$
③ $\frac{4}{9} \times 2$　$\frac{8}{9}$
④ $\frac{2}{3} \times 4$　$\frac{8}{3}\left(2\frac{2}{3}\right)$
⑤ $\frac{6}{5} \times 6$　$\frac{36}{5}\left(7\frac{1}{5}\right)$
⑥ $\frac{7}{4} \times 9$　$\frac{63}{4}\left(15\frac{3}{4}\right)$

分数のかけ算（2）（真分数×整数）約分あり

● 次の計算をしましょう。

① $\frac{2}{5} \times 10$　4
② $\frac{7}{10} \times 5$　$\frac{7}{2}\left(3\frac{1}{2}\right)$
③ $\frac{4}{7} \times 14$　8
④ $\frac{1}{6} \times 3$　$\frac{1}{2}$
⑤ $\frac{3}{4} \times 2$　$\frac{3}{2}\left(1\frac{1}{2}\right)$

P32

分数のかけ算（3）（仮分数×整数）約分あり

● 次の計算をしましょう。

① $\frac{10}{3} \times 9$　30
② $\frac{9}{8} \times 2$　$\frac{9}{4}\left(2\frac{1}{4}\right)$
③ $\frac{6}{5} \times 15$　18
④ $\frac{5}{2} \times 4$　10
⑤ $\frac{7}{6} \times 2$　$\frac{7}{3}\left(2\frac{1}{3}\right)$

分数のかけ算（4）（分数×整数）約分あり・なし

● 次の計算をしましょう。

① $\frac{5}{4} \times 3$　$\frac{15}{4}\left(3\frac{3}{4}\right)$
② $\frac{11}{10} \times 5$　$\frac{11}{2}\left(5\frac{1}{2}\right)$
③ $\frac{1}{2} \times 2$　1
④ $\frac{4}{13} \times 3$　$\frac{12}{13}$
⑤ $\frac{5}{3} \times 6$　10

P33

分数のかけ算（5）（分数×整数）約分なし

● 次の計算をしましょう。

① $\frac{6}{7} \times 6$　$\frac{36}{7}\left(5\frac{1}{7}\right)$　② $\frac{3}{5} \times 4$　$\frac{12}{5}\left(2\frac{2}{5}\right)$
③ $\frac{9}{10} \times 3$　$\frac{27}{10}\left(2\frac{7}{10}\right)$　④ $\frac{5}{13} \times 2$　$\frac{10}{13}$
⑤ $\frac{8}{11} \times 2$　$\frac{16}{11}\left(1\frac{5}{11}\right)$　⑥ $\frac{10}{7} \times 3$　$\frac{30}{7}\left(4\frac{2}{7}\right)$
⑦ $\frac{9}{2} \times 5$　$\frac{45}{2}\left(22\frac{1}{2}\right)$　⑧ $\frac{3}{4} \times 5$　$\frac{15}{4}\left(3\frac{3}{4}\right)$
⑨ $\frac{1}{3} \times 7$　$\frac{7}{3}\left(2\frac{1}{3}\right)$　⑩ $\frac{7}{8} \times 9$　$\frac{63}{8}\left(7\frac{7}{8}\right)$

分数のかけ算（6）（分数×整数）約分あり

● 次の計算をしましょう。

① $\frac{5}{2} \times 8$　20　② $\frac{4}{15} \times 10$　$\frac{8}{3}\left(2\frac{2}{3}\right)$
③ $\frac{5}{4} \times 2$　$\frac{5}{2}\left(2\frac{1}{2}\right)$　④ $\frac{7}{6} \times 6$　7
⑤ $\frac{1}{7} \times 14$　2　⑥ $\frac{5}{3} \times 9$　15
⑦ $\frac{3}{10} \times 6$　$\frac{9}{5}\left(1\frac{4}{5}\right)$　⑧ $\frac{8}{5} \times 5$　8
⑨ $\frac{7}{8} \times 4$　$\frac{7}{2}\left(3\frac{1}{2}\right)$　⑩ $\frac{13}{9} \times 3$　$\frac{13}{3}\left(4\frac{1}{3}\right)$

P34

分数のかけ算（7）（分数×整数）約分あり・なし

● 次の計算をしましょう。

① $\frac{2}{5} \times 3$　$\frac{6}{5}\left(1\frac{1}{5}\right)$　② $\frac{9}{2} \times 8$　36
③ $\frac{1}{4} \times 5$　$\frac{5}{4}\left(1\frac{1}{4}\right)$　④ $\frac{7}{9} \times 3$　$\frac{7}{3}\left(2\frac{1}{3}\right)$
⑤ $\frac{3}{8} \times 8$　3　⑥ $\frac{3}{7} \times 2$　$\frac{6}{7}$
⑦ $\frac{1}{9} \times 3$　$\frac{1}{3}$　⑧ $\frac{5}{6} \times 3$　$\frac{5}{2}\left(2\frac{1}{2}\right)$
⑨ $\frac{8}{3} \times 9$　24　⑩ $\frac{13}{10} \times 4$　$\frac{26}{5}\left(5\frac{1}{5}\right)$

分数のかけ算（8）（分数×整数）約分あり・なし

● 次の計算をしましょう。

① $\frac{9}{8} \times 8$　9　② $\frac{3}{4} \times 10$　$\frac{15}{2}\left(7\frac{1}{2}\right)$
③ $\frac{1}{12} \times 7$　$\frac{7}{12}$　④ $\frac{3}{2} \times 10$　15
⑤ $\frac{9}{7} \times 14$　18　⑥ $\frac{8}{5} \times 4$　$\frac{32}{5}\left(6\frac{2}{5}\right)$
⑦ $\frac{1}{10} \times 15$　$\frac{3}{2}\left(1\frac{1}{2}\right)$　⑧ $\frac{5}{9} \times 2$　$\frac{10}{9}\left(1\frac{1}{9}\right)$
⑨ $\frac{11}{6} \times 9$　$\frac{33}{2}\left(16\frac{1}{2}\right)$　⑩ $\frac{17}{3} \times 12$　68

P35

ふりかえり 分数のかけ算①

● 次の計算をしましょう。

① $\frac{11}{8} \times 4$　$\frac{11}{2}\left(5\frac{1}{2}\right)$　⑥ $\frac{2}{3} \times 5$　$\frac{10}{3}\left(3\frac{1}{3}\right)$　⑪ $\frac{2}{5} \times 20$　8　⑯ $\frac{1}{10} \times 7$　$\frac{7}{10}$
② $\frac{1}{2} \times 3$　$\frac{3}{2}\left(1\frac{1}{2}\right)$　⑦ $\frac{4}{9} \times 3$　$\frac{4}{3}\left(1\frac{1}{3}\right)$　⑫ $\frac{1}{6} \times 7$　$\frac{7}{6}\left(1\frac{1}{6}\right)$　⑰ $\frac{5}{16} \times 4$　$\frac{5}{4}\left(1\frac{1}{4}\right)$
③ $\frac{8}{3} \times 2$　$\frac{16}{3}\left(5\frac{1}{3}\right)$　⑧ $\frac{2}{15} \times 5$　$\frac{2}{3}$　⑬ $\frac{11}{4} \times 12$　33　⑱ $\frac{7}{6} \times 5$　$\frac{35}{6}\left(5\frac{5}{6}\right)$
④ $\frac{1}{4} \times 4$　1　⑨ $\frac{4}{5} \times 4$　$\frac{16}{5}\left(3\frac{1}{5}\right)$　⑭ $\frac{3}{20} \times 5$　$\frac{3}{4}$　⑲ $\frac{5}{8} \times 6$　$\frac{15}{4}\left(3\frac{3}{4}\right)$
⑤ $\frac{2}{7} \times 3$　$\frac{6}{7}$　⑩ $\frac{5}{12} \times 5$　$\frac{25}{12}\left(2\frac{1}{12}\right)$　⑮ $\frac{4}{3} \times 8$　$\frac{32}{3}\left(10\frac{2}{3}\right)$　⑳ $\frac{5}{4} \times 12$　15

P36

ふりかえり 分数のかけ算②

● 次の計算をしましょう。

① $\frac{11}{6} \times 3$　$\frac{11}{2}\left(5\frac{1}{2}\right)$　⑥ $\frac{1}{5} \times 3$　$\frac{3}{5}$　⑪ $\frac{5}{14} \times 2$　$\frac{5}{7}$　⑯ $\frac{7}{8} \times 5$　$\frac{35}{8}\left(4\frac{3}{8}\right)$
② $\frac{7}{10} \times 3$　$\frac{21}{10}\left(2\frac{1}{10}\right)$　⑦ $\frac{3}{5} \times 10$　6　⑫ $\frac{9}{4} \times 12$　27　⑰ $\frac{5}{6} \times 7$　$\frac{35}{6}\left(5\frac{5}{6}\right)$
③ $\frac{9}{5} \times 2$　$\frac{18}{5}\left(3\frac{3}{5}\right)$　⑧ $\frac{2}{7} \times 7$　2　⑬ $\frac{5}{8} \times 3$　$\frac{15}{8}\left(1\frac{7}{8}\right)$　⑱ $\frac{2}{3} \times 6$　4
④ $\frac{9}{5} \times 10$　18　⑨ $\frac{5}{4} \times 5$　$\frac{25}{4}\left(6\frac{1}{4}\right)$　⑭ $\frac{2}{9} \times 6$　$\frac{4}{3}\left(1\frac{1}{3}\right)$　⑲ $\frac{9}{10} \times 7$　$\frac{63}{10}\left(6\frac{3}{10}\right)$
⑤ $\frac{5}{12} \times 9$　$\frac{15}{4}\left(3\frac{3}{4}\right)$　⑩ $\frac{9}{2} \times 3$　$\frac{27}{2}\left(13\frac{1}{2}\right)$　⑮ $\frac{2}{11} \times 2$　$\frac{4}{11}$　⑳ $\frac{1}{5} \times 25$　5

P37

算数あそび 分数×整数

月　日　名前

● ①～⑩の計算をして，答えの大きい方へ進みましょう。

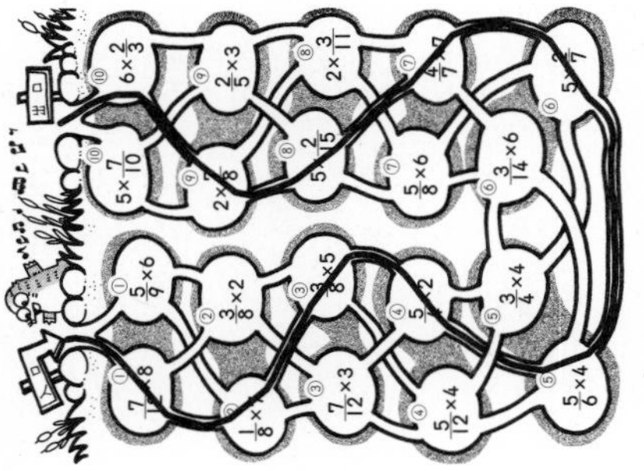

解答 児童に実施させる前に，必ず指導される方が問題を解いてください。本書の解答は，あくまでも１つの例です。

P38

分数のわり算 (1)
（分数÷整数）約分なし　名前　月　日

● 次の計算をしましょう。

① $\frac{1}{4}\div5$　$\frac{1}{20}$
② $\frac{11}{6}\div2$　$\frac{11}{12}$
③ $\frac{7}{2}\div4$　$\frac{7}{8}$
④ $\frac{8}{3}\div5$　$\frac{8}{15}$
⑤ $\frac{5}{8}\div6$　$\frac{5}{48}$
⑥ $\frac{2}{5}\div7$　$\frac{2}{35}$

分数のわり算 (2)
（真分数÷整数）約分あり　名前　月　日

● 次の計算をしましょう。

① $\frac{4}{5}\div6$　$\frac{2}{15}$
② $\frac{6}{7}\div2$　$\frac{3}{7}$
③ $\frac{7}{10}\div7$　$\frac{1}{10}$
④ $\frac{3}{4}\div9$　$\frac{1}{12}$
⑤ $\frac{8}{15}\div2$　$\frac{4}{15}$

P39

分数のわり算 (3)
（仮分数÷整数）約分あり　名前　月　日

● 次の計算をしましょう。

① $\frac{5}{2}\div10$　$\frac{1}{4}$
② $\frac{10}{3}\div5$　$\frac{2}{3}$
③ $\frac{9}{4}\div6$　$\frac{3}{8}$
④ $\frac{12}{7}\div4$　$\frac{3}{7}$
⑤ $\frac{14}{5}\div7$　$\frac{2}{5}$

分数のわり算 (4)
（分数÷整数）約分あり・なし　名前　月　日

● 次の計算をしましょう。

① $\frac{5}{6}\div3$　$\frac{5}{18}$
② $\frac{3}{2}\div6$　$\frac{1}{4}$
③ $\frac{3}{4}\div2$　$\frac{3}{8}$
④ $\frac{2}{7}\div4$　$\frac{1}{14}$

P40

分数のわり算 (5)
（分数÷整数）約分なし　名前　月　日

● 次の計算をしましょう。

① $\frac{3}{7}\div2$　$\frac{3}{14}$　② $\frac{2}{9}\div3$　$\frac{2}{27}$
③ $\frac{5}{2}\div4$　$\frac{5}{8}$　④ $\frac{3}{4}\div8$　$\frac{3}{32}$
⑤ $\frac{1}{3}\div5$　$\frac{1}{15}$　⑥ $\frac{3}{5}\div2$　$\frac{3}{10}$
⑦ $\frac{5}{4}\div6$　$\frac{5}{24}$　⑧ $\frac{1}{2}\div4$　$\frac{1}{8}$
⑨ $\frac{1}{6}\div3$　$\frac{1}{18}$　⑩ $\frac{3}{8}\div7$　$\frac{3}{56}$

分数のわり算 (6)
（分数÷整数）約分あり　名前　月　日

● 次の計算をしましょう。

① $\frac{15}{2}\div3$　$\frac{5}{2}\left(2\frac{1}{2}\right)$　② $\frac{2}{3}\div4$　$\frac{1}{6}$
③ $\frac{14}{5}\div2$　$\frac{7}{5}\left(1\frac{2}{5}\right)$　④ $\frac{5}{3}\div5$　$\frac{1}{3}$
⑤ $\frac{5}{6}\div10$　$\frac{1}{12}$　⑥ $\frac{10}{7}\div2$　$\frac{5}{7}$
⑦ $\frac{9}{2}\div3$　$\frac{3}{2}\left(1\frac{1}{2}\right)$　⑧ $\frac{3}{5}\div9$　$\frac{1}{15}$

P41

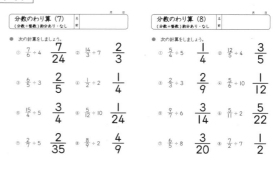

分数のわり算 (7)
（分数÷整数）約分あり・なし　名前　月　日

● 次の計算をしましょう。

① $\frac{7}{6}\div4$　$\frac{7}{24}$　② $\frac{14}{3}\div7$　$\frac{2}{3}$
③ $\frac{6}{5}\div3$　$\frac{2}{5}$　④ $\frac{1}{2}\div2$　$\frac{1}{4}$
⑤ $\frac{15}{4}\div5$　$\frac{3}{4}$　⑥ $\frac{5}{12}\div10$　$\frac{1}{24}$
⑦ $\frac{2}{7}\div5$　$\frac{2}{35}$　⑧ $\frac{8}{9}\div2$　$\frac{4}{9}$

分数のわり算 (8)
（分数÷整数）約分あり・なし　名前　月　日

● 次の計算をしましょう。

① $\frac{5}{4}\div5$　$\frac{1}{4}$　② $\frac{12}{5}\div4$　$\frac{3}{5}$
③ $\frac{2}{3}\div3$　$\frac{2}{9}$　④ $\frac{5}{6}\div10$　$\frac{1}{12}$
⑤ $\frac{9}{7}\div6$　$\frac{3}{14}$　⑥ $\frac{5}{11}\div2$　$\frac{5}{22}$
⑦ $\frac{6}{5}\div8$　$\frac{3}{20}$　⑧ $\frac{7}{2}\div7$　$\frac{1}{2}$

P42

ふりかえり
分数のわり算 ①　名前　月　日

● 次の計算をしましょう。

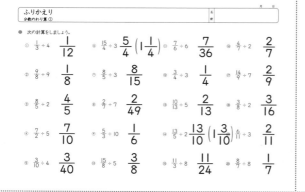

① $\frac{1}{3}\div4$　$\frac{1}{12}$　⑥ $\frac{15}{4}\div3$　$\frac{5}{4}\left(1\frac{1}{4}\right)$　⑪ $\frac{7}{6}\div6$　$\frac{7}{36}$　⑯ $\frac{4}{7}\div2$　$\frac{2}{7}$
② $\frac{9}{8}\div9$　$\frac{1}{8}$　⑦ $\frac{8}{5}\div3$　$\frac{8}{15}$　⑫ $\frac{3}{4}\div3$　$\frac{1}{4}$　⑰ $\frac{14}{9}\div7$　$\frac{2}{9}$
③ $\frac{8}{5}\div2$　$\frac{4}{5}$　⑧ $\frac{2}{7}\div7$　$\frac{2}{49}$　⑬ $\frac{10}{13}\div5$　$\frac{2}{13}$　⑱ $\frac{3}{8}\div2$　$\frac{3}{16}$
④ $\frac{7}{2}\div5$　$\frac{7}{10}$　⑨ $\frac{5}{3}\div10$　$\frac{1}{6}$　⑭ $\frac{13}{5}\div2$　$\frac{13}{10}\left(1\frac{3}{10}\right)$　⑲ $\frac{6}{11}\div3$　$\frac{2}{11}$
⑤ $\frac{3}{10}\div4$　$\frac{3}{40}$　⑩ $\frac{15}{8}\div5$　$\frac{3}{8}$　⑮ $\frac{11}{3}\div8$　$\frac{11}{24}$　⑳ $\frac{8}{7}\div8$　$\frac{1}{7}$

P43

ふりかえり
分数のわり算 ②　名前　月　日

● 次の計算をしましょう。

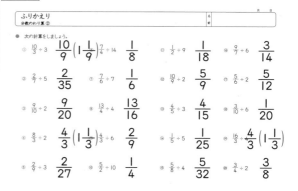

① $\frac{10}{3}\div3$　$\frac{10}{9}\left(1\frac{1}{9}\right)$　⑥ $\frac{7}{4}\div14$　$\frac{1}{8}$　⑪ $\frac{1}{2}\div9$　$\frac{1}{18}$　⑯ $\frac{9}{7}\div6$　$\frac{3}{14}$
② $\frac{2}{7}\div5$　$\frac{2}{35}$　⑦ $\frac{7}{6}\div7$　$\frac{1}{6}$　⑫ $\frac{10}{9}\div2$　$\frac{5}{9}$　⑰ $\frac{5}{6}\div2$　$\frac{5}{12}$
③ $\frac{9}{10}\div2$　$\frac{9}{20}$　⑧ $\frac{13}{4}\div4$　$\frac{13}{16}$　⑬ $\frac{4}{5}\div3$　$\frac{4}{15}$　⑱ $\frac{3}{10}\div6$　$\frac{1}{20}$
④ $\frac{8}{3}\div2$　$\frac{4}{3}\left(1\frac{1}{3}\right)$　⑨ $\frac{4}{3}\div6$　$\frac{2}{9}$　⑭ $\frac{1}{5}\div5$　$\frac{1}{25}$　⑲ $\frac{16}{3}\div4$　$\frac{4}{3}\left(1\frac{1}{3}\right)$
⑤ $\frac{2}{9}\div3$　$\frac{2}{27}$　⑩ $\frac{5}{2}\div10$　$\frac{1}{4}$　⑮ $\frac{5}{8}\div4$　$\frac{5}{32}$　⑳ $\frac{3}{4}\div2$　$\frac{3}{8}$

P44

算数あそび
分数のわり算（÷整数）　名前　月　日

● 計算をして，答えの大きい方へ進んで，ゴールまで行きましょう。

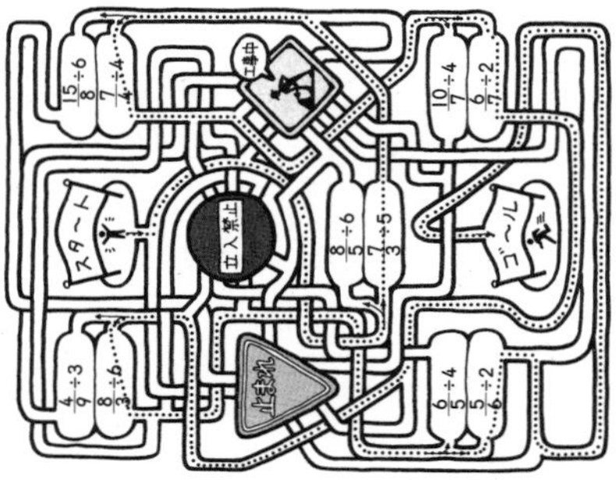

P45

分数のかけ算・わり算 (1)
（分数×(÷)整数）文章題　名前　月　日

1 ジュース１Lの中に砂糖が $\frac{1}{10}$kg入っています。このジュース８Lの中には，何kgのさとうが入っていますか。

式 $\frac{1}{10}\times8=\frac{4}{5}$　答え $\frac{4}{5}$kg

2 １mの重さが２kgの鉄の棒があります。この鉄の棒 $\frac{4}{5}$kgは，何mですか。

式 $\frac{4}{5}\div2=\frac{2}{5}$　答え $\frac{2}{5}$m

3 縦 $\frac{17}{6}$m，横６mの長方形の畑があります。この畑の面積は何 m^2 ですか。

式 $\frac{17}{6}\times6=17$　答え $17m^2$

4 ５Lの重さが $\frac{9}{2}$kgの油があります。この油１Lの重さは何kgですか。

式 $\frac{9}{2}\div5=\frac{9}{10}$　答え $\frac{9}{10}$kg

分数のかけ算・わり算 (2)
（分数×(÷)整数）文章題　名前　月　日

1 １mの重さが $\frac{3}{8}$kgのホースがあります。このホース12mの重さは何kgになりますか。

式 $\frac{3}{8}\times12=\frac{9}{2}\left(4\frac{1}{2}\right)$　答え $\frac{9}{2}\left(4\frac{1}{2}\right)$kg

2 $\frac{10}{7}$Lのジュースを４つのコップに同じ量ずつ分けました。１つのコップは何Lになりますか。

式 $\frac{10}{7}\div4=\frac{5}{14}$　答え $\frac{5}{14}$L

3 底辺が $\frac{16}{3}$cm，高さが３cmの平行四辺形の面積を求めましょう。

式 $\frac{16}{3}\times3=16$　答え $16cm^2$

4 $\frac{15}{4}m^2$ の長方形の布を同じ広さになるように10枚に切りました。１枚の広さは何 m^2 になりますか。

式 $\frac{15}{4}\div10=\frac{3}{8}$　答え $\frac{3}{8}m^2$

（解答は，200～300%に拡大してお使い下さい。）

P46

分数のかけ算・わり算（テスト）

1 次の計算をしましょう。

(1) $\frac{5}{7}\times 3$ $\frac{15}{7}$ $\left(2\frac{1}{7}\right)$

(2) $\frac{4}{15}\times 10$ $\frac{8}{3}$ $\left(2\frac{2}{3}\right)$

(3) $\frac{7}{12}\times 18$ $\frac{21}{2}$ $\left(10\frac{1}{2}\right)$

(4) $\frac{20}{9}\times 27$ 60

(5) $1\frac{4}{15}\times 6$ $\frac{38}{5}$ $\left(7\frac{3}{5}\right)$

(6) $\frac{1}{3}\div 4$ $\frac{1}{12}$

(7) $\frac{4}{7}\div 12$ $\frac{1}{21}$

(8) $\frac{10}{3}\div 15$ $\frac{2}{9}$

(9) $3\frac{3}{7}\div 18$ $\frac{4}{21}$

(10) $\frac{10}{11}\div 14$ $\frac{3}{22}$

2 1本が$3\frac{2}{3}$kgの鉄パイプがあります。この鉄パイプ9本では何kgになりますか。
式 $3\frac{2}{3}\times 9=33$ 答え 33kg

3 $\frac{8}{9}$Lのジュースを4人で同じように分けます。1人分は何Lになりますか。
式 $\frac{8}{9}\div 4=\frac{2}{9}$ 答え $\frac{2}{9}$L

4 4Lが$\frac{9}{2}$kgのジュースがあります。このジュース1Lの重さは何kgですか。
式 $\frac{9}{2}\div 4=\frac{9}{8}$ 答え $\frac{9}{8}\left(1\frac{1}{8}\right)$kg

5 1mが3gの針金があります。この針金$4\frac{1}{2}$gでは，何mになりますか。
式 $4\frac{1}{2}\div 3=\frac{3}{2}$ 答え $\frac{3}{2}\left(1\frac{1}{2}\right)$m

6 面積が$6\frac{2}{5}$m²の長方形の花だんを作ります。横の長さを8mにすると，縦の長さは何mになりますか。
式 $6\frac{2}{5}\div 8=\frac{4}{5}$ 答え $\frac{4}{5}$m

P47

算数あそび 分数のかけ算・わり算①

● 計算をして，あみだくじをしましょう。答えをたどりついた□に書きましょう。

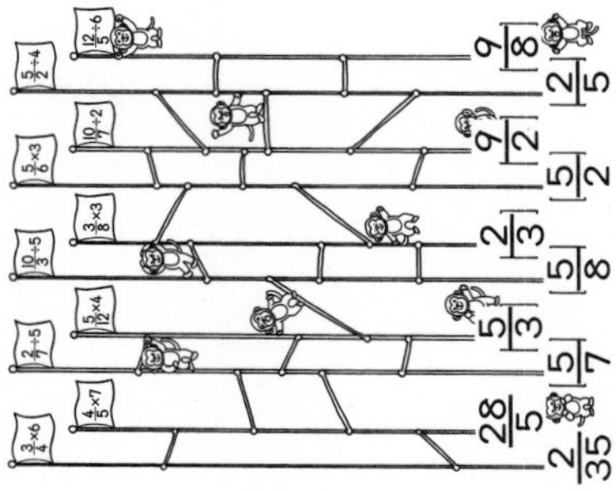

$\frac{2}{35}$　$\frac{28}{5}$　$\frac{5}{7}$　$\frac{5}{3}$　$\frac{5}{8}$　$\frac{2}{3}$　$\frac{5}{2}$　$\frac{9}{2}$　$\frac{2}{5}$　$\frac{9}{8}$

P48

算数あそび 分数のかけ算・わり算②

● 次の計算をして，答えの大きい方へ進み，ゴールまで行きましょう。通った方の答えを□に書きましょう。

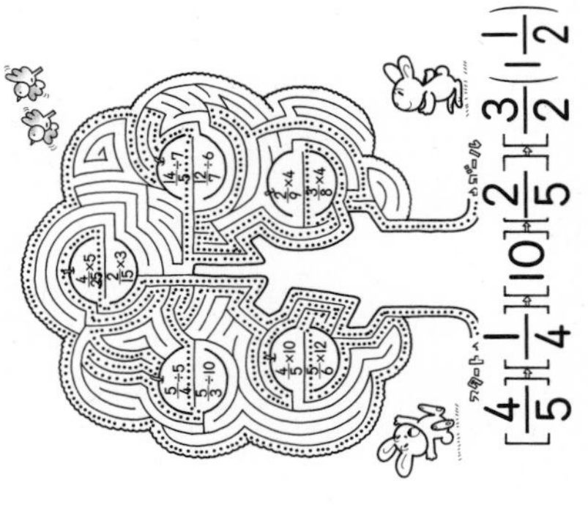

$\frac{4}{5}$　$\frac{1}{4}$　10　$\frac{2}{5}$　$\frac{3}{2}\left(1\frac{1}{2}\right)$

P49

分数のかけ算 (1) 約分なし

● 次の計算をしましょう。

① $\frac{3}{5}\times\frac{4}{7}$ $\frac{12}{35}$

② $\frac{1}{2}\times\frac{3}{4}$ $\frac{3}{8}$

③ $\frac{2}{3}\times\frac{2}{5}$ $\frac{4}{15}$

④ $\frac{7}{4}\times\frac{1}{3}$ $\frac{7}{12}$

⑤ $\frac{7}{2}\times\frac{5}{3}$ $\frac{35}{6}$ $\left(5\frac{5}{6}\right)$

⑥ $\frac{5}{8}\times\frac{3}{2}$ $\frac{15}{16}$

分数のかけ算 (2) （真分数）約分あり

● 次の計算をしましょう。

① $\frac{3}{4}\times\frac{2}{5}$ $\frac{3}{10}$

② $\frac{3}{10}\times\frac{5}{6}$ $\frac{1}{4}$

③ $\frac{5}{9}\times\frac{3}{5}$ $\frac{1}{3}$

④ $\frac{5}{6}\times\frac{3}{8}$ $\frac{5}{16}$

⑤ $\frac{5}{8}\times\frac{4}{7}$ $\frac{5}{14}$

P50

分数のかけ算 (3) （真分数と仮分数）約分あり・なし

● 次の計算をしましょう。

① $\frac{9}{8}\times\frac{12}{5}$ $\frac{27}{10}$ $\left(2\frac{7}{10}\right)$

② $\frac{2}{7}\times\frac{5}{3}$ $\frac{10}{21}$

③ $\frac{7}{4}\times\frac{1}{3}$ $\frac{7}{12}$

④ $\frac{4}{9}\times\frac{18}{7}$ $\frac{8}{7}$ $\left(1\frac{1}{7}\right)$

⑤ $\frac{7}{6}\times\frac{3}{14}$ $\frac{1}{4}$

分数のかけ算 (4) （真分数と仮分数）約分あり・なし

● 次の計算をしましょう。

① $\frac{9}{2}\times\frac{2}{9}$ 1

② $\frac{10}{7}\times\frac{14}{5}$ 4

③ $\frac{5}{6}\times\frac{9}{10}$ $\frac{3}{4}$

④ $\frac{2}{3}\times\frac{7}{5}$ $\frac{14}{15}$

⑤ $\frac{7}{20}\times\frac{3}{2}$ $\frac{21}{40}$

P51

分数のかけ算 (5) （整数×分数）約分あり

● 次の計算をしましょう。

① $3\times\frac{5}{6}$ $\frac{5}{2}$ $\left(2\frac{1}{2}\right)$

② $4\times\frac{9}{2}$ 18

③ $6\times\frac{7}{10}$ $\frac{21}{5}$ $\left(4\frac{1}{5}\right)$

④ $2\times\frac{5}{12}$ $\frac{5}{6}$

⑤ $5\times\frac{2}{5}$ 2

分数のかけ算 (6) 帯分数

● 次の計算をしましょう。

① $\frac{2}{3}\times 1\frac{5}{6}$ $\frac{11}{9}$ $\left(1\frac{2}{9}\right)$

② $1\frac{3}{4}\times\frac{2}{7}$ $\frac{1}{2}$

③ $1\frac{3}{5}\times 1\frac{7}{8}$ 3

④ $1\frac{1}{2}\times 1\frac{1}{3}$ 2

P52

分数のかけ算 (7) 約分なし

● 次の計算をしましょう。

① $\frac{3}{2}\times\frac{5}{7}$ $\frac{15}{14}$ $\left(1\frac{1}{14}\right)$　② $\frac{9}{5}\times\frac{3}{8}$ $\frac{27}{40}$

③ $\frac{2}{7}\times\frac{10}{3}$ $\frac{20}{21}$　④ $\frac{1}{4}\times\frac{5}{6}$ $\frac{5}{24}$

⑤ $\frac{3}{5}\times\frac{7}{10}$ $\frac{21}{50}$　⑥ $\frac{5}{2}\times\frac{5}{3}$ $\frac{25}{6}$ $\left(4\frac{1}{6}\right)$

⑦ $\frac{2}{9}\times\frac{2}{3}$ $\frac{4}{27}$　⑧ $\frac{7}{4}\times\frac{1}{6}$ $\frac{7}{24}$

⑨ $\frac{7}{8}\times\frac{3}{4}$ $\frac{21}{32}$　⑩ $\frac{4}{7}\times\frac{4}{9}$ $\frac{16}{63}$

分数のかけ算 (8) 約分あり

● 次の計算をしましょう。

① $\frac{9}{14}\times\frac{7}{12}$ $\frac{3}{8}$　② $\frac{3}{2}\times\frac{2}{5}$ $\frac{3}{5}$

③ $\frac{5}{6}\times\frac{12}{5}$ 2　④ $\frac{5}{8}\times\frac{4}{15}$ $\frac{1}{6}$

⑤ $\frac{2}{9}\times\frac{6}{7}$ $\frac{4}{21}$　⑥ $\frac{9}{10}\times\frac{2}{9}$ $\frac{1}{5}$

⑦ $\frac{4}{5}\times\frac{3}{8}$ $\frac{3}{10}$　⑧ $\frac{8}{3}\times\frac{15}{4}$ 10

P53

分数のかけ算 (9) 約分あり・なし

● 次の計算をしましょう。

① $\frac{5}{3}\times\frac{12}{5}$ 4　② $\frac{3}{8}\times\frac{5}{2}$ $\frac{15}{16}$

③ $\frac{3}{4}\times\frac{7}{5}$ $\frac{21}{20}$ $\left(1\frac{1}{20}\right)$　④ $\frac{5}{6}\times\frac{4}{15}$ $\frac{2}{9}$

⑤ $\frac{5}{2}\times\frac{7}{4}$ $\frac{35}{8}$ $\left(4\frac{3}{8}\right)$　⑥ $\frac{5}{8}\times\frac{2}{5}$ $\frac{1}{4}$

⑦ $\frac{3}{2}\times\frac{2}{15}$ $\frac{1}{5}$　⑧ $\frac{7}{3}\times\frac{5}{6}$ $\frac{35}{18}$ $\left(1\frac{17}{18}\right)$

分数のかけ算 (10) 約分あり・なし

● 次の計算をしましょう。

① $\frac{9}{7}\times\frac{3}{4}$ $\frac{27}{28}$　② $\frac{1}{4}\times\frac{6}{7}$ $\frac{3}{14}$

③ $\frac{3}{4}\times\frac{8}{9}$ $\frac{2}{3}$　④ $\frac{1}{5}\times\frac{7}{9}$ $\frac{7}{45}$

⑤ $\frac{5}{12}\times\frac{3}{8}$ $\frac{5}{32}$　⑥ $\frac{3}{10}\times\frac{7}{2}$ $\frac{21}{20}$ $\left(1\frac{1}{20}\right)$

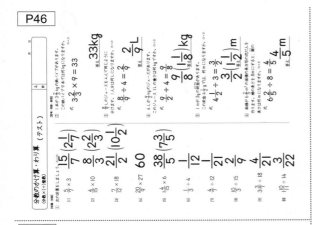

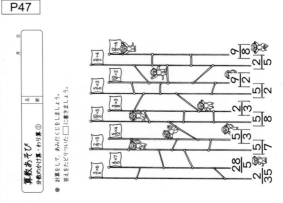

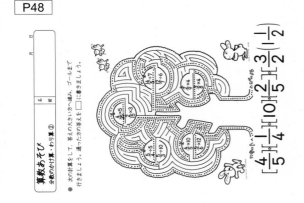

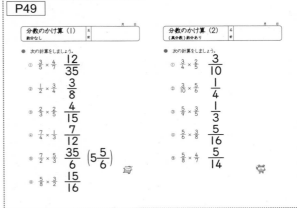

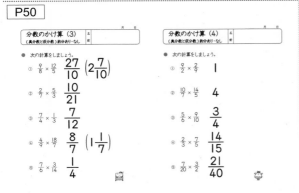

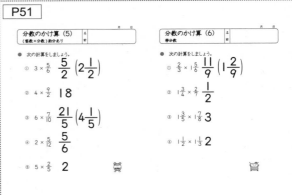

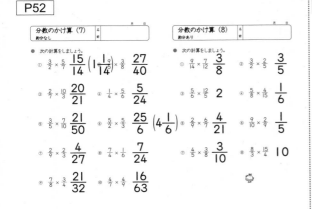

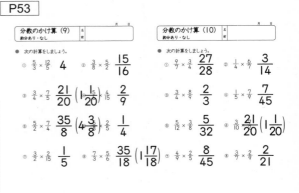

⑦ $\frac{4}{9}\times\frac{2}{5}$ $\frac{8}{45}$　⑧ $\frac{3}{7}\times\frac{2}{9}$ $\frac{2}{21}$

児童に実施させる前に，必ず指導される方が問題を解いてください。本書の解答は，あくまでも１つの例です。

P54

分数のかけ算（11） 帯分数

● 次の計算をしましょう。

① $1\frac{5}{9}\times\frac{3}{7}$　$\frac{2}{3}$

② $\frac{3}{8}\times1\frac{1}{6}$　$\frac{7}{16}$

③ $1\frac{4}{5}\times1\frac{2}{3}$　3

④ $\frac{3}{4}\times1\frac{1}{2}$　$\frac{9}{8}\left(1\frac{1}{8}\right)$

⑤ $1\frac{5}{7}\times1\frac{3}{4}$　3

⑥ $1\frac{5}{8}\times\frac{12}{13}$　$\frac{3}{2}\left(1\frac{1}{2}\right)$

分数のかけ算（12） ３つの数

● 次の計算をしましょう。

① $\frac{4}{9}\times\frac{6}{7}\times\frac{3}{4}$　$\frac{2}{7}$

② $\frac{2}{5}\times7\times1\frac{1}{14}$　3

③ $1\frac{1}{3}\times\frac{5}{12}\times6$　$\frac{10}{3}\left(3\frac{1}{3}\right)$

④ $\frac{3}{8}\times\frac{5}{6}\times1\frac{1}{3}$　$\frac{5}{12}$

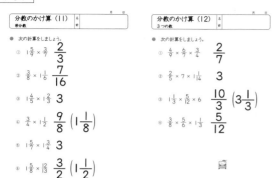

P55

分数のかけ算（13） 面積・体積

[1] 右の平行四辺形の面積を求めましょう。

式 $\frac{5}{2}\times\frac{10}{3}=\frac{25}{3}$　答え $\frac{25}{3}\left(8\frac{1}{3}\right)cm^2$

[2] 右の長方形の面積を求めましょう。

式 $\frac{15}{4}\times\frac{28}{5}=21$　答え $21cm^2$

[3] 右の立方体の体積を求めましょう。

式 $\frac{3}{2}\times\frac{3}{2}\times\frac{3}{2}=\frac{27}{8}$　答え $\frac{27}{8}\left(3\frac{3}{8}\right)m^3$

[4] 右の直方体の体積を求めましょう。

式 $\frac{21}{5}\times\frac{40}{7}\times\frac{11}{6}=44$　答え $44cm^3$

分数のかけ算（14） 時間

● 次の時間を（ ）の中の単位で表しましょう。

(1) $\frac{3}{4}$時間（分）　答え 45分

(2) $\frac{1}{6}$時間（分）　答え 10分

(3) $\frac{5}{12}$時間（分）　答え 25分

(4) 15分（時間）　答え $\frac{1}{4}$時間

(5) 30分（時間）　答え $\frac{1}{2}$時間

(6) 70分（時間）　答え $\frac{7}{6}\left(1\frac{1}{6}\right)$時間

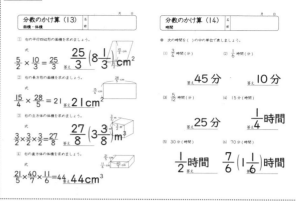

P56

分数のかけ算（15） 文章題

[1] 底辺が$\frac{15}{7}$m，高さが$\frac{14}{9}$mの平行四辺形の面積は，何m²ですか。

式 $\frac{15}{7}\times\frac{14}{9}=\frac{10}{3}$　答え $\frac{10}{3}\left(3\frac{1}{3}\right)m^2$

[2] 1分間に$5\frac{1}{3}$mm燃えるろうそくがあります。同じように燃えるとすると，$\frac{3}{4}$分間では何mmろうそくは燃えますか。

式 $5\frac{1}{3}\times\frac{3}{4}=4$　答え 4mm

[3] 1mの重さが$\frac{5}{8}$kgの木の棒があります。この木の棒，$\frac{4}{5}$mの重さは何kgですか。

式 $\frac{5}{8}\times\frac{4}{5}=\frac{1}{2}$　答え $\frac{1}{2}$kg

分数のかけ算（16） 逆数・積の大きさ

[1] 次の数の逆数を書きましょう。

(1) $\frac{1}{5}$ ⇨ 5　(2) $\frac{2}{3}$ ⇨ $\frac{3}{2}$

(3) $\frac{5}{6}$ ⇨ $\frac{6}{5}$　(4) 2 ⇨ $\frac{1}{2}$

(5) 0.14 ⇨ $\frac{50}{7}$　(6) 1.03 ⇨ $\frac{100}{103}$

[2] 次のあ～おのかけ算の答え（積）は，下のⒶ，Ⓑ，Ⓒのどれにあてはまりますか。□に記号を書きましょう。

あ $40\times\frac{4}{7}$　い $40\times\frac{11}{6}$　う 40×1　え $40\times\frac{5}{11}$　お $40\times1\frac{2}{5}$

Ⓐ 積＞40　い，お

Ⓑ 積＝40　う

Ⓒ 積＜40　あ，え

P57

ふりかえり 分数のかけ算

[1] 次の計算をしましょう。

① $\frac{2}{3}\times\frac{4}{5}$　$\frac{8}{15}$　② $\frac{5}{8}\times\frac{2}{15}$　$\frac{1}{12}$

③ $\frac{9}{7}\times\frac{2}{3}$　$\frac{6}{7}$　④ $\frac{7}{6}\times\frac{12}{5}$　$\frac{14}{5}\left(2\frac{4}{5}\right)$

⑤ $6\times\frac{4}{9}$　$\frac{8}{3}\left(2\frac{2}{3}\right)$　⑥ $\frac{5}{4}\times\frac{7}{10}$　$\frac{7}{8}$

⑦ $1\frac{5}{9}\times2\frac{4}{7}$　4　⑧ $\frac{5}{6}\times\frac{3}{10}\times\frac{8}{9}$　$\frac{2}{9}$

⑨ $\frac{7}{15}\times5\times\frac{18}{7}$　6　⑩ $\frac{1}{4}\times1\frac{1}{5}\times10$　3

[2] 下の図の面積や体積を求めましょう。

(1) $1\frac{3}{4}\times2\frac{2}{5}=\frac{21}{5}$　答え $\frac{21}{5}\left(4\frac{1}{5}\right)cm^2$

(2) $\frac{2}{5}\times\frac{9}{10}\times1\frac{2}{3}=\frac{3}{5}$　答え $\frac{3}{5}cm^3$

[3] 次の数の逆数を書きましょう。

(1) $\frac{5}{6}$ ⇨ $\frac{6}{5}$　(2) 7 ⇨ $\frac{1}{7}$　(3) 1.2 ⇨ $\frac{5}{6}$

[4] 次のあ～えのかけ算の答え（積）は，下のⒶ，Ⓑ，Ⓒのどれにあてはまりますか。□に記号を書きましょう。

あ $7\times1\frac{1}{2}$　い $7\times\frac{5}{8}$　う 7×1　え $7\times\frac{6}{5}$

Ⓐ 積＞7　あ，え　Ⓑ 積＝7　う　Ⓒ 積＜7　い

[5] 1mの重さが$1\frac{1}{2}$kgのパイプがあります。このパイプ$2\frac{2}{3}$mの重さは何kgですか。

式 $1\frac{1}{2}\times2\frac{2}{3}=4$　答え 4kg

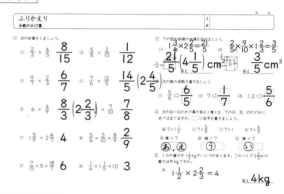

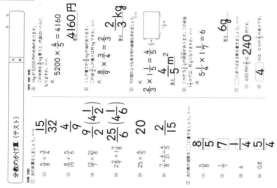

P58

分数のかけ算（テスト）

[1] 次の計算をしましょう。

(1) $\frac{5}{8}\times\frac{3}{4}$　$\frac{15}{32}$

(2) $\frac{8}{15}\times\frac{5}{6}$　$\frac{4}{9}$

(3) $\frac{12}{7}\times\frac{21}{8}$　$\frac{9}{2}\left(4\frac{1}{2}\right)$

(4) $2\frac{2}{9}\times1\frac{7}{8}$　$\frac{25}{6}\left(4\frac{1}{6}\right)$

(5) $25\times\frac{4}{5}$　20

(6) $\frac{7}{8}\times\frac{4}{21}\times\frac{4}{5}$　$\frac{2}{15}$

[2] 次の数の逆数を□に書きましょう。

(1) $\frac{5}{8}$　$\frac{8}{5}$　(2) $\frac{1}{7}$　7　(3) 4　$\frac{1}{4}$　(4) 0.8　$\frac{5}{4}$

[3] 1kgが5200円の牛肉があります。この牛肉を$\frac{4}{5}$kg買うと，代金はいくらになりますか。

式 $5200\times\frac{4}{5}=4160$　答え 4160円

[4] 1Lの重さが$\frac{8}{9}$kgの油があります。この油$\frac{3}{4}$Lの重さは何kgですか。

式 $\frac{8}{9}\times\frac{3}{4}=\frac{2}{3}$　答え $\frac{2}{3}$kg

[5] 下の図のような長方形の面積を求めましょう。

式 $\frac{2}{3}\times1\frac{1}{5}=\frac{4}{5}$　答え $\frac{4}{5}m^2$

[6] 1mの重さが$5\frac{1}{4}$gの針金があります。この針金$1\frac{1}{7}$mでは，何gになりますか。

式 $5\frac{1}{4}\times1\frac{1}{7}=6$　答え 6g

[7] □にあてはまる数を書きましょう。

(1) 600円の$\frac{2}{5}$は 240 円です。

(2) 4 mは，6mの$\frac{2}{3}$の長さです。

P59

算数あそび 分数のかけ算①

● 次の数を通った順にかけていきましょう。最後の答えはいくつになるでしょうか。

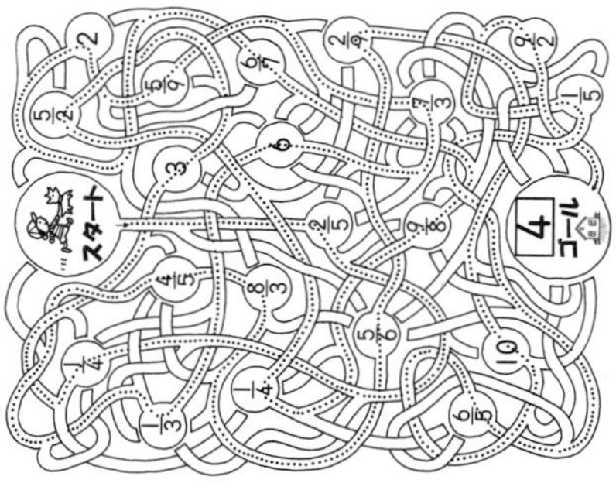

P60

算数あそび 分数のかけ算②

● 次の４つの分数を，順番をかえて□に入れましょう。となりどうしをかけていきましょう。最後の答えはいくつになるでしょうか。

$\frac{3}{5}$，$\frac{4}{3}$，$\frac{10}{3}$，$\frac{3}{8}$　いちばん大きな答えにするには，どう並べたらいいかな？

(1) 答えが最大になるのは？

$\frac{3}{5}$　$\frac{4}{3}$　$\frac{10}{3}$　$\frac{3}{8}$

$\frac{4}{5}$　$\frac{40}{9}$　$\frac{5}{4}$

$\frac{32}{9}$　$\frac{50}{9}$

$\frac{1600}{81}$

$\frac{4}{3}$，$\frac{3}{5}$，$\frac{3}{8}$，$\frac{10}{3}$　いちばん小さな答えにするには，どう並べたらいいかな？

(2) 答えが最小になるのは？

$\frac{4}{3}$　$\frac{3}{5}$　$\frac{3}{8}$　$\frac{10}{3}$

$\frac{4}{5}$　$\frac{9}{40}$　$\frac{5}{4}$

$\frac{9}{50}$　$\frac{9}{32}$

$\frac{81}{1600}$

P61

算数あそび 分数のかけ算③

● 次の数を通った順に，かけていきましょう。最後の答えは，いくつになるでしょうか。

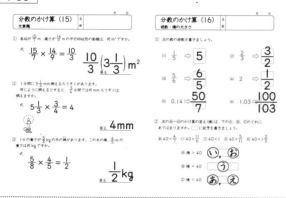

（解答は，200 ～ 300%に拡大してお使い下さい。）

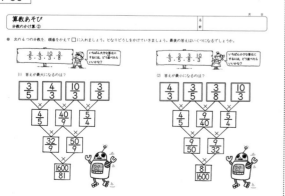

P62

分数のわり算 (1)
約分なし

● 次の計算をしましょう。

① $\frac{2}{5}\div\frac{3}{2}$ $\frac{4}{15}$

② $\frac{7}{3}\div\frac{5}{4}$ $\frac{28}{15}$ $(1\frac{13}{15})$

③ $\frac{1}{9}\div\frac{6}{5}$ $\frac{5}{54}$

④ $\frac{1}{2}\div\frac{8}{3}$ $\frac{3}{16}$

⑤ $\frac{7}{6}\div\frac{3}{5}$ $\frac{35}{18}$ $(1\frac{17}{18})$

⑥ $\frac{2}{7}\div\frac{3}{4}$ $\frac{8}{21}$

分数のわり算 (2)
(真分数) 約分あり

● 次の計算をしましょう。

① $\frac{3}{7}\div\frac{5}{14}$ $\frac{6}{5}$ $(1\frac{1}{5})$

② $\frac{1}{4}\div\frac{5}{6}$ $\frac{3}{10}$

③ $\frac{5}{8}\div\frac{15}{16}$ $\frac{2}{3}$

④ $\frac{4}{9}\div\frac{5}{12}$ $\frac{16}{15}$ $(1\frac{1}{15})$

⑤ $\frac{2}{3}\div\frac{8}{9}$ $\frac{3}{4}$

P63

分数のわり算 (3)
(真分数と仮分数) 約分あり・なし

● 次の計算をしましょう。

① $\frac{7}{3}\div\frac{4}{5}$ $\frac{35}{12}$ $(2\frac{11}{12})$

② $\frac{5}{6}\div\frac{15}{8}$ $\frac{4}{9}$

③ $\frac{3}{2}\div\frac{10}{7}$ $\frac{21}{20}$ $(1\frac{1}{20})$

④ $\frac{12}{7}\div\frac{15}{14}$ $\frac{8}{5}$ $(1\frac{3}{5})$

⑤ $\frac{9}{5}\div\frac{3}{10}$ 6

分数のわり算 (4)
(真分数と仮分数) 約分あり・なし

● 次の計算をしましょう。

① $\frac{9}{2}\div\frac{5}{8}$ $\frac{36}{5}$ $(7\frac{1}{5})$

② $\frac{9}{4}\div\frac{2}{3}$ $\frac{27}{8}$ $(3\frac{3}{8})$

③ $\frac{10}{3}\div\frac{3}{2}$ $\frac{20}{9}$ $(2\frac{2}{9})$

④ $\frac{11}{8}\div\frac{11}{10}$ $\frac{5}{4}$ $(1\frac{1}{4})$

⑤ $\frac{14}{5}\div\frac{7}{3}$ $\frac{6}{5}$ $(1\frac{1}{5})$

P64

分数のわり算 (5)
(整数÷分数) 約分あり

● 次の計算をしましょう。

① $5\div\frac{10}{7}$ $\frac{7}{2}$ $(3\frac{1}{2})$

② $4\div\frac{16}{3}$ $\frac{3}{4}$

③ $10\div\frac{2}{5}$ 25

④ $2\div\frac{8}{9}$ $\frac{9}{4}$ $(2\frac{1}{4})$

⑤ $7\div\frac{21}{20}$ $\frac{20}{3}$ $(6\frac{2}{3})$

分数のわり算 (6)
帯分数

● 次の計算をしましょう。

① $1\frac{2}{3}\div2\frac{1}{6}$ $\frac{10}{13}$

② $1\frac{4}{5}\div\frac{4}{15}$ $\frac{27}{4}$ $(6\frac{3}{4})$

③ $\frac{5}{6}\div1\frac{1}{9}$ $\frac{3}{4}$

④ $2\frac{1}{4}\div1\frac{1}{2}$ $\frac{3}{2}$ $(1\frac{1}{2})$

P65

分数のわり算 (7)
約分なし

● 次の計算をしましょう。

① $\frac{1}{3}\div\frac{6}{7}$ $\frac{7}{18}$ ② $\frac{8}{9}\div\frac{5}{4}$ $\frac{32}{45}$

③ $\frac{4}{5}\div\frac{3}{8}$ $\frac{32}{15}$ $(2\frac{2}{15})$ ④ $\frac{5}{8}\div\frac{6}{5}$ $\frac{25}{48}$

⑤ $\frac{7}{2}\div\frac{3}{5}$ $\frac{35}{6}$ $(5\frac{5}{6})$ ⑥ $\frac{7}{10}\div\frac{5}{3}$ $\frac{21}{50}$

⑦ $\frac{1}{8}\div\frac{6}{5}$ $\frac{5}{48}$ ⑧ $\frac{2}{9}\div\frac{9}{4}$ $\frac{8}{81}$

⑨ $\frac{3}{4}\div\frac{2}{5}$ $\frac{15}{8}$ $(1\frac{7}{8})$ ⑩ $\frac{3}{5}\div\frac{2}{3}$ $\frac{9}{10}$

分数のわり算 (8)
約分あり

● 次の計算をしましょう。

① $\frac{1}{2}\div\frac{1}{6}$ 3 ② $\frac{5}{3}\div\frac{15}{4}$ $\frac{4}{9}$

③ $\frac{12}{5}\div\frac{6}{5}$ 2 ④ $\frac{7}{20}\div\frac{14}{5}$ $\frac{1}{8}$

⑤ $\frac{2}{15}\div\frac{10}{3}$ $\frac{1}{25}$ ⑥ $\frac{7}{10}\div\frac{7}{8}$ $\frac{4}{5}$

⑦ $\frac{3}{4}\div\frac{12}{13}$ $\frac{13}{16}$ ⑧ $\frac{9}{4}\div\frac{3}{2}$ $\frac{3}{2}$ $(1\frac{1}{2})$

P66

分数のわり算 (9)
約分あり・なし

● 次の計算をしましょう。

① $\frac{9}{8}\div\frac{6}{5}$ $\frac{15}{16}$ ② $\frac{2}{5}\div\frac{6}{7}$ $\frac{7}{15}$

③ $\frac{5}{4}\div\frac{7}{9}$ $\frac{45}{28}$ $(1\frac{17}{28})$ ④ $\frac{5}{6}\div\frac{4}{7}$ $\frac{35}{24}$ $(1\frac{11}{24})$

⑤ $\frac{5}{2}\div\frac{11}{6}$ $\frac{15}{11}$ $(1\frac{4}{11})$ ⑥ $\frac{1}{6}\div\frac{5}{18}$ $\frac{3}{5}$

⑦ $\frac{7}{4}\div\frac{5}{12}$ $\frac{21}{5}$ $(4\frac{1}{5})$ ⑧ $\frac{3}{10}\div\frac{4}{3}$ $\frac{9}{40}$

分数のわり算 (10)
(整数÷分数) 約分あり・なし

● 次の計算をしましょう。

① $8\div\frac{16}{3}$ $\frac{3}{2}$ $(1\frac{1}{2})$ ② $4\div\frac{7}{6}$ $\frac{24}{7}$ $(3\frac{3}{7})$

③ $6\div\frac{2}{5}$ 15 ④ $2\div\frac{8}{3}$ $\frac{3}{4}$

⑤ $7\div\frac{5}{3}$ $\frac{21}{5}$ $(4\frac{1}{5})$ ⑥ $9\div\frac{3}{7}$ 21

⑦ $3\div\frac{12}{7}$ $\frac{7}{4}$ $(1\frac{3}{4})$ ⑧ $10\div\frac{7}{2}$ $\frac{20}{7}$ $(2\frac{6}{7})$

P67

分数のわり算 (11)
帯分数

● 次の計算をしましょう。

① $1\frac{7}{12}\div\frac{3}{4}$ $\frac{19}{9}$ $(2\frac{1}{9})$

② $1\frac{1}{3}\div1\frac{1}{15}$ $\frac{5}{4}$ $(1\frac{1}{4})$

③ $\frac{1}{4}\div1\frac{2}{3}$ $\frac{3}{20}$

④ $1\frac{2}{5}\div1\frac{1}{6}$ $\frac{6}{5}$ $(1\frac{1}{5})$

⑤ $\frac{3}{4}\div1\frac{1}{5}$ $\frac{5}{8}$

⑥ $2\frac{2}{7}\div1\frac{1}{3}$ $\frac{12}{7}$ $(1\frac{5}{7})$

分数のわり算 (12)
商の大きさ・面積・文章題

1 次のわり算の式を，Ⓐ，Ⓑ，Ⓒに分けましょう。

あ $90\div\frac{5}{6}$ い $90\div1\frac{1}{2}$ う $90\div1$ え $90\div\frac{6}{5}$

Ⓐ 商 = 90 Ⓑ 商 > 90 Ⓒ 商 < 90

Ⓐ う Ⓑ あ Ⓒ い，え

2 下の図形の□の長さを求めましょう。

(1)

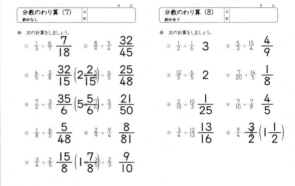

式 $4\div\frac{3}{2}=\frac{8}{3}$ 答え $\frac{8}{3}$ $(2\frac{2}{3})$ cm

(2)
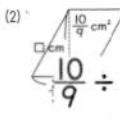

式 $\frac{10}{9}\div\frac{2}{3}=\frac{5}{3}$ 答え $\frac{5}{3}$ $(1\frac{2}{3})$ cm

3 $\frac{9}{7}$dLのペンキで，$\frac{3}{5}$m²のかべがぬれます。
このペンキ1dLでは，何m²のかべがぬれますか。

式 $\frac{3}{5}\div\frac{9}{7}=\frac{7}{15}$ 答え $\frac{7}{15}$m²

P68

ふりかえり
分数のわり算

1 次の計算をしましょう。

① $\frac{1}{9}\div\frac{4}{9}$ $\frac{1}{4}$ ② $\frac{7}{12}\div\frac{14}{3}$ $\frac{1}{8}$

③ $4\div\frac{6}{5}$ $\frac{10}{3}$ $(3\frac{1}{3})$ ④ $\frac{21}{8}\div\frac{7}{4}$ $\frac{3}{2}$ $(1\frac{1}{2})$

⑤ $\frac{2}{5}\div\frac{3}{10}$ $\frac{4}{3}$ $(1\frac{1}{3})$ ⑥ $1\frac{2}{7}\div\frac{3}{14}$ 6

⑦ $1\frac{3}{8}\div1\frac{3}{4}$ $\frac{11}{14}$ ⑧ $\frac{5}{6}\div\frac{2}{3}$ $\frac{5}{4}$ $(1\frac{1}{4})$

⑨ $\frac{7}{9}\div\frac{3}{2}$ $\frac{14}{27}$ ⑩ $12\div\frac{4}{3}$ 9

2 次のわり算の式を，商の大きい順に並べましょう。

あ $60\div\frac{2}{3}$ い $60\div\frac{1}{3}$ う $60\div1$ え $60\div\frac{8}{5}$

答え い→あ→う→え

3 下の図形の□の長さを求めましょう。

(1)
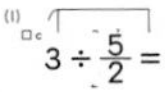

式 $3\div\frac{5}{2}=\frac{6}{5}$ 答え $\frac{6}{5}$ $(1\frac{1}{5})$ cm

(2)
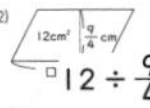

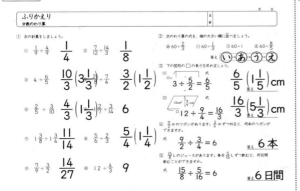

式 $12\div\frac{9}{4}=\frac{16}{3}$ 答え $\frac{16}{3}$ $(5\frac{1}{3})$ cm

4 $\frac{9}{2}$mのリボンがあります。$\frac{3}{4}$mずつ切ると，何本のリボンができますか。

式 $\frac{9}{2}\div\frac{3}{4}=6$ 答え 6本

5 $\frac{15}{8}$Lのジュースがあります。毎日$\frac{5}{16}$Lずつ飲むと，何日間飲むことができますか。

式 $\frac{15}{8}\div\frac{5}{16}=6$ 答え 6日間

P69

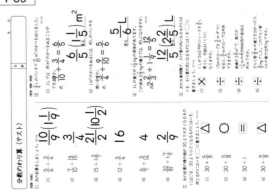

分数のわり算 (テスト)

【知識・技能】

1 次の計算をしましょう。(5×6)

(1) $\frac{5}{6}\div\frac{3}{4}$ $\frac{10}{9}$ $(1\frac{1}{9})$

(2) $\frac{7}{10}\div\frac{14}{15}$ $\frac{3}{4}$

(3) $15\div1\frac{3}{7}$ $\frac{21}{2}$ $(10\frac{1}{2})$

(4) $12\div\frac{3}{4}$ 16

(5) $\frac{6}{7}\div\frac{3}{14}$ 4

(6) $\frac{32}{81}\div1\frac{7}{9}$ $\frac{2}{9}$

2 次の計算の積や商が30より大きくなるものには○を，30より小さくなるものには△を，同じものには＝を□に書きましょう。(5×4)

(1) $30\times\frac{5}{8}$ △

(2) $30\div\frac{5}{8}$ ○

(3) $30\div1$ ＝

(4) $30\div\frac{9}{8}$ △

【思考・判断・表現】

3 $\frac{3}{4}$Lのペンキで$\frac{9}{10}$m²のかべをぬりました。(5×4)

(1) 1Lでは，何m²のかべをぬることができますか。

式 $\frac{9}{10}\div\frac{3}{4}=\frac{6}{5}$ 答え $\frac{6}{5}$ $(1\frac{1}{5})$ m²

(2) 1m²のかべをぬるには，何Lのペンキを使いますか。

式 $\frac{3}{4}\div\frac{9}{10}=\frac{5}{6}$ 答え $\frac{5}{6}$L

4 1Lの重さが$1\frac{1}{9}$kgの液体があります。この液体$2\frac{2}{3}$kgの量では，何Lになりますか。(5×2)

式 $2\frac{2}{3}\div1\frac{1}{9}=\frac{12}{5}$ 答え $\frac{12}{5}$ $(2\frac{2}{5})$ L

5 次の文章問題で，かけ算の式になるものには×を，わり算の式になるものには÷を□に書きましょう。(5×4)

(1) 1Lが540円のジュースを$\frac{3}{4}$L買うと，代金はいくらになりますか。 ×

(2) 15mのロープを$\frac{5}{6}$mずつに切ると，$\frac{5}{6}$mのロープは何本できますか。 ÷

(3) 面積が$2\frac{2}{5}$m²で，高さが$1\frac{1}{4}$mの平行四辺形の底辺は何mですか。 ÷

(4) アルミ管$\frac{3}{8}$mの重さをはかったら，$\frac{5}{6}$kgでした。このアルミ管1mの重さは何kgですか。 ÷

児童に実施させる前に，必ず指導される方が問題を解いてください。本書の解答は，あくまでも1つの例です。

P70

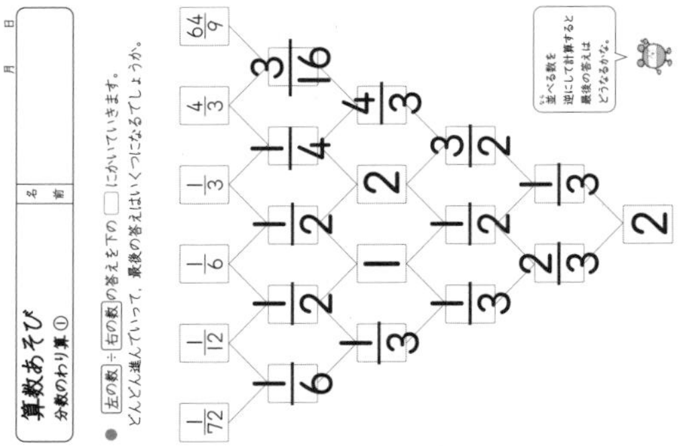

算数あそび
分数のわり算①
左の数÷右の数の答えを下の□にかいていきます。
どんどん進んでいって，最後の答えはいくつになるでしょうか。

P71

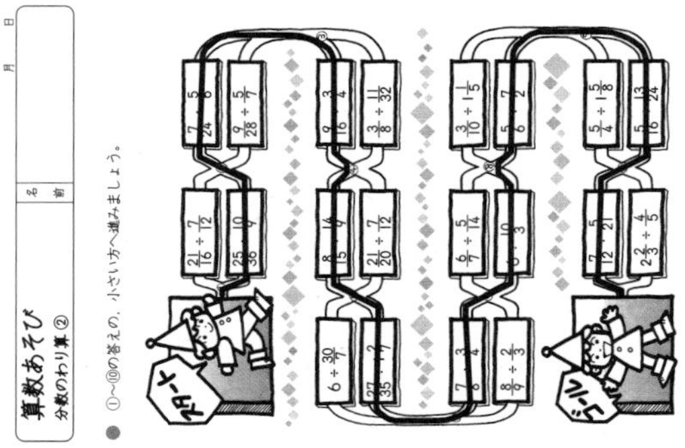

P72

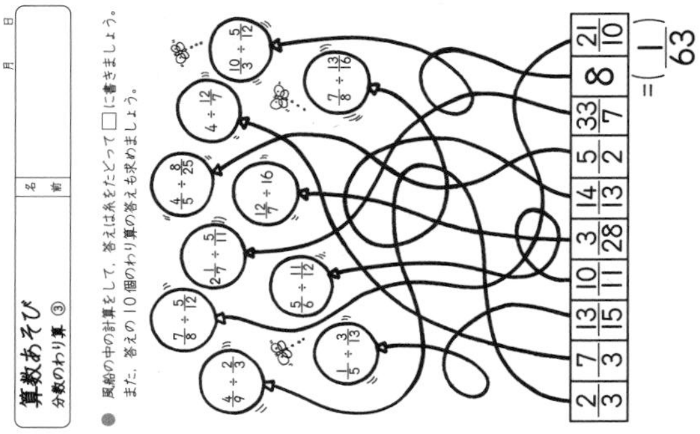

算数あそび
分数のわり算③
風船の中の計算をして，答えは糸をたどって□に書きましょう。
また，答えの10個のわり算の答えも求めましょう。

P73

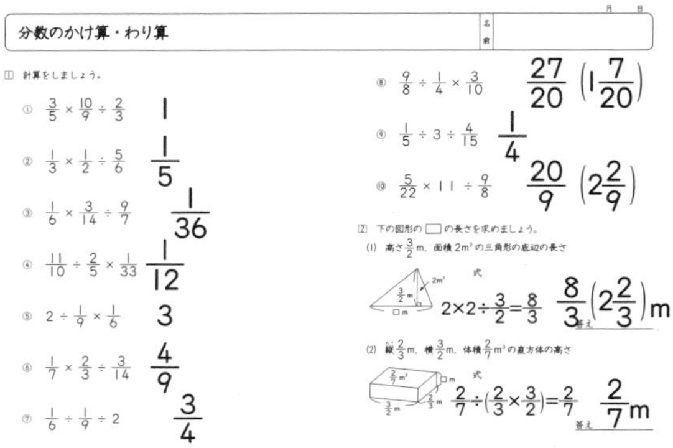

分数のかけ算・わり算　名前　月　日

1 計算をしましょう。

① $\frac{3}{5}\times\frac{10}{9}\div\frac{2}{3}$　1

② $\frac{1}{3}\times\frac{1}{2}\div\frac{5}{6}$　$\frac{1}{5}$

③ $\frac{1}{6}\times\frac{3}{14}\div\frac{9}{7}$　$\frac{1}{36}$

④ $\frac{11}{10}\div\frac{2}{5}\times\frac{1}{33}$　$\frac{1}{12}$

⑤ $2\div\frac{1}{9}\times\frac{1}{6}$　3

⑥ $\frac{1}{7}\times\frac{2}{3}\div\frac{3}{14}$　$\frac{4}{9}$

⑦ $\frac{1}{6}\div\frac{1}{9}\div2$　$\frac{3}{4}$

⑧ $\frac{9}{8}\div\frac{1}{4}\times\frac{3}{10}$　$\frac{27}{20}$ $(1\frac{7}{20})$

⑨ $\frac{1}{5}\div3\div\frac{4}{15}$　$\frac{1}{4}$

⑩ $\frac{5}{22}\times11\div\frac{9}{8}$　$\frac{20}{9}$ $(2\frac{2}{9})$

2 下の図形の□の長さを求めましょう。

(1) 高さ$\frac{3}{2}$m，面積$2m^2$の三角形の底辺の長さ

式 $2\times2\div\frac{3}{2}=\frac{8}{3}$　答え $\frac{8}{3}(2\frac{2}{3})$m

(2) 縦$\frac{2}{3}$m，横$\frac{3}{2}$m，体積$\frac{2}{7}m^3$の直方体の高さ

式 $\frac{2}{7}\div(\frac{2}{3}\times\frac{3}{2})=\frac{2}{7}$　答え $\frac{2}{7}$m

P74

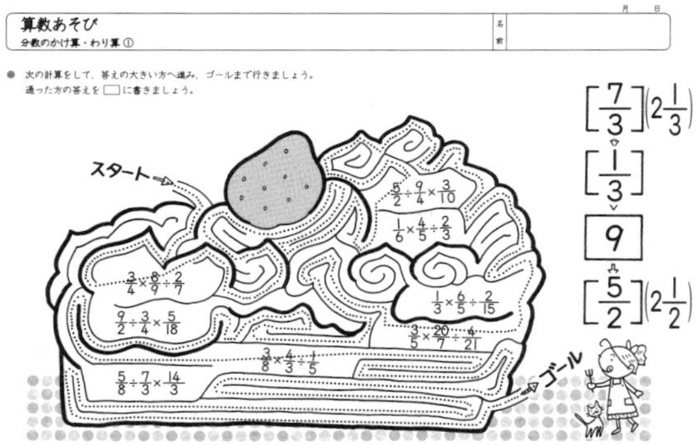

P75

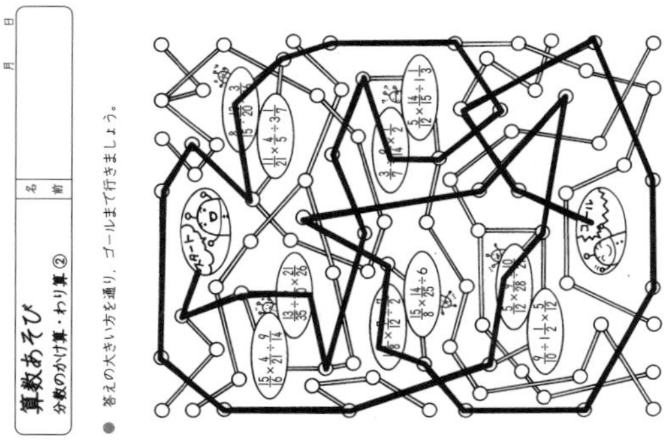

算数あそび
分数のかけ算・わり算②
答えの大きい方を通り，ゴールまで行きましょう。

P76

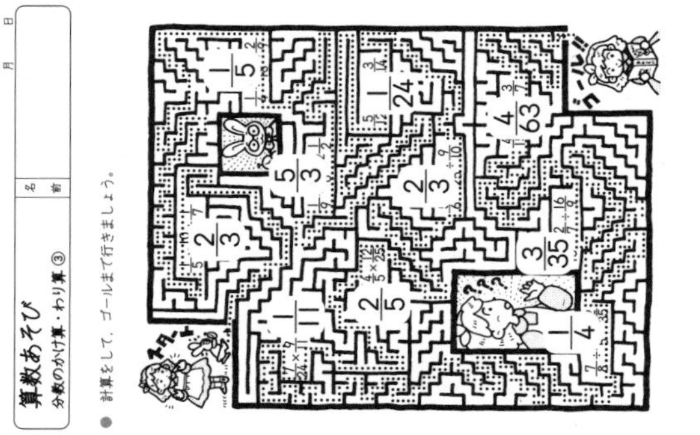

P77

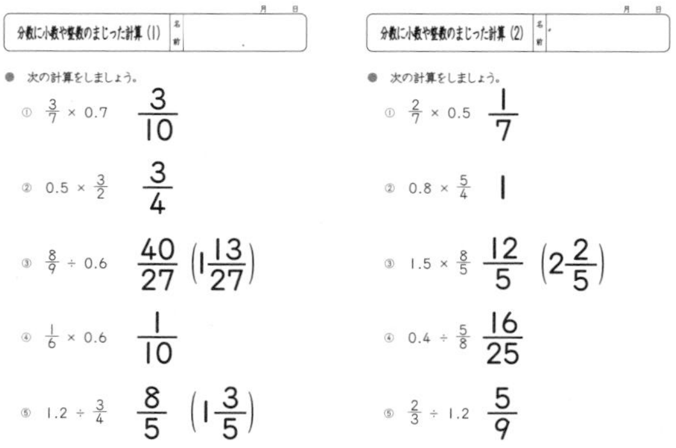

分数に小数や整数のまじった計算 (1)　名前　月　日

次の計算をしましょう。

① $\frac{3}{7}\times0.7$　$\frac{3}{10}$

② $0.5\times\frac{3}{2}$　$\frac{3}{4}$

③ $\frac{8}{9}\div0.6$　$\frac{40}{27}$ $(1\frac{13}{27})$

④ $\frac{1}{6}\times0.6$　$\frac{1}{10}$

⑤ $1.2\div\frac{3}{4}$　$\frac{8}{5}$ $(1\frac{3}{5})$

分数に小数や整数のまじった計算 (2)　名前　月　日

次の計算をしましょう。

① $\frac{2}{7}\times0.5$　$\frac{1}{7}$

② $0.8\times\frac{5}{4}$　1

③ $1.5\times\frac{8}{5}$　$\frac{12}{5}$ $(2\frac{2}{5})$

④ $0.4\div\frac{5}{8}$　$\frac{16}{25}$

⑤ $\frac{2}{3}\div1.2$　$\frac{5}{9}$

（解答は，200～300%に拡大してお使い下さい。）

P78

分数に小数や整数のまじった計算 (3)　名前　月　日

● 次の計算をしましょう。

① $0.2 \times \frac{5}{4}$　$\frac{1}{4}$
② $0.8 \div \frac{4}{9}$　$\frac{9}{5}\left(1\frac{4}{5}\right)$
③ $1.4 \times \frac{6}{7}$　$\frac{6}{5}\left(1\frac{1}{5}\right)$
④ $\frac{2}{3} \div 0.6$　$\frac{2}{5}$
⑤ $0.18 \div \frac{3}{10}$　$\frac{3}{5}$
⑥ $1.8 \times \frac{5}{2}$　$\frac{9}{2}\left(4\frac{1}{2}\right)$
⑦ $\frac{3}{2} \div 1.2$　$\frac{5}{4}\left(1\frac{1}{4}\right)$
⑧ $\frac{3}{5} \div 0.3$　2

分数に小数や整数のまじった計算 (4)　名前　月　日

● 次の計算をしましょう。

① $\frac{2}{3} \times 6 \div \frac{1}{2}$　8
② $\frac{6}{5} \div 1.2 \times 0.5$　$\frac{1}{2}$
③ $0.9 \times \frac{7}{6} \div 1.4$　$\frac{3}{4}$
④ $8 \div \frac{4}{9} \times \frac{1}{3}$　6

P79

分数に小数や整数のまじった計算 (5)　名前　月　日

1 次の計算をしましょう。

① $\frac{1}{6} \div 0.2 \times \frac{3}{5}$　$\frac{1}{2}$
② $\frac{1}{2} \div 5 \div 0.4$　$\frac{1}{4}$
③ $0.6 \times \frac{3}{4} \div \frac{9}{5}$　$\frac{1}{4}$
④ $\frac{3}{8} \times 0.4 \times 6$　$\frac{9}{10}$

2 下の直方体の体積を求めましょう。
式 $\frac{6}{5} \times 4 \times 0.5 = \frac{12}{5}\left(2\frac{2}{5}\right)$
答え $\frac{12}{5}\left(2\frac{2}{5}\right)m^3$

3 2.1Lのジュースを7つのコップに同じ量ずつ分けました。けんとさんは、コップ1つ分のジュースの$\frac{2}{3}$を飲みました。けんとさんは、ジュースを何L飲みましたか。
式 $2.1 \div 7 \times \frac{2}{3} = \frac{1}{5}$
答え $\frac{1}{5}$L

4 1.8mのリボンを3人で同じ長さに分けました。あやさんは、分けてもらったリボンを$\frac{1}{2}$だけ使いました。あやさんは、リボンを何m使いましたか。
式 $1.8 \div 3 \times \frac{1}{2} = \frac{3}{10}$
答え $\frac{3}{10}$m

P80

算数あそび 分数に小数や整数のまじった計算 ①　名前　月　日

● 次の計算をして、答えの大きい方へ進み、ゴールまで行きましょう。通った方の答えを□に書きましょう。

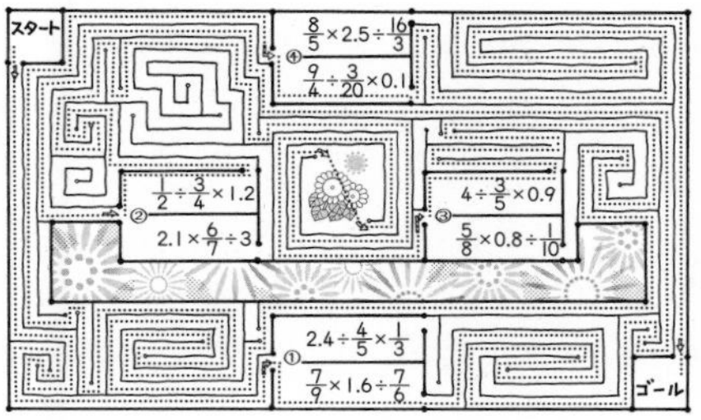

$\left[\frac{16}{15}\right]\left(1\frac{1}{15}\right)$
$\left[\frac{4}{5}\right]$
$[6]$
$\left[\frac{3}{2}\right]\left(1\frac{1}{2}\right)$

P81

算数あそび 分数に小数や整数のまじった計算 ②　名前　月　日

● 計算をして、ゴールまで行きましょう。

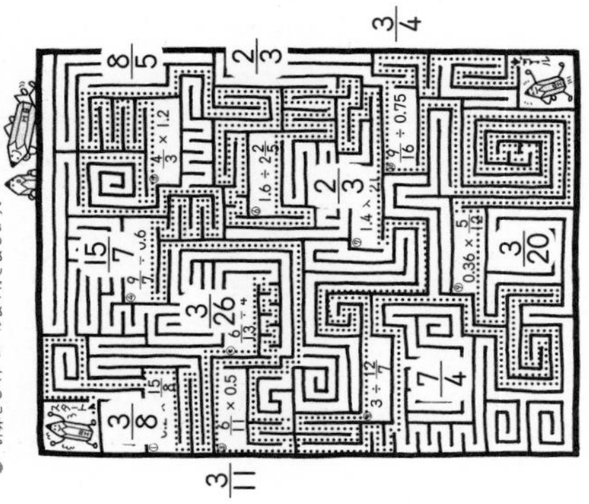

P82

算数あそび 分数に小数や整数のまじった計算 ③　名前　月　日

● 次の①〜⑩の計算をして、答えの小さい方へ進みゴールまで行きましょう。

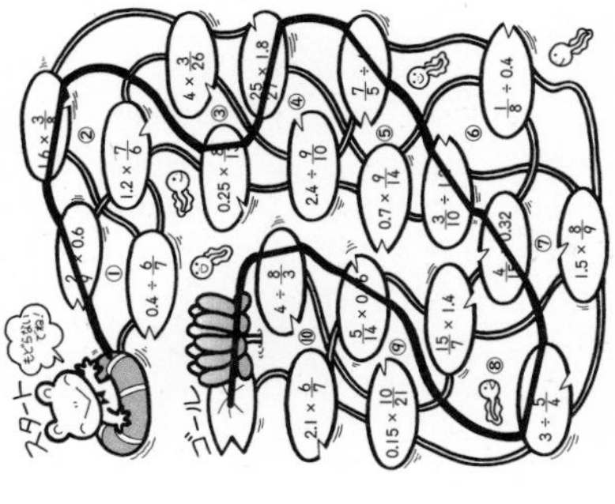

P83

比 (1)　名前　月　日

● 次の比の値を求めましょう。

(1) 4 : 5 ➡ 4 ÷ 5 = $\frac{4}{5}$
(2) 3 : 7 ➡ 3 ÷ 7 = $\frac{3}{7}$
(3) 5 : 2 ➡ 5 ÷ 2 = $\frac{5}{2}$
(4) 8 : 3 ➡ 8 ÷ 3 = $\frac{8}{3}$
(5) 7 : 9 ➡ 7 ÷ 9 = $\frac{7}{9}$

比 (2)　名前　月　日

● 次の比の値を求めましょう。約分できるものは、必ず約分しましょう。

(1) 2 : 6 ➡ 2 ÷ 6 = $\frac{2}{6}$ = $\frac{1}{3}$（約分して）
(2) 8 : 12 ➡ 8 ÷ 12 = $\frac{8}{12}$ = $\frac{2}{3}$（約分して）
(3) 9 : 6 ➡ 9 ÷ 6 = $\frac{9}{6}$ = $\frac{3}{2}$（約分して）
(4) 4 : 10 ➡ 4 ÷ 10 = $\frac{4}{10}$ = $\frac{2}{5}$（約分して）

P84

比 (3)　名前　月　日

● □にあてはまる数を書きましょう。

(1) 3 : 4 = 6 : 8　（×2）
(2) 5 : 6 = 15 : 18
(3) 2 : 3 = 10 : 15
(4) 4 : 5 = 16 : 20
(5) 8 : 7 = 40 : 35

比 (4)　名前　月　日

● □にあてはまる数を書きましょう。

(1) 18 : 21 = 6 : 7　（÷3）
(2) 16 : 36 = 4 : 9
(3) 10 : 6 = 5 : 3
(4) 35 : 25 = 7 : 5

P85

比 (5)　名前　月　日

● □にあてはまる数を書きましょう。

(1) 8 : 5 = 40 : 25
(2) 4 : 3 = 8 : 6
(3) 5 : 4 = 35 : 28
(4) 9 : 2 = 18 : 4
(5) 6 : 1 = 60 : 10

比 (6)　名前　月　日

● □にあてはまる数を書きましょう。

(1) 24 : 16 = 3 : 2
(2) 21 : 12 = 7 : 4
(3) 12 : 30 = 2 : 5
(4) 45 : 35 = 9 : 7

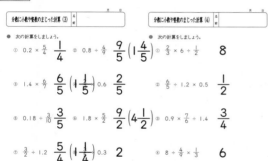

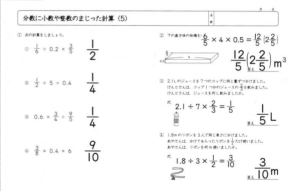

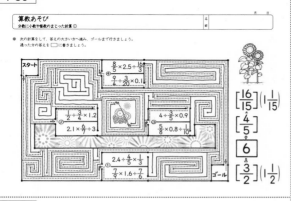

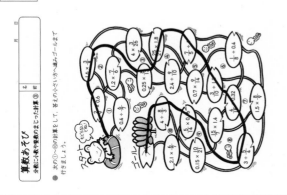

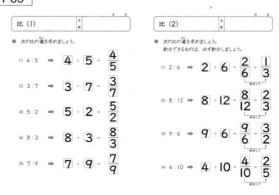

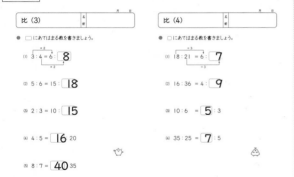

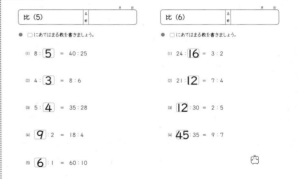

解答

児童に実施させる前に，必ず指導される方が問題を解いてください。本書の解答は，あくまでも１つの例です。

P86

比 (7)

● 次の比を簡単にしましょう。

(1) 6 : 9 ＝ 2 : 3 （÷3）
(2) 8 : 10 ＝ 4 : 5
(3) 28 : 36 ＝ 7 : 9
(4) 15 : 20 ＝ 3 : 4
(5) 25 : 45 ＝ 5 : 9

比 (8)

● 次の比を簡単にしましょう。

(1) 12 : 15 ＝ 4 : 5
(2) 27 : 24 ＝ 9 : 8
(3) 18 : 30 ＝ 3 : 5
(4) 16 : 14 ＝ 8 : 7
(5) 28 : 20 ＝ 7 : 5

P87

比 (9)

● 次の式で，x の表す数を求めましょう。

(1) 8 : 36 ＝ x : 9　x ＝ 2
(2) 20 : 15 ＝ x : 3　x ＝ 4
(3) 27 : 45 ＝ x : 5　x ＝ 3
(4) 70 : 49 ＝ 10 : x　x ＝ 7
(5) 30 : 24 ＝ 5 : x　x ＝ 4

比 (10)

● 次の式で，x の表す数を求めましょう。

(1) 12 : 27 ＝ x : 9　x ＝ 4
(2) 14 : 21 ＝ x : 3　x ＝ 2
(3) 48 : 42 ＝ 8 : x　x ＝ 7
(4) 6 : 10 ＝ 3 : x　x ＝ 5
(5) 45 : 72 ＝ 5 : x　x ＝ 8

P88

比 (11)

● 次の比の値を求めましょう。

(1) 7 : 10　$\frac{7}{10}$
(2) 6 : 9　$\frac{2}{3}$
(3) 2 : 8　$\frac{1}{4}$
(4) 30 : 6　5
(5) 25 : 10　$\frac{5}{2}$
(6) 5 : 8　$\frac{5}{8}$
(7) 3 : 11　$\frac{3}{11}$
(8) 4 : 12　$\frac{1}{3}$
(9) 10 : 5　2
(10) 48 : 30　$\frac{8}{5}$

比 (12)

● 次の比の値を求めましょう。

(1) 36 : 4　9
(2) 2 : 10　$\frac{1}{5}$
(3) 4 : 9　$\frac{4}{9}$
(4) 63 : 56　$\frac{9}{8}$
(5) 6 : 7　$\frac{6}{7}$
(6) 8 : 2　4
(7) 28 : 24　$\frac{7}{6}$
(8) 15 : 25　$\frac{3}{5}$
(9) 16 : 12　$\frac{4}{3}$
(10) 12 : 5　$\frac{12}{5}$

P89

比 (13)

● □にあてはまる数を書きましょう。

(1) 3 : 8 ＝ 6 : 16
(2) 5 : 4 ＝ 25 : 20
(3) 7 : 5 ＝ 21 : 15
(4) 2 : 7 ＝ 18 : 63
(5) 32 : 20 ＝ 8 : 5
(6) 14 : 6 ＝ 7 : 3
(7) 40 : 16 ＝ 5 : 2
(8) 36 : 42 ＝ 6 : 7

比 (14)

1 下の２つの比が等しいかどうか，簡単な比になおして調べましょう。
　等しければ○を，等しくなければ×を□に書きましょう。

(1) 8:12 と 4:6　○
(2) 12:15 と 20:25　○
(3) 3:7 と 5:8　×
(4) 30:40 と 3:4　○

2 比の値を求めて，等しい比を見つけましょう。

㋐ 2 : 3　㋑ 8 : 5　㋒ 21 : 14
㋓ 24 : 15　㋔ 6 : 9　㋕ 9 : 6

㋐と㋔　㋑と㋓　㋒と㋕

P90

比 (15)

● 次の比を簡単にしましょう。

(1) 10 : 5　2 : 1
(2) 45 : 25　9 : 5
(3) 40 : 8　5 : 1
(4) 49 : 21　7 : 3
(5) 24 : 54　4 : 9
(6) 40 : 35　8 : 7
(7) 81 : 36　9 : 4
(8) 14 : 49　2 : 7
(9) 15 : 9　5 : 3
(10) 18 : 48　3 : 8

比 (16)

● 次の比を簡単にしましょう。

(1) 0.5 : 1.5　1 : 3
(2) 4.9 : 7　7 : 10
(3) 2.7 : 2.4　9 : 8
(4) 3.2 : 1.2　8 : 3
(5) $\frac{2}{5}$: $\frac{3}{5}$　2 : 3
(6) $\frac{2}{3}$: $\frac{5}{6}$　4 : 5
(7) $\frac{5}{8}$: 5　1 : 8
(8) $\frac{3}{7}$: $\frac{3}{4}$　4 : 7

P91

比 (17)

● 次の比を簡単にしましょう。

(1) 54 : 81　2 : 3
(2) $\frac{1}{2}$: $\frac{1}{3}$　3 : 2
(3) 6.3 : 2.8　9 : 4
(4) $\frac{2}{3}$: 4　1 : 6
(5) $\frac{3}{4}$: $\frac{5}{8}$　6 : 5
(6) 12 : 16　3 : 4
(7) 1.5 : 6　1 : 4
(8) 1.8 : 0.4　9 : 2

比 (18)

● 下の(1)～(8)の２つの比が等しければ○を，等しくなければ×を□に書きましょう。

(1) 2 : 3 と 4 : 6　○
(2) $\frac{2}{3}$: $\frac{3}{4}$ と 8 : 9　○
(3) 0.3 : 1.5 と 3 : 5　×
(4) $\frac{3}{5}$: $\frac{1}{2}$ と 6 : 5　○
(5) 24 : 35 と 2 : 3　×
(6) 0.5 : 0.6 と 1.5 : 1.8　○
(7) $\frac{5}{9}$: $\frac{1}{6}$ と $\frac{2}{3}$: $\frac{1}{5}$　○
(8) 36 : 45 と 8 : 10　○

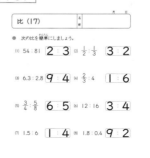

P92

比 (19)

● 次の式で，x の表す数を求めましょう。

(1) 18 : 10 ＝ x : 5　x ＝ 9
(2) 2.7 : 6.3 ＝ x : 7　x ＝ 3
(3) $\frac{5}{6}$: $\frac{1}{2}$ ＝ x : 3　x ＝ 5
(4) 25 : 20 ＝ 5 : x　x ＝ 4
(5) 3.2 : 2.8 ＝ 8 : x　x ＝ 7
(6) $\frac{3}{8}$: $\frac{5}{12}$ ＝ 9 : x　x ＝ 10

比 (20)

● 次の式で，x の表す数を求めましょう。

(1) $\frac{4}{3}$: $\frac{2}{7}$ ＝ x : 3　x ＝ 14
(2) 28 : 63 ＝ x : 9　x ＝ 4
(3) $\frac{2}{9}$: $\frac{1}{3}$ ＝ 2 : x　x ＝ 3
(4) 1.6 : 4 ＝ x : 5　x ＝ 2
(5) 12 : 18 ＝ 2 : x　x ＝ 3
(6) 0.3 : 1.2 ＝ 1 : x　x ＝ 4

P93

比 (21)
比の利用 ① (比の一方の数を求める)

1 コーヒーと牛乳の比を５：３にして，コーヒー牛乳を作ります。
コーヒーを 75mL にすると，牛乳は何 mL 必要ですか。

式 (例) 5 : 3 ＝ 75 : x
x ＝ 45　答え 45mL

2 縦と横の長さの比が３：４の長方形をかきます。

(1) 縦の長さを 12cm にするとき，横の長さは何 cm になりますか。

式 (例) 3 : 4 ＝ 12 : x
x ＝ 16　答え 16cm

(2) 横の長さを 18cm にするとき，縦の長さは何 cm になりますか。

式 (例) 3 : 4 ＝ x : 18
x ＝ 13.5　答え 13.5cm

比 (22)
比の利用 ② (全体をきまった比にわける)

1 48cm のリボンを，姉と妹のリボンの長さの比が５：７になるように分けます。
２人のリボンの長さは，それぞれ何 cm ですか。

式 (例) 5 ＋ 7 ＝ 12
5 : 12 ＝ x : 48
x ＝ 20
48 − 20 ＝ 28
答え 姉 20cm，妹 28cm

2 ミルクティーが 7.2dL あります。
あゆさんと弟で７：５になるように飲みました。
２人はそれぞれ何 dL ずつのみましたか。

式 (例) 7 ＋ 5 ＝ 12
7 : 12 ＝ x : 7.2
x ＝ 4.2
7.2 − 4.2 ＝ 3
答え あゆさん 4.2dL，弟 3dL

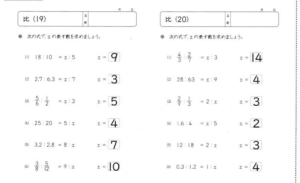

（解答は，200 ～ 300％に拡大してお使い下さい。）

P94

ふりかえり 比　名前　月　日

1 比の値を求めましょう。
(1) 4：3　$\frac{4}{3}$　(2) 15：10　$\frac{3}{2}$
(3) 12：3　4　(4) 42：24　$\frac{7}{4}$

2 等しい比はどれですか。1つ選んで○をつけましょう。
(1) 2：5　6：10　(4：10)　10：4
(2) 6：7　30：28　3：5　(18：21)
(3) 40：32　(5：4)　4：5　80：61

3 ウスターソースとケチャップの量が，2：5になるようにしてハンバーグソースを作ります。
(1) ウスターソースを24mLにすると，ケチャップは何mL必要ですか。
式（例）2：5＝24：x　x＝60　答え 60mL
(2) ケチャップを40mLにすると，ウスターソースは何mL必要ですか。
式（例）2：5＝x：40　x＝16　答え 16mL

4 □やxにあてはまる数を書きましょう。
(1) 3：5＝9：15　(2) 18：12＝3：2
(3) 2：9＝10：x　x＝45
(4) 36：42＝6：x　x＝7

5 次の比を簡単にしましょう。
(1) 15：45　1：3　(2) 72：45　8：5
(3) 3.6：0.9　4：1　(4) 1.2：9　2：15
(5) $\frac{1}{6}$：$\frac{7}{4}$　2：21　(6) $\frac{3}{10}$：3　1：10

6 高さ2mの棒のかげが3mのとき，かげが15mある棒の高さは何mですか。
式（例）2：3＝x：15　x＝10　答え 10m

7 30dLの水を2つの入れ物に分けます。
(1) 3：2の割合になるように分けます。何dLと何dLにすればよいですか。
式（例）$30\times\frac{3}{5}=18$　$30\times\frac{2}{5}=12$　答え 18dLと12dL
(2) 7：3の割合になるように分けます。何dLと何dLにすればよいですか。
式（例）$30\times\frac{7}{10}=21$　$30\times\frac{3}{10}=9$　答え 21dLと9dL

P95

比（テスト）　名前　月　日

[知識・技能]
1 次の式でxにあてはまる数を書きましょう。(5×4)
(1) 4：3＝28：x　x＝21
(2) 65：85＝x：17　x＝13
(3) 0.2：0.6＝1：x　x＝3
(4) 28：8＝7：x　x＝2

2 次の比を簡単にしましょう。(5×3)
(1) 9：12　3：4
(2) 5.4：9　3：5
(3) $\frac{2}{3}$：$\frac{7}{9}$　6：7

3 比の値を求めましょう。(5×3)
(1) 3：7　$\frac{3}{7}$
(2) 4：12　$\frac{1}{3}$
(3) 15：10　$\frac{3}{2}$

[思考・判断・表現]
4 すとサラダ油を4：7になるようにしてドレッシングを作ります。(5×4)
① すを60mLにすると，サラダ油は何mLですか。
式（例）4：7＝60：x　x＝105　答え 105mL
② サラダ油を175mLにすると，すは何mLですか。
式（例）4：7＝x：175　x＝100　答え 100mL

5 高さが1.5mの木のかげは2mでした。(5×4)
(1) 同じ時刻にかげの長さが6mになるとき，その木の高さは何mですか。
式（例）1.5：x＝2：6　x＝4.5　答え 4.5m
(2) 高さが12mの木のかげは何mになりますか。
式（例）1.5：12＝2：x　x＝16　答え 16m

（例）350mL $4+3=7$ 私が4：3の比になるように分けます。父と私が飲むジュースは何mLですか。それぞれ
式 $350\times\frac{4}{7}=200$　$350\times\frac{3}{7}=150$　200mL　150mL

P96

算数あそび 比①　名前　月　日

● 次の5つの比から1つだけ選んで君の運勢をうらなってみよう。等しい比をたどって線をひきながら進もう。

略

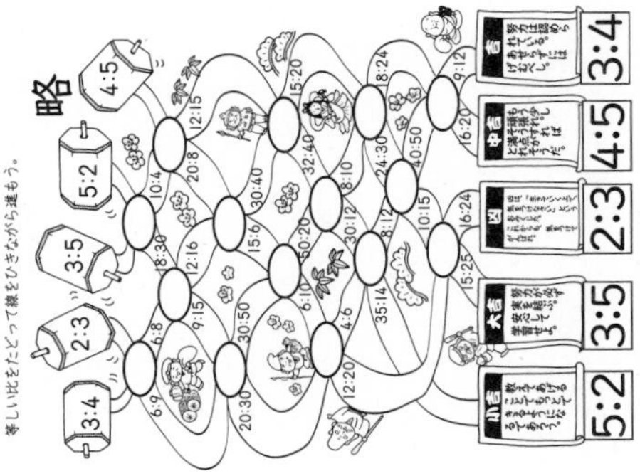

P97

算数あそび 比②　名前　月　日

● スタートからゴールまで行きましょう。
□の比と等しい方へ進みましょう。

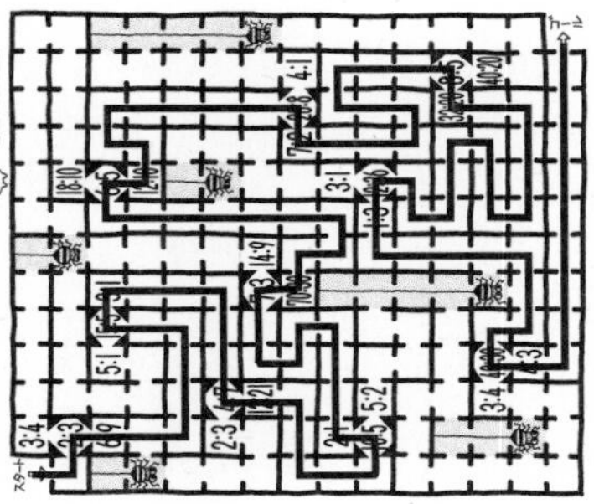

P98

算数あそび 比③　名前　月　日

● 次の比を計算して，□に入る数の大きい方へ進み，ゴールまで行きましょう。

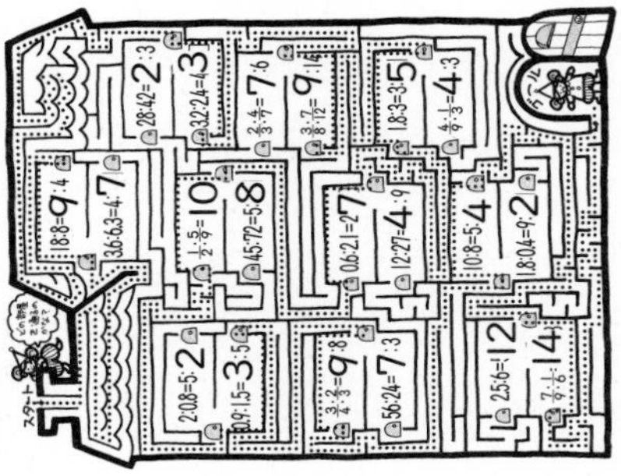

P99

算数あそび 比④　名前　月　日

● 次の比の□に等しい比になるように，数を書きましょう。あみだくじをして，下の□に上の比と等しい比を書きましょう。

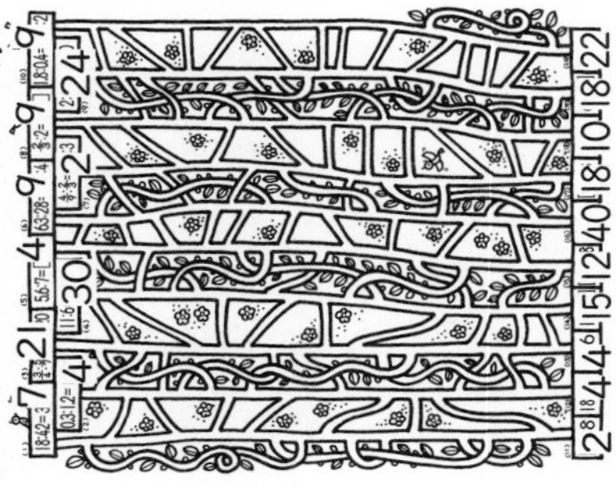

P100

拡大図と縮図（1）　名前　月　日

● 下の図形を見て，（　）の中の正しい方のことばや数に○をつけましょう。

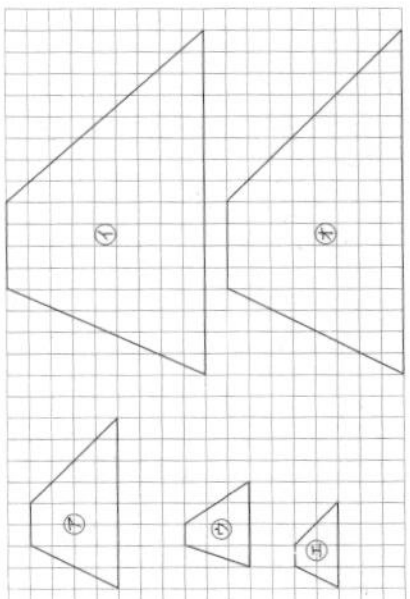

(1) ㋐を形を変えずに大きくしたのは，（㋑，(㋔)）です。
対応するすべての辺の長さの比は（(1：2)，1：3）です。
対応する角の大きさは（2倍，(等しい)）です。
このような図を㋐の（(拡大図)，縮図）といいます。
(2) ㋐を形を変えずに小さくしたのは，（㋒，(㋓)）です。
対応するすべての辺の長さは，（等しい，($\frac{1}{2}$)）です。
対応する角の大きさは（(等しい)，$\frac{1}{2}$）です。
このような図を㋐の（拡大図，(縮図)）といいます。

P101

拡大図と縮図（2）　名前　月　日

1 下の図形で，平行四辺形㋐の拡大図や縮図になっているのはどれですか。また，それは何倍の拡大図，何分の1の縮図ですか。□に書きましょう。

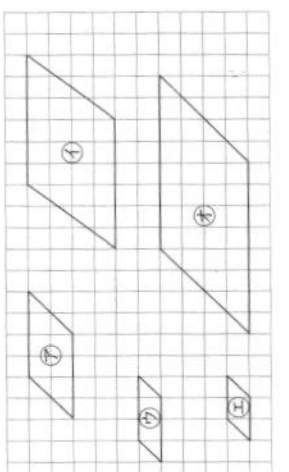

拡大図 ㋔ 2 倍
縮図 ㋓ 2 分の1

2 下の図形で，三角形㋕の拡大図や縮図になっているのはどれですか。また，それは何倍の拡大図，何分の1の縮図ですか。□に書きましょう。

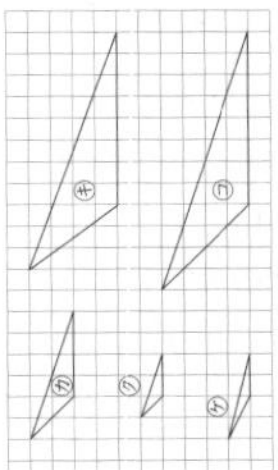

拡大図 ㋙ 2 倍
縮図 ㋗ 2 分の1

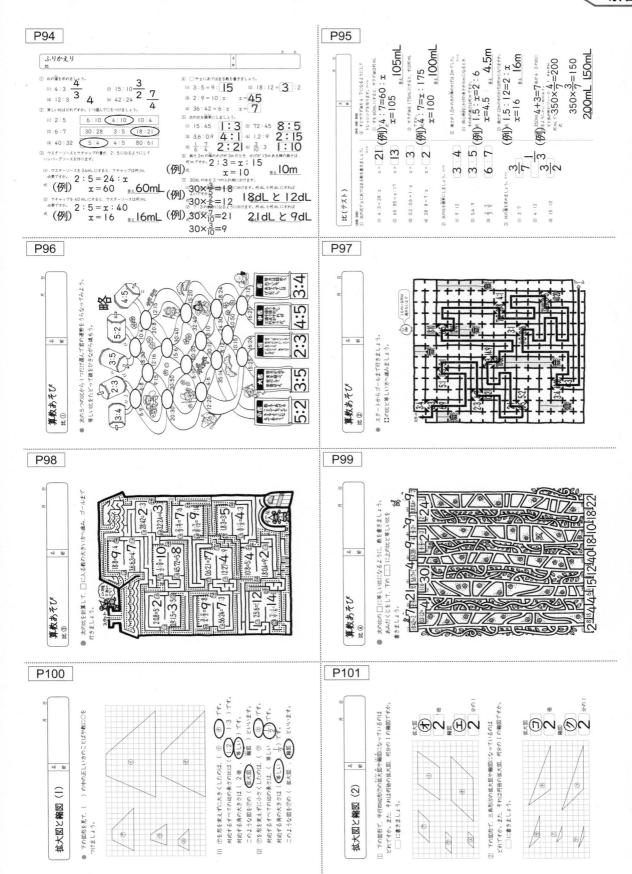

解答　児童に実施させる前に，必ず指導される方が問題を解いてください。本書の解答は，あくまでも１つの例です。

P102

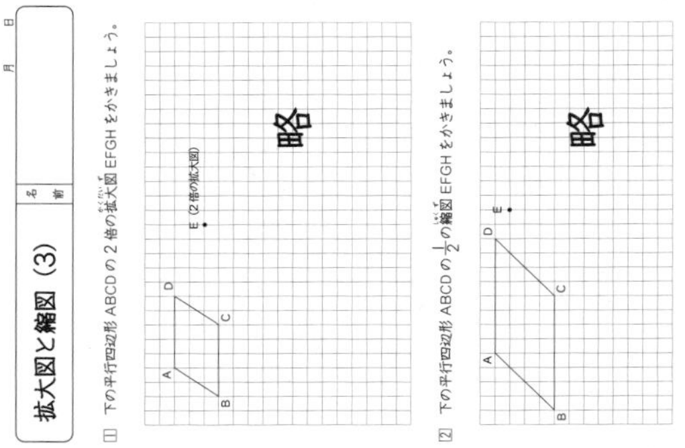

拡大図と縮図（3）
1 下の平行四辺形 ABCD の 2 倍の拡大図 EFGH をかきましょう。
略
2 下の平行四辺形 ABCD の $\frac{1}{2}$ の縮図 EFGH をかきましょう。
略

P103

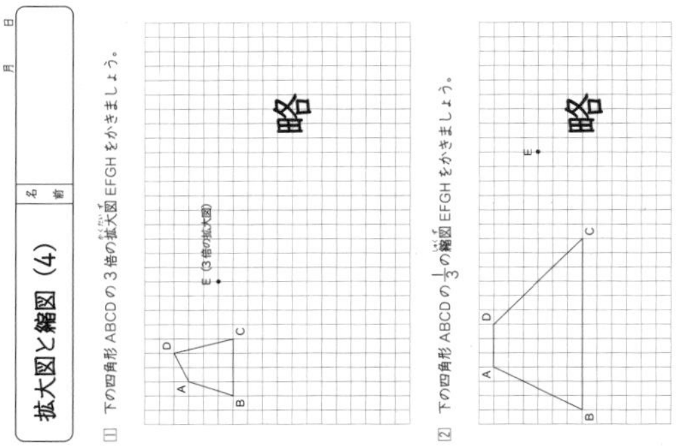

P104

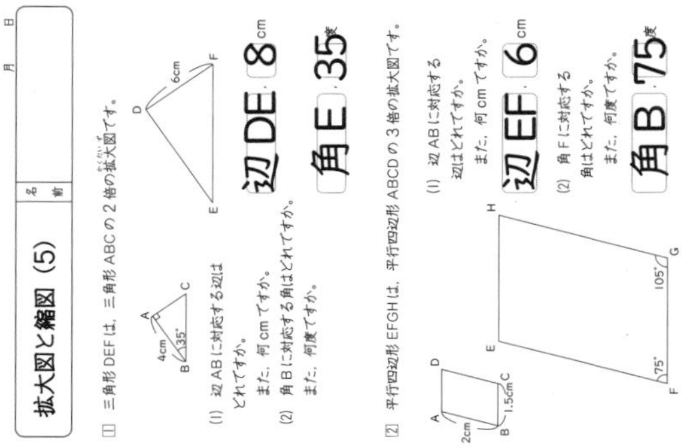

P105

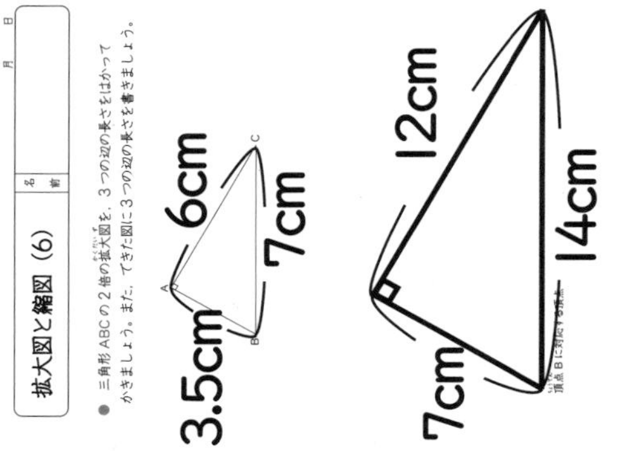

P106

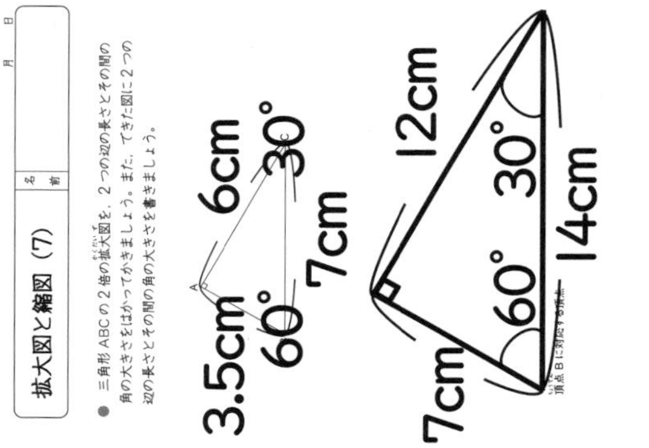

P107

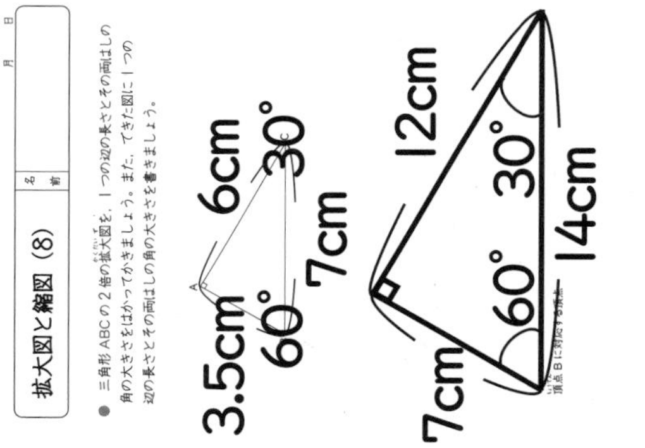

P108

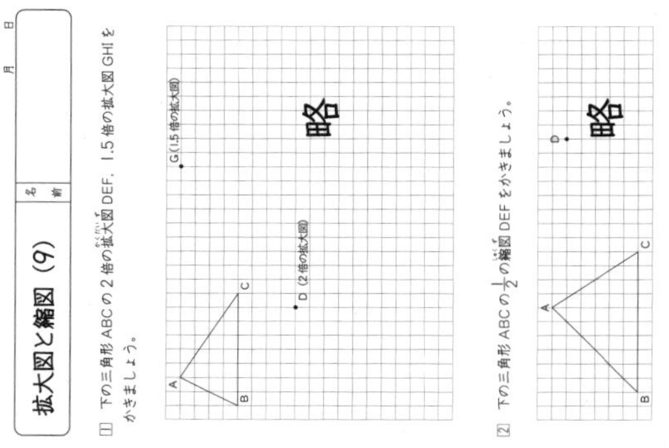

P109

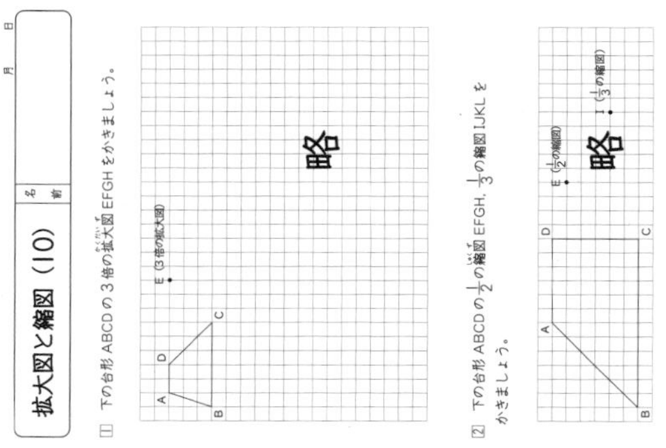

　（解答は，200 ～ 300%に拡大してお使い下さい。）

P110

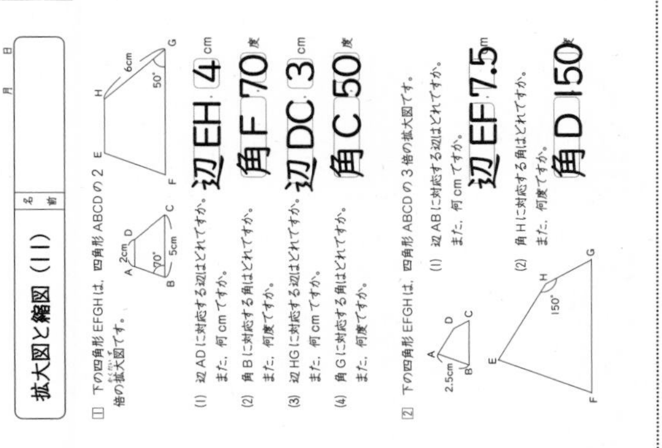
拡大図と縮図（11）

1 下の四角形 EFGH は，四角形 ABCD の 2 倍の拡大図です。

(1) 辺 AD に対応する辺はどれですか。また，何 cm ですか。 辺EH 4cm

(2) 角 B に対応する角はどれですか。また，何度ですか。 角F 70度

(3) 辺 HG に対応する辺はどれですか。また，何 cm ですか。 辺DC 3cm

(4) 角 G に対応する角はどれですか。また，何度ですか。 角C 50度

2 下の四角形 EFGH は，四角形 ABCD の 3 倍の拡大図です。

(1) 辺 AB に対応する辺はどれですか。また，何 cm ですか。 辺EF 7.5cm

(2) 角 H に対応する角はどれですか。また，何度ですか。 角D 150度

P111

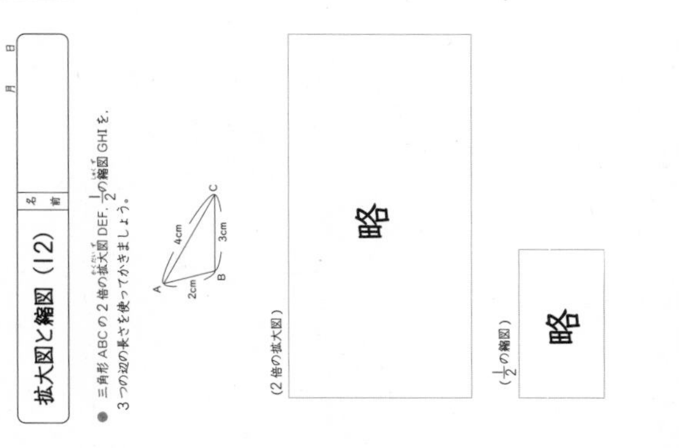
拡大図と縮図（12）

● 三角形 ABC の 2 倍の拡大図 DEF，$\frac{1}{2}$の縮図 GHI を，3 つの辺の長さを使ってかきましょう。

(2 倍の拡大図) 略

($\frac{1}{2}$の縮図) 略

P112

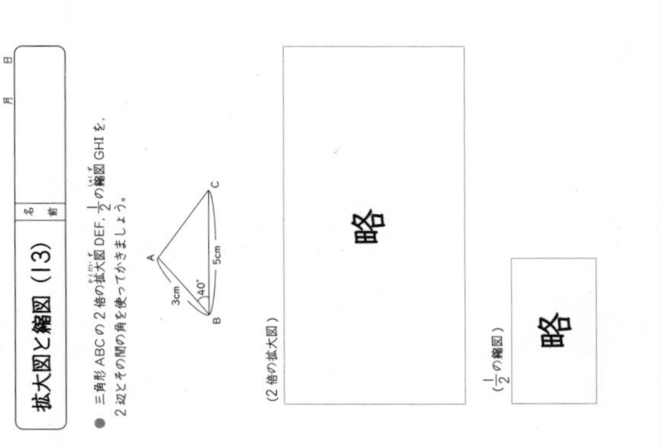
拡大図と縮図（13）

● 三角形 ABC の 2 倍の拡大図 DEF，$\frac{1}{2}$の縮図 GHI を，2 辺とその間の角を使ってかきましょう。

(2 倍の拡大図) 略

($\frac{1}{2}$の縮図) 略

P113

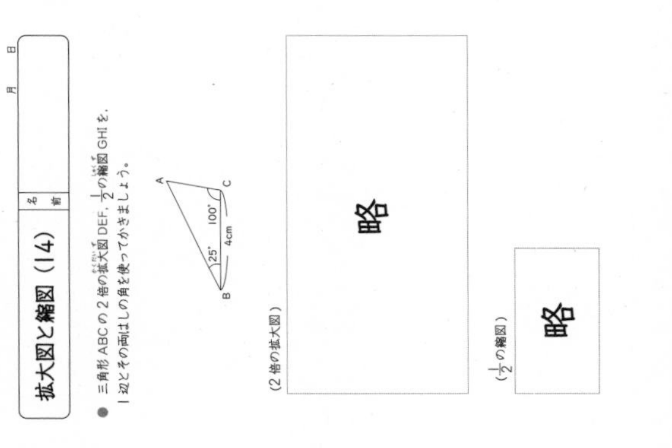
拡大図と縮図（14）

● 三角形 ABC の 2 倍の拡大図 DEF，$\frac{1}{2}$の縮図 GHI を，1 辺とその両はしの角を使ってかきましょう。

(2 倍の拡大図) 略

($\frac{1}{2}$の縮図) 略

P114

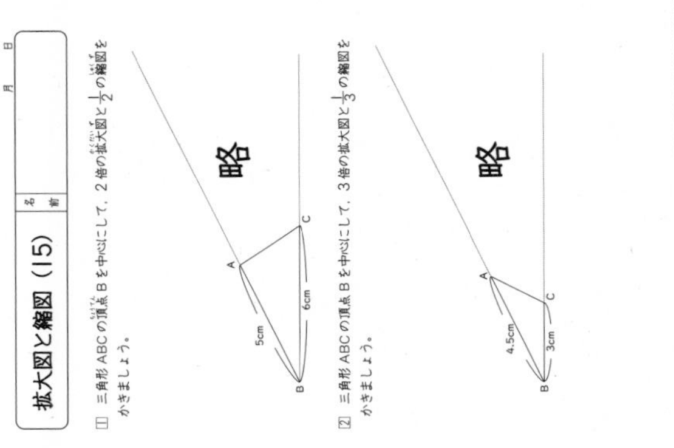
拡大図と縮図（15）

1 三角形 ABC の頂点 B を中心にして，2 倍の拡大図と$\frac{1}{2}$の縮図をかきましょう。 略

2 三角形 ABC の頂点 B を中心にして，3 倍の拡大図と$\frac{1}{3}$の縮図をかきましょう。 略

P115

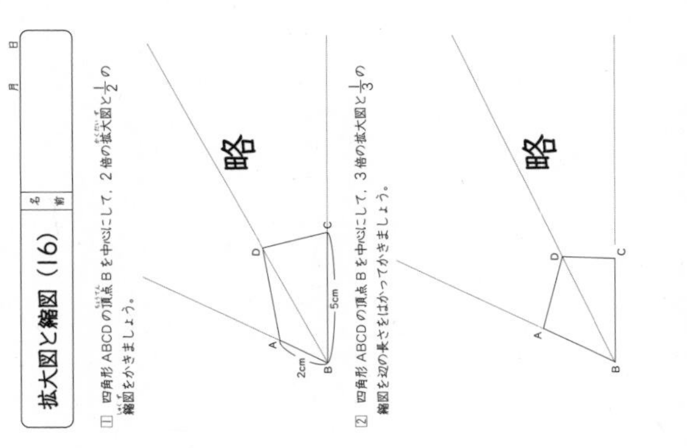
拡大図と縮図（16）

1 四角形 ABCD の頂点 B を中心にして，2 倍の拡大図と$\frac{1}{2}$の縮図をかきましょう。 略

2 四角形 ABCD の頂点 B を中心にして，3 倍の拡大図と$\frac{1}{3}$の縮図を辺の長さをはかってかきましょう。 略

P116

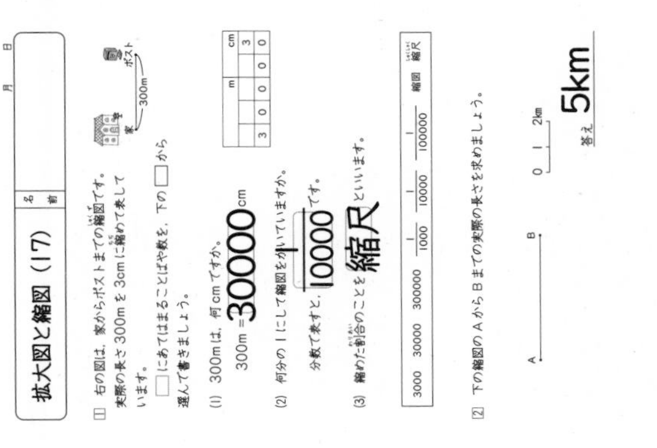
拡大図と縮図（17）

1 右の図は，家からポストまでの縮図です。実際の長さ 300m を 3cm に縮めて表しています。□にあてはまることばや数を，下の□から選んで書きましょう。

(1) 300m は，何 cm ですか。 300m = 30000cm

(2) 何分の 1 にして縮図をかいていますか。分数で表すと，$\frac{1}{10000}$です。

(3) 縮めた割合のことを 縮尺 といいます。

3000　30000　300000　$\frac{1}{1000}$　$\frac{1}{10000}$　$\frac{1}{100000}$　縮図　縮尺

2 下の縮図の A から B までの実際の長さを求めましょう。 答え 5km

P117

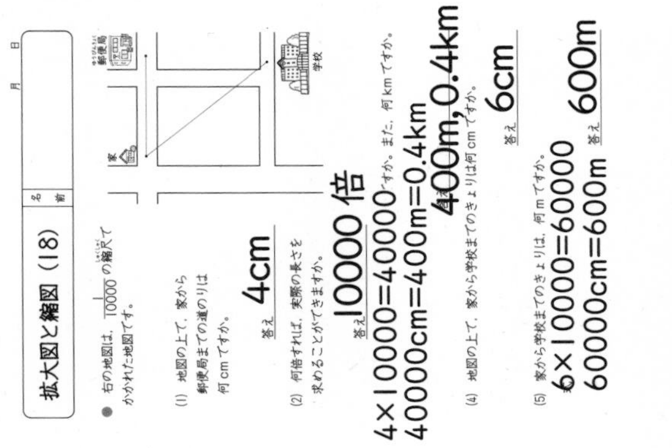
拡大図と縮図（18）

● 右の地図は，$\frac{1}{10000}$の縮尺でかかれた地図です。

(1) 地図の上で，家から郵便局までの道のりは何 cm ですか。 答え 4cm

(2) 何倍すれば，実際の長さを求めることができますか。 答え 10000倍

(3) 家から郵便局までの実際の道のりは，何 m ですか。また，何 km ですか。
4×10000=40000
40000cm=400m=0.4km
400m, 0.4km

(4) 地図の上で，家から学校までのきょりは何 cm ですか。 答え 6cm

(5) 家から学校までのきょりは，何 m ですか。
6×10000=60000
60000cm=600m
答え 600m

解答

児童に実施させる前に，必ず指導される方が問題を解いてください。本書の解答は，あくまでも１つの例です。

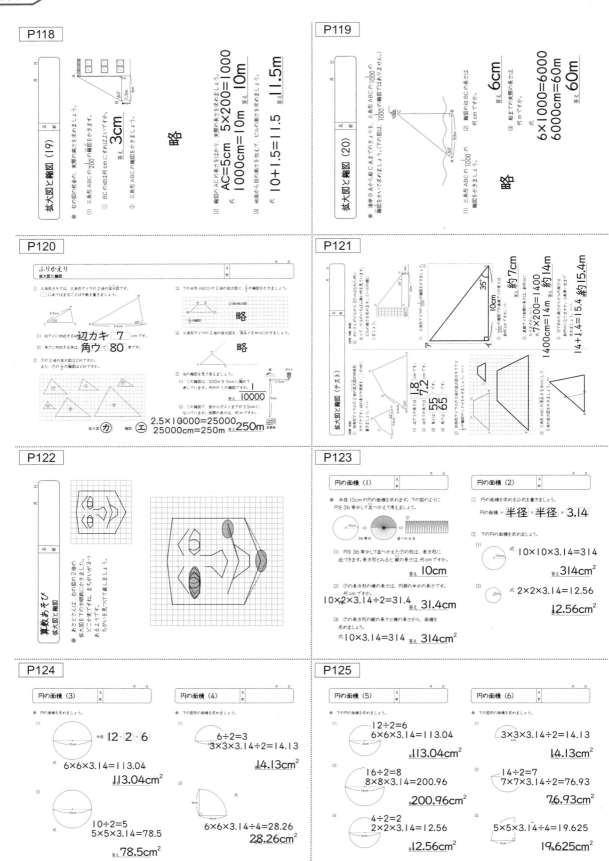

P118

拡大図と縮図（19）

● 右の図の校舎の，実際の高さを求めましょう。

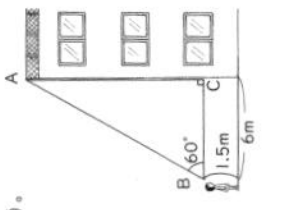

(1) 三角形 ABC の $\frac{1}{200}$ の縮図をかきます。

① BC の辺は何 cm にすればよいですか。　答え 3cm

② 三角形 ABC の縮図をかきましょう。　略

(2) 縮図の AC の長さをはかり，実際の長さを求めましょう。

式 AC=5cm　5×200=1000　1000cm=10m　答え 10m

(3) 地面から目の高さを加えて，ビルの高さを求めましょう。

式 10+1.5=11.5　答え 11.5m

P119

拡大図と縮図（20）

● 海岸 B 点から船 C 点までのきょりを，三角形 ABC の $\frac{1}{1000}$ の縮図をかいて求めましょう。（下の図は，$\frac{1}{1000}$ の縮図ではありません。）

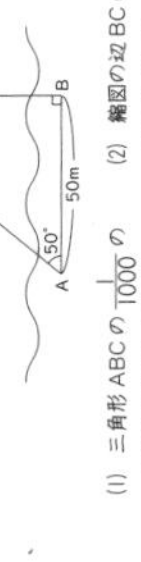

(1) 三角形 ABC の $\frac{1}{1000}$ の縮図をかきましょう。　略

(2) 縮図の辺 BC の長さは何 cm ですか。　答え 6cm

(3) 船までの実際の長さは，何 m ですか。

式 6×1000=6000　6000cm=60m　答え 60m

P120

ふりかえり　拡大図と縮図

1 三角形カキクは，三角形アイウの２倍の拡大図です。□にあてはまることばや数を書きましょう。

(1) 辺アイに対応する辺は 辺カキ で 7 cm です。

(2) 角クに対応する角は 角ウ で 80 度です。

2 ⑦の２倍の拡大図はどれですか。また，⑦の $\frac{1}{2}$ の縮図はどれですか。

拡大図 カ　縮図 エ

3 下の台形 ABCD の２倍の拡大図と，$\frac{1}{2}$ の縮図をかきましょう。　略

4 三角形アイウの２倍の拡大図を，頂点イを中心にかきましょう。　略

5 右の縮図を見て答えましょう。

(1) この縮図は，500m を 5cm に縮めて表しています。何分の１の縮図ですか。　答え $\frac{1}{10000}$

(2) この縮図で，家からポストまでが 2.5cm になっています。実際の長さは，何 m ですか。

2.5×10000=25000　25000cm=250m　答え 250m

P121

拡大図と縮図（テスト）

1 四角形アイウエの２倍の拡大図が四角形カキクケです。辺の長さや角度を□の中に書きましょう。

(1) 辺アイの長さは 1.8 cm です。

(2) 辺キクの長さは 7.2 cm です。

(3) 角イは 55 度です。

(4) 角クは 65 度です。

2 四角形アイウエの２倍の拡大図カキクケと $\frac{1}{2}$ の縮図サシスセをかきましょう。

3 三角形 ABC の頂点 B を中心にして，２倍の拡大図をかきましょう。

4 めいさんがビルから 20m はなれた所に立って，ビルのいちばん高い所を見ています。ビルの高さを求めましょう。①〜④の順に求めましょう。

① 三角形アイウの $\frac{1}{200}$ の縮図をかきましょう。

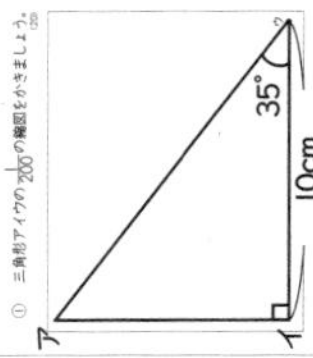

② $\frac{1}{200}$ の縮図での直線アイの長さは約何 cm ですか。　答え 約7cm

③ 直線アイの実際の長さは，約何 m になりますか。　7×200=1400　1400cm=14m　答え 約14m

④ ③で求めた高さからビルの高さは，約何 m になりますか。　14+1.4=15.4　答え 約15.4m

P122

算数あそび　拡大図と縮図

● あさとさんは，右の図の２倍の拡大図を下の方眼紙にかきました。どこか変ですね。まちがいが３つあるようです。ちがいを見つけて直しましょう。

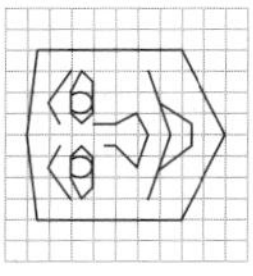

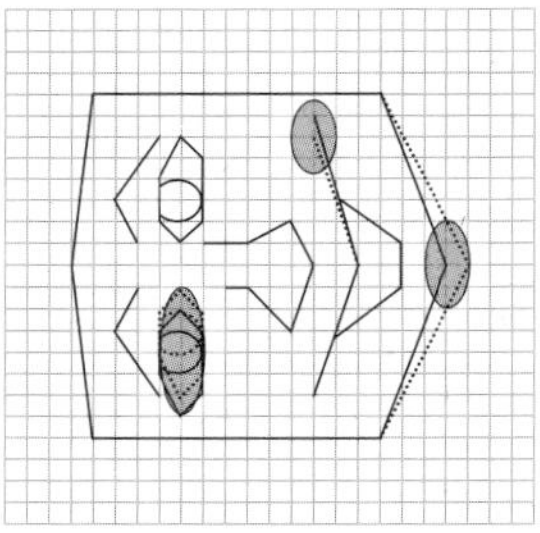

P123

円の面積（1）

● 半径 10cm の円の面積を求めます。下の図のように円を 36 等分して並べかえて考えましょう。

(1) 円を 36 等分して並べかえた⑦の形は，長方形に近づきます。長方形とみると，縦の長さは，何 cm ですか。　答え 10cm

(2) ⑦の長方形の横の長さは，円周の半分の長さです。何 cm ですか。

10×2×3.14÷2=31.4　答え 31.4cm

(3) ⑦の長方形の縦の長さと横の長さから，面積を求めましょう。

式 10×3.14=314　答え 314cm²

円の面積（2）

1 円の面積を求める公式を書きましょう。

円の面積 = 半径 × 半径 × 3.14

2 下の円の面積を求めましょう。

(1) 式 10×10×3.14=314　答え 314cm²

(2) 式 2×2×3.14=12.56　答え 12.56cm²

P124

円の面積（3）

● 円の面積を求めましょう。

(1) 半径 12 ÷ 2 = 6

式 6×6×3.14=113.04　答え 113.04cm²

(2) 式 10÷2=5　5×5×3.14=78.5　答え 78.5cm²

円の面積（4）

● 下の図形の面積を求めましょう。

(1) 6÷2=3　3×3×3.14÷2=14.13　答え 14.13cm²

(2) 式 6×6×3.14÷4=28.26　答え 28.26cm²

P125

円の面積（5）

● 下の円の面積を求めましょう。

(1) 12÷2=6　6×6×3.14=113.04　答え 113.04cm²

(2) 16÷2=8　8×8×3.14=200.96　答え 200.96cm²

(3) 4÷2=2　2×2×3.14=12.56　答え 12.56cm²

円の面積（6）

● 下の図形の面積を求めましょう。

(1) 3×3×3.14÷2=14.13　答え 14.13cm²

(2) 14÷2=7　7×7×3.14÷2=76.93　答え 76.93cm²

(3) 5×5×3.14÷4=19.625　答え 19.625cm²

（解答は，200 〜 300%に拡大してお使い下さい。）

P126

円の面積（7）

● 下の図の色のついた部分の面積を求めましょう。

(1)

$8\times8=64$
$8\times8\times3.14\div4=50.24$
$64-50.24=13.76$

答え $13.76cm^2$

(2)

$20\div2=10$
$10\times20=200$
$10\times10\times3.14\div2=157$
$200-157=43$

答え $43cm^2$

円の面積（8）

● 下の図の色のついた部分の面積を求めましょう。

(1)

$5\times2=10$
$5\times10=50$
$5\times5\times3.14\div2=39.25$
$50-39.25=10.75$

答え $10.75cm^2$

(2)

$4\times4\times3.14\div2=25.12$
$4\div2=2$
$2\times2\times3.14=12.56$
$25.12-12.56=12.56$

答え $12.56cm^2$

P127

円の面積（9）

● 下の図の色のついた部分の面積を求めましょう。

(1)

$20\times20=400$
$20\div2=10$
$10\times10\times3.14=314$
$400-314=86$

答え $86cm^2$

(2)

$10\div2=5$
$5\times5\times3.14\div2=39.25$

答え $39.25cm^2$

円の面積（10）

● 右のAとBの2つの円を比べましょう。

(1) 半径を比べましょう。
Bの半径は，Aの半径の何倍ですか。 答え 2倍

(2) 円周を比べましょう。
① Aの円周を求めましょう。
$10\times2\times3.14=62.8$ 答え $62.8cm$
② Bの円周を求めましょう。
$20\times2\times3.14=125.6$ 答え $125.6cm$
③ Bの円周は，Aの円周の何倍ですか。
$125.6\div62.8=2$ 答え 2倍

(3) 面積を比べましょう。
① Aの面積を求めましょう。
$10\times10\times3.14=314$ 答え $314cm^2$
② Bの面積を求めましょう。
$20\times20\times3.14=1256$ 答え $1256cm^2$
③ Bの面積は，Aの面積の何倍ですか。
$1256\div314=4$ 答え 4倍

P128

ふりかえり 円の面積

1 円の面積の公式を書きましょう。

円の面積＝ 半径×半径×3.14

2 下の図形の面積を求めましょう。

(1) $4\times4\times3.14=50.24$ 答え $50.24cm^2$

(2) $7\times7\times3.14=153.86$ 答え $153.86cm^2$

(3) $8\times8\times3.14\div4=50.24$ 答え $50.24cm^2$

(4) $2\times2\times3.14\div2=6.28$ 答え $6.28cm^2$

3 下の図の色のついた部分の面積を求めましょう。

式
$10\times10\times3.14=314$
$10\div2=5$
$5\times5\times3.14\times2=157$
$314-157=157$

答え $157cm^2$

P129

円の面積（テスト）

1 円の面積を求める公式を考えましょう。

8等分　16等分　32等分　64等分

上の図のように，円をおうぎ形に切り分けて並べかえます。64等分のように分ける数を大きくしていくと，ほぼ長方形になります。

(1) 長方形の縦の長さは，円の何にあたりますか。 半径

(2) 長方形の横の長さは，円の何の半分にあたりますか。 円周

(3) 長方形の横の長さを求めることばの式を完成させましょう。 直径 ×3.14÷2

(4) (1),(2),(3)より，円の面積を求める公式を書きましょう。
円の面積＝ 半径×半径×3.14

2 下の図形の面積を求めましょう。

(1) $6\times6\times3.14=113.04$ 答え $113.04cm^2$

(2) $10\div2=5$
$5\times5\times3.14=78.5$ 答え $78.5cm^2$

(3) $10\times10\times3.14\div2=157$ 答え $157cm^2$

3 下の図の色のついた部分の面積を求めましょう。

$20\div2=10$
$10\times10\times3.14=314$
$20\times20\div2=200$
$314-200=114$ 答え $114cm^2$

$10\times10=100$
$10\times10\times3.14\div4=78.5$
$100-78.5=21.5$ 答え $21.5cm^2$

$10\div2=5$
$10\times10\times3.14\div4=78.5$
$5\times5\times3.14\div2=39.25$
$78.5-39.25=39.25$ 答え $39.25cm^2$

4 右の図形の色のついた部分の面積を求めます。次の式はそれぞれどの部分の面積を求めているのでしょうか。それぞれ右の図に色をぬって表しましょう。

(1) $10\times10\times3.14\div4=78.5$
(2) $10\times10\div2=50$
(3) $78.5-50=28.5$
(4) $28.5\times2=57$

P130

算数あそび 円の面積①

(1) 半径と高さが1の場合
底面積
$1\times1\times3.14\times2=6.28$
側面積
$1\times1\times2\times3.14=6.28$

半径と高さが2の場合
底面積
$2\times2\times3.14\times2=25.12$
側面積
$2\times2\times2\times3.14=25.12$

底面が2つなので求める式は，
半径×半径×3.14×2となる。
側面の面積は長方形で，横の長さは
直径×3.14なので
高さ×半径×2×3.14となる。
高さと半径は同じ長さなので底面積も
側面積も同じ数をかけることになる。

(2) どちらの面積の方が広かったですか。わかったことを書きましょう。
底面2つを合わせた面積と，
側面の面積はどちらも等しい。

P131

算数あそび 円の面積②

● 図形の面積が $3.14cm^2$，$50.24cm^2$，$78.5cm^2$，$100.48cm^2$ のところを通って，ゴールまで行きましょう。

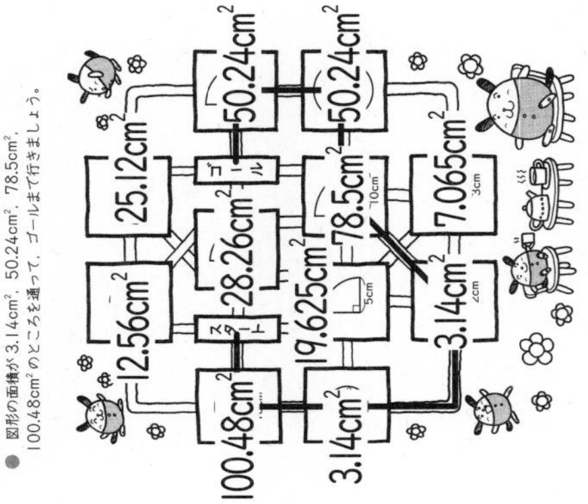

P132

角柱と円柱の体積（1）

● 下の四角柱の体積を求めましょう。

(1) 立方体
式 $5\times5\times5=125$ 答え $125cm^3$

(2)
式 $10\times6\times4=240$ 答え $240cm^3$

(3)
式 $3\times4\times7=84$ 答え $84cm^3$

角柱と円柱の体積（2）

● 下の三角柱の体積を求めましょう。

(1)
式 $8\times3\div2\times9=108$ 答え $108cm^3$

(2)
式 $7\times6\div2\times12=252$ 答え $252cm^3$

P133

角柱と円柱の体積（3）

● 下の四角柱の体積を求めましょう。

(1) 底面はひし形
式 $3\times10\div2\times6=90$ 答え $90cm^3$

(2)
式 $(6+8)\times5\div2\times10=350$ 答え $350m^3$

角柱と円柱の体積（4）

● 下の円柱の体積を求めましょう。

(1)
式 $5\times5\times3.14\times4=314$ 答え $314m^3$

(2) 直径4cm
式
$4\div2=2$
$2\times2\times3.14\times20$
$=251.2$
答え $251.2cm^3$

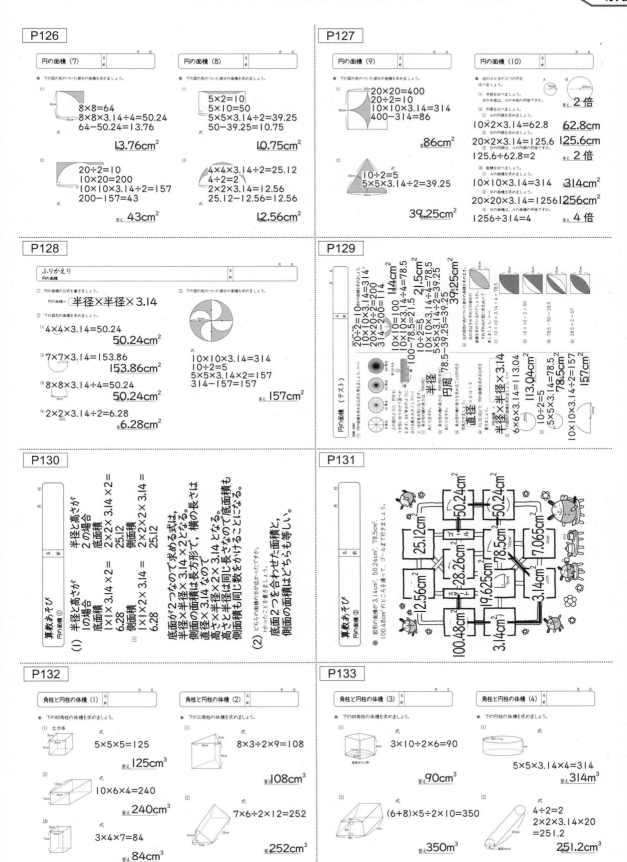

児童に実施させる前に，必ず指導される方が問題を解いてください。本書の解答は，あくまでも１つの例です。

P134

角柱と円柱の体積 (5)

● 下の立体の体積を求めましょう。

(1) 式 3×3×3=27　答え 27cm³

(2) 底面はひし形　式 2×5÷2×4=20　答え 20cm³

(3) 式 10×6÷2×7=210　答え 210cm³

(4) 式 4×4×3.14×8=401.92　答え 401.92cm³

角柱と円柱の体積 (6)

● 下の立体の体積を求めましょう。

(1) 式 4×10×8=320　答え 320cm³

(2) 式 3×6÷2×8=72　答え 72cm³

(3) 底面は台形　式 (4+7)×2÷2×6=66　答え 66cm³

(4) 式 6×6×3.14÷2×10=565.2　答え 565.2cm³

P135

角柱と円柱の体積 (7)

● 下の立体の高さを求めましょう。

(1) 体積 942cm³　底面積 78.5cm²　式 942÷78.5=12　答え 12cm

(2) 体積 1680cm³　底面積 80cm²　式 1680÷80=21　答え 21cm

角柱と円柱の体積 (8)

● 下の立体の体積を求めましょう。

色のついた面を底面にする。

(1) 底面の面積を求めましょう。
式 (例) 6×(4+3)=42
4×4=16
42+16=58
答え 58cm²

(2) 高さは 3cm です。体積を求めましょう。
式 58×3=174　答え 174cm³

P136

ふりかえり　角柱と円柱の体積

1 下の立体の体積を求めましょう。

(1) 式 30×80×10=24000　答え 24000cm³

(2) 式 2÷2=1
1×1×3.14×9=28.26　答え 28.26cm³

(3) 式 2×2×3.14÷2×2=12.56　答え 12.56cm³

(4) 式 10×12÷2×20=1200　答え 1200cm³

(5) 底面は台形　式 (6+4)×2÷2×10=100　答え 100cm³

(6) 色のついた面を底面として体積を求めます。
(1) 底面の面積を求めましょう。
式 (例) 5×10=50
3×(10−3−5)=6
50−6=44
答え 44cm²
(2) 体積を求めましょう。
式 44×8=352　答え 352cm³

2 下の立体の高さを求めましょう。
体積 84cm³　式 3×4=12
84÷12=7
答え 7cm

P137

角柱と円柱の体積（テスト）

1 下の立体の体積を求めましょう。(5×10)

(1) 式 6×8×12=576　答え 576cm³

(2) 式 20÷2=10
10×10×3.14×8=2512　答え 2512cm³

(3) 式 4.5×6÷2×20=270　答え 270cm³

(4) 式 1m20cm=120cm
4×4×3.14×120
=6028.8　答え 6028.8cm³

(5) 式 (5+8)×4÷2×15=390　答え 390cm³

2 右の立体の体積を次の考え方で求めましょう。(5×4)

(1) 底面は半径10cmの半円 25cm
10×10×3.14×25
=7850
7850÷2=3925　答え 3925cm³

(2) 底面積が半円で高さが25cmという考え方
10×10×3.14÷2×25
=3925　答え 3925cm³

3 下の立体の体積を底面積×高さの考え方で求めましょう。

(1) (5+5+8)×5=90
5×3=15
90+15=105
105×10=1050　答え 1050cm³

(2) 8×8×10=640
4÷2=2
2×2×3.14×8=100.48
640−100.48=539.52　答え 539.52cm³

4 下の立体の高さを求めましょう。(5×2)
体積 108cm³　式 108÷(9×6÷2)=4　答え 4cm

P138

およその面積と体積 (1)

● 下のような形をした葉っぱがあります。この葉っぱのおよその面積を1cm²のいくつ分かで求めましょう。
1cm²に満たない面積は，すべて半分として考えましょう。

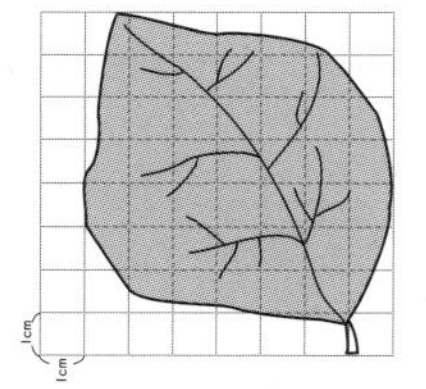

答え 約39cm²

P139

およその面積と体積 (2)

● 下のような形をした花だんがあります。この花だんのおよその面積を1m²のいくつ分かで求めましょう。
1m²に満たない面積は，すべて半分として考えましょう。

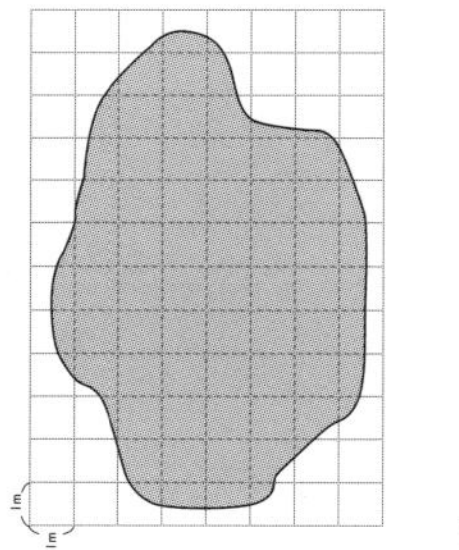

答え 約57m²

P140

およその面積と体積 (3)

1 右の図は，ある畑を上から見たものです。この畑の形を平行四辺形とみて，およその面積を求めましょう。
式 40×20=800　答え 約800m²

2 右の図は，ある村を上から見たものです。この村を三角形とみて，およその面積を求めましょう。
式 14×12÷2=84　答え 約84km²

3 右のようなピザがあります。このピザの形を円とみて，およその面積を求めましょう。
式 10×10×3.14=314　答え 約314cm²

P141

およその面積と体積 (4)

1 右のような形をした池があります。この池の形を台形とみて，およその面積を求めましょう。
式 (30+50)×40÷2=1600　答え 約1600m²

2 右のようなイチョウの葉があります。この葉の形を半円とみて，およその面積を求めましょう。
式 4×4×3.14÷2=25.12　答え 約25.12cm²

3 右のような形をした牧場があります。この牧場の形をひし形とみて，およその面積を求めましょう。およそ何m²ですか。
式 400×600÷2=120000
120000m²=12ha
答え 約120000m²，約12ha

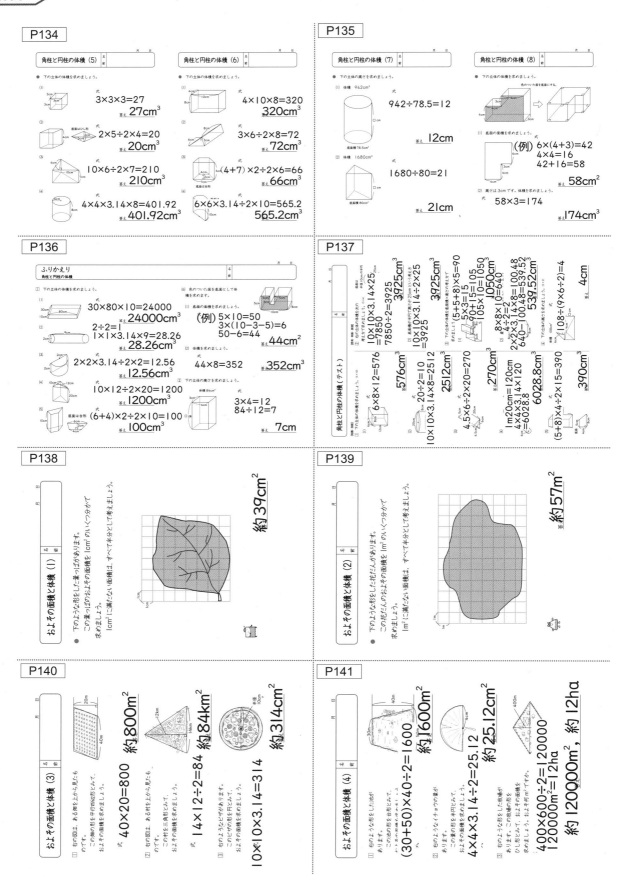

　（解答は，200～300%に拡大してお使い下さい。）

P142

およその面積と体積 (5)

1 右の冷蔵庫を直方体とみて，およその容積を求めましょう。

式 70×70×180=882000　約882000cm³

2 右のロールケーキを円柱とみて，およその体積を求めましょう。

式 4×4×3.14×12=602.88　約602.88cm³

3 右のバッグは半円を底面とした形とみることができます。このバッグのおよその容積を求めましょう。

式 40÷2=20　20×20×3.14÷2×10=6280　約6280cm³

P143

およその面積と体積 (6)

1 右のショートケーキを三角柱とみて，およその体積を求めましょう。

式 7×10÷2×6=210　約210cm³

2 右の2段ケーキのそれぞれの段を円柱とみて，ケーキのおよその体積を求めましょう。1段目の直径は20cm，2段目は12cmとします。

式 20÷2=10　10×10×3.14×5=1570　12÷2=6　6×6×3.14×5=565.2　1570+565.2=2135.2　約2135.2cm³

P144

およその面積と体積 (7)

1 下のおにぎりをおよそ何かの形とみて，面積を求めましょう。

式 (例)底辺 4cm，高さ 4cm の三角形とみて，4×4÷2=8　答え 約8cm²

2 埼玉県をおよそ何かの形とみて，面積を求めましょう。

式 (例)上底 57km，下底 114km，高さ 44km の台形とみて，(57+114)×44÷2=3762　答え 約3762km²

P145

およその面積と体積 (8)

1 下のような池をおよそ何かの形とみて，面積を求めましょう。

式 (例)底辺 60m，高さ 35m の平行四辺形とみて，60×35=2100　答え 約2100m²

2 下のティーポットの容積は，およそ何cm³ですか。また，およそ何Lですか。(上から2けたのがい数で表しましょう。)

式 (6+14)÷2=10　10÷2=5　5×5×3.14×15=1177.5　1200cm³=1.2L　約1200cm³，約1.2L

P146

ふりかえり　およその面積と体積

1 右のような形をした公園があります。この公園の形を平行四辺形とみて，およその面積を求めましょう。

式 5×3=15　答え 約15m²

2 右のような形をした，たこがあります。このたこの形を三角形とみて，およその面積を求めましょう。

式 40×30÷2=600　約600cm²

3 右の図は，ある遊園地を上から見たものです。この遊園地の形を台形とみて，

(250+450)×300÷2=105000　約105000m²（例）

4 右のガーベラの花の形を円とみて，

8÷2=4　4×4×3.14=50.24　約50.24cm²

5 右のバッグを直方体とみて，およその容積を求めましょう。

8×35×30=8400　約8400cm³

6 右のキャリーバッグは，半円を底面とした形とみることができます。

30÷2=15　15×15×3.14÷2×50=17662.5　約17662.5cm³

7 右のふみ台のおよその体積を求めましょう。

式 40−20=20　35×20×30+35×20×15=31500　約31500cm³

P147

およその面積と体積（テスト）

1 約15cm²

2 約30m²

3 150×50=7500　約7500km²

4 20÷2=10　10×10×3.14×8=2512　約2512cm³

5 100×3=300　約300m³

6 (例)半径 4cm の円とみて　4×4×3.14=50.24　約50.24cm²

7 (例)上底 8km，下底 12km，高さ 8km の台形とみて，(8+12)×8÷2=80　約80km²

8 (例)底辺 80km，高さ 125km の三角形とみて，80×125÷2=5000　約5000km²

9 (7+5)÷2=6　6÷2=3　3×3×3.14×12=339.12　約339.12cm³

10 (16+12)÷2=14　14÷2=7　7×7×3.14×10=1538.6　1500cm³=1.5L　約1.5L

P148

比例 (1)

● 横の長さが 3cm の長方形の縦を $x$cm，面積を $y$cm² として，2つの量の関係を表を使って調べましょう。

(1) 表を完成させましょう。

縦 x (cm)	1	2	3	4	5	6
面積 y (cm²)	3	6	9	12	15	18

(2) 表を見て，□にあてはまる数を書きましょう。

① x の数の 3 倍は，いつも y の数になります。

② y の数を x の数でわると，いつも 3 になります。

③ x が 1 増えるとき，y の増える数はいつも 3 です。

(3) 面積は縦の長さに比例していますか。正しい方に○をつけましょう。

（(比例している)・比例していない）

(4) y = 決まった数 × x の「決まった数」にふさわしい数を入れて y を x の式で表しましょう。

y = 3 × x

比例 (2)

● 下の図のように，底面積が 15cm² の四角柱の高さを 1cm，2cm，3cm…と変えていきます。

(1) 高さを $x$cm，体積を $y$cm³ として，2つの量の関係を表にまとめましょう。

高さ x (cm)	1	2	3	4	5	6
体積 y (cm³)	15	30	45	60	75	90

(2) 表を見て，□にあてはまる数を書きましょう。

① x の値が 2 倍，3 倍になると，y の値も 2 倍，3 倍になります。

② y ÷ x の商は，いつも 15 になります。

③ x の値が 1 増えるとき，y の値が増える数はいつも 15 です。

(3) 体積は高さに比例していますか。正しい方に○をつけましょう。

（(比例している)・比例していない）

(4) y を x の式で表しましょう。　y = 15 × x

(5) 高さが 12cm のとき，体積は何 cm³ ですか。

式 15×12=180　答え 180cm³

P149

比例 (3)

● 下の平行四辺形の底辺の長さが 6cm で，高さを 1cm，2cm，3cm…と変えていきます。

(1) 高さを $x$cm，面積を $y$cm² として，2つの量の関係を表にまとめましょう。

高さ x (cm)	1	2	3	4	5	6
面積 y (cm²)	6	12	18	24	30	36

(2) 表を見て，□にあてはまる数を書きましょう。

① x の値が 2 倍，3 倍になると，y の値も 2 倍，3 倍になります。

② y ÷ x の商は，いつも 6 になります。

(3) y（面積）は x（高さ）に比例していますか。正しい方に○をつけましょう。

（(比例している)・比例していない）

(4) y を x の式で表しましょう。　y = 6×x

(5) 面積が 72cm² のとき，高さは何 cm ですか。

式 72÷6=12　答え 12cm

比例 (4)

● 直方体の水そうに 1 分間で 5cm の深さの水がたまります。

(1) 時間を x 分，たまった水の深さを $y$cm として，2つの量の関係を表にまとめましょう。

時間 x (分)	1	2	3	4	5	6
深さ y (cm)	5	10	15	20	25	30

(2) 表を見て，□にあてはまる数を書きましょう。

① x の値が 2 倍，3 倍になると，y の値も 2 倍，3 倍になります。

② x の値が $\frac{1}{2}$ 倍，$\frac{1}{3}$ 倍になると，y の値も $\frac{1}{2}$ 倍，$\frac{1}{3}$ 倍になります。

③ x の値が 3 から 4 に変わるとき，x の値は何倍になりますか。また，それに対応する y は，何倍になりますか。それぞれ分数で答えましょう。

x $\frac{4}{3}$ 倍　y $\frac{4}{3}$ 倍

④ x の値が 6 から 4 に変わるとき，x の値は何倍になりますか。また，それに対応する y は，何倍になりますか。それぞれ分数で答えましょう。

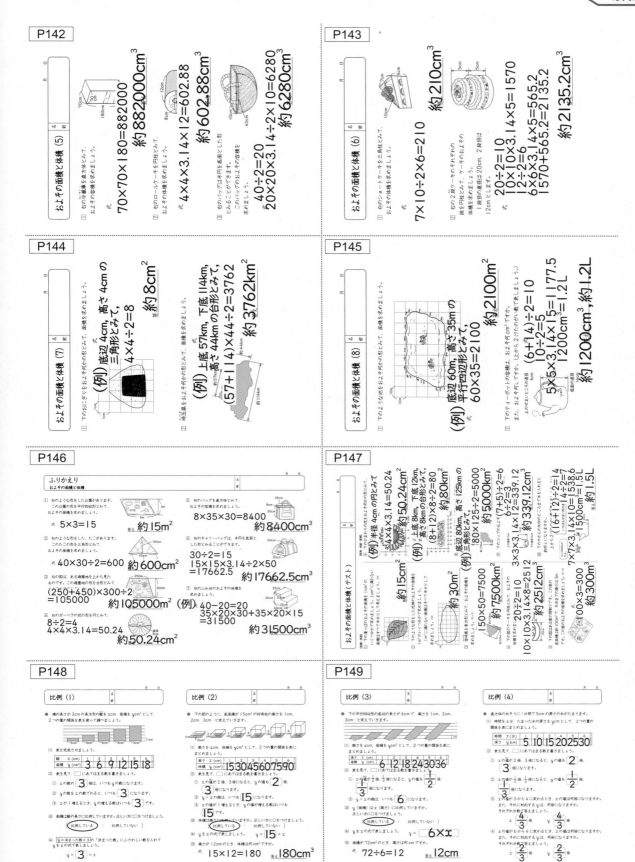

x $\frac{2}{3}$ 倍　y $\frac{2}{3}$ 倍

解答

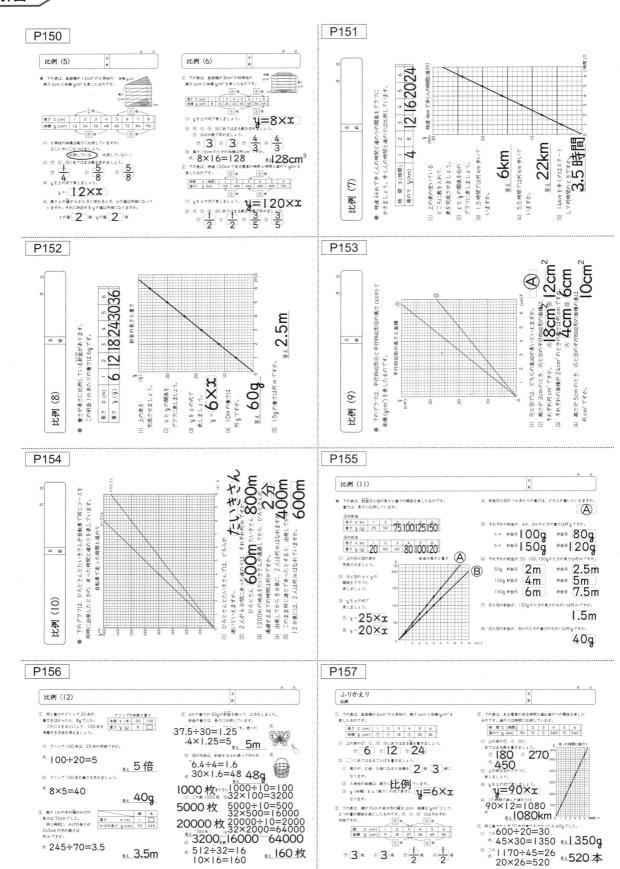

児童に実施させる前に，必ず指導される方が問題を解いてください。本書の解答は，あくまでも１つの例です。

P150

比例（5）

● 下の表は，底面積が12cm²の三角柱の，高さ xcm と体積 ycm³ を表したものです。

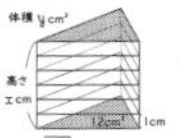

高さ x (cm)	1	2	3	4	5	6	7	8
体積 y (cm³)	12	24	36	48	60	72	84	96

(1) 三角柱の体積は高さに比例していますか。正しい方に○をつけましょう。
（比例している）　比例していない）

(2) ⑦，④，⑦にあてはまる数を求めましょう。
⑦ $\frac{1}{4}$　④ $\frac{5}{8}$　⑦ $\frac{5}{8}$

(3) y を x の式で表しましょう。
y = 12×x

(4) 高さ x の値が４から８に変わるとき，x の値は何倍になっていますか。それに対応する y の値は何倍になりますか。
x の値 2 倍，y の値 2 倍

比例（6）

1 下の表は，底面積が8cm²の四角柱の高さ xcm と体積 ycm³ を表したものです。

高さ x (cm)	1	2	3	4	5	6	7	8
体積 y (cm³)	8	16	24	32	40	48	56	64

(1) y を x の式で表しましょう。　y=8×x

(2) ⑦，④，⑦，④にあてはまる数を求めましょう。⑦，④は分数で求めましょう。
⑦ 3　④ 3　⑦ $\frac{4}{3}$　④ $\frac{4}{3}$

(3) 高さ16cmのときの体積は何cm³ですか。
式 8×16=128　答え 128cm³

2 下の表は，時速120kmで走る電車の時間 x 時間と道のり ykm を表したものです。

時間 x (時間)	1	2	3	4	5	6
道のり y (km)	120	240	360	480	600	720

(1) y を x の式で表しましょう。　y=120×x

(2) ⑦，④，⑦，④にあてはまる数を求めましょう。
⑦ $\frac{1}{2}$　④ $\frac{1}{2}$　⑦ $\frac{3}{5}$　④ $\frac{3}{5}$

P151

比例（7）

● 時速4kmで歩く人の時間と道のりの関係をグラフにかきましょう。歩く人の時間と道のりは比例しています。

時間 x (時間)	1	2	3	4	5	6
道のり y (km)	4	8	12	16	20	24

(1) 上の表の空いているところに数を入れて，表を完成させましょう。

(2) x と y の関係を右のグラフに表しましょう。

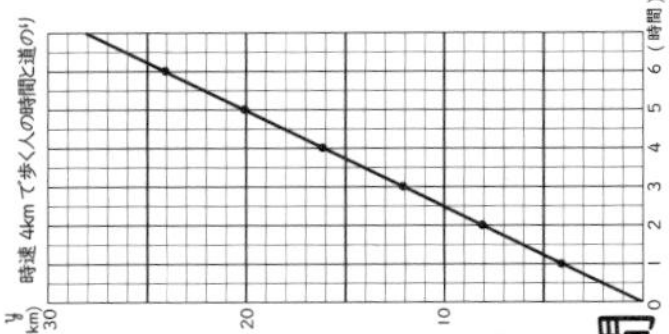

(3) 1.5時間では何km歩いていますか。　答え 6km

(4) 5.5時間では何km歩いていますか。　答え 22km

(5) 14kmを歩くのはスタートして何時間のときですか。　答え 3.5時間

P152

比例（8）

● 重さが長さに比例している針金があります。この針金1mあたりの重さは6gです。

長さ x (m)	1	2	3	4	5	6
重さ y (g)	6	12	18	24	30	36

(1) 上の表を完成させましょう。

(2) x と y の関係をグラフに表しましょう。

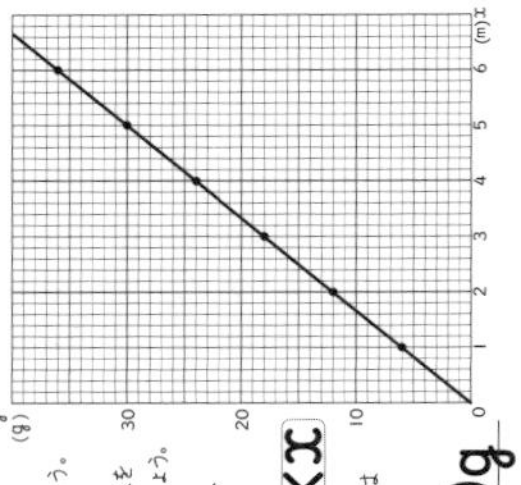

(3) y を x の式で表しましょう。　y = 6×x

(4) 10mの重さは何gですか。　答え 60g

(5) 15gの重さは何mですか。　答え 2.5m

P153

比例（9）

● 下のグラフは，平行四辺形Ⓐと平行四辺形Ⓑの高さ（xcm）と面積（ycm²）を表したものです。

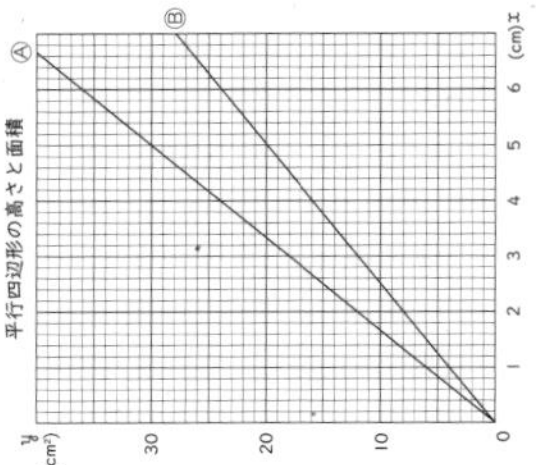

(1) ⒶとⒷでは，どちらの底辺が長いといえますか。　Ⓐ

(2) 高さが3cmのとき，ⒶとⒷの平行四辺形の面積は，それぞれ何cm²ですか。　Ⓐ 18cm²　Ⓑ 12cm²

(3) それぞれの面積が24cm²のときの高さは何cmですか。　Ⓐ 4cm　Ⓑ 6cm

(4) 高さが5cmのとき，ⒶとⒷの平行四辺形の面積の差は何cm²ですか。　10cm²

P154

比例（10）

● 下のグラフは，ひろとさんとたいきさんが自転車で同じコースを同時に出発したときの，走った時間と道のりを表しています。

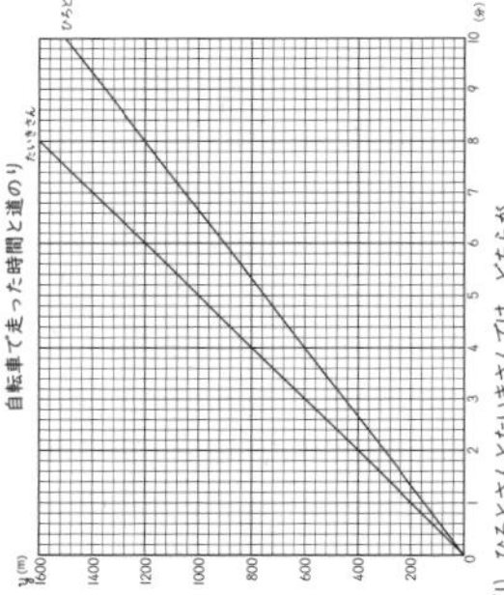

(1) ひろとさんとたいきさんでは，どちらが速いといえますか。　たいきさん

(2) 2人が4分間に走った道のりは，それぞれ何mですか。　たいきさん 800m　ひろとさん 600m

(3) 1200mの地点をたいきさんが通過してから，ひろとさんが通過するまでの時間は何分ですか。　2分

(4) 出発してから8分後に，2人は何mはなれていますか。　400m

(5) このまま同じ速さで走ったとすると，出発してから12分後には，2人は何mはなれていますか。　600m

P155

比例（11）

● 下の表は，針金Ⓐと Ⓑの長さと重さの関係を表したものです。重さは，長さに比例しています。

Ⓐの針金

長さ x (m)	1	2	3	4	5	6
重さ y (g)	25	50	75	100	125	150

Ⓑの針金

長さ x (m)	1	2	3	4	5	6
重さ y (g)	20	40	60	80	100	120

(1) 上のⒶとⒷの表を完成させましょう。

(2) ⒶとⒷの x と y の関係をグラフに表しましょう。

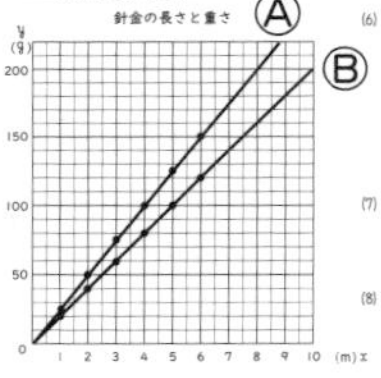

(3) y を x の式で表しましょう。
Ⓐ y = 25×x
Ⓑ y = 20×x

(4) 針金ⒶとⒷの1mあたりの重さは，どちらが重いといえますか。　Ⓐ

(5) それぞれの針金が，4m，6mのときの重さは何gですか。
4m 針金Ⓐ 100g　針金Ⓑ 80g
6m 針金Ⓐ 150g　針金Ⓑ 120g

(6) それぞれの針金が，50，100，150gのときの長さは何mですか。
50g 針金Ⓐ 2m　針金Ⓑ 2.5m
100g 針金Ⓐ 4m　針金Ⓑ 5m
150g 針金Ⓐ 6m　針金Ⓑ 7.5m

(7) ⒶとⒷの針金が，150gのときの長さのちがいは何mですか。　1.5m

(8) ⒶとⒷの針金が，8mのときの重さのちがいは何gですか。　40g

P156

比例（12）

1 同じ重さのクリップ20本の重さをはかったら，8gでした。このことをもとにして，100本を用意する方法を考えましょう。

クリップの本数と重さ

本数 x (本)	20	100
重さ y (g)	8	□

(1) クリップ100本は，20本の何倍ですか。
式 100÷20=5　答え 5倍

(2) クリップ100本の重さを求めましょう。
式 8×5=40　答え 40g

2 高さ1mの木の棒のかげの長さは70cmでした。同じ時刻に，かげの長さが245cmの木の高さは何mですか。

	棒	木
高さ x (m)	1	□
かげの長さ y (cm)	70	245

式 245÷70=3.5　答え 3.5m

3 4mの重さが30gの針金を使って，工作をしました。針金の重さは，長さに比例しています。

(1) 37.5÷30=1.25
4×1.25=5　答え 5m

(2) Ⓑの作品は，針金を6.4m使って作られ…
6.4÷4=1.6
式 30×1.6=48　48g

1000枚　1000÷10=100
32×100=3200
5000枚　5000÷10=500
32×500=16000
20000枚　20000÷10=2000
32×2000=64000
答え 3200　16000　64000

(2) 式 512÷32=16
10×16=160　答え 160枚

P157

ふりかえり
比例

1 下の表は，底面積が6cm²の三角柱の，高さ xcm と体積 ycm³ を表したものです。

高さ x (cm)	1	2	3	4	5	6
体積 y (cm³)	⑦	④	18	⑦	30	36

(1) 上の表の⑦，④，⑦，④にあてはまる値を書きましょう。
⑦ 6　④ 12　⑦ 24

(2) □にあてはまることばを書きましょう。
① 高さが，2倍，3倍になると体積も 2 倍，3 倍になります。
② 三角柱の体積は，高さに 比例 しています。
③ y（体積）を x（高さ）の式で表すと，y=6×x となります。

2 下の表は，横が9cmの長方形の縦を xcm，面積を ycm² として，2つの量の関係を表にしたものです。⑦，④，⑦，④はそれぞれ何倍ですか。

縦 x (cm)	1	2	3	4	5	6
面積 y (cm²)	9	18	27	36	45	54

⑦ 3 倍，④ 3 倍，⑦ $\frac{1}{2}$ 倍，④ $\frac{1}{2}$ 倍

3 下の表は，ある電車の走る時間と進む道のりの関係を表したものです。道のりは時間に比例しています。

時間 x (時間)	1	2	3	4	5	6
道のり y (km)	90	⑦	④	360	⑦	540

(1) 上の表の⑦，④，⑦にあてはまる数を書きましょう。
⑦ 180　④ 270　⑦ 450

(2) 上の表を右のグラフに表しましょう。

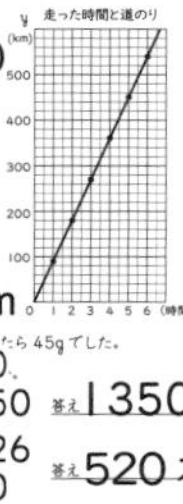

(3) y を x の式で表しましょう。　y=90×x

(4) 12時間で進んだ道のりは
式 90×12=1080　1080km

4 同じ重さのくぎ20本をはかったら45gでした。
(1) この… 式 600÷20=30
45×30=1350　答え 1350g
(2) この… 式 1170÷45=26
20×26=520　答え 520本

（解答は，200～300%に拡大してお使い下さい。）

P158

算数あそび 比例

● お米を何つぶ食べたことになるのかな？

にぎりずしのお米（シャリ）は 10g で約 200 つぶあります。おすしを 5 皿食べました。（1 皿におすしが 2 個のっています。）お米を何つぶ食べたことになりますか？ おすし 1 個のお米（シャリ）は，約 18g です。

(例) 18×(2×5)=180
180÷10=18
200×18=3600
約 3600 つぶ

考え方を説明しましょう。

略

P159

反比例 (1)

● 面積が 24cm² の長方形の，縦の長さ xcm とそれに対応する横の長さ ycm の変わり方を調べて表にしましょう。

(1) 表を完成させましょう。

縦の長さ x(cm)	1	2	3	4	5	6	8	12	24
横の長さ y(cm)	24	12	8	6	4.8	4	3	2	1

(2) 上の表の㋐，㋑，㋒にあてはまる数を書きましょう。

㋐ $\frac{1}{2}$ 倍 ㋑ $\frac{1}{3}$ 倍 ㋒ $\frac{1}{4}$ 倍

(3) 上の表を見て，□にあてはまることばや数を書きましょう。

縦の長さ xcm が 2 倍になると，横の長さ ycm は $\frac{1}{2}$ 倍になります。x が 3 倍になると，y は $\frac{1}{3}$ 倍になります。

このようになるとき，y は x に 反比例 するといいます。

また，縦の長さ xcm と，横の長さ ycm をかけると，必ず 24 になります。

反比例 (2)

● 面積が 12cm² の長方形の，縦の長さ xcm とそれに対応する横の長さ ycm の変わり方を調べて表にしましょう。

(1) 表を完成させましょう。

縦の長さ x(cm)	1	2	3	4	5	6	8	10	12
横の長さ y(cm)	12	6	4	3	2.4	2	1.5	1.2	1

(2) 上の表の㋐，㋑，㋒，㋓にあてはまる数を書きましょう。

㋐ $\frac{1}{3}$ 倍 ㋑ 3 倍 ㋒ $\frac{1}{4}$ 倍 ㋓ 4 倍

(3) 次の文の□に，あてはまる数を書きましょう。

y が x に反比例するとき，x の値が $\frac{1}{2}$ 倍，$\frac{1}{3}$ 倍，…になるとそれにともなって y の値は，2 倍，3 倍，…になります。

(4) 縦の長さと横の長さをかけると決まった数になります。その数は何ですか。下の式に数字を書きましょう。

x×y= 12

(5) 上の式から，y を x の式で表しましょう。

y= 12 ÷x

P160

反比例 (3)

1 48km の道のりを進むときの時速とかかる時間を表にしました。

時速 x(km)	1	2	3	4	6	8	12	16	24	48
時間 y(時間)	48	24	16	12	8	6	4	3	2	1

(1) 上の表の㋐～㋕にあてはまる数を書きましょう。

㋐ $\frac{1}{2}$ 倍 ㋑ 4 倍 ㋒ $\frac{1}{3}$ 倍
㋓ 2 倍 ㋔ $\frac{1}{4}$ 倍 ㋕ 3 倍

(2) 表から，y を x の式で表しましょう。

y= 48÷x

(3) 式を使って，x が次の値のときの y の値を求めましょう。

① x の値が 10 のとき
式 48÷10=4.8 答え 4.8

② x の値が 15 のとき
式 48÷15=3.2 答え 3.2

2 体積が 100cm³ の四角柱の高さは，底面積に反比例します。表のあいているところに数を書きましょう。

底面積 x(cm²)	1	2	4	5	8	10	20	25	50	100
高さ y(cm)	100	50	25	20	12.5	10	5	4	2	1

反比例 (4)

● 家から駅までは，分速 60m で歩いて，30 分かかります。

(1) 下の表の㋐と㋑にあてはまる数を書きましょう。

分速 x(m)	60	150	180
時間 y(分)	30	12	10

㋐ 2.5 倍 ㋑ $\frac{1}{3}$ 倍

(2) この道を自転車で，分速 150m で走ると，何分かかりますか。答えを求めて，上の表にも書きましょう。

式 60×30=1800
1800÷150=12 答え 12 分

(3) 自転車で 10 分で行こうと思うと，分速何 m で走ればよいですか。答えを求めて，上の表にも書きましょう。

60×30=1800
1800÷10=180 分速 180m

(4) この道を分速 xm で行くときにかかる時間を y 分として，x と y の関係を式に表しましょう。

y= 1800÷x

P161

反比例 (5)

● 面積が 12cm² の長方形の縦と横の長さの関係をグラフに表しましょう。

(1) 上の表を完成させ，グラフに表しましょう。

縦の長さ x(cm)	1	2	3	4	5	6	8	10	12
横の長さ y(cm)	12	6	4	3	2.4	2	1.5	1.2	1

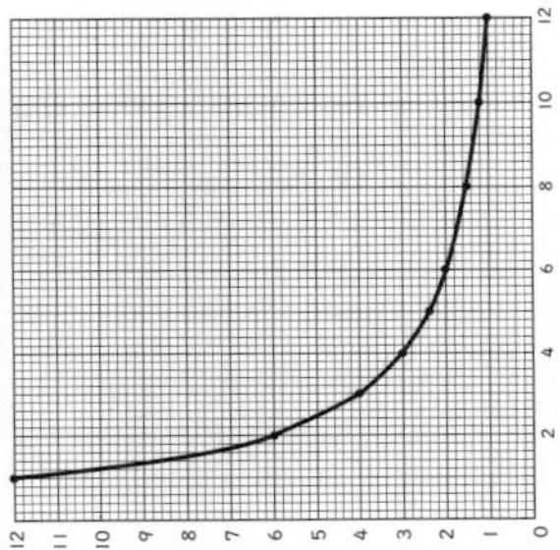

(2) y を x の式で表しましょう。

y= 12÷x

P162

反比例 (6)

● 下の表は，1 分に入れる水の量 xL と，いっぱいにするのにかかる時間 y 分の変わり方を表したものです。

1 分に入れる水の量 x(L)	1	2	3	4	5	6	8	10	12	16	20	24
かかる時間 y(分)	24	12	8	6	4.8	4	3	2.4	2	1.5	1.2	1

(1) 上の表を完成させ，グラフに表しましょう。

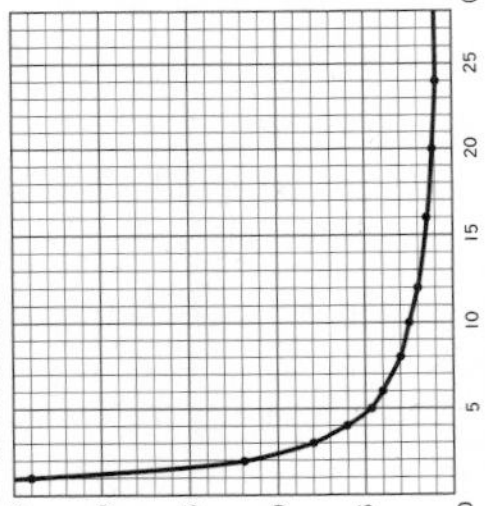

(2) y を x の式で表しましょう。

y= 24÷x

P163

ふりかえり 反比例

1 30km の道のりを進むときの，時速とかかる時間を表にしました。

時速 x(km)	1	2	3	4	5	6	10	12	15	20	30
時間 y(時間)	30	15	10	7.5	6	5	3	2.5	2	1.5	1

(1) 上の表を完成させましょう。

(2) 上の表の㋐，㋑，㋒，㋓にあてはまる数を書きましょう。

㋐ 2 倍 ㋑ $\frac{1}{2}$ 倍 ㋒ $\frac{1}{3}$ 倍 ㋓ 3 倍

(3) 次の文の□に，あてはまる数を書きましょう。

y が x に反比例するとき，x の値が 2 倍，3 倍，…になるとそれにともなって y の値は，$\frac{1}{2}$ 倍，$\frac{1}{3}$ 倍，…になります。

(4) 表から，y を x の式で表しましょう。

y= 30 ÷x

(5) 式を使って，次の値を求めましょう。

① x が 2.5 のときの y の値
式 30÷2.5=12 答え 12

② y が 25 のときの x の値
式 30÷25=1.2 答え 1.2

2 面積 48cm² の平行四辺形で，底辺の長さが高さに反比例する関係を表に表しました。

底辺 x(cm)	1	2	3	4	6	8	12	16	24	48
高さ y(cm)	48	24	16	12	8	6	4	3	2	1

(1) 上の表を完成させましょう。
(2) 表をグラフに表しましょう。

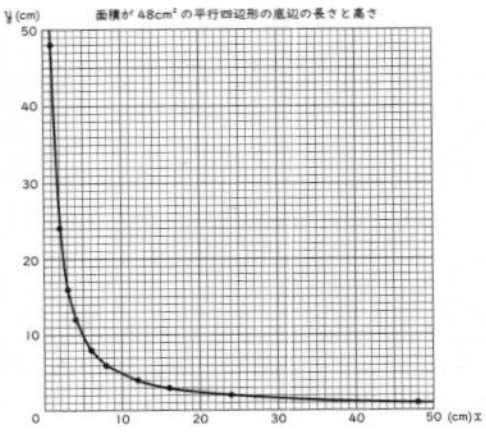

P164

比例と反比例（テスト）

1 時速 40km で走る自動車があります。走った時間を x 時間，走った道のりを ykm として，2 つの量の関係を表に表しましょう。

時間 x(時間)	1	2	3	4	5	6
道のり y(km)	40	80	120	160	200	240

(2) 表をもとにグラフに表しましょう。

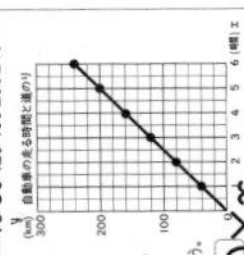

(3) x と y の関係を式に表しましょう。

y=40×x

(4) この自動車が 1.5 時間，8 時間走ったときの道のりは何 km ですか。

1.5 時間 60 km 8 時間 320 km

2 12km を一定の速さで進みます。時速を x(km)，かかる時間を y(時間) とします。

時速 x(km)	1	2	3	4	6	12
時間 y(時間)	12	6	4	3	2	1

(2) 表をもとにグラフに表しましょう。

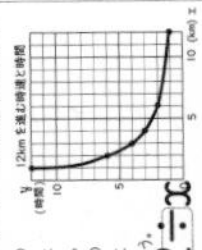

(3) x と y の関係を式に表しましょう。

y=12÷x

(4) 時速が 5km，8km のときにかかる時間は，それぞれ何時間ですか。

5km 2.4 時間 8km 1.5 時間

3 ともなって変わる 2 つの量が比例しているものには㋪，反比例しているものには㋩，比例でも反比例でもないものには×を□に書きましょう。

(1) ㋩ 三角形の面積が 15cm² のときの底辺の長さと高さ
(2) ㋪ 正方形の 1 辺の長さと周りの長さ
(3) × 正方形の 1 辺の長さと面積
(4) ㋩ 水槽に 260L の水を入れるときの 1 分間に入れる量とかかる時間
(5) ㋪ 三角形の底辺が 6cm のときの高さと面積

4 下のグラフは，自動車 A と B の走った時間（時間）と道のり（km）の関係を表しています。

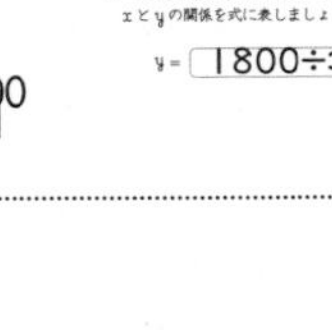

(1) グラフから A と B の時速を求めましょう。

A 75 km B 50 km

(2) A と B それぞれの x と y の関係を式に表しましょう。

y=75×x y=50×x

(3) 200km 進むのに，それぞれ何時間何分かかりますか。

2 時間 40 分 4 時間

P165

並べ方 (1)

● 本屋，パン屋，ケーキ屋の 3 か所で買い物をします。買い物をする順番は，何通りありますか。図を完成させて調べましょう。

記号におきかえて考えましょう。 本屋 … ㋭ パン屋 … ㋑ ケーキ屋 … ㋘

(1) 1 番めに本屋に行く場合，何通りありますか。

ホ－パ－ケ
ホ－ケ－パ
2 通り

(2) 1 番めにパン屋に行く場合，何通りありますか。

パ－ホ－ケ
パ－ケ－ホ
2 通り

(3) 1 番めにケーキ屋に行く場合，何通りありますか。

ケ－ホ－パ
ケ－パ－ホ
2 通り

(4) 3 か所で買い物をする順番は，全部で何通りありますか。

6 通り

並べ方 (2)

● ゆいさん，まゆさん，あやさん，ひなさんの 4 人でリレーのチームをつくります。4 人の走る順番は，何通りありますか。

記号におきかえて考えましょう。 ゆい … ㋤ まゆ … ㋮ あや … ㋐ ひな … ㋫

(1) 1 番めに，ゆいさんが走る場合，何通りありますか。図をかいて調べましょう。

ゆ－ま－あ－ひ
ゆ－ま－ひ－あ
ゆ－あ－ま－ひ
ゆ－あ－ひ－ま
ゆ－ひ－ま－あ
ゆ－ひ－あ－ま

6 通り

(2) 1 番めに，まゆさんが走る場合，何通りありますか。 6 通り

(3) 1 番めに，あやさんが走る場合，何通りありますか。 6 通り

(4) 1 番めに，ひなさんが走る場合，何通りありますか。 6 通り

(5) 4 人の走る順番は，全部で何通りありますか。 24 通り

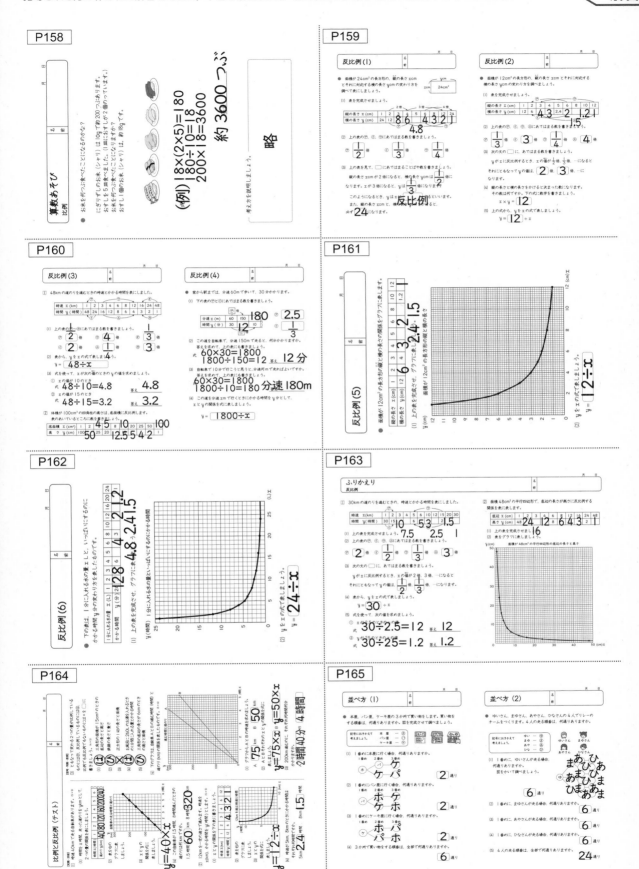

P166

並べ方（3）　名前　月　日

● 1，2，3，4の4つの数字を1回ずつ使って，4けたのパスワードをつくります。
何通りのパスワードができるか，図にかいて調べましょう。

(1) 1を先頭にしたとき

6 通り

(2) 2を先頭にしたとき

6 通り

(3) 3を先頭にしたとき

6 通り

(4) 4を先頭にしたとき

6 通り

(5) 全部で何通りになりますか。　24 通り

並べ方（4）　名前　月　日

● 右のような，4枚のカードがあります。　2 3 4 5
このカードのうち，何枚かを選んで整数をつくります。どんな整数ができるか調べましょう。

(1) 2枚を選んで，2けたの整数をつくります。

① 2を十の位にした場合，何通りになるか，図をかいて調べましょう。

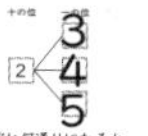

3 通り

② 3，4，5を十の位にした場合，それぞれ何通りになるか，図をかいて調べましょう。

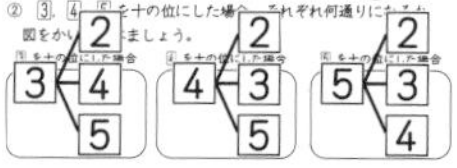

③ 全部で何通りの整数ができますか。　12 通り

(2) 3枚を選んで，3けたの整数をつくります。全部で何通りの整数ができますか。

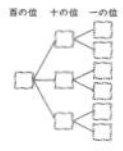

24 通り

P167

並べ方（5）　名前　月　日

● 赤，黄，緑，白の4色のうちの3色を使って右のような旗に色をぬります。

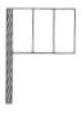

(1) いちばん左が赤の場合は何通りありますか。
下の旗に色をかいて，調べましょう。
(旗があまる場合もあります。)

記号におきかえて考えましょう。
赤…あ　黄…き
緑…み　白…し

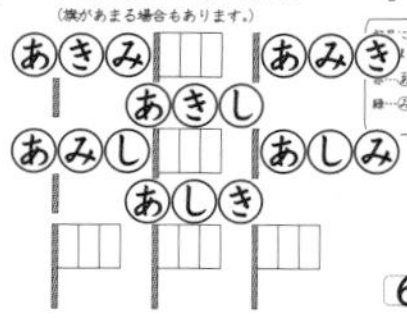

6 通り

(2) 旗のぬり方は，全部で何通りありますか。　24 通り

(3) 右のような旗に，赤，黄，緑，白の4色を全部使ってぬります。
ぬり方には何通りありますか。

24 通り

並べ方（6）　名前　月　日

● コインを4回投げます。表と裏の出方には，どんな場合がありますか。
図をかいて，何通りあるかを調べましょう。

(1) 1回めに表が出た場合，何通りになるかを図の続きをかいて調べましょう。

○…表
●…裏

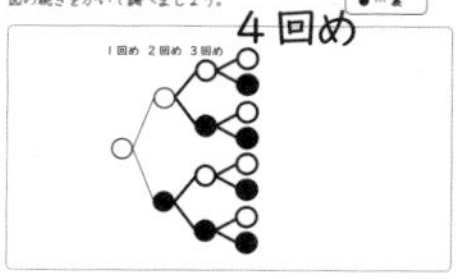

8 通り

(2) 1回めに裏が出た場合，何通りになりますか。　8 通り

(3) 全部で何通りありますか。　16 通り

P168

並べ方（7）　名前　月　日

● 右のような，4枚のカードがあります。　1 3 5 6
このカードのうち，何枚かを選んで整数をつくります。

(1) このカードのうち，2枚を並べてできる2けたの整数をすべて書きましょう。何通りできますか。

13	15	16	31	35	36
51	53	56	61	63	65

12 通り

(2) 3枚を並べてできる3けたの整数をすべて書きましょう。
何通りできますか。

135	136	153	156
163	165	315	316
351	356	361	365
513	516	531	536
561	563	613	615
631	635	651	653

24 通り

並べ方（8）　名前　月　日

● A，B，C，D，Eの5つの地点が下の図のような位置にあります。
点Aから出発して，点B，C，D，Eをすべてまわり，点Aに帰ってくる方法は，何通りありますか。

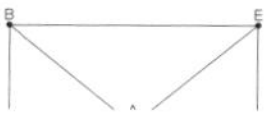

A－B＜E－D－C－A／C－D－E－A

A－C＜B－E－D－A／D－E－B－A

A－D＜E－B－C－A／C－B－E－A

A－E＜B－C－D－A／D－C－B－A

8 通り

P169

ふりかえり　並べ方　名前　月　日

1 公園で，すべり台，鉄棒，シーソー，ブランコを1回ずつ使って遊びます。遊ぶ順序には，どんなものがありますか。
図にして調べましょう。

記号におきかえて考えましょう。
すべり台…ス
鉄棒…テ
シーソー…シ
ブランコ…ブ

(1) 1番めに，すべり台の場合，何通りになりますか。

6 通り

(2) 全部で何通りありますか。　24 通り

2 2，4，5，7の4枚のカードを使って，4けたの整数をつくります。どんな整数ができるか，図にして調べましょう。

(1) 2を千の位にした場合，何通りになるか調べましょう。

6 通り

(2) 全部で何通りの整数ができますか。　24 通り

3 1，2，3，4，5の5枚のカードのうちの2枚を選んで，2けたの整数をつくります。全部で何通りの整数ができますか。

20 通り

4 ゆうきさん，けいたさん，まきさん，さやさん，ゆみさんの5人が下のようなテーブルにすわります。5人のすわり方は，全部で何通りありますか。

120 通り

5 箱の中に赤玉と白玉がたくさん入っています。
そこから4回玉を取り出します。取り出した玉の色は，どんな場合がありますか。何通りあるか調べましょう。

(1) 1回めに赤玉を取った場合，何通りになるか，図の続きをかいて調べましょう。

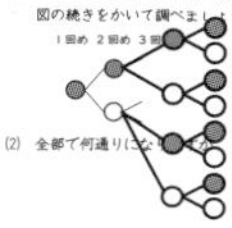

8 通り

(2) 全部で何通りになりますか。　16 通り

P170

組み合わせ方（1）　名前　月　日

● A，B，C，Dの4チームで，バスケットボールの試合をします。
どのチームも，ちがったチームと1回ずつ試合をするとき，どんな対戦がありますか。
下の表を使って調べましょう。

(1) AとA，BとBなど，同じチームが試合をすることはありません。
そのますは，ななめの線をひきましょう。

(2) AとBの対戦とBとAの対戦は同じですから，対戦するところには○を，同じところには×をつけましょう。

	A	B	C	D
A	＼	○	○	○
B	×	＼	○	○
C	×	×	＼	○
D	×	×	×	＼

(3) 全部で何試合になりますか。　6 試合

組み合わせ方（2）　名前　月　日

● A，B，C，D，Eの5チームで，野球の試合をします。
どのチームも，ちがったチームと1回ずつ試合をするとき，どんな対戦があるか調べましょう。

(1) 右の表にかいて調べましょう。

	A	B	C	D	E
A	＼	○	○	○	○
B	×	＼	○	○	○
C	×	×	＼	○	○
D	×	×	×	＼	○
E	×	×	×	×	＼

(2) 全部で何試合になりますか。　10 試合

P171

組み合わせ方（3）　名前　月　日

● 4種類のアイスクリームから，ちがう2種類を選びます。
何通りの組み合わせがありますか。
下の表を使って調べましょう。

	バニラ	チョコレート	ストロベリー	まっ茶
バニラ	＼	○	○	○
チョコレート	×	＼	○	○
ストロベリー	×	×	＼	○
まっ茶	×	×	×	＼

6 通り

組み合わせ方（4）　名前　月　日

● A～Eの5種類のドーナツの中から，ちがう種類の3つを選んで買います。
選び方は，何通りありますか。
表の3種類に○をつけて調べましょう。

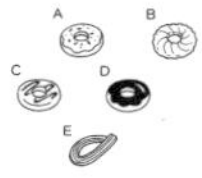

A	B	C	D	E
○	○	○		
○	○		○	
○	○			○
○		○	○	
○		○		○
○			○	○
	○	○	○	
	○	○		○
	○		○	○
		○	○	○

10 通り

P172

組み合わせ方（5）　名前　月　日

1 A，B，Cの3チームで，サッカーの試合をします。どのチームも，ちがったチームと1回ずつ試合をするとき，どんな対戦があるか，右の表を使って調べましょう。

	A	B	C
A	＼	○	○
B	×	＼	○
C	×	×	＼

(1) AとA，BとB，CとCは，試合をすることはありません。
そのますは，ななめの線をひきましょう。

(2) AとBの対戦とBとAの対戦は同じですから，対戦するところに○をつけ，同じところは×をつけましょう。

(3) 全部で何試合になりますか。　3 試合

2 A，B，C，Dの4チームで試合をすると，全部で何試合になりますか。
3チームのときと同じように，右の表を使って調べましょう。

	A	B	C	D
A	＼	○	○	○
B	×	＼	○	○
C	×	×	＼	○
D	×	×	×	＼

6 試合

組み合わせ方（6）　名前　月　日

1 赤，白，青，緑の4チームで，バレーボールの試合をします。
どのチームも，ちがったチームと1回ずつ試合をするとき，どんな対戦があるか調べましょう。

(1) 右の表にかいて調べましょう。

(2) 全部で何試合になりますか。

	赤	白	青	緑
赤	＼	○	○	○
白	×	＼	○	○
青	×	×	＼	○
緑	×	×	×	＼

6 試合

2 赤，青，黄，緑，オレンジの5チームでドッジボールの試合をします。
どのチームも，ちがったチームと1回ずつ試合をするとき，どんな対戦があるか，右の表を使って調べましょう。

	赤	青	黄	緑	オレンジ
赤	＼	○	○	○	○
青	×	＼	○	○	○
黄	×	×	＼	○	○
緑	×	×	×	＼	○
オレンジ	×	×	×	×	＼

10 試合

P173

組み合わせ方（7）　名前　月　日

1 レタス，きゅうり，トマト，ブロッコリーの4種類から，2種類を選んでお皿にとります。選び方は，全部で何通りありますか。
下の表にかいて調べましょう。

	レタス	きゅうり	トマト	ブロッコリー
レタス	＼	○	○	○
きゅうり	×	＼	○	○
トマト	×	×	＼	○
ブロッコリー	×	×	×	＼

6 通り

2 5種類のおでんの具の中から，ちがう種類の3つを選びます。
選び方は，何通りありますか。下の表にかいて調べましょう。

	大根	あつあげ	ちくわ	こんにゃく	たまご
大根	＼	○	○	○	○
あつあげ	×	＼	○	○	○
ちくわ	×	×	＼	○	○
こんにゃく	×	×	×	＼	○
たまご	×	×	×	×	＼

10 通り

組み合わせ方（8）　名前　月　日

1 赤，青，緑，黄，茶の5色の色えん筆があります。
その中から，2色を選んで使います。
選び方は，全部で何通りありますか。
下の表にかいて調べましょう。

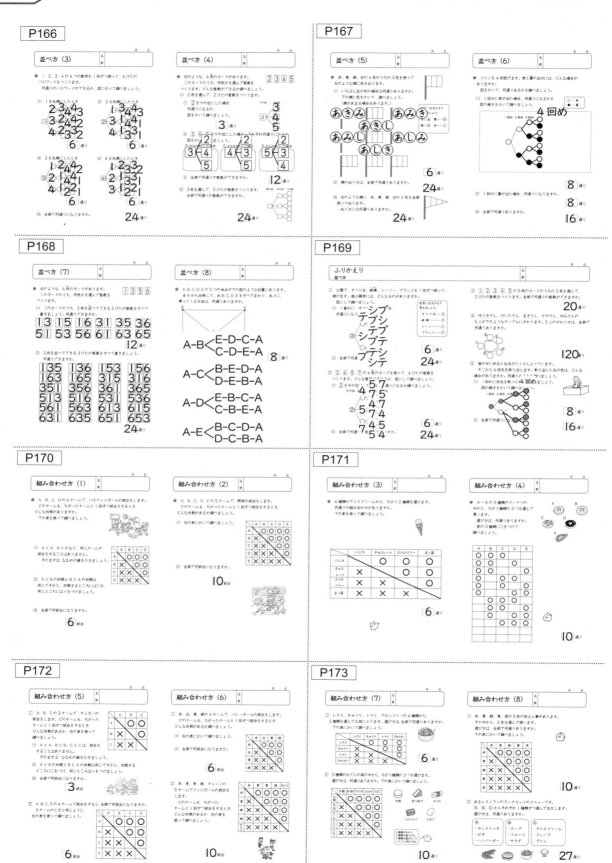

	赤	青	緑	黄	茶
赤	＼	○	○	○	○
青	×	＼	○	○	○
緑	×	×	＼	○	○
黄	×	×	×	＼	○
茶	×	×	×	×	＼

10 通り

2 あるレストランのランチセットのメニューです。
Ⓐ，Ⓑ，Ⓒからそれぞれ1種類ずつ選んで注文します。
選び方は，何通りありますか。

Ⓐ	Ⓑ	Ⓒ
・サンドイッチ	・スープ	・アイスクリーム
・ピザ	・フルーツ	・クレープ
・ハンバーガー	・サラダ	・プリン

27 通り

（解答は，200～300%に拡大してお使い下さい。）

指導される方の作られた解答をもとに，本書の解答例を参考に児童の多様な考えに寄り添って○つけをお願いします。 **解答**

P174

ふりかえり 組み合わせ方

1 赤，白，青，黄の4チームで玉入れをします。どのチームも，ちがったチームと1回ずつ対戦するとき，どんな組み合わせがあるか調べましょう。

(1) 右の表にかいて調べましょう。

	赤	白	青	黄
赤		○	○	○
白	×		○	○
青	×	×		○
黄	×	×	×	

(2) 全部で何試合になりますか。 **6** 試合

2 りなさん，あみさん，たつきさん，りくとさん，はるとさんの5人がテニスの試合をします。どの人も，ちがった人と1回ずつ試合をするとき，どんな対戦があり，全部で何試合になるか，右の表にかいて調べましょう。

	りな	あみ	たつき	りくと	はると
りな		○	○	○	○
あみ	×		○	○	○
たつき	×	×		○	○
りくと	×	×	×		○
はると	×	×	×	×	

10 試合

3 5種類のおすしの中から，ちがう種類の3つを選んで買います。選び方は，何通りありますか。

(1) 右の表にかいて調べましょう。

(2) 全部で何通りになりますか。 **10** 通り

4 あるレストランで，下の表のⒶ，Ⓑ，Ⓒからそれぞれ1種類を選んで注文します。選び方は，何通りありますか。

Ⓐ・ハンバーグ・オムレツ・コロッケ　Ⓑ・ポテトサラダ・トマトサラダ　Ⓒ・ヨーグルト・ゼリー・プリン

18 通り

P175

並べ方と組み合わせ方（テスト）

1 (1) **2** 通り　(2) **2** 通り　(3) **2** 通り　(4) **6** 通り

2 (1) **6** 通り　(2) **24** 通り

3 (1) (例)　(2) **4** 通り

4 (1) (例) 1回め 2回め 3回め　(2) **4** 通り　(3) **8** 通り

5 (1) (例)　(2) **6** 試合

6 (1) (例) 3種類選ぶことは2種類選ばないということだから　(2) **10** 通り

P176

算数あそび 並べ方と組み合わせ方①

● トランプが右のようにあります。3人に同じ枚数ずつ，すべてのカードを配り，どの人にも数の合計が同じになるようにします。どんな配り方があるでしょうか。

(例) 配り方1　配り方2　配り方3

P177

算数あそび 並べ方と組み合わせ方②

● つぼの中に 1 2 3 4 5 6 7 8 9 10 の10枚のカードが入っていて，5人が2枚ずつカードを取りました。

Aさん「私は2枚のカードを合わせて12になりました。」
Bさん「ぼくは2枚のカードを合わせたら15にもなるよ。」
Cさん「私は2枚のカードを合わせても……」

1 2 3 4 5 6 7 8 9 10

D C A B E

小さい数から考えると，1と3でないと4はできない。そうすると，6は2と4しかできない。その順にしていく。

P178

データの調べ方（1）

● 下の表は，Ⓐと㋐の畑でとれたさつまいもの重さを記録したものです。

Ⓐの畑のさつまいもの重さ(g)

①	299	②	307	③	302	④	291	⑤	323
⑥	309	⑦	295	⑧	307	⑨	307		

Ⓑの畑のさつまいもの重さ(g)

①	301	②	316	③	304	④	294	⑤	316	⑥	320
⑦	316	⑧	297	⑨	313	⑩	304	⑪	297		

(1) それぞれの畑の，いちばん重いさつまいもは何gですか。 Ⓐ **323g** Ⓑ **320g**

(2) それぞれの畑の，いちばん軽いさつまいもは何gですか。 Ⓐ **291g** Ⓑ **294g**

(3) それぞれの畑の，さつまいもの重さの合計は何gですか。 Ⓐ **2740g** Ⓑ **3378g**

(4) それぞれの畑の，さつまいもの重さの平均は何gですか。平均値を求めましょう。（小数第一位を四捨五入し，整数で表しましょう。） Ⓐ **約304g** Ⓑ **約307g**

P179

データの調べ方（2）

● 下の表のⒶの畑のさつまいもの重さは，それぞれどんなはんいにどのようにちらばっているか調べましょう。

(1) ①～⑨の重さを，(例)のようにドットプロットに表しましょう。

(2) いちばん重い重さといちばん軽い重さの差を求めましょう。 式 $323-291=32$ 答え **32g**

(3) 平均の重さを表すところに，⬆をかきましょう。

(4) 中央値は何gですか。 **307g**

P180

データの調べ方（3）

● 下の表の㋐の畑のさつまいもの重さは，それぞれどんなはんいにどのようにちらばっているか調べましょう。

(1) ①～⑪の重さを，ドットプロットに表しましょう。

(2) いちばん重い重さといちばん軽い重さの差を求めましょう。 式 $320-294=26$ 答え **26g**

(3) 平均の重さを表すところに，⬆をかきましょう。

(4) 中央値は何gですか。 **304g**

P181

データの調べ方（4）

● Ⓐの畑のさつまいもの重さについて，全体のちらばりが数でわかるように整理しましょう。

Ⓐの畑のさつまいもの重さ

重さ(g)	個数(個)
290以上～295未満	1
295 ～300	2
300 ～305	1
305 ～310	4
310 ～315	0
315 ～320	0
320 ～325	1
合計	9

(1) それぞれの重さのはんいに入るさつまいもの数を，右の表に書きましょう。

(2) 最頻値は何gですか。 **307g**

(3) 300g未満のさつまいもは，何個ありますか。 **3個**

(4) 300g以上310g未満のさつまいもは，何個ありますか。 **5個**

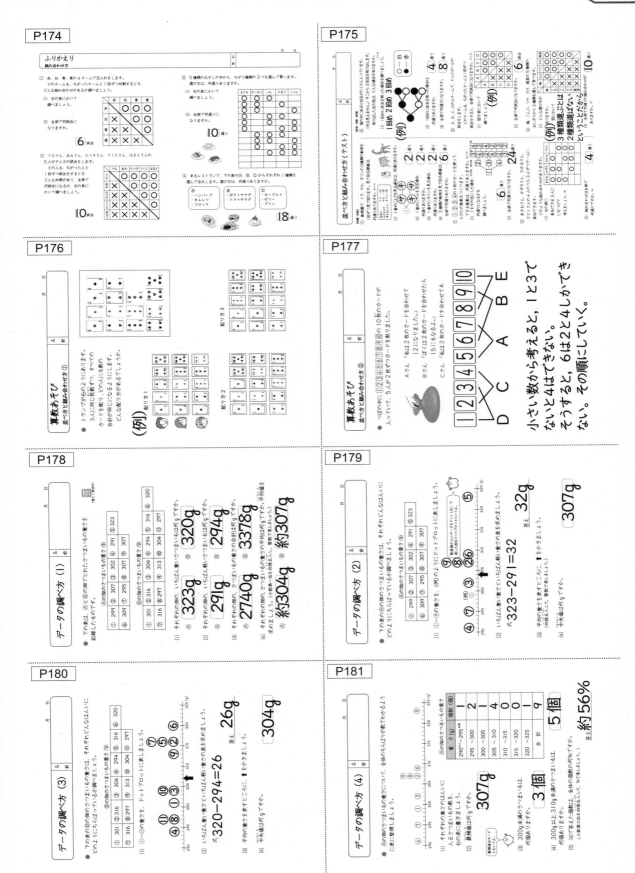

(5) (4)で答えた個数は，全体の個数の何%ですか。（小数第三位を四捨五入して，%で表しましょう。） 答え **約56%**

児童に実施させる前に，必ず指導される方が問題を解いてください。本書の解答は，あくまでも１つの例です。

P182

データの調べ方（5）　名前　　月　日

● Ⓐと Ⓑの畑でとれたとうもろこしの重さのちらばりをヒストグラムに表しました。

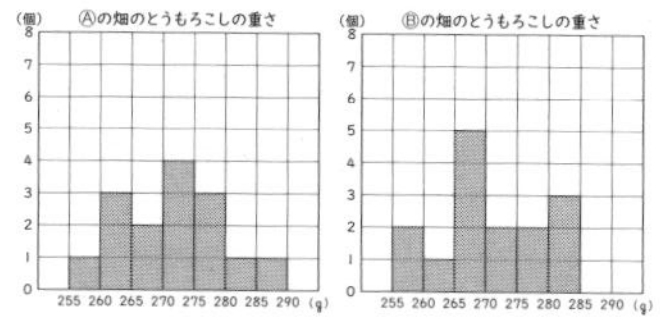

(1) 個数が最も多い階級は，それぞれ何g以上何g未満ですか。

Ⓐ 270g 以上 275g 未満

Ⓑ 265g 以上 270g 未満

ヒストグラムは柱状グラフともいうよ。

(2) 軽い方から４番めのとうもろこしは，どの階級にありますか。

Ⓐ 260g 以上 265g 未満

Ⓑ 265g 以上 270g 未満

(3) 280g以上のとうもろこしが多いのは，どちらの畑ですか。

Ⓑ

P183

データの調べ方（6）　名前　　月　日

● 下のグラフは，スポーツテストでの１組と２組の 50m 走の結果を表したものです。

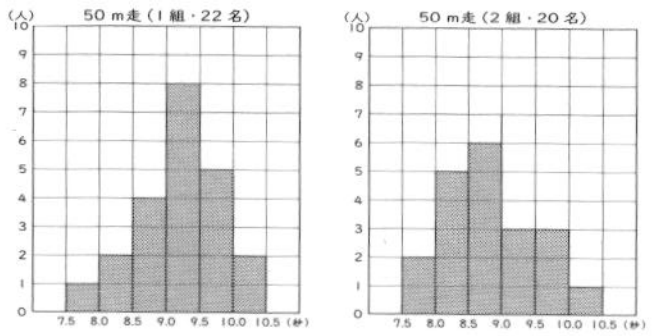

(1) 人数が最も多い階級は，それぞれ何秒以上何秒未満ですか。
また，それは全体の何%ですか。
（わり切れない場合は，小数第三位を四捨五入して，%で表しましょう。）

１組 9.0秒 以上 9.5秒 未満，約36 %

２組 8.5秒 以上 9.0秒 未満，30 %

(2) 8.5 秒未満は，それぞれ何人ですか。

１組 3人　２組 7人

(3) 中央値は，何秒以上何秒未満の階級にありますか。

中央値はメジアンともいうよ。

１組 9.0秒 以上 9.5秒 未満

２組 8.5秒 以上 9.0秒 未満

P184

データの調べ方（7）　名前　　月　日

● 下の表は，Ⓐと Ⓑの畑でとれたさつまいもの重さについて，整理したものです。

Ⓐの畑でとれたさつまいもの重さ

重さ(g)	個数(個)
290以上～295未満	1
295　～300	2
300　～305	1
305　～310	4
310　～315	0
315　～320	0
320　～325	1
合計	9

Ⓑの畑でとれたさつまいもの重さ

重さ(g)	個数(個)
290以上～295未満	1
295　～300	2
300　～305	3
305　～310	0
310　～315	1
315　～320	3
320　～325	1
合計	11

(1) ヒストグラムに表しましょう。

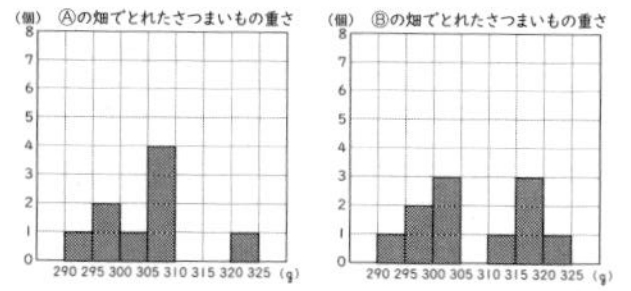

(2) 305g 未満はそれぞれ何個で，全体の何%ですか。
（わりきれない場合は，小数第三位を四捨五入して%で表しましょう。）

Ⓐの畑のさつまいも 4 個，約44 %

Ⓑの畑のさつまいも 6 個，約55 %

P185

データの調べ方（8）　名前　　月　日

● 下の表は，体育の時間の１組と２組のソフトボール投げの結果を整理したものです。

ソフトボール投げ（１組）

記録(m)	人数(人)
10以上～15未満	1
15　～20	2
20　～25	5
25　～30	6
30　～35	3
35　～40	0
40　～45	1
45　～50	0
合計	18

ソフトボール投げ（２組）

記録(m)	人数(人)
10以上～15未満	0
15　～20	3
20　～25	6
25　～30	4
30　～35	5
35　～40	1
40　～45	0
45　～50	1
合計	20

(1) ヒストグラムに表しましょう。

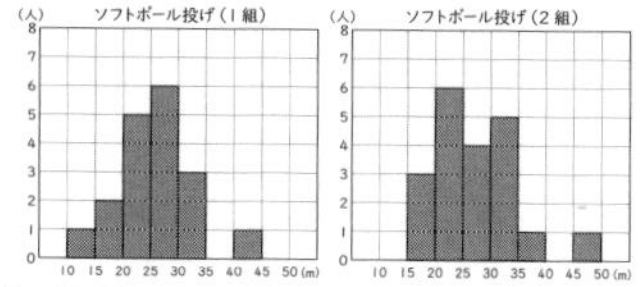

(2) 人数が最も多い階級は，それぞれ何m以上何m未満ですか。
また，それは全体の何%ですか。
（わりきれない場合は，小数第三位を四捨五入して%で表しましょう。）

１組 25m 以上 30m 未満，約33 %

２組 20m 以上 25m 未満，30 %

P186

データの調べ方（9）　名前　　月　日

● 下の表は，わかさんの家の畑でとれた玉ねぎの重さを調べたものです。

わかさんの家の畑の玉ねぎの重さ(g)

① 202	② 199	③ 213	④ 191	⑤ 203
⑥ 215	⑦ 187	⑧ 198	⑨ 203	⑩ 206
⑪ 199	⑫ 200	⑬ 189	⑭ 220	⑮ 218
⑯ 209	⑰ 201	⑱ 203	⑲ 209	⑳ 198

(1) 度数分布表に表しましょう。

わかさんの家の畑の玉ねぎの重さ

重さ(g)	個数 正の字	(個)
185以上～190未満	T	2
190　～195	一	1
195　～200	止	4
200　～205	正一	6
205　～210	下	3
210　～215	一	1
215　～220	T	2
220　～225	一	1

(2) ヒストグラムに表しましょう。

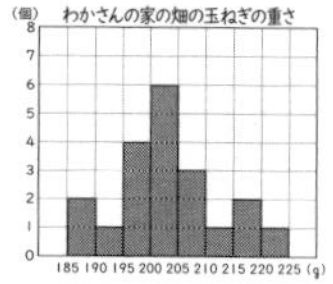

P187

データの調べ方（10）　名前　　月　日

● 下の表は，かずきさんの家の畑でとれた玉ねぎの重さを調べたものです。

かずきさんの家の畑の玉ねぎの重さ(g)

① 222	② 195	③ 190	④ 206	⑤ 197
⑥ 195	⑦ 202	⑧ 203	⑨ 194	⑩ 199
⑪ 192	⑫ 198	⑬ 195	⑭ 201	⑮ 214
⑯ 199	⑰ 185	⑱ 205	⑲ 221	⑳ 194

(1) 度数分布表に表しましょう。

かずきさんの家の畑の玉ねぎの重さ

重さ(g)	個数 正の字	(個)
185以上～190未満	一	1
190　～195	止	4
195　～200	正T	7
200　～205	下	3
205　～210	T	2
210　～215	一	1
215　～220		0
220　～225	T	2

(2) ヒストグラムに表しましょう。

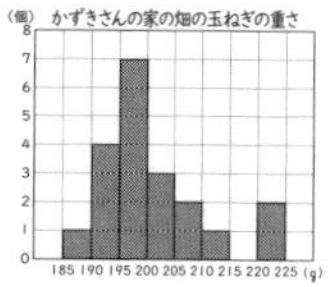

P188

データの調べ方（11）　名前　　月　日

● 下の表は，１組の算数のテストの得点を記録したものです。

算数のテスト（１組）(点)

① 46	② 100	③ 76	④ 23	⑤ 68	⑥ 96	⑦ 88	⑧ 100	⑨ 38
⑩ 41	⑪ 73	⑫ 65	⑬ 76	⑭ 89	⑮ 76	⑯ 100	⑰ 88	⑱ 53
⑲ 78	⑳ 80	㉑ 97	㉒ 65	㉓ 66	㉔ 49	㉕ 100		

(1) 度数分布表に表しましょう。

算数のテスト（１組）

得点(点)	人数 正の字	(人)
20以上～30未満	一	1
30以上～40未満	一	1
40以上～50未満	下	3
50以上～60未満	一	1
60以上～70未満	止	4
70以上～80未満	正	5
80以上～90未満	止	4
90以上～100以下	正一	6

(2) ヒストグラムに表しましょう。

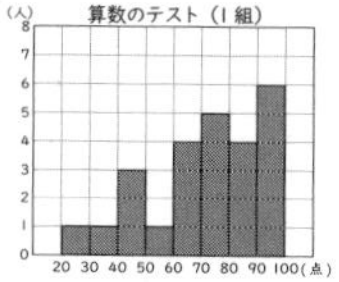

P189

データの調べ方（12）　名前　　月　日

● 下の表は，２組の算数のテストの得点を記録したものです。

算数のテスト（２組）(点)

① 89	② 50	③ 93	④ 21	⑤ 42	⑥ 36	⑦ 80	⑧ 43	⑨ 86
⑩ 100	⑪ 34	⑫ 89	⑬ 64	⑭ 67	⑮ 95	⑯ 78	⑰ 80	⑱ 48
⑲ 61	⑳ 29	㉑ 70	㉒ 98	㉓ 67	㉔ 57	㉕ 20		

(1) 度数分布表に表しましょう。

算数のテスト（２組）

得点(点)	人数 正の字	(人)
20以上～30未満	下	3
30以上～40未満	T	2
40以上～50未満	下	3
50以上～60未満	T	2
60以上～70未満	止	4
70以上～80未満	T	2
80以上～90未満	正	5
90以上～100以下	止	4

(2) ヒストグラムに表しましょう。

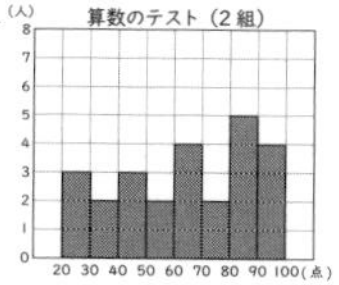

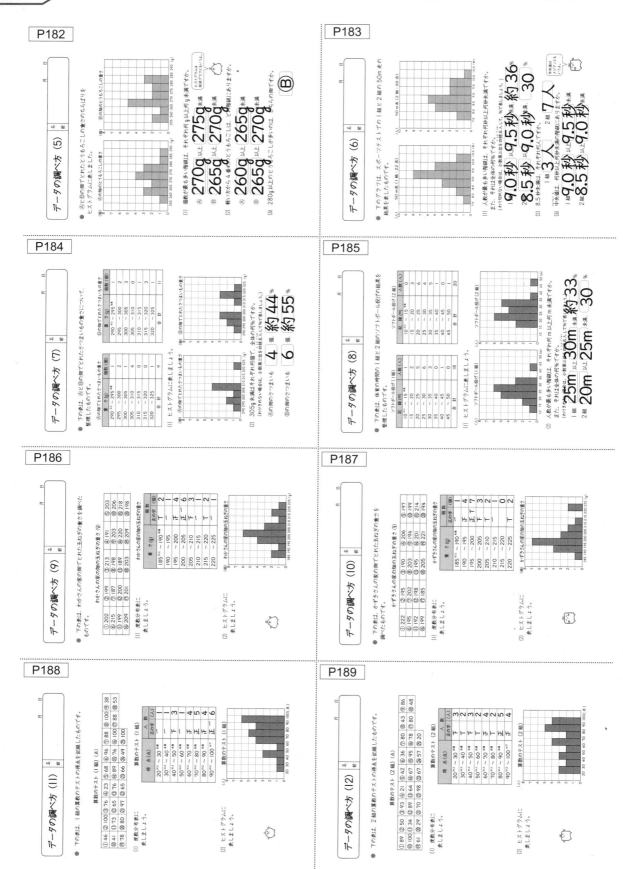

（解答は，200 ～ 300%に拡大してお使い下さい。）

P190

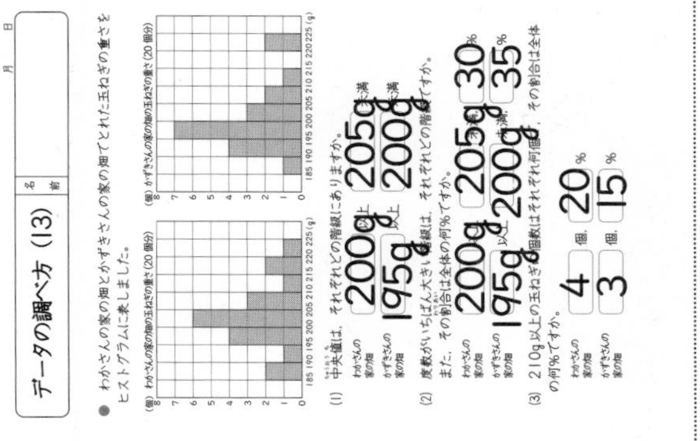

データの調べ方 (13)
● わかさんの家の畑とかずきさんの家の畑でとれた玉ねぎの重さをヒストグラムに表しました。
(1) 中央値は，それぞれどの階級にありますか。
わかさんの家の畑 200g 以上 205g 未満
かずきさんの家の畑 195g 以上 200g 未満
(2) 度数がいちばん大きい階級は，それぞれどの階級ですか。また，その割合は全体の何％ですか。
わかさんの家の畑 200g 以上 205g 未満 30%
かずきさんの家の畑 195g 以上 200g 未満 35%
(3) 210g 以上の玉ねぎの個数はそれぞれ何個で，その割合は全体の何％ですか。
わかさんの家の畑 4 個 20%
かずきさんの家の畑 3 個 15%

P191

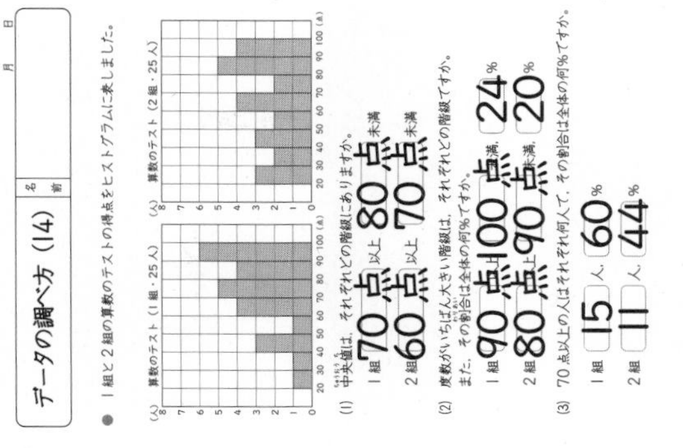

データの調べ方 (14)
● 1組と2組の算数のテストの得点をヒストグラムに表しました。
(1) 中央値は，それぞれどの階級にありますか。
1組 70 点以上 80 点未満
2組 60 点以上 70 点未満
(2) 度数がいちばん大きい階級は，それぞれどの階級ですか。また，その割合は全体の何％ですか。
1組 90 点以上 100 点未満 24%
2組 80 点以上 90 点未満 20%
(3) 70 点以上の人はそれぞれ何人で，その割合は全体の何％ですか。
1組 15 人 60%
2組 11 人 44%

P192

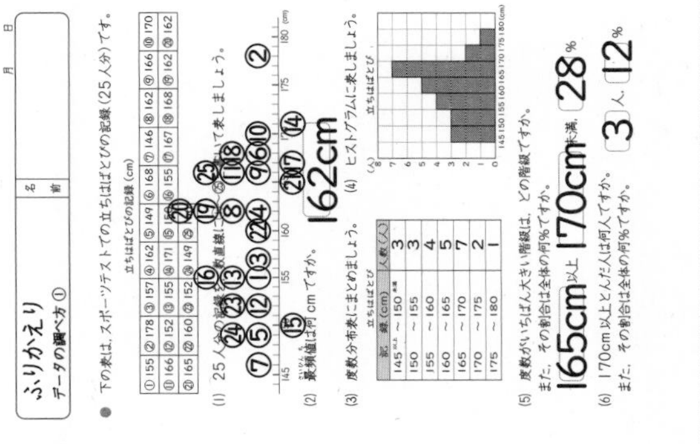

ふりかえり データの調べ方 ①
● 下の表は，スポーツテストで立ちはばとびの記録(25人分)です。
(2) 最頻値は何 cm ですか。 162cm
(5) 度数がいちばん大きい階級は，どの階級ですか。 165cm 以上 170cm 未満 28%
(6) 170cm 以上とんだ人は何人ですか。また，その割合は全体の何％ですか。 3 人 12%

P193

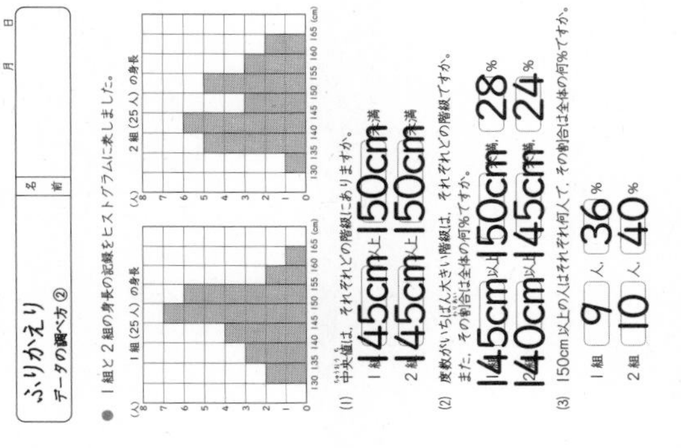

ふりかえり データの調べ方 ②
● 1組と2組の身長の記録をヒストグラムに表しました。
(1) 中央値は，それぞれどの階級にありますか。
1組 145cm 以上 150cm 未満
2組 145cm 以上 150cm 未満
(2) 度数がいちばん大きい階級は，それぞれどの階級ですか。また，その割合は全体の何％ですか。
1組 145cm 以上 150cm 未満 28%
2組 140cm 以上 145cm 未満 24%
(3) 150cm 以上の人はそれぞれ何人で，その割合は全体の何％ですか。
1組 9 人 36%
2組 10 人 40%

P194

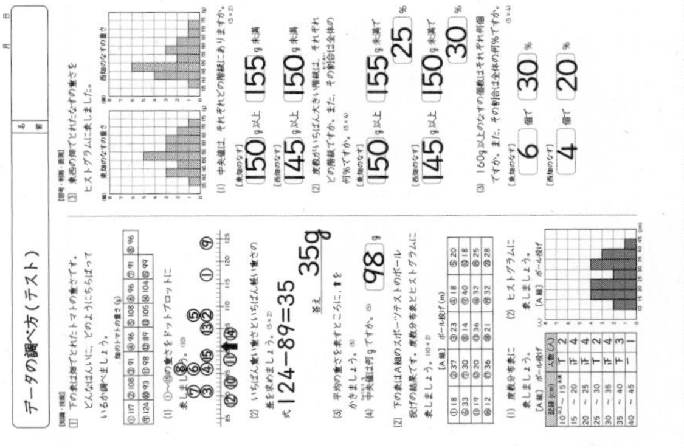

データの調べ方 (テスト)
式 124－89＝35 答え 35g
98 g
150 g 以上 155 g 未満
145 g 以上 150 g 未満
150 g 以上 155 g 未満 25%
145 g 以上 150 g 未満 30%
6 個 30%
4 個 20%

P195

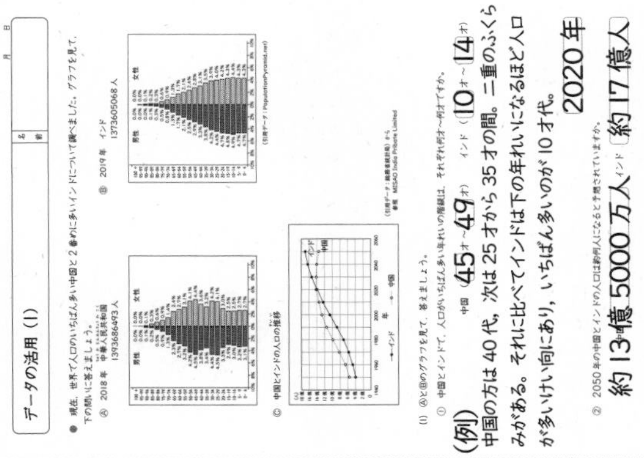

P196

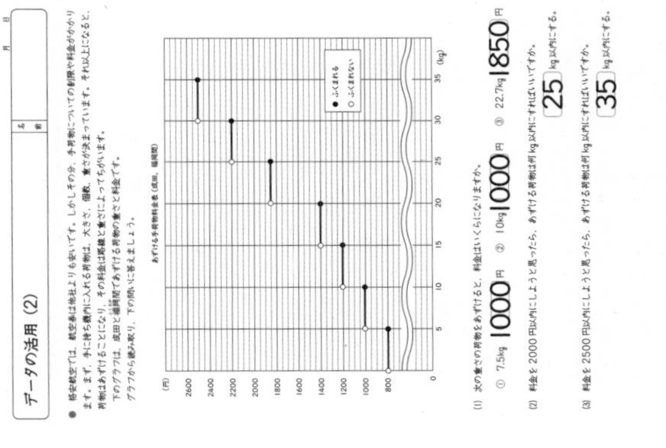

データの活用 (2)
① 7.5kg 1000 円 ② 10kg 1000 円 ③ 22.7kg 1850 円
(2) 25 kg 以内
(3) 35 kg 以内

P197

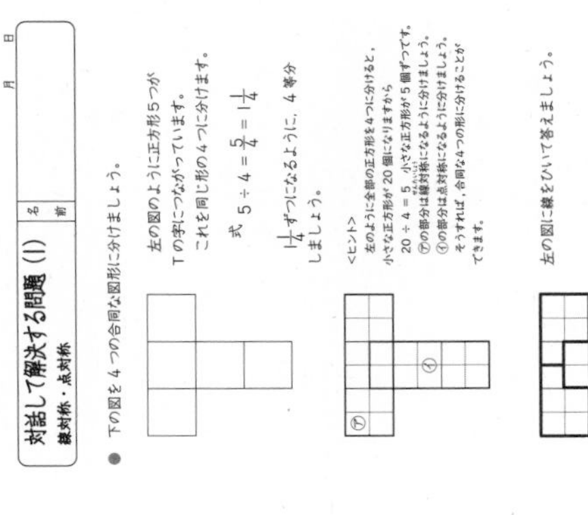

解答

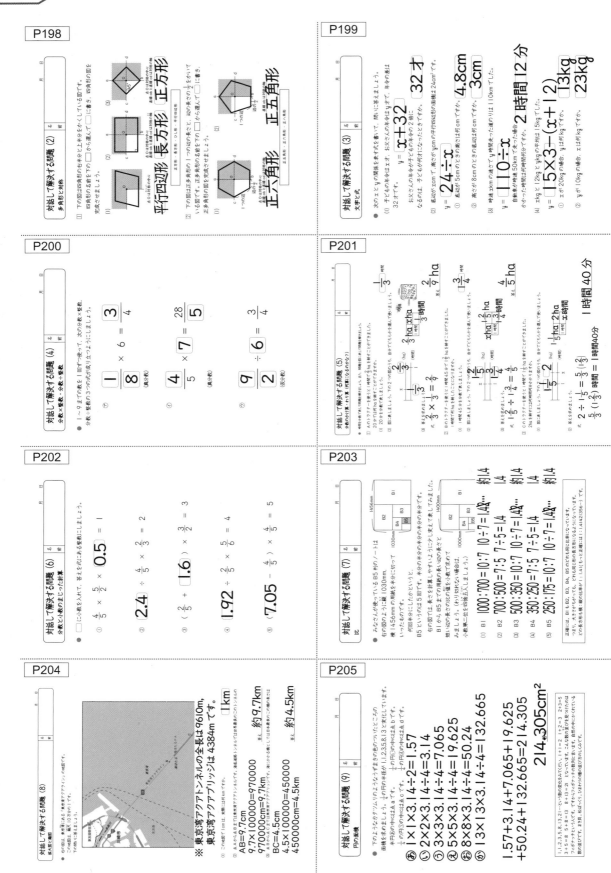

児童に実施させる前に，必ず指導される方が問題を解いてください。本書の解答は，あくまでも１つの例です。

P198

対話して解決する問題 (2)　多角形と対称　月　日　名前

① 下の図は四角形の右半分と上半分をかくしている図です。四角形の名前を下の□から選んで□に書き，四角形の図を完成させましょう。

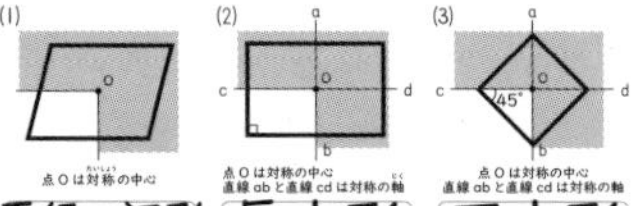

(1) 点Ｏは対称の中心　平行四辺形
(2) 点Ｏは対称の中心　直線 ab と直線 cd は対称の軸　長方形
(3) 点Ｏは対称の中心　直線 ab と直線 cd は対称の軸　正方形

正方形・長方形・ひし形・平行四辺形

② 下の図は正多角形の１つの辺の長さと，辺の長さの$\frac{1}{2}$をかいている図です。正多角形の名前を下の□から選んで□に書き，正多角形の図を完成させましょう。

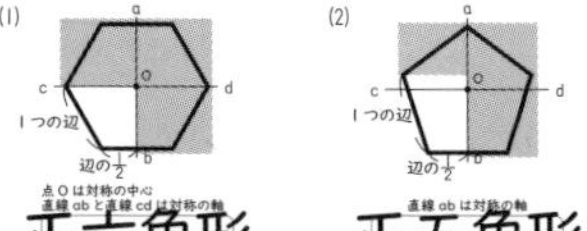

(1) 点Ｏは対称の中心　直線 ab と直線 cd は対称の軸　正六角形
(2) 直線 ab は対称の軸　正五角形

正五角形・正六角形・正八角形

P199

対話して解決する問題 (3)　文字と式　月　日　名前

● 次の x と y の関係を表す式を書いて，問いに答えましょう。

(1) 子どもの年令は x 才，お父さんの年令は y 才で，年令の差は 32 才です。　y = x+32

お父さんの年令が子どもの年令の２倍になるのは，子どもが何才になったときですか。　32 才

(2) 底辺が xcm で，高さが ycm の平行四辺形の面積は 24cm² です。　y = 24÷x

① 底辺が 5cm のときの高さは何 cm ですか。　4.8cm

② 高さが 8cm のときの底辺は何 cm ですか。　3cm

(3) 時速 xkm の速さで y 時間走った道のりは 110km でした。　y = 110÷x

自動車が時速 50km で走った場合かかった時間は何時間何分ですか。　2 時間 12 分

(4) xkg と 12kg と ykg の平均は 15kg でした。　y = 15×3−(x+12)

① x が 20kg の場合，y は何 kg ですか。　13kg

② y が 10kg の場合，x は何 kg ですか。　23kg

P200

対話して解決する問題 (4)　分数×整数・分数÷整数　月　日　名前

● １～９までの数を１回ずつ使って，次の分数×整数，分数÷整数の３つの式が成り立つようにしましょう。

㋐ $\frac{1}{8} \times 6 = \frac{3}{4}$ (真分数)

㋑ $\frac{4}{5} \times 7 = \frac{28}{5}$ (真分数)

㋒ $\frac{9}{2} \div 6 = \frac{3}{4}$ (仮分数)

P201

対話して解決する問題 (5)　分数のかけ算・わり算（何算になるのかな？）　月　日　名前

● 時間を分数で表して問題を解きましょう。また，問題を図に表して問題を解きましょう。

① Ａのトラクターを使うと１時間で$\frac{2}{3}$ha を耕すことができました。20 分では何 ha を耕すことができますか。

(1) 20 分を分数で表しましょう。　$\frac{1}{3}$時間

(2) 図に表しましょう。下の２つの図のうち，自分でどちらかを選んで使いましょう。

(3) 答えを求めましょう。

式 $\frac{2}{3} \times \frac{1}{3} = \frac{2}{9}$　答え $\frac{2}{9}$ha

② Ｂのトラクターを使うと１時間 45 分で$1\frac{2}{5}$ha を耕すことができました。１時間で何 ha を耕したことになりますか。

(1) １時間 45 分を分数で表しましょう。　$1\frac{3}{4}$時間

(2) 図に表しましょう。下の２つの図のうち，自分でどちらかを選んで使いましょう。

(3) 答えを求めましょう。

式 $1\frac{2}{5} \div 1\frac{3}{4} = \frac{4}{5}$　答え $\frac{4}{5}$ha

③ Ｃのトラクターを使うと１時間で$1\frac{1}{5}$ha を耕すことができました。2ha を耕すには何時間何分かかりますか。

(1) 図に表しましょう。下の２つの図のうち，自分でどちらかを選んで使いましょう。

(2) 答えを求めましょう。

式 $2 \div 1\frac{1}{5} = \frac{5}{3}(1\frac{2}{3})$

$\frac{5}{3}(1\frac{2}{3})$時間 = １時間40分　　１時間 40 分

P202

対話して解決する問題 (6)　分数と小数のまじった計算　月　日　名前

● □に小数を入れて，答えを式にある整数にしましょう。

① $\frac{4}{5} \times \frac{5}{2} \times 0.5 = 1$

② $2.4 \div \frac{4}{5} \times \frac{2}{3} = 2$

③ $(\frac{2}{5} + 1.6) \times \frac{3}{2} = 3$

④ $1.92 \div \frac{2}{5} \times \frac{5}{6} = 4$

⑤ $(7.05 - \frac{4}{5}) \times \frac{4}{5} = 5$

P203

対話して解決する問題 (7)　比　月　日　名前

● みなさんが使っている B5 判のノートは右の図のように縦 1030mm，横 1456mm の用紙を半分に切っていったものです。

何回半分にしたかというと，B5 というのは５回です。半分の半分の半分の半分の半分です。

右の図では，長さを計算しやすいように少し変えて表してみました。

B1 から B5 までの用紙の長い辺の長さと短い辺の長さの比の値を小数で求めてみましょう。（わり切れない場合は，小数第二位を四捨五入しましょう。）

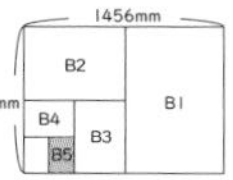

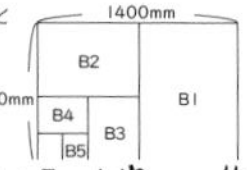

(1) B1　1000：700＝10：7　10÷7＝1.42…　約1.4

(2) B2　700：500＝7：5　7÷5＝1.4　1.4

(3) B3　500：350＝10：7　10÷7＝1.42…　約1.4

(4) B4　350：250＝7：5　7÷5＝1.4　1.4

(5) B5　250：175＝10：7　10÷7＝1.42…　約1.4

正確には，B1 も B2，B3，B4，B5 のどれも同じ比率になっています。つまり，大きさがちがっても，どれも同じ形の長方形になるようになっています。どの長方形も横：縦の比率が１：1.41(もっと正確には１：1.41421356…) です。

P204

対話して解決する問題 (8)　拡大図と縮図　月　日　名前

● 右の図は，東京湾にある「東京湾アクアライン」の地図です。この地図は，縮尺 10 万分の１です。下の問いに答えましょう。

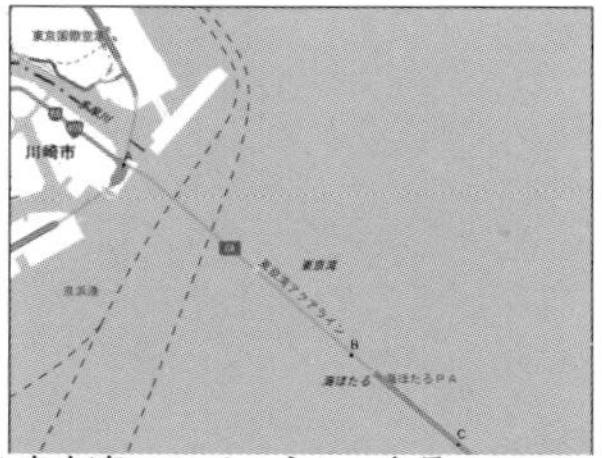

※ 東京湾アクアトンネルの全長は 9610m，東京湾アクアブリッジは 4384m です。

(1) この地図で 1cm は，実際には何 km ですか。　1km

(2) 点Ａから点Ｂまでは東京湾アクアトンネルです。海底道路トンネルでは世界最長のこのトンネルの長さは

AB=9.7cm
9.7×100000=970000
970000cm=9.7km　答え 約9.7km

(3) 点Ｂから点Ｃまでは東京湾アクアブリッジです。海にかかる橋としては日本最長のこの橋の長さは

BC=4.5cm
4.5×100000=450000
450000cm=4.5km　答え 約4.5km

P205

対話して解決する問題 (9)　円の面積　月　日　名前

● 下のようなカタツムリのようなうずまきの色のついたところの面積を求めましょう。$\frac{1}{4}$の円の半径が 1,1,2,3,5,8,13 と変化しています。

半円㋐の中心は点ａです。　$\frac{1}{4}$の円㋑の中心は点ｂです。
$\frac{1}{4}$の円㋒の中心は点ｃです。　$\frac{1}{4}$の円㋓の中心は点ｄです。

あ 1×1×3.14÷2=1.57
い 2×2×3.14÷4=3.14
う 3×3×3.14÷4=7.065
え 5×5×3.14÷4=19.625
お 8×8×3.14÷4=50.24
か 13×13×3.14÷4=132.665

1.57+3.14+7.065+19.625
+50.24+132.665=214.305

214.305cm²

1,1,2,3,5,8,13,21…という数の変化をみてください。1＋1＝2　1＋2＝3　2＋3＝5　3＋5＝8　5＋8＝13　8＋13＝21　となっています。こんな数の並びを見つけたのはフィボナッチという人です。ですからフィボナッチの数列と言います。自然の中にかくれている数の並びです。まき貝，松ぼっくり，ひまわりの種の並び方のしくみです。

（解答は，200～300%に拡大してお使い下さい。）

P206

対話して解決する問題 (10) 角柱と円柱の体積

(1) 底面の周りの長さは20cm，高さは10cmです。

縦の長さ (cm)	1	2	3	4	5	6	7	8	9
横の長さ (cm)	9	8	7	6	5	4	3	2	1
底面積 (cm²)	9	16	21	24	25	24	21	16	9

(2) 角柱の体積は底面積×高さです。高さは10cmで等しいから，底面積が広いほど体積は大きくなります。

(3) (1)の表から縦と横の長さが等しい正方形にしたときに底面積がいちばん広くなりますから体積もいちばん大きくなります。

(4) 四角柱 5×5×10＝250 250cm³
円柱 20÷3.14÷2＝3.18
半径を約3.2cmとして
3.2×3.2×3.14×10＝321.536
約321.5cm³ 321.5－250＝71.5cm³
円柱の方が約71.5cm³大きい

P207

対話して解決する問題 (11) 比例

● 直方体の体積と表面積は比例するのでしょうか。
(予想) 比例する・比例しない
(理由) 略

(1) ㋐ 高さ1cm
5×4×1＝20 20cm³
5×4×2＝40 5×1×2＝10 4×1×2＝8 40＋10＋8＝58 58cm²

㋑ 高さ2cm
5×4×2＝40 40cm³
5×4×2＝40 5×2×2＝20 4×2×2＝16 40＋20＋16＝76 76cm²

㋒ 高さ3cm
5×4×3＝60 60cm³
5×4×2＝40 5×3×2＝30 4×3×2＝24 40＋30＋24＝94 94cm²

(2) 直方体の体積と表面積は 比例する・(比例しない)
(結論) 体積が2倍3倍になっても表面積は2倍，3倍にならないから。

P208

対話して解決する問題 (12) 反比例

● Aさんが24個の荷物を200mはなれた所まで取りに行って1個ずつ運びます。運ぶときの速さは，荷物を持ったときは分速40m，持たないときは分速100mです。

(1) Aさんが荷物を全部運ぶには，何分かかりますか。
式 200÷40＝5
200÷100＝2
(5＋2)×24＝168
答え 168分

(2) Aさんが大変そうなので，3人の友達が手伝ってくれることになりました。4人で運ぶと何分でできますか。
(例) 168÷4＝42
答え 42分

(3) 4人で運ぶと元気が出て，2倍の速さで運べるそうです。4人で2倍の速さで運ぶと何分でできますか。また，その時間は，はじめに1人で運ぼうとしていたときの何分の1ですか。
(例) 42÷2＝21
168÷21＝8
21分，はじめのときの $\frac{1}{8}$

P209

対話して解決する問題 (13) 並べ方と組み合わせ方

● アイスクリームやさんで，下の5種類から3種類のアイスクリームを選んで食べます。

(1) (例)

バニラ	チョコレート	ミント	ストロベリー	ラムレーズン
○	○	○		
○	○		○	
○	○			○
○		○	○	
○		○		○
○			○	○
	○	○	○	
	○	○		○
	○		○	○
		○	○	○

10通り

(2) 上記のバニラ，チョコレート，ミントを選んだ場合
バニラ㋩ チョコレート㋠ ミント㋯
(例) ㋩—㋠—㋯，㋩—㋯—㋠，㋠—㋩—㋯，㋠—㋯—㋩，㋯—㋩—㋠，㋯—㋠—㋩
10通りの組み合わせにそれぞれ6通りの並べ方があるから
6×10＝60
60通り

P210

対話して解決する問題 (14) データの調べ方

● 6年生50人の図書館利用を調べてⒶⒷⒸの3つの表にしました。ふさわしいグラフ用紙を選んで，グラフに表しましょう。

Ⓐ 月別・借りた冊数調べ

月	4	5	6	7	8	9	10
冊数(冊)	28	66	83	60	96	122	145

Ⓑ 1人で借りた冊数調べ

借りた冊数(冊)	人数(人)
0以上～5未満	7
5 ～ 10	18
10 ～ 15	5
15 ～ 20	10
20 ～ 25	8
25 ～ 30	2
合計	50

Ⓒ 借りた本の種類調べ

種類	冊数(冊)	
物語	294	49%
歴史	124	21%
科学	72	12%
スポーツ	44	7%
伝記	36	6%
その他	30	5%
合計	600	

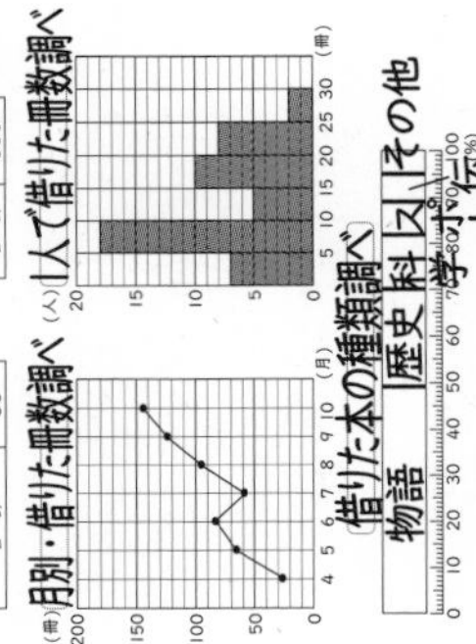

P211

対話して解決する問題 (15) データの活用

● 右のグラフは日本の男女別，年れい別人口の割合を表したグラフです。戦争が終わって間もない1950年，それから30年後の1980年，それから約40年後の2019年のグラフを見て下の問いに答えましょう。

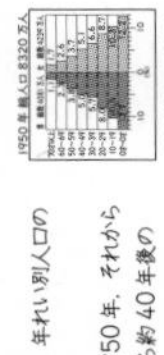

(1) それぞれの年代の20才未満の人口の割合は何%ですか。
1950年 45.7%
1980年 30.5%
2019年 17.2%

(2) それぞれの年代の特ちょうを書きましょう。
(例) 1950年 人口ピラミッドというにふさわしく若い年代が多いです。
1980年 戦後に生まれた年代が30年がたち いちばん多い割合になっています。
2019年 少子高れい化と言われる人口構成になっています。

(3) どのようなことをすればよいかを考えて書きましょう。
略

P212

プログラミング (1)

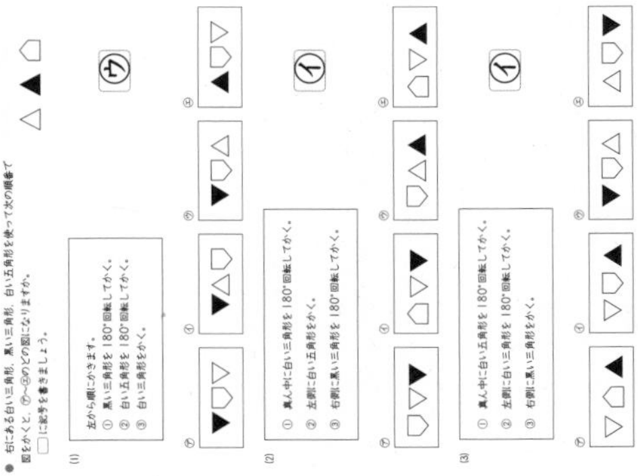

(1) ㋒
(2) ㋑
(3) ㋑

P213

プログラミング (2)

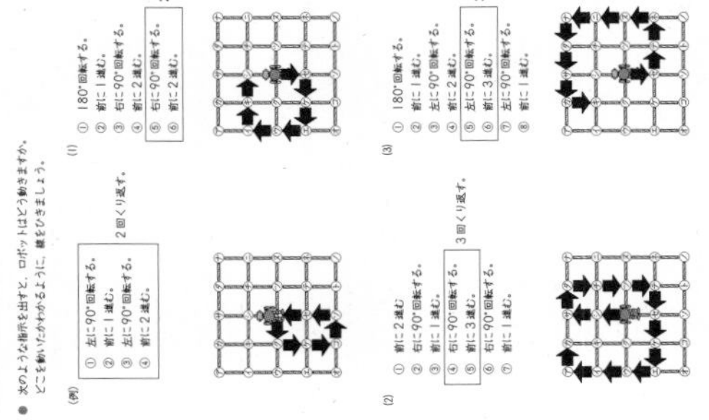

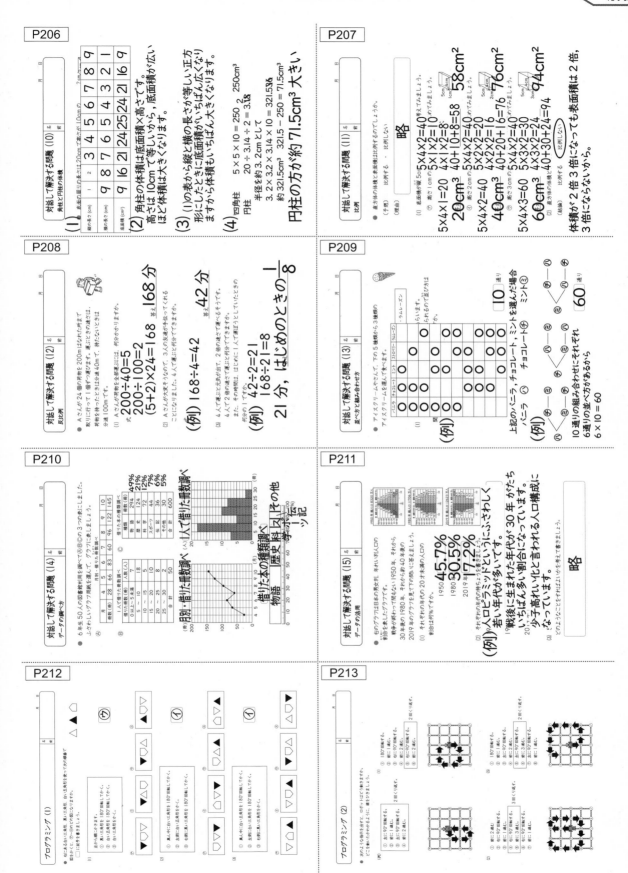

解答

児童に実施させる前に，必ず指導される方が問題を解いてください。本書の解答は，あくまでも１つの例です。

P214

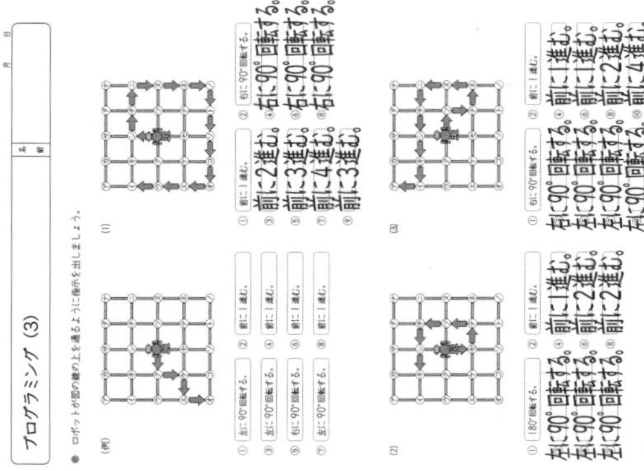

P215

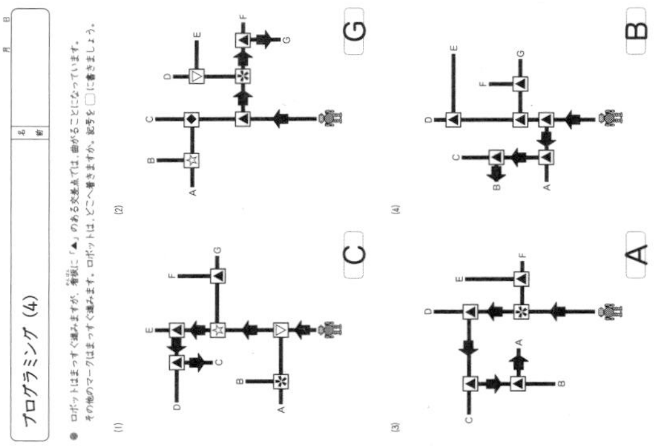

P216

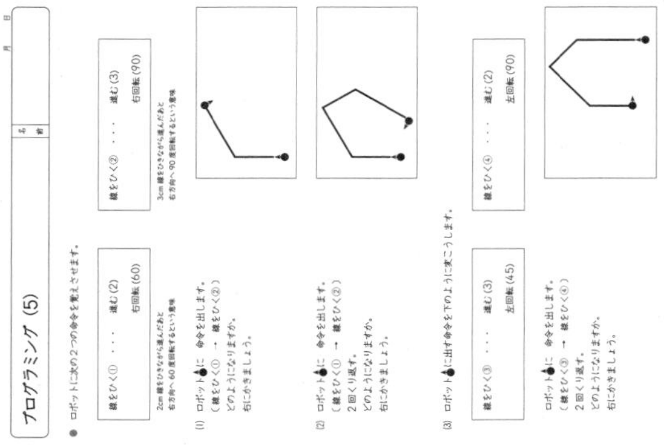

P217

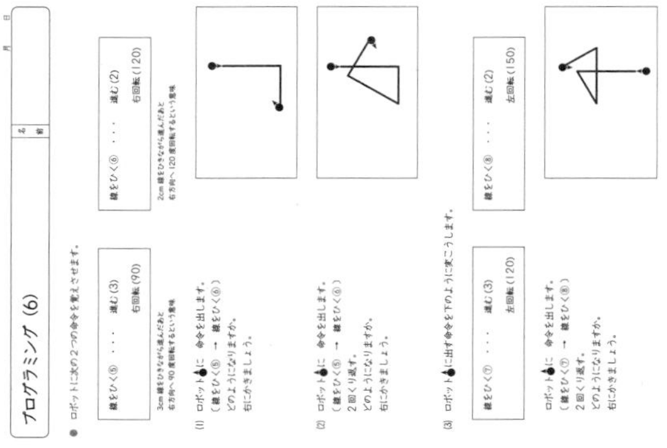

P218

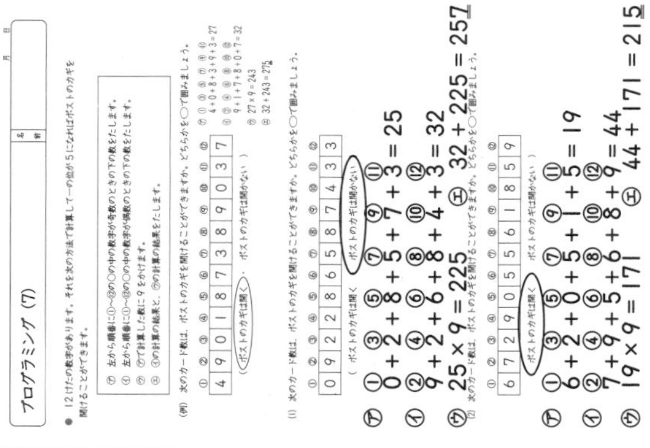

P219

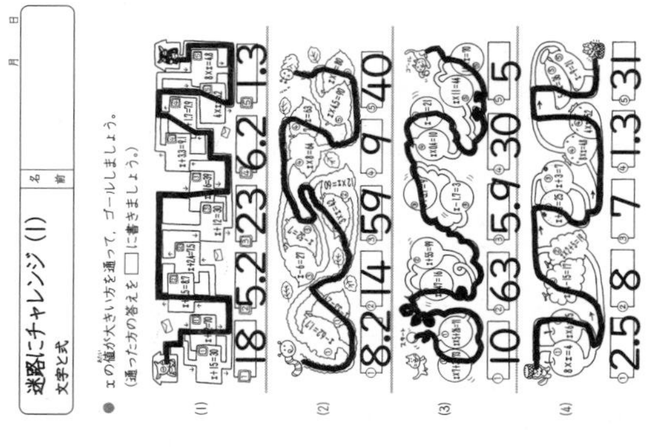

P220

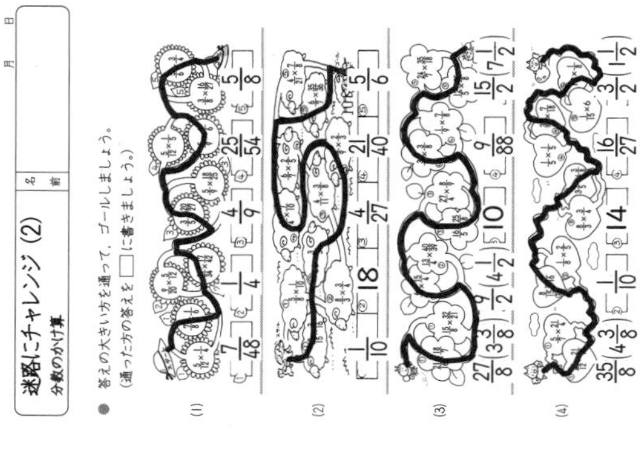

P221

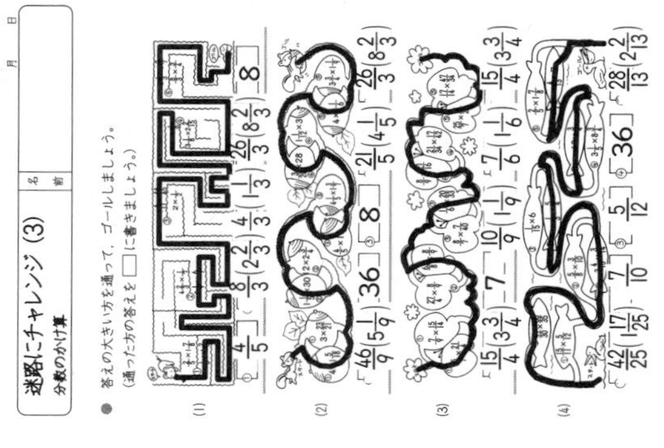

（解答は，200 ～ 300%に拡大してお使い下さい。）

P222

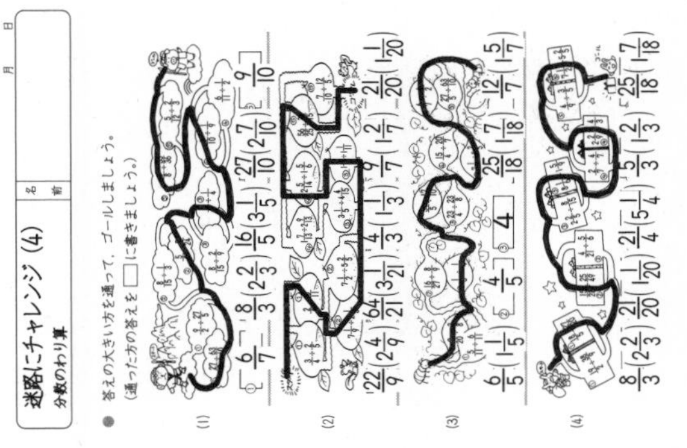

迷路にチャレンジ (4)
分数のわり算
答えの大きい方を通って，ゴールしましょう。
(通った方の答えを□に書きましょう。)

P223

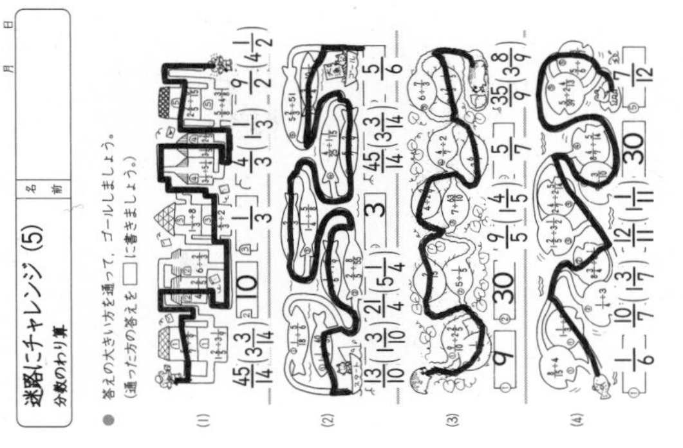

迷路にチャレンジ (5)
分数のわり算
答えの大きい方を通って，ゴールしましょう。
(通った方の答えを□に書きましょう。)

P224

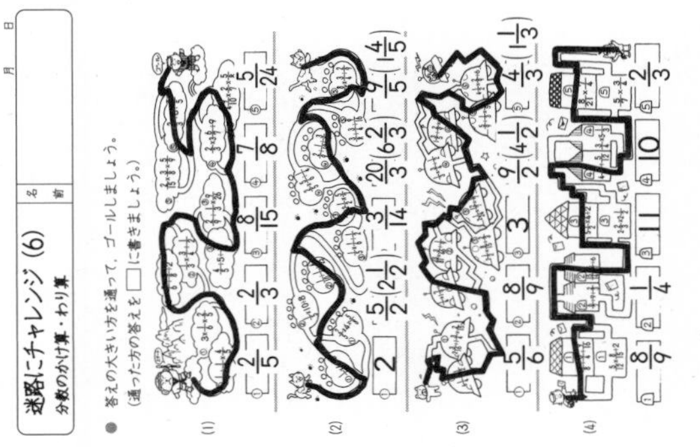

迷路にチャレンジ (6)
分数のかけ算・わり算
答えの大きい方を通って，ゴールしましょう。
(通った方の答えを□に書きましょう。)

P225

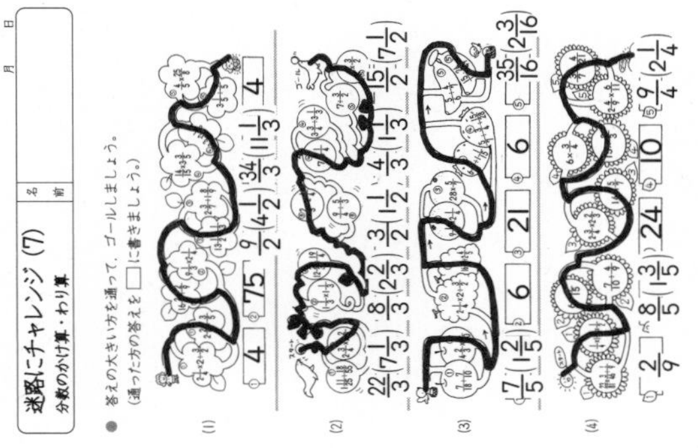

迷路にチャレンジ (7)
分数のかけ算・わり算
答えの大きい方を通って，ゴールしましょう。
(通った方の答えを□に書きましょう。)

P226

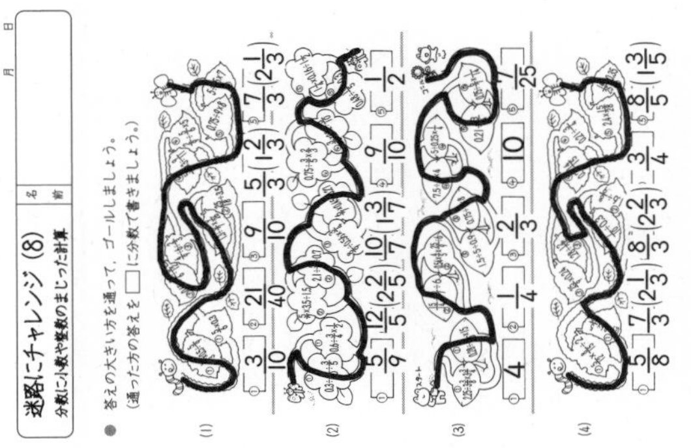

迷路にチャレンジ (8)
分数に小数や整数の混じった計算
答えの大きい方を通って，ゴールしましょう。
(通った方の答えを□に分数で書きましょう。)

P227

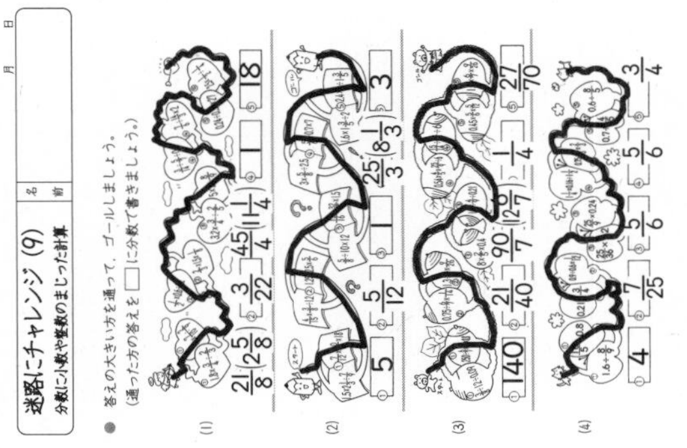

迷路にチャレンジ (9)
分数に小数や整数の混じった計算
答えの大きい方を通って，ゴールしましょう。
(通った方の答えを□に分数で書きましょう。)

P228

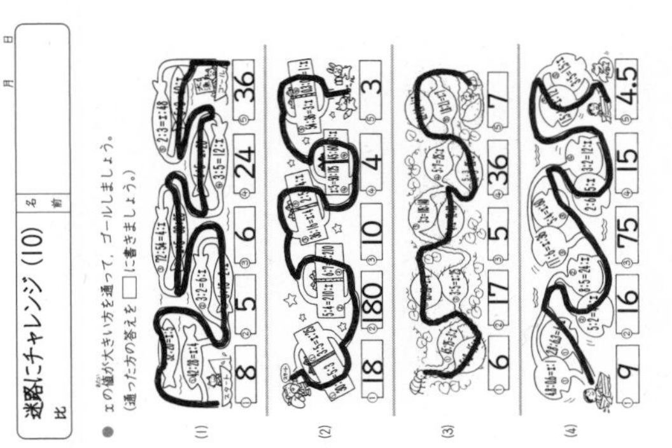

迷路にチャレンジ (10)
比
エの値が大きい方を通って，ゴールしましょう。
(通った方の答えを□に書きましょう。)

P229

計算にチャレンジ (1)
分数のかけ算・わり算 ①

名前　　月　日

● 次の３つの分数の中から２つの分数を使って，かけ算とわり算をします。右のＡ～Ｈの答えになる式を作りましょう。
　１つは自分で答えも出して，その答えをＩの（　）に書きましょう。

$\frac{1}{2}$ ・ $\frac{1}{3}$ ・ $\frac{1}{4}$

(例) ① E $\frac{1}{2} \times \frac{1}{4} = \frac{1}{8}$
② A $\frac{1}{3} \times \frac{1}{4} = \frac{1}{12}$
③ G $\frac{1}{2} \times \frac{1}{3} = \frac{1}{6}$
(例) ④ C $\frac{1}{2} \div \frac{1}{3} = \frac{3}{2}\left(1\frac{1}{2}\right)$
⑤ B $\frac{1}{3} \div \frac{1}{4} = \frac{4}{3}\left(1\frac{1}{3}\right)$
⑥ D $\frac{1}{4} \div \frac{1}{2} = \frac{1}{2}$
⑦ F $\frac{1}{3} \div \frac{1}{2} = \frac{2}{3}$
⑧ H $\frac{1}{2} \div \frac{1}{4} = 2$
⑨ I $\frac{1}{4} \div \frac{1}{3} = \frac{3}{4}$

式ができたら印をつけておこう。

A $\frac{1}{12}$
B $1\frac{1}{3}$
Ⓒ $1\frac{1}{2}$
D $\frac{1}{2}$
Ⓔ $\frac{1}{8}$
F $\frac{2}{3}$
G $\frac{1}{6}$
H 2
I 1つだけの答え $\left(\frac{3}{4}\right)$

計算にチャレンジ (2)
分数のかけ算・わり算 ②

名前　　月　日

● 次の３つの分数の中から２つの分数を使って，かけ算とわり算をします。右のＡ～Ｈの答えになる式を作りましょう。
　１つは自分で答えも出して，その答えをＩの（　）に書きましょう。

$\frac{2}{3}$ ・ $\frac{3}{4}$ ・ $\frac{1}{5}$

① D $\frac{2}{3} \times \frac{3}{4} = \frac{1}{2}$
② F $\frac{2}{3} \times \frac{1}{5} = \frac{2}{15}$
③ H $\frac{1}{5} \times \frac{3}{4} = \frac{3}{20}$
④ A $\frac{2}{3} \div \frac{1}{5} = \frac{10}{3}\left(3\frac{1}{3}\right)$
⑤ B $\frac{3}{4} \div \frac{1}{5} = \frac{15}{4}\left(3\frac{3}{4}\right)$
⑥ C $\frac{3}{4} \div \frac{2}{3} = \frac{9}{8}\left(1\frac{1}{8}\right)$
⑦ E $\frac{1}{5} \div \frac{2}{3} = \frac{3}{10}$
⑧ G $\frac{2}{3} \div \frac{3}{4} = \frac{8}{9}$
⑨ I $\frac{1}{5} \div \frac{3}{4} = \frac{4}{15}$

式ができたら印をつけておこう。

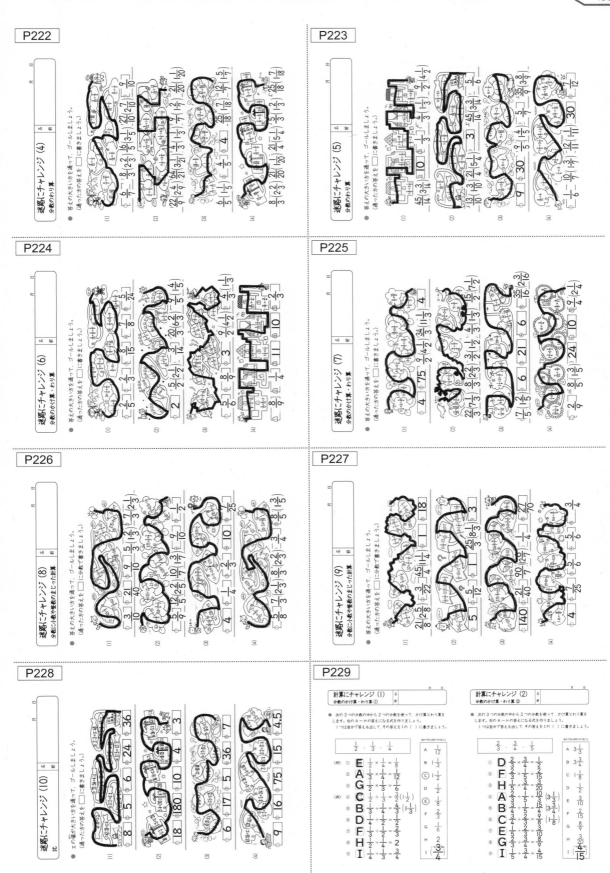

A $3\frac{1}{3}$
B $3\frac{3}{4}$
C $1\frac{1}{8}$
D $\frac{1}{2}$
E $\frac{3}{10}$
F $\frac{2}{15}$
G $\frac{8}{9}$
H $\frac{3}{20}$
I 1つだけの答え $\left(\frac{4}{15}\right)$

解答

児童に実施させる前に，必ず指導される方が問題を解いてください。本書の解答は，あくまでも1つの例です。

P230

計算にチャレンジ (3)
分数のかけ算・わり算③　名前　月　日

● 次の3つの分数の中から2つの分数を使って，かけ算とわり算をします。右のA～Hの答えになる式を作りましょう。
1つは自分で答えも出して，その答えをIの（ ）に書きましょう。

$\frac{4}{5}$ ・ $\frac{3}{4}$ ・ $\frac{2}{5}$

① B $\frac{4}{5}\times\frac{2}{5}=\frac{8}{25}$
② E $\frac{2}{5}\times\frac{3}{4}=\frac{3}{10}$
③ F $\frac{4}{5}\times\frac{3}{4}=\frac{3}{5}$
④ A $\frac{4}{5}\div\frac{2}{5}=2$
⑤ C $\frac{4}{5}\div\frac{3}{4}=\frac{16}{15}$ $(1\frac{1}{15})$
⑥ D $\frac{2}{5}\div\frac{4}{5}=\frac{1}{2}$
⑦ G $\frac{3}{4}\div\frac{2}{5}=\frac{15}{8}$ $(1\frac{7}{8})$
⑧ H $\frac{3}{4}\div\frac{4}{5}=\frac{15}{16}$
⑨ I $\frac{2}{5}\div\frac{3}{4}=\frac{8}{15}$

式ができたら印をつけておこう。

A	2
B	$\frac{8}{25}$
C	$1\frac{1}{15}$
D	$\frac{1}{2}$
E	$\frac{3}{10}$
F	$\frac{3}{5}$
G	$1\frac{7}{8}$
H	$\frac{15}{16}$
I	1つたりない答え $(\frac{8}{15})$

計算にチャレンジ (4)
分数のかけ算・わり算④　名前　月　日

● 次の3つの分数の中から2つの分数を使って，かけ算とわり算をします。右のA～Hの答えになる式を作りましょう。
1つは自分で答えも出して，その答えをIの（ ）に書きましょう。

$\frac{1}{4}$ ・ $\frac{3}{4}$ ・ $\frac{3}{5}$

① D $\frac{1}{4}\times\frac{3}{4}=\frac{3}{16}$
② F $\frac{1}{4}\times\frac{3}{5}=\frac{3}{20}$
③ H $\frac{3}{4}\times\frac{3}{5}=\frac{9}{20}$
④ A $\frac{1}{4}\div\frac{3}{4}=\frac{1}{3}$
⑤ C $\frac{3}{4}\div\frac{3}{5}=\frac{5}{4}$ $(1\frac{1}{4})$
⑥ B $\frac{1}{4}\div\frac{3}{5}=\frac{5}{12}$
⑦ E $\frac{3}{5}\div\frac{1}{4}=\frac{12}{5}$ $(2\frac{2}{5})$
⑧ G $\frac{3}{5}\div\frac{3}{4}=\frac{4}{5}$
⑨ I $\frac{3}{4}\div\frac{1}{4}=3$

式ができたら印をつけておこう。

A	$\frac{1}{3}$
B	$\frac{5}{12}$
C	$1\frac{1}{4}$
D	$\frac{3}{16}$
E	$2\frac{2}{5}$
F	$\frac{3}{20}$
G	$\frac{4}{5}$
H	$\frac{9}{20}$
I	1つたりない答え (3)

P231

計算にチャレンジ (5)
分数のかけ算・わり算⑤　名前　月　日

● 次の3つの分数の中から2つの分数を使って，かけ算とわり算をします。右のA～Hの答えになる式を作りましょう。
1つは自分で答えも出して，その答えをIの（ ）に書きましょう。

$\frac{1}{4}$ ・ $\frac{2}{5}$ ・ $\frac{5}{6}$

① C $\frac{1}{4}\times\frac{2}{5}=\frac{1}{10}$
② D $\frac{1}{4}\times\frac{5}{6}=\frac{5}{24}$
③ G $\frac{2}{5}\times\frac{5}{6}=\frac{1}{3}$
④ A $\frac{5}{6}\div\frac{1}{4}=\frac{10}{3}$ $(3\frac{1}{3})$
⑤ B $\frac{2}{5}\div\frac{1}{4}=\frac{8}{5}$ $(1\frac{3}{5})$
⑥ E $\frac{2}{5}\div\frac{5}{6}=\frac{12}{25}$
⑦ F $\frac{1}{4}\div\frac{2}{5}=\frac{5}{8}$
⑧ H $\frac{1}{4}\div\frac{5}{6}=\frac{3}{10}$
⑨ I $\frac{5}{6}\div\frac{2}{5}=\frac{25}{12}$

式ができたら印をつけておこう。

A	$3\frac{1}{3}$
B	$1\frac{3}{5}$
C	$\frac{1}{10}$
D	$\frac{5}{24}$
E	$\frac{12}{25}$
F	$\frac{5}{8}$
G	$\frac{1}{3}$
H	$\frac{3}{10}$
I	1つたりない答え $(2\frac{1}{12})$

計算にチャレンジ (6)
分数のかけ算・わり算⑥　名前　月　日

● 次の3つの分数の中から2つの分数を使って，かけ算とわり算をします。右のA～Hの答えになる式を作りましょう。
1つは自分で答えも出して，その答えをIの（ ）に書きましょう。

$\frac{5}{7}$ ・ $\frac{6}{7}$ ・ $\frac{7}{8}$

① C $\frac{5}{7}\times\frac{6}{7}=\frac{30}{49}$
② D $\frac{5}{7}\times\frac{7}{8}=\frac{5}{8}$
③ E $\frac{6}{7}\times\frac{7}{8}=\frac{3}{4}$
④ A $\frac{7}{8}\div\frac{5}{7}=\frac{49}{40}$ $(1\frac{9}{40})$
⑤ B $\frac{7}{8}\div\frac{6}{7}=\frac{49}{48}$ $(1\frac{1}{48})$
⑥ F $\frac{5}{7}\div\frac{6}{7}=\frac{5}{6}$
⑦ G $\frac{5}{7}\div\frac{7}{8}=\frac{40}{49}$
⑧ H $\frac{6}{7}\div\frac{7}{8}=\frac{48}{49}$
⑨ I $\frac{6}{7}\div\frac{5}{7}=\frac{6}{5}$ $(1\frac{1}{5})$

式ができたら印をつけておこう。

A	$1\frac{9}{40}$
B	$1\frac{1}{48}$
C	$\frac{30}{49}$
D	$\frac{5}{8}$
E	$\frac{3}{4}$
F	$\frac{5}{6}$
G	$\frac{40}{49}$
H	$\frac{48}{49}$
I	1つたりない答え $(1\frac{1}{5})$

P232

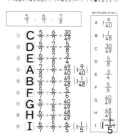

計算にチャレンジ (7)
分数のかけ算・わり算⑦　名前　月　日

● 次の3つの分数の中から2つの分数を使って，かけ算とわり算をします。右のA～Hの答えになる式を作りましょう。
1つは自分で答えも出して，その答えをIの（ ）に書きましょう。

$\frac{6}{7}$ ・ $\frac{7}{8}$ ・ $\frac{8}{9}$

① D $\frac{6}{7}\times\frac{8}{9}=\frac{16}{21}$
② E $\frac{7}{8}\times\frac{8}{9}=\frac{7}{9}$
③ I $\frac{6}{7}\times\frac{7}{8}=\frac{3}{4}$
④ A $\frac{8}{9}\div\frac{6}{7}=\frac{28}{27}$ $(1\frac{1}{27})$
⑤ B $\frac{8}{9}\div\frac{7}{8}=\frac{64}{63}$ $(1\frac{1}{63})$
⑥ C $\frac{7}{8}\div\frac{6}{7}=\frac{49}{48}$ $(1\frac{1}{48})$
⑦ F $\frac{6}{7}\div\frac{7}{8}=\frac{48}{49}$
⑧ G $\frac{6}{7}\div\frac{8}{9}=\frac{27}{28}$
⑨ H $\frac{7}{8}\div\frac{8}{9}=\frac{63}{64}$

式ができたら印をつけておこう。

A	$1\frac{1}{27}$
B	$1\frac{1}{63}$
C	$1\frac{1}{48}$
D	$\frac{16}{21}$
E	$\frac{7}{9}$
F	$\frac{48}{49}$
G	$\frac{27}{28}$
H	$\frac{63}{64}$
I	1つたりない答え $(\frac{3}{4})$

計算にチャレンジ (8)
分数のかけ算・わり算⑧　名前　月　日

● 次の3つの分数の中から2つの分数を使って，かけ算とわり算をします。右のA～Hの答えになる式を作りましょう。
1つは自分で答えも出して，その答えをIの（ ）に書きましょう。

$\frac{1}{2}$ ・ $\frac{6}{7}$ ・ $\frac{7}{8}$

① C $\frac{1}{2}\times\frac{6}{7}=\frac{3}{7}$
② D $\frac{1}{2}\times\frac{7}{8}=\frac{7}{16}$
③ E $\frac{6}{7}\times\frac{7}{8}=\frac{3}{4}$
④ A $\frac{1}{2}\div\frac{6}{7}=\frac{7}{12}$
⑤ B $\frac{1}{2}\div\frac{7}{8}=\frac{4}{7}$
⑥ F $\frac{6}{7}\div\frac{1}{2}=\frac{12}{7}$ $(1\frac{5}{7})$
⑦ G $\frac{7}{8}\div\frac{6}{7}=\frac{49}{48}$ $(1\frac{1}{48})$
⑧ H $\frac{7}{8}\div\frac{1}{2}=\frac{7}{4}$ $(1\frac{3}{4})$
⑨ I $\frac{6}{7}\div\frac{7}{8}=\frac{48}{49}$

式ができたら印をつけておこう。

A	$\frac{7}{12}$
B	$\frac{4}{7}$
C	$\frac{3}{7}$
D	$\frac{7}{16}$
E	$\frac{3}{4}$
F	$1\frac{5}{7}$
G	$1\frac{1}{48}$
H	$1\frac{3}{4}$
I	1つたりない答え $(\frac{48}{49})$

P233

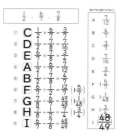

計算にチャレンジ (9)
分数のかけ算・わり算⑨　名前　月　日

● 次の3つの分数の中から2つの分数を使って，かけ算とわり算をします。右のA～Hの答えになる式を作りましょう。
1つは自分で答えも出して，その答えをIの（ ）に書きましょう。

$\frac{4}{5}$ ・ $\frac{3}{7}$ ・ $\frac{3}{8}$

① E $\frac{3}{8}\times\frac{4}{5}=\frac{3}{10}$
② D $\frac{4}{5}\times\frac{3}{7}=\frac{12}{35}$
③ H $\frac{3}{7}\times\frac{3}{8}=\frac{9}{56}$
④ A $\frac{3}{8}\div\frac{3}{7}=\frac{7}{8}$
⑤ B $\frac{3}{7}\div\frac{4}{5}=\frac{15}{28}$
⑥ C $\frac{3}{7}\div\frac{3}{8}=\frac{8}{7}$ $(1\frac{1}{7})$
⑦ F $\frac{4}{5}\div\frac{3}{8}=\frac{32}{15}$ $(2\frac{2}{15})$
⑧ G $\frac{4}{5}\div\frac{3}{7}=\frac{28}{15}$ $(1\frac{13}{15})$
⑨ I $\frac{3}{8}\div\frac{4}{5}=\frac{15}{32}$

式ができたら印をつけておこう。

A	$\frac{7}{8}$
B	$\frac{15}{28}$
C	$1\frac{1}{7}$
D	$\frac{12}{35}$
E	$\frac{3}{10}$
F	$2\frac{2}{15}$
G	$1\frac{13}{15}$
H	$\frac{9}{56}$
I	1つたりない答え $(\frac{15}{32})$

計算にチャレンジ (10)
分数のかけ算・わり算⑩　名前　月　日

● 次の3つの分数の中から2つの分数を使って，かけ算とわり算をします。右のA～Hの答えになる式を作りましょう。
1つは自分で答えも出して，その答えをIの（ ）に書きましょう。

$\frac{7}{9}$ ・ $\frac{3}{4}$ ・ $\frac{5}{7}$

① G $\frac{7}{9}\times\frac{5}{7}=\frac{5}{9}$
② H $\frac{7}{9}\times\frac{3}{4}=\frac{7}{12}$
③ I $\frac{3}{4}\times\frac{5}{7}=\frac{15}{28}$
④ A $\frac{7}{9}\div\frac{3}{4}=\frac{28}{27}$ $(1\frac{1}{27})$
⑤ B $\frac{7}{9}\div\frac{5}{7}=\frac{49}{45}$ $(1\frac{4}{45})$
⑥ C $\frac{3}{4}\div\frac{5}{7}=\frac{21}{20}$ $(1\frac{1}{20})$
⑦ D $\frac{3}{4}\div\frac{7}{9}=\frac{27}{28}$
⑧ E $\frac{5}{7}\div\frac{3}{4}=\frac{20}{21}$
⑨ F $\frac{5}{7}\div\frac{7}{9}=\frac{45}{49}$

式ができたら印をつけておこう。

A	$1\frac{1}{27}$
B	$1\frac{4}{45}$
C	$1\frac{1}{20}$
D	$\frac{27}{28}$
E	$\frac{20}{21}$
F	$\frac{45}{49}$
G	$\frac{5}{9}$
H	$\frac{7}{12}$
I	1つたりない答え $(\frac{15}{28})$

P234

計算にチャレンジ (11)
分数のかけ算・わり算⑪　名前　月　日

● 下の3つの分数を使って，かけ算やわり算をしたら，右のA～Eのような答えが出ました。同じ答えになる式を作りましょう。

$\frac{1}{2}$ ・ $\frac{1}{3}$ ・ $\frac{1}{4}$

（例）① C $\frac{1}{4}\div\frac{1}{3}\times\frac{1}{2}=\frac{3}{8}$
② B $\frac{1}{2}\times\frac{1}{3}\times\frac{1}{4}=\frac{1}{24}$
③ A $\frac{1}{3}\times\frac{1}{2}\div\frac{1}{4}=\frac{2}{3}$
④ D $\frac{1}{2}\div\frac{1}{3}\div\frac{1}{4}=6$
⑤ E $\frac{1}{3}\div\frac{1}{4}\div\frac{1}{2}=\frac{8}{3}$ $(2\frac{2}{3})$

式ができたら印をつけておこう。

A	$\frac{2}{3}$
B	$\frac{1}{24}$
ⓒ	$\frac{3}{8}$
D	6
E	$2\frac{2}{3}$

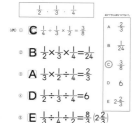

計算にチャレンジ (12)
分数のかけ算・わり算⑫　名前　月　日

● 下の3つの分数を使って，かけ算やわり算をしたら，右のA～Eのような答えが出ました。同じ答えになる式を作りましょう。

$\frac{2}{5}$ ・ $\frac{5}{6}$ ・ $\frac{5}{7}$

① A $\frac{2}{5}\times\frac{5}{6}\times\frac{5}{7}=\frac{5}{21}$
② B $\frac{5}{7}\div\frac{5}{6}\times\frac{2}{5}=\frac{12}{35}$
③ C $\frac{5}{7}\times\frac{5}{6}\div\frac{2}{5}=\frac{125}{84}$ $(1\frac{41}{84})$
④ D $\frac{5}{6}\div\frac{5}{7}\div\frac{2}{5}=\frac{35}{12}$ $(2\frac{11}{12})$
⑤ E $\frac{5}{7}\div\frac{5}{6}\div\frac{2}{5}=\frac{15}{7}$ $(2\frac{1}{7})$

式ができたら印をつけておこう。

A	$\frac{5}{21}$
B	$\frac{12}{35}$
C	$1\frac{41}{84}$
D	$2\frac{11}{12}$
E	$2\frac{1}{7}$

P235

計算にチャレンジ (13)
分数のかけ算・わり算⑬　名前　月　日

● 下の3つの分数を使って，かけ算やわり算をしたら，右のA～Eのような答えが出ました。同じ答えになる式を作りましょう。

$\frac{3}{8}$ ・ $\frac{4}{9}$ ・ $\frac{2}{7}$

① A $\frac{3}{8}\times\frac{4}{9}\div\frac{2}{7}=\frac{7}{12}$
② B $\frac{2}{7}\div\frac{3}{8}\div\frac{4}{9}=\frac{12}{7}$ $(1\frac{5}{7})$
③ C $\frac{3}{8}\div\frac{4}{9}\div\frac{2}{7}=\frac{189}{64}$ $(2\frac{61}{64})$
④ D $\frac{3}{8}\times\frac{2}{7}\div\frac{4}{9}=\frac{27}{112}$
⑤ E $\frac{4}{9}\div\frac{3}{8}\div\frac{2}{7}=\frac{112}{27}$ $(4\frac{4}{27})$

式ができたら印をつけておこう。

A	$\frac{7}{12}$
B	$1\frac{5}{7}$
C	$2\frac{61}{64}$
D	$\frac{27}{112}$
E	$4\frac{4}{27}$

計算にチャレンジ (14)
分数のかけ算・わり算⑭　名前　月　日

● 下の3つの分数を使って，かけ算やわり算をしたら，右のA～Eのような答えが出ました。同じ答えになる式を作りましょう。

$\frac{2}{5}$ ・ $\frac{3}{7}$ ・ $\frac{7}{9}$

① A $\frac{7}{9}\div\frac{2}{5}\div\frac{3}{7}=\frac{245}{54}$ $(4\frac{29}{54})$
② B $\frac{3}{7}\div\frac{7}{9}\times\frac{2}{5}=\frac{54}{245}$
③ C $\frac{7}{9}\times\frac{3}{7}\div\frac{2}{5}=\frac{5}{6}$
④ D $\frac{2}{5}\div\frac{7}{9}\div\frac{3}{7}=\frac{6}{5}$ $(1\frac{1}{5})$
⑤ E $\frac{2}{5}\times\frac{3}{7}\times\frac{7}{9}=\frac{2}{15}$

式ができたら印をつけておこう。

A	$4\frac{29}{54}$
B	$\frac{54}{245}$
C	$\frac{5}{6}$
D	$1\frac{1}{5}$
E	$\frac{2}{15}$

P236

計算にチャレンジ (15)
分数のかけ算・わり算⑮　名前　月　日

● 下の4つの分数の中から3つの分数を使って，かけ算やわり算をします。右のA～Dの答えになる式を作りましょう。

$\frac{1}{2}$ ・ $\frac{1}{3}$ ・ $\frac{1}{4}$ ・ $\frac{1}{5}$

① A $\frac{1}{2}\times\frac{1}{3}\times\frac{1}{4}=\frac{1}{24}$
② B $\frac{1}{5}\div\frac{1}{4}\div\frac{1}{3}=\frac{12}{5}$ $(2\frac{2}{5})$
③ C $\frac{1}{4}\div\frac{1}{2}\times\frac{1}{3}=\frac{1}{6}$
④ D $\frac{1}{4}\div\frac{1}{2}\times\frac{1}{5}=\frac{1}{10}$

式ができたら印をつけておこう。

A	$\frac{1}{24}$
B	$2\frac{2}{5}$
C	$\frac{1}{6}$
D	$\frac{1}{10}$

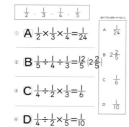

計算にチャレンジ (16)
分数のかけ算・わり算⑯　名前　月　日

● 下の4つの分数の中から3つの分数を使って，かけ算やわり算をします。右のA～Dの答えになる式を作りましょう。

$\frac{1}{6}$ ・ $\frac{1}{7}$ ・ $\frac{1}{8}$ ・ $\frac{1}{9}$

① A $\frac{1}{6}\times\frac{1}{8}\times\frac{1}{9}=\frac{1}{432}$
② B $\frac{1}{9}\div\frac{1}{7}\div\frac{1}{6}=\frac{14}{3}$ $(4\frac{2}{3})$
③ C $\frac{1}{6}\div\frac{1}{9}\times\frac{1}{8}=\frac{3}{16}$
④ D $\frac{1}{7}\div\frac{1}{9}\times\frac{1}{6}=\frac{3}{14}$

式ができたら印をつけておこう。

A	$\frac{1}{432}$
B	$4\frac{2}{3}$
C	$\frac{3}{16}$
D	$\frac{3}{14}$

P237

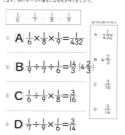

計算にチャレンジ (17)
分数のかけ算・わり算⑰　名前　月　日

● 下の4つの分数の中から3つの分数を使って，かけ算やわり算をします。右のA～Dの答えになる式を作りましょう。

$\frac{2}{3}$ ・ $\frac{4}{5}$ ・ $\frac{6}{7}$ ・ $\frac{8}{9}$

① A $\frac{4}{5}\times\frac{6}{7}\times\frac{8}{9}=\frac{64}{105}$
② B $\frac{8}{9}\div\frac{4}{5}\div\frac{6}{7}=\frac{35}{27}$ $(1\frac{8}{27})$
③ C $\frac{6}{7}\times\frac{8}{9}\div\frac{2}{3}=\frac{8}{7}$ $(1\frac{1}{7})$
④ D $\frac{4}{5}\div\frac{2}{3}\times\frac{8}{9}=\frac{16}{15}$ $(1\frac{1}{15})$

式ができたら印をつけておこう。

A	$\frac{64}{105}$
B	$1\frac{8}{27}$
C	$1\frac{1}{7}$
D	$1\frac{1}{15}$

計算にチャレンジ (18)
分数のかけ算・わり算⑱　名前　月　日

● 下の4つの分数の中から3つの分数を使って，かけ算やわり算をします。右のA～Dの答えになる式を作りましょう。

$1\frac{2}{3}$ ・ $\frac{1}{2}$ ・ $\frac{4}{5}$ ・ $3\frac{5}{6}$

① A $3\frac{5}{6}\div\frac{4}{5}\times\frac{1}{2}=\frac{115}{48}$ $(2\frac{19}{48})$
② B $\frac{4}{5}\div3\frac{5}{6}\times\frac{1}{2}=\frac{12}{115}$
③ C $1\frac{2}{3}\div3\frac{5}{6}\div\frac{1}{2}=\frac{20}{23}$
④ D $\frac{4}{5}\div1\frac{2}{3}\times\frac{1}{2}=\frac{6}{25}$

式ができたら印をつけておこう。

A	$2\frac{19}{48}$
B	$\frac{12}{115}$
C	$\frac{20}{23}$
D	$\frac{6}{25}$

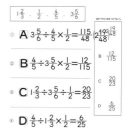

（解答は，200～300%に拡大してお使い下さい。）

P238

計算にチャレンジ (19)
分数と整数のかけ算・わり算①

● 下の分数と整数を３つとも使って，かけ算やわり算をすると，右のＡ～Ｅのような答えが出ました。３つの数字と×÷の順番を自由に変えて，同じ答えになる式を作りましょう。

$\frac{1}{2}$，4，$\frac{1}{3}$

(例) B $4\times\frac{1}{3}\div\frac{1}{2}=\frac{8}{3}\left(2\frac{2}{3}\right)$

① D $4\times\frac{1}{2}\div\frac{1}{3}=6$

② C $\frac{1}{3}\div\frac{1}{2}\div4=\frac{1}{6}$

③ E $4\div\frac{1}{2}\div\frac{1}{3}=24$

④ A $4\times\frac{1}{3}\times\frac{1}{2}=\frac{2}{3}$

A $\frac{2}{3}$　B $2\frac{2}{3}$　C $\frac{1}{6}$　D 6　E 24

計算にチャレンジ (20)
分数と整数のかけ算・わり算②

● 下の分数と整数を３つとも使って，かけ算やわり算をすると，右のＡ～Ｅのような答えが出ました。３つの数字と×÷の順番を自由に変えて，同じ答えになる式を作りましょう。

$\frac{2}{5}$，8，$\frac{5}{6}$

① A $\frac{2}{5}\times8\times\frac{5}{6}=\frac{8}{3}\left(2\frac{2}{3}\right)$

② C $\frac{2}{5}\div8\times\frac{5}{6}=\frac{1}{24}$

③ D $8\div\frac{5}{6}\div\frac{2}{5}=24$

④ B $\frac{2}{5}\div8\div\frac{5}{6}=\frac{3}{50}$

⑤ E $\frac{5}{6}\div8\div\frac{2}{5}=\frac{25}{96}$

A $2\frac{2}{3}$　B $\frac{3}{50}$　C $\frac{1}{24}$　D 24　E $\frac{25}{96}$

P239

計算にチャレンジ (21)
分数と整数のかけ算・わり算③

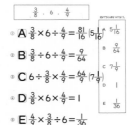

● 下の分数と整数を３つとも使って，かけ算やわり算をすると，右のＡ～Ｅのような答えが出ました。３つの数字と×÷の順番を自由に変えて，同じ答えになる式を作りましょう。

$\frac{3}{8}$，6，$\frac{4}{9}$

① A $\frac{3}{8}\times6\div\frac{4}{9}=\frac{81}{16}\left(5\frac{1}{16}\right)$

② B $\frac{3}{8}\div6\div\frac{4}{9}=\frac{9}{64}$

③ C $6\div\frac{3}{8}\times\frac{4}{9}=\frac{64}{9}\left(7\frac{1}{9}\right)$

④ D $\frac{3}{8}\times6\times\frac{4}{9}=1$

⑤ E $\frac{4}{9}\times\frac{3}{8}\div6=\frac{1}{36}$

A $5\frac{1}{16}$　B $\frac{9}{64}$　C $7\frac{1}{9}$　D 1　E $\frac{1}{36}$

計算にチャレンジ (22)
分数と整数のかけ算・わり算④

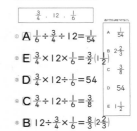

● 下の分数と整数を３つとも使って，かけ算やわり算をすると，右のＡ～Ｅのような答えが出ました。３つの数字と×÷の順番を自由に変えて，同じ答えになる式を作りましょう。

$\frac{3}{4}$，12，$\frac{1}{6}$

① A $\frac{1}{6}\div\frac{3}{4}\div12=\frac{1}{54}$

② E $\frac{3}{4}\times12\times\frac{1}{6}=\frac{3}{2}\left(1\frac{1}{2}\right)$

③ D $\frac{3}{4}\times12\div\frac{1}{6}=54$

④ C $\frac{3}{4}\div12\div\frac{1}{6}=\frac{3}{8}$

⑤ B $12\div\frac{3}{4}\times\frac{1}{6}=\frac{8}{3}\left(2\frac{2}{3}\right)$

A $\frac{1}{54}$　B $2\frac{2}{3}$　C $\frac{3}{8}$　D 54　E $1\frac{1}{2}$

P240

計算にチャレンジ (23)
分数と整数のかけ算・わり算⑤

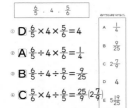

● 下の分数と整数を３つとも使って，かけ算やわり算をすると，右のＡ～Ｅのような答えが出ました。３つの数字と×÷の順番を自由に変えて，同じ答えになる式を作りましょう。

$\frac{6}{5}$，4，$\frac{5}{6}$

① D $\frac{6}{5}\times4\times\frac{5}{6}=4$

② A $\frac{6}{5}\div4\times\frac{5}{6}=\frac{1}{4}$

③ B $\frac{6}{5}\div4\div\frac{5}{6}=\frac{9}{25}$

④ C $\frac{5}{6}\times4\div\frac{6}{5}=\frac{25}{9}\left(2\frac{7}{9}\right)$

⑤ E $\frac{6}{5}\times4\div\frac{5}{6}=\frac{144}{25}\left(5\frac{19}{25}\right)$

A $\frac{1}{4}$　B $\frac{9}{25}$　C $2\frac{7}{9}$　D 4　E $5\frac{19}{25}$

計算にチャレンジ (24)
分数と整数のかけ算・わり算⑥

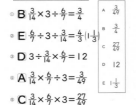

● 下の分数と整数を３つとも使って，かけ算やわり算をすると，右のＡ～Ｅのような答えが出ました。３つの数字と×÷の順番を自由に変えて，同じ答えになる式を作りましょう。

$\frac{3}{14}$，3，$\frac{6}{7}$

① B $\frac{3}{14}\times3\div\frac{6}{7}=\frac{3}{4}$

② E $\frac{6}{7}\div3\div\frac{3}{14}=\frac{4}{3}\left(1\frac{1}{3}\right)$

③ D $3\div\frac{3}{14}\times\frac{6}{7}=12$

④ A $\frac{3}{14}\times\frac{6}{7}\div3=\frac{3}{49}$

⑤ C $\frac{3}{14}\times\frac{6}{7}\times3=\frac{27}{49}$

A $\frac{3}{49}$　B $\frac{3}{4}$　C $\frac{27}{49}$　D 12　E $1\frac{1}{3}$

P241

一筆書きにチャレンジ

● 次の図形は，一筆書きができますか。できる場合は○を，できない場合は×を□に書きましょう。

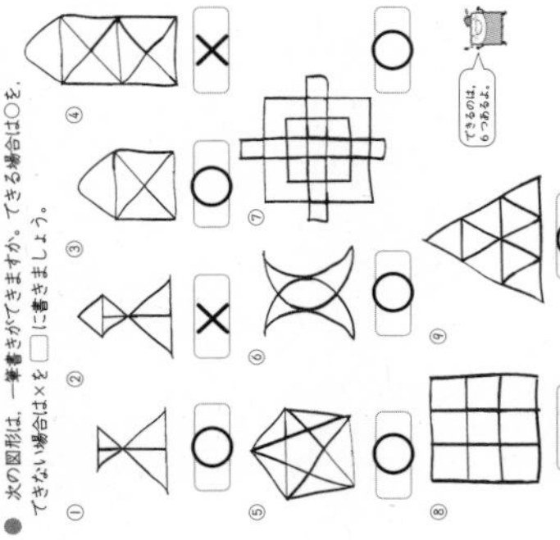

① ○　② ×　③ ○　④ ×　⑤ ○　⑥ ○　⑦ ○　⑧ ×　⑨ ○

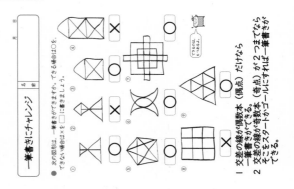

1 交差の線が偶数本（偶点）だけなら一筆書きができる。
2 交差の線が奇数本（奇点）が２つまでなら，そこをスタートかゴールにすれば一筆書きができる。

編者

原田　善造　学校図書教科書編集協力者
わかる喜び学ぶ楽しさを創造する教育研究所・著作研究責任者
元大阪府公立小学校教諭

コピーしてすぐ使える
3分 5分 10分で できる　算数まるごと 6 年

2020 年 4 月 2 日　初刷発行
2020 年 6 月 6 日　第 2 刷発行

企画・編著：原田　善造（他 8 名）
執筆協力者：新川　雄也・山田　恭士
編集協力者：岡崎　陽介・田中　稔也・南山　拓也
イ ラ ス ト：山口　亜耶・白川　えみ 他
編集担当者：川瀬　佳世
発　行　者：岸本　なおこ
発　行　所：喜楽研（わかる喜び学ぶ楽しさを創造する教育研究所）
〒 604-0827　京都府京都市中京区高倉通二条下ル瓦町 543-1
TEL　075-213-7701　　FAX　075-213-7706
HP　http://www.kirakuken.jp/
印　　刷：株式会社イチダ写真製版

ISBN 978-4-86277-302-9　　Printed in Japan